Betriebswirtschaftliche KI-Anwendungen

Christian Aichele · Jörg Herrmann
(Hrsg.)

Betriebswirtschaftliche KI-Anwendungen

Digitale Geschäftsmodelle auf Basis Künstlicher Intelligenz

2. Auflage

Hrsg.
Christian Aichele
Fachbereich Betriebswirtschaft
Hochschule Kaiserslautern
Zweibrücken, Deutschland

Jörg Herrmann
Fachbereich Betriebswirtschaft
Hochschule Kaiserslautern
Zweibrücken, Deutschland

ISBN 978-3-658-40098-9   ISBN 978-3-658-40099-6 (eBook)
https://doi.org/10.1007/978-3-658-40099-6

Die Deutsche Nationalbibliothek verzeichnet diese Publikation in der Deutschen Nationalbibliografie; detaillierte bibliografische Daten sind im Internet über http://dnb.d-nb.de abrufbar.

© Springer Fachmedien Wiesbaden GmbH, ein Teil von Springer Nature 2021, 2022
Das Werk einschließlich aller seiner Teile ist urheberrechtlich geschützt. Jede Verwertung, die nicht ausdrücklich vom Urheberrechtsgesetz zugelassen ist, bedarf der vorherigen Zustimmung des Verlags. Das gilt insbesondere für Vervielfältigungen, Bearbeitungen, Übersetzungen, Mikroverfilmungen und die Einspeicherung und Verarbeitung in elektronischen Systemen.
Die Wiedergabe von allgemein beschreibenden Bezeichnungen, Marken, Unternehmensnamen etc. in diesem Werk bedeutet nicht, dass diese frei durch jedermann benutzt werden dürfen. Die Berechtigung zur Benutzung unterliegt, auch ohne gesonderten Hinweis hierzu, den Regeln des Markenrechts. Die Rechte des jeweiligen Zeicheninhabers sind zu beachten.
Der Verlag, die Autoren und die Herausgeber gehen davon aus, dass die Angaben und Informationen in diesem Werk zum Zeitpunkt der Veröffentlichung vollständig und korrekt sind. Weder der Verlag, noch die Autoren oder die Herausgeber übernehmen, ausdrücklich oder implizit, Gewähr für den Inhalt des Werkes, etwaige Fehler oder Äußerungen. Der Verlag bleibt im Hinblick auf geografische Zuordnungen und Gebietsbezeichnungen in veröffentlichten Karten und Institutionsadressen neutral.

Planung/Lektorat: Reinhard Dapper
Springer Vieweg ist ein Imprint der eingetragenen Gesellschaft Springer Fachmedien Wiesbaden GmbH und ist ein Teil von Springer Nature.
Die Anschrift der Gesellschaft ist: Abraham-Lincoln-Str. 46, 65189 Wiesbaden, Germany

Digitale Geschäftsmodelle auf Basis Künstlicher Intelligenz – Vorwort zur 2. Auflage

Die Verwendung von KI-Technologien schreitet unaufhaltsam voran. Es gibt nahezu keinen Anwendungsbereich, der nicht durch KI unterstützt und optimiert werden kann. Umso wichtiger ist es den Einsatz von KI auch in KMUs voranzutreiben. Insofern bleibt die Zielsetzung unverändert. Da die Erstauflage innerhalb kürzester Zeit vergriffen war, erfolgte für die zweite Auflage insbesondere die grammatikalische und orthografische Überarbeitung. Wir sind überzeugt, dass diese Publikation einen wertvollen Beitrag zum Verständnis von KI und zum Erfolg von KI-Projekten insbesondere in klein- und mittelständischen Unternehmen (KMU) leistet.

Ketsch	Christian Aichele
Zweibrücken	Jörg Herrmann
im Februar 2021	

Digitale Geschäftsmodelle auf Basis Künstlicher Intelligenz – Vorwort zur 1. Auflage

Der Begriff „Künstliche Intelligenz (KI; englisch AI, Artificial Intelligence)" hat sich mittlerweile zu einem Narrativ für den Fortschritt der **Digitalisierung** und Computerisierung entwickelt. IT-Hype und politisches Fortschrittswunschdenken, Heilsbringer oder der Alptraum der Realisierung von George Orwells 1984[1], je nach Sichtweise wird KI positiv oder negativ konnotiert.

Dabei ist KI eine relativ einfache Technologie, die vieles vereinfachen kann, nachhaltig sein kann und Menschen in vielen Funktionen und Prozessen sinnvoll unterstützen kann. Sie kann aber auch das Gegenteil bewirken, zum Beispiel zur Überwachung und für militärische Zwecke eingesetzt werden. Letzten Endes ist KI eine menschengemachte IT-Technologie und damit auch abhängig von allen positiven und negativen Aspekten und Ausprägungen der menschlichen Charaktere.

Zielsetzung des Buches

Fokus dieser Publikation ist es, aufzuzeigen wie KI und insbesondere Künstliche Neuronale Netze (KNN) funktionieren, das Verständnis für die Möglichkeiten des betriebswirtschaftlichen Einsatzes zu wecken und insbesondere klein- und mittelständischen Unternehmen (KMU) eine Vorgehensweise zum Einsatz von KI für die Digitalisierung und Optimierung von Funktionen, Prozessschritten und Prozessen aufzuzeigen.

Was liefert das vorliegende Buch?

In den ersten Kapiteln wird die Funktionsweise von KI und KNN erläutert, die Vorgehensweise zur Etablierung von KI-Technologien aufgezeigt und die Strategie zur Digitalisierung von Unternehmen erläutert. Der zweite Teil enthält praxisrelevante Inhalte zum Thema. Praktiker werden bei der Lektüre umfangreiche Hilfestellungen und konkrete Informationen zur Umsetzung von KI-Projekten erhalten. Aber auch nur an der Thematik Interessierte werden das Buch mit Gewinn lesen können.

---

[1] Siehe Gerorge Orwell (1984)

An wen richtet sich „Betriebswirtschaftliche KI-Anwendungen – Digitale Geschäftsmodelle auf Basis künstlicher Intelligenz"

Das vorliegende Buch ist besonders für Manager und Praktiker klein- und mittelständischer Unternehmen geeignet sowie für Unternehmens- und IT-Berater mit Fokus auf Digitalisierungs- und KI-Beratung. Ferner an Lehrende und Studenten der Betriebswirtschaft, Wirtschaftsinformatik und Informatik sowie allgemein mit all den Personen in Gesellschaft und Politik, die sich mit den Zukunftsthemen der Digitalisierung und Künstlicher Intelligenz beschäftigen.

Aufbau des Buchs

Das Buch strukturiert die Thematik Künstliche Intelligenz in drei Hauptteile. Im ersten Teil werden die allgemeinen Grundlagen aus den Perspektiven Funktionsweise von KI und insbesondere Künstlichen Neuronalen Netzen, Vorgehensweise zur Einführung von KI und KNN sowie Strategie zur Digitalisierung heraus erläutert.

Der zweite Teil beschäftigt sich mit praxisrelevanten Anwendungsgebieten von KI. Im dritten Teil werden die Komponenten einer Plattform für künstliche Intelligenz erarbeitet. Dabei wird konzeptionell technisch auf die grundlegenden Elemente eines internetbasierten KI-Portals eingegangen.

I. Konzept betriebswirtschaftlicher KI-Anwendungen
   - Künstliche Intelligenz für klein- und mittelständische Unternehmen (Kap. 1)
   Künstliche Intelligenz unterstützt Systeme, Prozesse und Funktionen in nahezu allen Branchen und in zahlreichen Anwendungen. Dies geschieht zumeist im Hintergrund und damit nicht transparent. Um zu erkennen, wie KI optimal eingesetzt werden kann, muss ein Grundverständnis über die Funktionsweise und die Voraussetzungen zum Einsatz vorhanden sein. Dies ist bei den meisten klein- und mittelständischen Unternehmen nicht in ausgeprägter Form vorhanden. Dieses Kapitel führt in die Möglichkeiten von KI-Anwendungen ein und zeigt aber auch die Restriktionen und Limitationen auf.
   - Künstliche Intelligenz mit den Themenschwerpunkten maschinelles Lernen und künstlichen neuronalen Netzen, dargestellt anhand des Beispiels von Blended-Learning-Übungen (Kap. 2)
   In diesem Abschnitt wird nach der Einleitung zunächst auf die Art des Lernens eingegangen. Hierbei werden verschiedene Lehrformen untersucht und diese voneinander abgegrenzt, wobei ein besonderes Augenmerk auf das Blended-Learning fällt. Mit der Erläuterung von Lernzielen wird dieser Teil beendet und mit dem Abschn. 2.3 fortgefahren. In diesem theoretischen Abschnitt wird erläutert, was künstliche Intelligenzen sind und wie diese funktionieren. Es wird gezeigt, welche Unterschiede künstliche Intelligenzen zu regelbasierten Computerprogrammen aufweisen. Im Weiteren erfolgt eine Darstellung, welche Arten von Daten es gibt und wie wichtig diese für den Einsatz von künstlichen

Intelligenzen sind. Bei der Anwendung von künstlichen Intelligenzen kommen unterschiedliche Lernalgorithmen zum Einsatz. Einige davon werden im Abschn. 2.3.5 erläutert und voneinander abgegrenzt. Der nächste Teil befasst sich mit künstlichen neuronalen Netzen. Es wird dargestellt, wie ein solches Netz aufgebaut ist und wie es funktioniert. Im Abschn. 2.3.6.3 wird die Funktionsweise von unterschiedlichen künstlichen neuronalen Netzen aufgezeigt. In einer Übung wird gezeigt, wie ein Faltungsnetz erzeugt werden kann. Folgerichtig wird ein besonderes Augenmerk auf den Abschn. 2.3.6.3.4 gelegt. Nachdem die theoretischen Grundlagen abgehandelt sind, wird das Erlernte in die Praxis umgesetzt. In beiden Übungen werden zunächst die Lernziele definiert und das Computersystem, auf dem programmiert werden soll entsprechend vorbereitet. Anschließend wird in Abschn. 2.4.1 ein einzelnes Perzeptron und in Abschn. 2.4.2 ein Faltungsnetz zur Bildunterscheidung programmiert. Der letzte Teil dieses Kapitels enthält die Schlussbetrachtung, das Fazit und einen Ausblick.

- **Vorgehensweise zur Anwendung Digitaler Geschäftsprozesse auf Basis von Künstlicher Intelligenz (Kap. 3)**
  Initialer Schritt in der Generierung von KI-Anwendungen ist die Definition der Strategie. Aufbauend auf der Strategie wird das Geschäftsmodell konzipiert und die Projektumsetzung geplant.
- **Digitale Transformation im Mittelstand (Kap. 4)**
  Die Herausforderungen der digitalen Transformation sind seit geraumer Zeit bekannt, allerdings legt der klassische Mittelständler nicht selten den falschen Fokus. Es fehlt an einem „Fahrplan für die Digitalisierung" bzw. konkreten Hilfestellungen, um sich der Thematik und der damit verbundenen Entwicklung der Digitalstrategie sowie deren konsequenter Umsetzung zu nähern. Der vorliegende Beitrag dient in seinem Ergebnis als Ratgeber für mittelständische Unternehmen im Umgang mit der digitalen Transformation.

II. Anwendungsbeispiele der Digitalisierung auf Basis von KI

- **KI-Technologien für Utility-Unternehmen (Kap. 5)**
  KI-Technologien sind seit geraumer Zeit ein Hype-Thema der IT und auch bilden auch die Basis für neue, digitale Geschäftsmodelle. Dieses Kapitel zeigt Möglichkeiten für neue Geschäftsmodelle in der Energiewirtschaft auf Basis von künstlicher Intelligenz. KI kann Energieversorgern die Differenzierung von Produkten und Dienstleistungen ermöglichen und aufgrund von neuen Tarifierungsmöglichkeiten auch für eine Win-Win-Situation mit den Kunden bzw. Prosumern sorgen.
- **Aktuelle Einsatzbereiche der KI innerhalb des Finanzdienstleistungssektors (Kap. 6)**
  Die künstliche Intelligenz und deren Technologien haben bereits und werden auf viele Branchen und Bereiche Einfluss ausüben. Die Finanzdienstleistungsbranche stellt hierbei keine Ausnahme dar. In diesem Kapitel werden einige der Einsatzbereiche der künstlichen Intelligenz im Sektor der Finanzdienstleistungen

aufgezeigt und kurzweilig die Adaptionsmöglichkeit bzw. die Exklusivität betrachtet.

- **Künstliche Intelligenz im ERP Umfeld (Kap. 7)**
Jede Unternehmung besitzt softwaregestützte Werkzeuge zur Abbildung analoger und digitaler Prozesse. Dabei helfen diese Prozesse gezielt die Komplexität aus den einzelnen Sachverhalten zu vereinfachen und in einem entsprechenden Format wiederzugeben. Ein digitales Abbild eines Unternehmens entsteht. Allerdings kann dieses Format nur nach festgelegten Schemata die unterschiedlichen Datensätze klassifizieren, verifizieren und ausgeben und ist für weiterführende Ausprägungen technisch restriktiv zu behandeln. Um dieses Problem zukünftig zu überwinden wird der Ansatz der KI (Künstliche Intelligenz) als mögliches Werkzeug für Optimierungen angesehen. Mithilfe der KI kann die aktuelle Flut an Daten bestmöglich umgesetzt und zur Nutzung freigegeben werden. Diese Ausarbeitung stellt den Nutzen anhand des führenden ERP-Anbieters SAP vor und zeigt geeignete Beispiele mit Hinblick auf die konkrete Nutzung und Ausprägung im Echtbetrieb. Dabei sollen nicht nur die Potenziale dieser Technologie aufgezeigt werden, vielmehr sollen konkrete Vorbereitungsmaßnahmen und Indikatoren zur Veranschaulichung der aktuellen Möglichkeiten dienen. Diese Ausarbeitung wird unter den Gesichtspunkten der betriebswirtschaftlichen Kennzahlen ausgegeben und es wird nur vereinzelt auf technische Spezifikationen eingegangen.

- **KI-basierte Entscheidungsfindung für Anlageinvestitionen (Kap. 8)**
Künstliche Intelligenz entwickelt sich seit mehreren Jahren zu einem Mega-Trend. In diesem Kapitel soll konzeptionell dargestellt werden, wie KI eine Entscheidung über eine neue Anlageinvestition treffen kann. Als Beispiel für eine Anlage wird eine hydraulische Blechpresse verwendet. Es zeigt sich, dass unter Verwendung von Big Data, KI großes Potenzial birgt, um den Entscheidungsprozess zu automatisieren.

- **Künstliche Intelligenz in der Automobilindustrie: Von den ersten Visionen bis zu selbst denkenden Autos (Kap. 9)**
In der Automobilindustrie gibt es unterschiedliche Bereiche, in denen künstliche Intelligenz eingesetzt werden kann. Angefangen von der Optimierung der Supply Chain über eine intelligente Produktion und KI im Kundenservice bis hin zu künstlicher Intelligenz im Auto in Form von Fahrassistenz und autonomem Fahren. Dieses Kapitel legt den Fokus auf den Einsatz künstlicher Intelligenz im Fahrzeug selbst. Es beschäftigt sich schwerpunktmäßig damit, welche für die damalige Zeit unvorstellbaren Ideen die Schreiber der 80-er Jahre Serie „Knight Rider" hatten und welche davon inzwischen in welcher Art und Weise oder in welchem Umfang vielleicht sogar standardmäßig in heutigen Fahrzeugen verbaut sind. Abgerundet wird das Kapitel mit Herausforderungen und Gefahren autonom fahrender Automobile inklusive rechtlicher, sicherheitsrelevanter und ethischer Überlegungen zu diesem Thema.

III. **Komponenten des KI-Portals**
- **Konzeptionelle Entwicklung einer Plattform für künstliche Intelligenz (Kap. 10)**

  Nach einer kurzen Einleitung, der Abklärung der Problemstellung sowie der Zielsetzung wird im Teil konzeptionelle Entwicklung einer Plattform für künstliche Intelligenz zunächst auf den Personenkreis eingegangen, für den diese Plattform entwickelt werden soll. Es wird erläutert, worum es sich handelt, wenn von Content die Rede ist und wie dieser auf einem internetbasierten Portal anzuwenden ist. Im Abschn. 10.2.3 wird erklärt welche Seiten zwingend notwendig für das Portal sind und welche geschützten Bereiche es geben sollte. Anhand der grafischen Darstellung einer Sitemap wird erläutert, wie die Struktur der Plattform aussehen kann, bevor dieser Teil mit einem Fazit abgeschlossen wird.

- **Technische Umsetzung einer Lernplattform für Data Science und künstliche Intelligenz (Kap. 11)**

  Der Aufbau eigener Infrastrukturen zum Trainieren und Evaluieren von künstlichen neuronalen Netzen stärkt nicht nur die Unabhängigkeit gegenüber den Cloudplattformen großer Tech-Unternehmen, sondern garantiert auch die Kontrolle über die eigenen Daten. Diese Kapitel beschreibt Möglichkeiten zum Aufbau einer solchen Infrastruktur, am Beispiel einer Lernplattform für den Themenbereich Data Science und KI. Abschließend werden mögliche Erweiterungen für die Nutzung der Infrastruktur nach dem „Plattform as a Service" Gedanken genannt.

Zum Schluss gilt unser besonderer Dank allen an diesem Buch beteiligten Autoren, ohne deren hohes Engagement beim Verfassen der nachfolgenden Artikel dieses Buchprojekt nicht hätte realisiert werden können. Darüber hinaus bedanken wir uns bei zahlreichen Experten und Praktikern aus der Wissenschaft und von Unternehmen, die uns bei der Erstellung dieses Buches wiederholt mit Rat und ihrem detaillierten Wissen unterstützt haben. Nicht zuletzt gilt unser Dank auch der professionellen Unterstützung und wohlwollenden Begleitung durch das Lektorat Elektrotechnik, IT und Informatik des Springer Vieweg Verlags.

Wir würden uns freuen, wenn die vorliegende Publikation einen Beitrag zur inhaltlichen Konkretisierung und zu Erfolg von KI-Projekten in Unternehmen leisten könnte sowie dem Praktiker bei der Umsetzung von Projekten zur Einführung von KI-Technologien hilfreiche Informationen zur erfolgreichen Realisierung geben kann.

Ketsch Christian Aichele
Zweibrücken Jörg Herrmann
im Oktober 2022

Inhaltsverzeichnis

Teil I Konzept betriebswirtschaftlicher KI-Anwendungen

1. **Künstliche Intelligenz für klein- und mittelständische Unternehmen** 3
   Christian Aichele

2. **Künstliche Intelligenz mit den Themenschwerpunkten maschinelles Lernen und künstlichen neuronalen Netzen, dargestellt anhand des Beispiels von Blended-Learning-Übungen** 17
   Jörg Herrmann

3. **Vorgehensweise zur Anwendung Digitaler Geschäftsprozesse auf Basis von Künstlicher Intelligenz** 77
   Christian Aichele

4. **Digitale Transformation im Mittelstand** 123
   Lars Müller

Teil II Anwendungsbeispiele der Digitalisierung auf Basis von KI

5. **KI-Technologien für Utility-Unternehmen** 155
   Christian Aichele

6. **Aktuelle Einsatzbereiche der KI innerhalb des Finanzdienstleistungssektors** 169
   Thorsten Rink

7. **Künstliche Intelligenz im ERP Umfeld** 195
   Viktor Abich

8. **KI-basierte Entscheidungsfindung für Anlageinvestitionen** 223
   Daniel Wolf

9	**Künstliche Intelligenz in der Automobilindustrie: Von den ersten Visionen bis zu selbst denkenden Autos** .... 243 Birgit Günther	

Teil III   Komponenten eines KI-Portals

10	**Konzeptionelle Entwicklung einer Plattform für künstliche Intelligenz**... 271 Jörg Herrmann	
11	**Technische Umsetzung einer Lernplattform für Data Science und künstliche Intelligenz** .... 285 Christoffer Pohl	

Stichwortverzeichnis... 301

Herausgeber- und Autorenverzeichnis

Über die Herausgeber

Prof. Dr. Christian Aichele lehrt Wirtschaftsinformatik an der Hochschule Kaiserslautern. Nach seinem Studium des Wirtschaftsingenieurswesens an der Universität Karlsruhe arbeitete er weltweit als Unternehmensberater in verschiedenen Positionen und für unterschiedliche Branchen. Danach war er als Leiter Solution Center für Abrechnungslösungen für klein- und mittelständische Versorger bei RWE und als Manager bei Tieto Oyi für die Konzeption von Service Offerings und für die Projektakquisition und -durchführung im Bereich Energy und Smart Meter zuständig.

Jörg Herrmann, M.Sc. absolvierte nach zwölf Jahren im Militärdienst die Bachelorstudiengänge Wirtschaftsinformatik und Information Management, sowie den Masterstudiengang Information Management an der Hochschule Kaiserslautern. Während seines Masterstudiums arbeitete er beim Institut für Betriebswirtschaft und Wirtschaftsinformatik GmbH in St. Ingbert als Projektleiter in den Bereichen Webentwicklung und IT-Consulting. Zudem war er als wissenschaftlicher Mitarbeiter an der Hochschule Kaiserslautern im Fachbereich Betriebswirtschaft unterstützend im Studiengang Wirtschaftsinformatik tätig. Im Rahmen seiner Forschungstätigkeit setzte er sich mit der Funktionsweise von künstlichen Intelligenzen auseinander. Heute ist er als CDO (Chief-Digital-Officer – Digitalisierungsbeauftragter) einer öffentlichen Behörde beschäftigt.

Autorenverzeichnis

Viktor Abich, M.Sc. Als Business Consultant für Sales & Distribution begann er seine berufliche Laufbahn im Jahre 2018. Dabei galt der Schwerpunkt nicht klassischerweise dem Sales & Distribution Bereich, sondern vielmehr den modularen Schnittstellen und Technologien außerhalb. Schon früh wurde der Bereich der Künstlichen Intelligenz ernst genommen und als ein Meilenstein zukünftiger Errungenschaft angesehen. Dahin gehend waren alle Bemühungen dem Verständnis und der Konnektivität dieser Technologie gewidmet. Im Rahmen seiner Tätigkeiten bei der Scheer GmbH wurden zahlreiche Kundenprojekte, angefangen bei der Konzeption, Realisierung bis hin zur Nachbetreuung, realisiert und erste Vorbereitungen für den produktiven Einsatz der KI im ERP Umfeld eingesetzt. Doch heutzutage lässt sich sagen, dass vor allem mit der KI neue Wege bestritten werden können, die bis dahin undenkbar gewesen wären. Genau diese Wege müssen weiterverfolgt und sinnvoll eingesetzt werden, um zukünftig den Anforderungen gerecht zu werden. Dabei soll es als Möglichkeit für den Menschen und seine Entwicklung angesehen werden. Dies ist auch das Ziel seiner Unternehmungen.

Birgit Günther, Dipl. Math. Techn. geboren in Gräfelfing bei München, studierte nach ihrem Abitur an einem mathematisch-naturwissenschaftlichen Gymnasium zuerst Informatik an der Technischen Universität München mit Nebenfach Musik an der Musikhochschule München, später wechselte sie an die Technische Universität Kaiserslautern in den Studiengang Technomathematik, also Mathematik, Informatik und Physik. In Ihrer Diplomarbeit beschäftigte sie sich mit statistischen Verfahren und neuronalen Netzen und untersuchte ein medizinisches Diagnoseverfahren mittels dikriminanzanalytischer Verfahren. Nach dem erfolgreichen Abschluss ihres Studiums der Technomathematik war sie als wissenschaftliche Mitarbeiterin am Lehrstuhl für rechnergestützte Konstruktion an der Universität Kaiserslautern beschäftigt. Seitdem war sie neben ihrer freiberuflichen Tätigkeit im IT-Bereich und in der Erwachsenenbildung in eben diesen Bereichen auch über viele Jahre in unterschiedlichen

Angestelltenverhältnissen beschäftigt, meist in Positionen mit fachlicher Verantwortung. Unter anderem hat sie mehrere Jahre bei einem Tier-1-Automobilzulieferer gearbeitet. Um ihren bis dahin naturwissenschaftlich geprägten Horizont in den BWL-Bereich zu erweitern, hat sie ab dem Jahr 2017 zusätzlich nebenberuflich ein Masterstudium Information Management absolviert.

Lars Müller, M.A. war seit Beginn seines Masterstudiums des Mittelstandsmanagements an der Hochschule Kaiserslautern als ERP-Berater beim Softwarehaus proALPHA tätig. Im Rahmen umfangreicher Softwareprojekte konnte er somit weitreichende Erfahrungen in den Themen Digitalisierung/Digitalstrategie sammeln und auch hier einen weiteren Beratungsschwerpunkt bei den Kunden legen. Innerhalb der ERP-Beratung hat er sich auf den Prozessbereich After-Sales-Service spezialisiert.

Christoffer Pohl, M.Sc. war Masterstudent der Informatik und des Information Management an der Hochschule Kaiserslautern. Nach seiner Ausbildung als technischer Zeichner studierte er Digital Media Marketing an der Hochschule Kaiserslautern und erlangte den Abschluss des Bachelor of Science. Bereits während seines Bachelorstudiums konnte er als selbstständiger Entwickler und IT-Berater Softwareprojekte für regionale Unternehmen umsetzen und half dabei die technische Infrastruktur für den aktuellen Webauftritt der Kreisverwaltung Saarpfalz-Kreis aufzubauen.

Thorsten Rink, M.Sc. war wissenschaftlicher Mitarbeiter des Studiengangs Information Management/Wirtschaftsinformatik, im Fachbereich der Betriebswirtschaft an der Hochschule Kaiserslautern. Während seinem Bachelorstudium im Bereich Finanzdienstleistungen sowie seinem Masterstudium im Bereich des Information Management war er als Assistenz im Bereich des Facility Managements, insbesondere der Personalplanung und dem Objektmanagement betraut. In einer weiteren Station war er im Bereich der App-Konzeption bei der msg global sclutions tätig.

 **Daniel Wolf, M.Sc.** studierte im Masterstudiengang Information Management M.Sc. an der Hochschule Kaiserslautern. Nach dem Abitur am Wirtschaftsgymnasium Leonberg begann er sein Bachelorstudium der Mittelstandsökonomie B.A. an der Hochschule Kaiserslautern. Im Zuge dessen entwickelte er ein Konzept zur KI-basierten Entscheidungsfindung im Unternehmen. Mittlerweile ist Herr Wolf Mitarbeiter im Projektmanagement des IBM-Spin-offs Kyndryl.

Teil I
Konzept betriebswirtschaftlicher KI-Anwendungen

Künstliche Intelligenz für klein- und mittelständische Unternehmen

Christian Aichele

Künstliche Intelligenz und Kognition – Wie kann KI KMU unterstützen.

Zusammenfassung

Künstliche Intelligenz unterstützt Systeme, Prozesse und Funktionen in nahezu allen Branchen und in zahlreichen Anwendungen. Dies geschieht zumeist im Hintergrund und damit nicht transparent. Um zu erkennen, wie KI optimal eingesetzt werden kann, muss ein Grundverständnis über die Funktionsweise und die Voraussetzungen zum Einsatz vorhanden sein. Dies ist bei den meisten klein- und mittelständischen Unternehmen nicht in ausgeprägter Form vorhanden. Dieses Kapitel führt in die Möglichkeiten von KI-Anwendungen ein und zeigt aber auch die Restriktionen und Limitationen auf.

1.1 Künstliche Intelligenz und Menschliche Intelligenz

Geprägt durch die Medien entsteht bei vielen der Eindruck, dass Künstliche Intelligenz zu ähnlichen kognitiven Leistungen wie der Mensch fähig ist. Dies ist nicht der Fall. Eine solche sogenannte **Starke KI** wird es möglicherweise nie oder nur in Ansätzen geben. Auf jeden Fall sind die momentanen Ausprägungen der KI noch weit davon entfernt. Was existiert sind KI-Anwendungen, die für eine limitierte Anzahl von Merkmalen bedingt lernfähig sind und zum Beispiel für neue, unbekannte Merkmalsausprägungen

C. Aichele (✉)
Hochschule Kaiserslautern, Zweibrücken, Deutschland
E-Mail: christian.aichele@hs-kl.de

aufgrund der erlernten Merkmalsmuster Ergebnisse generieren, die denen menschlicher Kognition sogar in Bezug auf Schnelligkeit und Akkuratesse überlegen sein können. Dies nennt man **Schwache KI.** Dies kann an dem folgenden Beispiel verdeutlicht werden.

Beispiel

Ein Kraftfahrzeug interagiert mit vielen Sensoren mit der Umwelt. Kameras, die mittlerweile in vielen Fahrzeugen zum Standard zählen, erkennen Straßenunebenheiten und Schlaglöcher. Weitere Sensoren, z. B. von den Stoßdämpfern registrieren beim Durchfahren eines Schlaglochs hohe Belastungen, ebenso wie ein durch den Schlag ungewöhnlicher Lenkeinschlag und ggf. auch eine erhöhte Bremsbelastung. All diese Merkmale werden an eine zentrale oder auch lokale Künstliche Intelligenz Anwendung gemeldet. Diese generiert aufgrund ungewöhnlicher Merkmalsausprägungen eine Warnmeldung an nachfolgende Fahrzeuge, die dann durch manuellen oder auch autonomen Eingriff die Schlaglochbelastungen reduzieren oder vermeiden können. Gleichzeitig setzt die KI-Anwendung eine Meldung an die Verkehrsleitzentrale ab und diese kann entsprechende Warnungen an Navigationsgeräte weitergeben und weitere Aktionen generieren wie Radiomeldungen oder Instandhaltungsaufträge an die Straßenmeisterei (siehe Abb. 1.1).

KI-Anwendungen können unterschiedliche Zielrichtungen haben und unterschiedliche Ausprägungen annehmen. Die grundsätzlichen KI-Anwendungen unterteilen sich in:

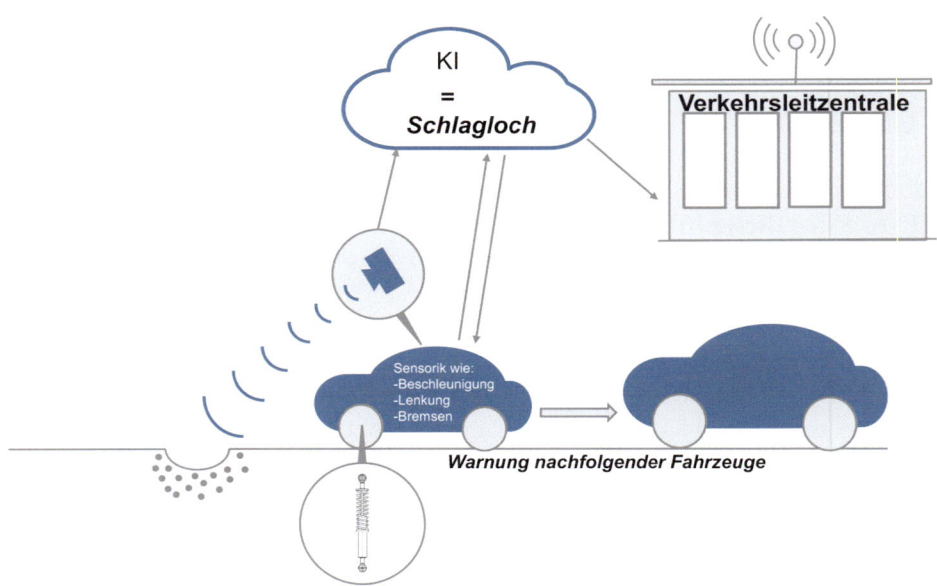

Abb. 1.1 Die KI bügelt Schlaglöcher aus. (Quelle: Auto Motor & Sport, 1/2019 S. 114, 115)

- **Expertensysteme:** Expertenwissen wird in regelbasierter Form in Datenhaltungssystemen abgelegt. Das Expertensystem kann Aufgabenstellungen durch Kombination bestehender Regeln oder durch Ableitung neuer Regeln aus den bestehenden lösen.
- **Robotik:** Roboter übernehmen autonom Tätigkeiten und können z. B. Aufgaben auch für neue, erstmalig auftretenden Werkstücke durchführen. Roboter, die nur für vordefinierte, nicht abänderbare Tätigkeiten die gleichen Aufgaben vollführen, fallen nicht in die KI-Robotik. Ein Schweißroboter, der unterschiedliche Werkstücke selbsttätig an den richtigen Stellen schweißt, ist in die KI-Robotik einzuordnen.
- **Spracherkennung und Sprachsteuerung (Chat-Bots):** Chat-Bots erkennen die Inhalte einer Anfrage und geben (intelligente) Antworten. Sie steuern auch selbsttätig (in ihrem eingrenzten Fachgebiet) die Kommunikation (zumeist bidirektional). Chat-Bots agieren text- und sprachbasiert.
- **Musteranalyse und Mustererkennung:** Künstliche Neuronale Netze (KNN) erkennen die Muster vorgegebener Merkmale und ordnen die Ausprägung Ergebnisklassen zu. Beispiel hierfür sind Schriftenerkennung, Gesichtserkennung, Spracherkennung, Verkehrszeichenerkennung und die Erkennung von Qualitätsmängeln von Produkten. Aufgrund vorhandener Merkmalsdaten werden diese KNN trainiert und können Erkennungsraten erzielen, die denen menschlicher Kognition überlegen sind.

Diese Publikation hat das Teilgebiet der KNN im Fokus. Ein KNN besteht aus sogenannten Neuronen und den Verbindungen zwischen den Neuronen. Damit ist es dem grundsätzlichen Aufbau eines menschlichen Gehirns nachempfunden. Vereinfacht dargestellt besteht ein menschliches Gehirn aus neuronalen Zellen und den Verbindungen zwischen den neuronalen Zellen (Synapsen). Durch intrinsische und extrinsische Trigger werden neuronale Zellen aktiviert, die über Synapsenverbindungen weitere Zellen aktivieren.

Aber was sind die grundlegenden Unterschiede eines KNN (einer schwachen KI) zu einem menschlichen Gehirn (einer starken Humanen Intelligenz = human intelligence = HI):

- Die Mustererkennung und Musteranalyse ist nur ein kleiner Teil der kognitiven Funktionen eines Gehirns und wird nur bestimmten Gehirnarealen durchgeführt.
- Ein menschliches Gehirn kann zeitgleich zahlreiche Muster erkennen und weiterverarbeiten.
- Neben den bewussten Fähigkeiten verfügt das Gehirn noch über ein Unterbewusstsein, das weitere zahlreiche kognitive Fähigkeiten beinhaltet.
- Der Mensch schläft und träumt. In den Träumen werden Eindrücke und Erkenntnisse des Bewusstseins und des Unterbewusstseins weiterverarbeitet, Dadurch entstehen neue Erkenntnisse und Lösungen werden generiert.
- Der Mensch beschäftigt sich auch mit nicht den primären Zielsetzungen verbundenen Themen. Diese können sich über soziale und politische Aspekte bis zu kulturellen Bedürfnissen bewegen. Aus diesen Interessen werden ggf. auch Erkenntnisse für

andere Zielsetzungen abgeleitet, d. h. das Input-Merkmalsausprägungen auch durch zielfremde neuronale Netze bewertet werden und auch dadurch Lösungen entstehen.
- Das Gehirn wächst und schrumpft. Aufgrund der biologischen Prozesse entstehen im Gehirn neue neuronalen Zellen und neue Synapsenverbindungen und das bis in ein hohes Alter. Umgekehrt findet auch ein ständiger Prozess der Vernichtung von neuronalen Zellen und Synapsen statt, durch Alterung und durch exogene Einflüsse. Bestimmte Funktionen des Gehirns können auch durch andere Gehirnareale übernommen werden.
- Das Gehirn ist durch viele Sinne mit der Umwelt verbunden. Deren Input wird permanent bewusst und unterbewusst verarbeitet und führt zu neuen Strukturen.
- Die Anzahl der neuronalen Zellen und der synaptischen Verbindungen ist im Vergleich zu den größten Ausprägungen eines KNN immens:
  - Ein Fadenwurm hat ein Gehirn, das aus ca. 300 Neuronen besteht
  - Eine Fruchtfliege: 100.000 Neuronen
  - Ein moderner, leistungsfähiger Computer: 100.000 Neuronen
  - Ein Mensch: 100 Mrd. Neuronen – 100 000 000 000
  - Die Anzahl der Synapsen beträgt im Schnitt 1000 je einzelnem Neuron in einem menschlichen Gehirn
  - Die KNN-Beispiele in dieser Publikation bestehen aus 6 Neuronen und 12 Kanten (=Synapsen)
- Der Mensch hat ein Bewusstsein und positive und negative Emotionen.
- Menschen haben unterschiedliche Charaktere aufgrund der genetischen Prägung und der Erfahrungen und interagieren sozial, daraus bilden sich neue Erfahrungen und Charaktere können sich ändern (ggf. nur in Nuancen). Unterschiedliche Charaktere führen zu unterschiedlichen Verhalten und differenten Entscheidungsverhalten.

1.2 Die Funktionsweise eines Künstlichen Neuronalen Netzes

Ein KNN besteht aus mindestens einem Neuron mit mehreren gewichteten Eingängen und einem oder mehreren Ausgängen. Ein KNN bestehend aus einem Neuron wird **Perzeptron** genannt (siehe Abb. 1.2). Die Eingänge und Ausgänge werden als Kanten bezeichnet (Eingangskanten und Ausgangskanten). Ähnlich wie eine neuronale Zelle im menschlichen Gehirn bei Aktivierung feuert, kann ein Perzeptron durch Aktivierung die Ausgangskanten befeuern bzw. mit Werten, die die nachfolgenden Neuronen aktivieren können, belegen. Dazu benötigen die Neuronen eine Aktivierungsfunktion. Diese Aktivierungsfunktion berechnet aus der Summe der gewichteten Eingangswerte den oder die Ausgangswerte.

Tarid Rashid hat in seiner Publikation „Neuronale Netze selbst programmieren" die Herleitung der Berechnungen und die Berechnungen selbst in einem Künstlichen

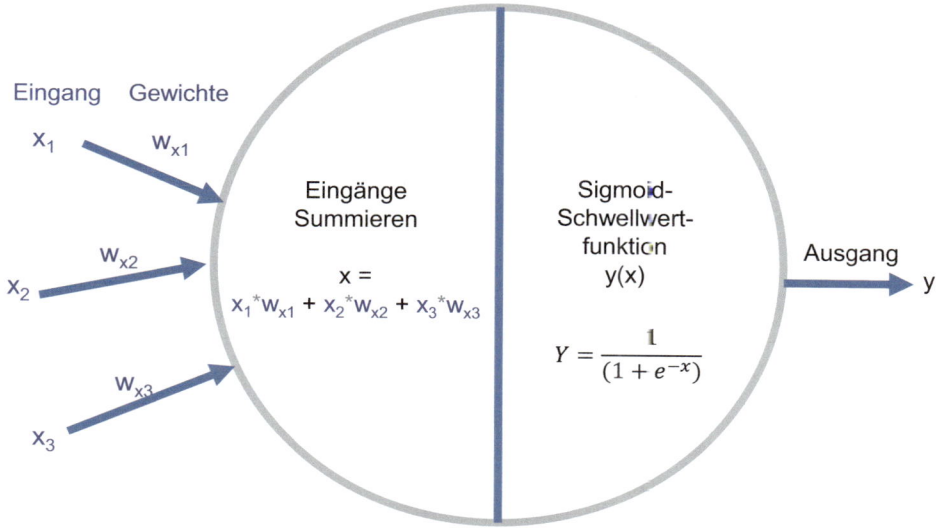

Abb. 1.2 Ein Perzeptron. (Quelle: Tariq Rashid, 2017)

Neuronalen Netz transparent und nachvollziehbar dargestellt [1] In diesem Kapitel werden nur die grundlegenden Berechnungen zum Verständnis der Funktionsweise eines KNN dargestellt.

In der Abb. 1.2 werden drei Eingangswerte (x_1, x_2, x_3) mit gegebenen Gewichtungen multipliziert und dann summiert (Ergebnis Wert x). Das Ergebnis wird dann in die Aktivierungsfunktion eingesetzt und der Ausgangswert y wird berechnet. Dieser ist dann das Ergebnis im Falle eines einfachen Perzeptrons (aus einem Neuron bestehend) oder der Eingangswert für nachfolgende Neuronen im Falle eines mehrlagigen Perzeptrons. Ein mehrlagiges Perzeptron besteht aus mehreren Schichten von Neuronen (einer Eingabeschicht, einer oder mehreren verdeckten Schichten und einer Ausgabeschicht (Siehe Abb. 1.4). Die Aktivierungsfunktion ist die Sigmoid-Funktion, die für Künstliche Neuronale Netze aufgrund ihrer Differenzierbarkeit und ihres Verlaufes (Werte zwischen 0 und 1 realisierbar) sehr gut geeignet ist. Die Differenzierbarkeit ermöglicht das Erlernen neuer, angepasster Gewichtungen aufgrund von Abweichungen des Ergebnisses von den erwarteten Ergebnissen. Je kleiner die Summe der Eingangswerte x, desto geringer ist auch der Ausgangswert y. Dadurch wird ggf. die Aktivierung nachfolgender Neuronen unterdrückt (Siehe Abb. 1.3).

Das mehrlagige Perzeptron in Abb. 1.4 besteht aus einem Input-Layer, einem Hidden-Layer und einem Output-Layer. Beispielhaft berechnet sich der Eingangswert des Neurons HL1 im Hidden-Layer wie folgt:

---

[1] Vgl. Rashid (2017).

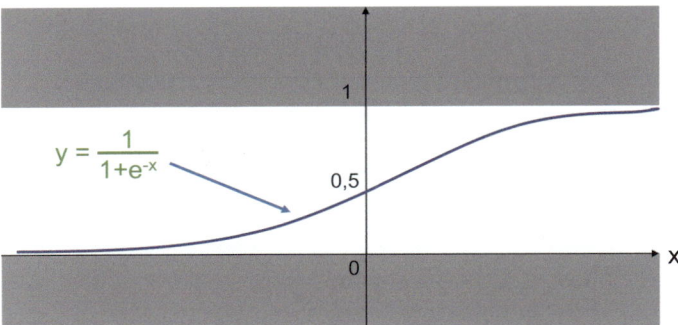

Abb. 1.3 Die Sigmoid-Funktion

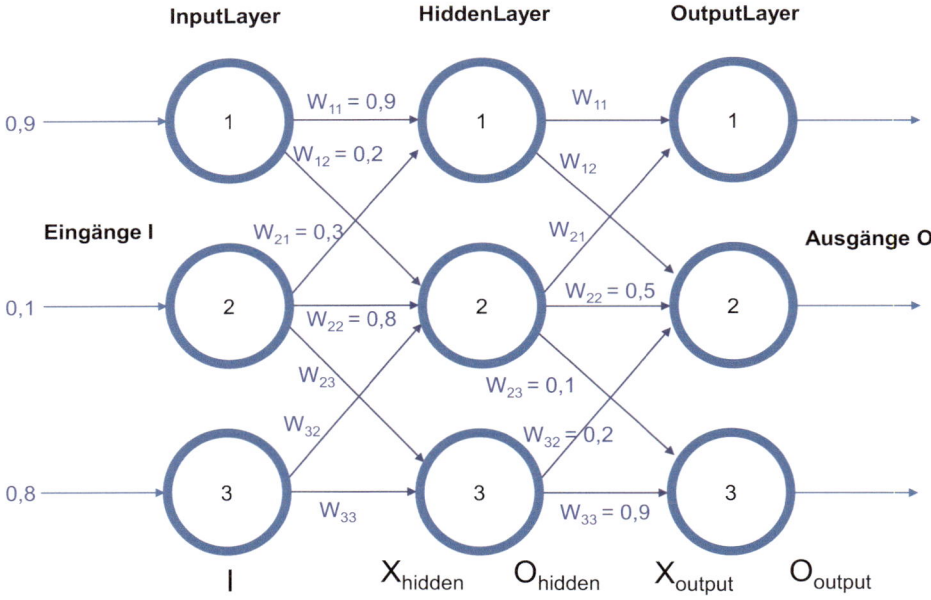

Abb. 1.4 Ein mehrlagiges Perzeptron. (Quelle: Tariq Rashid, 2017)

$$(1)\ X1(IL) * W11 + X2(IL) * W21 = X1(HL)$$
$(X(HL1) = \text{Eingangswert} \times \text{des Neurons 1 im Hidden-Layer}) // 0{,}9 * 0{,}9 + 0{,}1 * 0{,}3 = 1{,}68$

Die Ausgangswerte y sind O1(HL), O2(HL) und O3(HL).

Der Ausgangswert O1(HL) wird aus der Anwendung der Aktivierungsfunktion des Neurons 1 im Hidden-Layer generiert.

$$O1(HL) = f(X1(HL))$$

Der Eingangswert X1(OL) berechnet sich wie folgt:

$$X1(OL) = O1(HL) * W11 + O2(HL) * W21$$

Der Ausgangswert O1(OL) wird aus der Anwendung der Aktivierungsfunktion des Neurons 1 im Output-Layer generiert.

$$O1(OL) = f(X1(OL))$$

Diese Berechnungen wird in dem mehrlagigen Perzeptron (in Folge vereinfacht mit KNN bezeichnet) für alle Neuronen im Hidden-Layer und Output-Layer durchgeführt. Die gesamte Berechnung ermöglicht für die Eingangswerte Ausgangswerte zu generieren, die ein definiertes Merkmalsmuster oder Merkmalsausprägung zeigen. Aus diesen lassen sich dann ein Ergebnis ableiten, z. B. die Zuordnung eines Bildes zu einer bestimmten Personenklasse oder auch zu einer Person.

Die Berechnungen erfolgen in dem Beispiel-KNN vorwärtsgerichtet von einem Neuronen-Layer zum nächsten. Deshalb wird diese Form von KNN auch als **Feed-Forward-Netz** bezeichnet. Nach dem ersten Berechnungsvorgang ist die Merkmalsausprägung des KNN zumeist nicht optimal. Die erzielten Ergebnisse weichen noch von den Wunschergebnissen ab. Der Fehler e eines Ergebnisses ist die Differenz zwischen der Sollausgabe (Trainingsdaten t) und der tatsächlichen Ausgabe (output eines bestimmten Neurons):

$$e_y = t_y - o_y$$

Jetzt ist es notwendig die Abweichung der Ergebnisse jedes Neurons in dem KNN zu berechnen. Der Ausgabefehler wird auf die eingehenden Kanten zurückgerechnet. Da die Kanten mit Gewichtungen versehen sind, wird der Ausgabefehler anteilig auf die Eingangskanten des Neurons zurückgerechnet (Anteil der spezifischen Kantengewichtung an der Summe aller eingehenden Kantengewichtungen)

$$e_{inputx} = e_{outputy} * \left(w_{xy} / \left(\sum_1^n w_{iy} \right) \right), \text{für i} = 1\ldots n$$

n ist die Anzahl der in das Neuron y eingehenden Kanten.

Für ein Ausgabeneuron output1 mit dem Fehler $e_{output1}$ mit zwei eingehenden Kanten k_{11} und k_{21} mit den Gewichtungen w_{11} und w_{12} ergeben sich die Aufteilung des Fehlers wie folgt (siehe Abb. 1.5)

$$(1)\ e_{11} = e_{output1} * \frac{w_{11}}{w_{11}+w_{21}}$$
$$(2)\ e_{21} = e_{output1} * \frac{w_{21}}{w_{11}+w_{21}}$$

Für ein Ausgabeneuron output2 mit dem Fehler $e_{output2}$ mit zwei eingehenden Kanten k_{12} und k_{22} mit den Gewichtungen w_{12} und w_{22} ergeben sich die Aufteilung des Fehlers wie folgt (siehe Abb. 1.5):

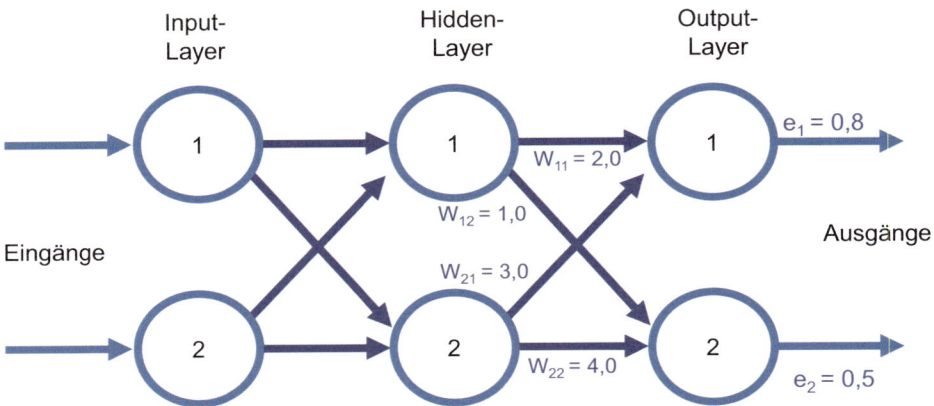

Abb. 1.5 Fehler-Backpropagation Beispiel. (Quelle: Tariq Rashid, 2017)

$$(1)\ e_{12} = e_{output2} * \frac{w_{12}}{w_{12}+w_{22}}$$
$$(2)\ e_{22} = e_{output2} * \frac{w_{22}}{w_{12}+w_{22}}$$

Die Fehler der Neuronen der vorangehenden Schichten (1 bis n Hidden-Layer und Input-Layer) ergibt sich aus der Summe der Fehler der nachfolgenden Kanten. So ergeben sich für zwei Neuronen einer versteckten Schicht mit jeweils zwei nachfolgenden Neuronen der Ausgabeschicht die Fehler wie folgt (siehe Abb. 1.5):

$$(1)\ e_{hidden1} = e_{11} + e_{12}$$
$$(1)\ e_{hidden2} = e_{21} + e_{22}$$

Die Berechnung stellt sich dann wie folgt dar:

$$(1)\ e_{hidden1} = e_{output1} * \frac{w_{11}}{w_{11}+w_{21}} + e_{output2} * \frac{w_{12}}{w_{12}+w_{22}}$$
$$(2)\ e_{hidden2} = e_{output1} * \frac{w_{21}}{w_{11}+w_{21}} + e_{output2} * \frac{w_{22}}{w_{12}+w_{22}}$$

Diesen Vorgang nennt man **Backpropagation** oder auch Fehler-Backpropagation.

Der Fehler des Neurons e_1 im Output-Layer (OL) beträgt 0,8 (Annahme!), der Fehler des Neurons e_2 im OL ist 0,5. Die Gewichtungen w_{jk} sind vorgegeben. Damit berechnet sich der Fehler des Neurons e1 im Hidden-Layer (HL) wie folgt:

(1) $e1(HL) = e1(OL) * (w11/(w11 + w21)) + e2(OL) * (w12/(w12 + 22))$
(2) $e1(HL) = 0,8 * (2/(2+3)) + 0,5 * (1/(1+4)) = 0,8 * 0,4 + 0,5 * 0,2 = 0,32 + 0,1 = 0,42$

Entsprechend berechnet sich der Fehler des Neurons e_2 im HL:

(1) $e2(HL) = e1(OL) * (w21/(w11 + w21)) + e2(OL) * (w22/(w12 + 22))$
(2) $e2(HL) = 0,8 * (3/(2+3)) + 0,5 * (4/(1+4)) = 0,8 * 0,6 + 0,5 * 0,8 = 0,48 + 0,4 = 0,88$

(siehe Abb. 1.6).

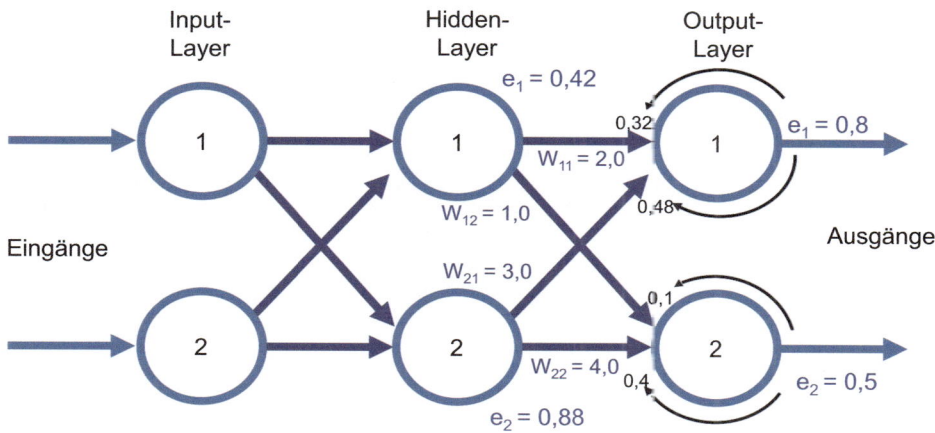

Abb. 1.6 Fehler-Backpropagation Berechnung. (Quelle: Tariq Rashid, 2017)

Nach der entsprechenden Fehlerberechnung jedes Neurons im HL und im IL geht es darum die Gewichte so zu aktualisieren, dass bei der nächsten Vorwärtsrechnung mit den gleichen Eingangsdaten die Fehler in der Ausgabeschicht minimiert werden. Diese Aktualisierung der Gewichte wird so oft durchgeführt bis die Abweichung der Ergebnisse von dem Soll ein Optimum erreicht hat und weitere Durchgänge keine signifikanten Verbesserungen zeigen. Die einzelnen Durchgänge der Berechnung der Werte und der darauffolgenden Optimierung der Gewichtungen nennt man auch **Epoche.**

Die Herleitung der Formeln auf Basis des Gradientenverfahrens ist in der Publikation „Neuronale Netze selbst programmieren" von Tarid Rashid ausführlich beschrieben.[2] Die Formel für die Berechnung der neuen Gewichtungen ist:

$$\boldsymbol{neu\_wjk} = alt\_wjk - \alpha * \frac{\delta E}{\delta w_{jk}}$$

α ist die sogenannte Lernrate. Diese steuert die schrittweise Anpassung der Gewichte. Hohe Lernraten bewirken größere Anpassungssprünge, niedrigere bewirken kleine Schritte bei der Anpassung der Gewichte im Gradientenverfahren. Eine mögliche Strategie ist die schrittweise Verringerung einer anfänglich hohen Lernrate. Die Lernrate wird mit einem Anfangswert $0 < \alpha < 1$ belegt.

Der Term

$$\delta E / \delta w_{jk}$$

---

[2] Vgl. Rashid (2017, S. 70–81).

gibt an, wie sich der Fehler E ändert, wenn das Gewicht w_{jk} geändert wird. Mit jeder Epoche soll dieser Anstieg der Fehlerfunktion minimiert werden, d. h. das Optimum soll erreicht werden (der maximal mögliche Gradientenabstieg).

$$\frac{\delta E}{\delta w_{jk}} = -(t_k - o_k) * sigmoid\left(\sum_j w_{jk} * o_j\right)\left(1 - sigmoid\left(\sum_j w_{jk} * o_j\right)\right) * o_j$$

t_k ist der Sollwert des Ausgabeneurons k, o_k ist der berechnete Ausgabewert des Ausgabeneurons k, die Differenz t_k-o_k ist der Fehler e_k. Der Term **sigmoid** ($\sum_j$ **w_{jk} * o_j**) stellt die Berechnung des Ausgabewerts o_k dar.

$$e_k = (t_k - o_k)$$

$$o_k = sigmoid\left(\sum_j w_{jk} * o_j\right)$$

Daraus erfolgt die vereinfachte Darstellung des Anstiegs der Fehlerfunktion:

$$\frac{\delta E}{\delta w_{jk}} = -(\mathbf{t_k} - \mathbf{o_k}) * \mathbf{o_k}(1 - \mathbf{o_k}) * \mathbf{o_j}$$

o_j ist der Ausgabewert des Neurons der vorhergehenden Schicht. Die Berechnung wird an dem folgenden Beispiel verdeutlicht (siehe Abb. 1.7).

Die Fehlerwerte der Ausgabeschicht e_1 (=e1(OL)) und e_2 (=e2(OL)) sind die angenommenen Werte aus dem Berechnungsbeispiel der Fehlerberechnungen von e1(HL) und e2(HL). Genauso werden die Ausgabewerte der verdeckten Schicht (HL) oj1 (=oj1(HL)) und oj2 (=oj2(HL)) für das Berechnungsbeispiel vorgegeben.

$$\frac{\delta E}{\delta w_{jk}} = -(t_k - o_k) * sigmoid\left(\sum_j w_{jk} * o_j\right)\left(1 - sigmoid\left(\sum_j w_{jk} * o_j\right)\right) * o_j$$

Die Berechnung der einzelnen Terme führt für die Aktualisierung des Gewichts w_{11} zu folgendem Ergebnis:

(1) $e_k = t_k - o_k = e_1 = e1(OL) = 0{,}8$

(2) $\sum_j w_{jk} * o_j = (w_{11} * o_{j1}) + (w_{21} * o_{j2}) = (2 * 0{,}4) + (3 * 0{,}5) = 0{,}8 + 1{,}5 = 2{,}3$

(3) $sigmoid\,(2{,}3) = 1/(1 + e^{-2{,}3}) = 0{,}909$

(4) $(1 - sigmoid\,(2{,}3)) = 0{,}091$

(5) $o_j = o_{j1} = oj1(HL) = 0{,}4$

$$\frac{\delta E}{\delta w_{jk}} = -0{,}8 * 0{,}909 * 0{,}091 * 0{,}4 = -0{,}02647$$

1 Künstliche Intelligenz für klein- und mittelständische Unternehmen

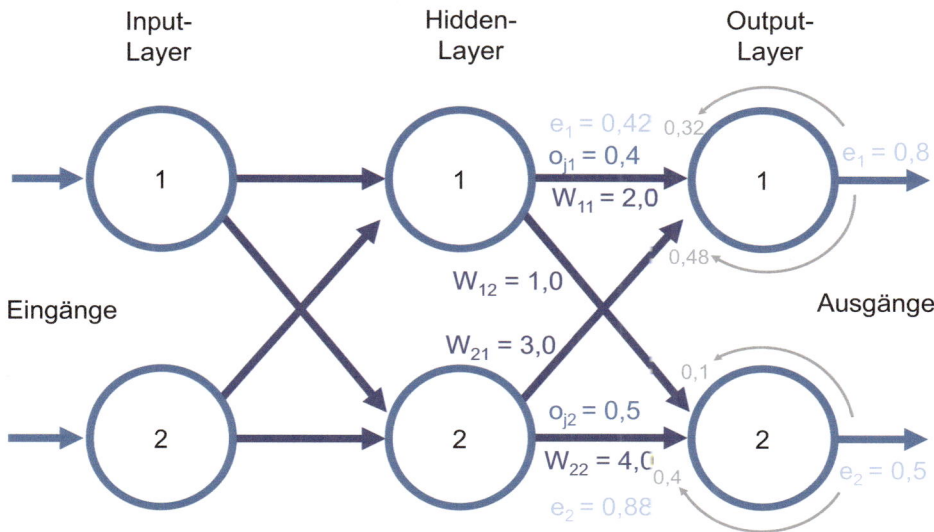

Abb. 1.7 Beispiel Gewichtsaktualisierung. (Quelle: Tariq Rashid, 2017)

Daraus folgt die Gewichtsaktualisierung bei einer Lernrate von α = 0,1:

$$neu\_w_{jk} = alt\_w_{jk} - \alpha * \frac{\delta E}{\delta w_{jk}}$$

$neu\_w_{11} = alt\_w_{11} - (0,1 * -0,02647) = 2,0 - (-0,002647) = 2,0 + 0,002647 = 2,002647$

Die Ergebnisse der Berechnungen für die Gewichte w12, w21 und w22 sind in der Abb. 1.8 dargestellt.

Die Gewichtsanpassungen sind eher marginal. Über viele Iterationen bzw. Epochen werden sich die Gewichte so weit anpassen, dass das trainierte KNN Ergebnisse produziert, die nahezu den Trainingsbeispielen entsprechen.

Die Berechnungen sind selbst bei einem solchen Mikro-KNN umfangreich. Aber der Algorithmus ist einfach und performante Rechner können diese Berechnung auch bei einem KNN mit mehreren tausend Neuronen und der entsprechenden Anzahl von Verbindungskanten und Gewichten in kürzester Zeit durchführen. Die dann vorhandene Muster- oder Merkmalsausprägung liefert Ergebnisse die mit hoher Wahrscheinlichkeit richtig sind. Beispielsweise arbeiten KNN für die Verkehrsschilderkennung mit einer Erfolgsquote von 99,5 % und somit damit den kognitiven Leistungen von Menschen, die bei 98,8 % liegt überlegen und das bei einer weit größeren Geschwindigkeit.[3] Zudem

---

[3] Siehe: Auto Motor & Sport 1/2019 (2019 S. 114–115).

$$e_{input1} = e_{hidden1} * \frac{w_{11}}{w_{11}+w_{21}} + e_{hidden2} * \frac{w_{12}}{w_{12}+w_{22}}$$

$$e_{input1} = 0{,}42 * \frac{3}{3+2} + 0{,}88 * \frac{1}{1+7} = 0{,}42 * 0{,}6 + 0{,}88 * 0{,}125 = 0{,}252 + 0{,}11 = 0{,}362$$

$$e_{input2} = 0{,}88 * \frac{7}{7+1} + 0{,}42 * \frac{2}{2+3} = 0{,}88 * 0{,}875 + 0{,}42 * 0{,}4 = 0{,}77 + 0{,}168 = 0{,}938$$

$$\frac{\partial E}{\partial w_{12}} = -0{,}5 * 0{,}9168 * 0{,}08317 * 0{,}4 = -0{,}01525$$
$$neu\_w_{12} = 1{,}0 - (0{,}1 * -0{,}01525) = 1{,}001525$$

$$\frac{\partial E}{\partial w_{21}} = -0{,}8 * 0{,}909 * 0{,}091 * 0{,}5 = -0{,}033$$
$$neu\_w_{21} = 3{,}0 - (0{,}1 * -0{,}033) = 3{,}0033$$

$$\frac{\partial E}{\partial w_{22}} = -0{,}8 * 0{,}9168 * 0{,}08317 * 0{,}5 = -0{,}0305$$
$$neu\_w_{22} = 4{,}0 - (0{,}1 * -0{,}0305) = 4{,}00305$$

Abb. 1.8 Gewichtsaktualisierung Ergebnisse

können diese Systeme mit Aktoren verbunden werden, die z. B. Bremsvorgänge automatisch einleiten.

1.3 Der Einsatz von KNN bei KMU

Warum ist der Einsatz von KI und KNN für KMU anders als bei Großunternehmen? Da sind insbesondere die fehlenden Voraussetzungen:

- KMU verfügen über begrenzte Ressourcen für IT und speziell für KI. Damit sind die KI-Expertise und die Möglichkeiten für den Know-how Aufbau in KI limitiert.
- Die Eruierung der passenden Geschäftsprozesse und Funktionen. Zumeist fehlt eine umfassende Digitalisierungsstrategie und ein Verständnis dafür, welche der Prozessschritte für eine Digitalisierung mit KNN geeignet sind.
- Die ausreichende Datenqualität und -quantität. Optimal wäre das Vorhandensein von strukturierten Daten in einem ausreichenden Volumen. Das ist bei einzelnen KMU meist nicht gegeben. Eine Lösung könnte hier die Kooperation durch Branchen- oder Industrieverbände sein bzw. Intermediäre, die die entsprechenden Tools für mehrere (auch konkurrierende) Unternehmen neutral anbieten könnten.
- Der Aufbau von KI und KNN erfordert initial eine Investitionsbereitschaft. Diese ist oft nicht vorhanden. Die Potenziale zur Erlösoptimierung bzw. Kostenreduktion werden nicht erkannt oder nicht geglaubt. Hier hilft nur die Beschäftigung mit der

Thematik, ggf. auch die Integration neuer, entsprechend ausgebildeter IT-Mitarbeiter (oder zumindest IT-affiner Mitarbeiter).
- Eine eigene performante IT-Infrastruktur ist nicht vorhanden. Die Nutzung von KI-Cloudplattformen ist mit Unsicherheiten bzgl. der Datensicherheit und der Möglichkeiten der Einbindung in eigene Prozesse verbunden. Auch hier könnten Branchenverbände oder Intermediäre oder KI-Plattformanbieter mit entsprechender Provenienz die nötige Sicherheit validieren.

Es gibt bei produzierenden KMU grundsätzlich mehrere Prozessschritte, die sich für den Einsatz von KNN eignen. Beispiele dafür sind:

- **Qualitätssicherung:** Mustererkennung bzw. Analyse der Merkmalsausprägungen. In der Qualitätssicherung werden die eingehenden Produktionsmaterialien und die ausgehenden Fertigprodukte anhand von vorgegebenen Qualitätsmerkmalen überprüft. Diese können durch Sensoren automatisiert erfasst werden und durch die in KNN trainierten Musterpattern bewertet werden. Dies führt zu schnelleren und ressourcenreduzierten Prozessabläufen. Die Sicherheit der Qualitätsbewertung ist erhöht, die Protokollierung der Ergebnisse kann auch automatisiert werden.
- **Instandhaltung:** Sensoren, die an Anlagen und Maschinen angebracht sind, ermitteln die aktuellen Betriebszustände und die KNN ermittelt auf Basis der Merkmale die Notwendigkeit für Instandhaltungsmaßnahmen und Reparaturen. Dadurch werden Maschinen permanent überprüft, die Wartungen nur bedarfsorientiert durchgeführt, Stillstände vermieden und Ressourcen geschont. Die Meldungen können auch automatisiert an Instandhaltungsdienstleister weitergeleitet werden. Diese Art der Instandhaltung nennt man „*Predictive Maintenance*" oder „*Condition Based Maintenance*" und bedeutet, dass Instandhaltungen nur auf Basis vordefinierter Ausprägungen von Konditionen durchgeführt werden.
- **Kühlung, Heizung und Lüftung:** Sensoren nehmen die aktuelle Temperatur, den Feuchtigkeitsgehalt, den Sauerstoffgehalt und die Anzahl der vorhandenen Personen in Verwaltungsgebäuden und Produktionshallen auf. Abweichungen werden durch die KNN erkannt und Aktoren sorgen für die Einstellung der optimalen Arbeitsbedingungen. Durch die Verbindung von IoT (Internet-of-Things mit Sensoren und Aktoren) und KNN wird das Mikroklima automatisiert optimiert.

In den folgenden Kapiteln werden das Konzept betriebswirtschaftlicher KI-Anwendungen erläutert (siehe Kap. 2), die Vorgehensweise zur Realisierung Digitaler Geschäftsprozesse auf Basis Künstlicher Intelligenz vorgestellt (siehe Kap. 3), und die Wege zur Entwicklung einer adäquaten Digitalisierungsstrategie für KMU aufgezeigt (siehe Kap. 4). Die Adaption und Umsetzung der Vorgehensweisen und Strategien für eigene Problemstellungen unterstützt KMU beim Einsatz von KI und insbesondere KNN.

Literatur

Auto Motor & Sport, 1/(2019). S. 114–115.
Rashid, T. (2017). *Neuronale Netze selbst programmieren. Ein verständlicher Einstieg mit Python*, (S. 30–89). O'Reilly.

Künstliche Intelligenz mit den Themenschwerpunkten maschinelles Lernen und künstlichen neuronalen Netzen, dargestellt anhand des Beispiels von Blended-Learning-Übungen

Jörg Herrmann

Zusammenfassung

In diesem Abschnitt wird nach der Einleitung zunächst auf die Art des Lernens eingegangen. Hierbei werden verschiedene Lehrformen untersucht und diese voneinander abgegrenzt, wobei ein besonderes Augenmerk auf das Blended-Learning fällt. Mit der Erläuterung von Lernzielen wird dieser Teil beendet und mit dem Abschn. 2.3 fortgefahren. In diesem sehr theoretischen Abschnitt wird erläutert, was künstliche Intelligenzen sind und wie diese funktionieren. Es wird gezeigt, welche Unterschiede künstliche Intelligenzen zu regelbasierten Computerprogrammen aufweisen. Im Weiteren erfolgt eine Darstellung, welche Arten von Daten es gibt und wie wichtig diese für den Einsatz von künstlichen Intelligenzen sind. Bei der Anwendung von künstlichen Intelligenzen kommen unterschiedliche Lernalgorithmen zum Einsatz. Einige davon werden im Abschn. 2.3.5 erläutert und voneinander abgegrenzt. Der nächste Teil befasst sich mit künstlichen neuronalen Netzen. Es wird dargestellt, wie ein solches Netz aufgebaut ist und wie es funktioniert. Im Abschn. 2.3.6.3 wird die Funktionsweise von unterschiedlichen künstlichen neuronalen Netzen aufgezeigt. Da in einer Übung gezeigt wird, wie ein Faltungsnetz erzeugt werden kann, wird ein besonderes Augenmerk auf den Abschn. 2.3.5.3.4 gelegt. Nachdem die theoretischen Grundlagen abgehandelt sind, wird das erlernte in die Praxis umgesetzt. In beiden Übungen werden zunächst die Lernziele definiert und das Computersystem, auf dem programmiert werden soll entsprechend vorbereitet. Anschließend wird in Abschn. 2.4.1 ein einzelnes Perzeptron und in Abschn. 2.4.2 ein Faltungsnetz zur

J. Herrmann (✉)
Contwig, Deutschland
E-Mail: joerg.herrmann@hs-kl.de

Bildunterscheidung programmiert werden können. Der letzte Teil dieses Kapitels enthält die Schlussbetrachtung, das Fazit und einen Ausblick.

2.1 Einleitung

Schon immer haben Menschen versucht, bestimmte Arbeiten zu vereinfachen. Zur Erleichterung wurden Werkzeuge und Maschinen entwickelt und eingesetzt. Aus primitiven Hilfsmitteln wurden so über die Jahre hochkomplexe Gegenstände, die nicht nur in der Industrie, sondern auch in privaten Haushalten Einzug erhielten. Ein solches Hilfsmittel sind z. B. Computer, die heutzutage in den unterschiedlichsten Formen in den meisten Haushalten zu finden sind. Mit Ihnen werden neben Büroarbeit und Spielen auch Einkäufe getätigt, Bilder bearbeitet oder über Streaming-Portale Filme und Serien angesehen. Damit allerdings bestimmte Funktionen abgerufen werden können, werden entsprechende Programme benötigt, die zuvor lernen müssen, wie bestimmte Abläufe funktionieren. Bei solchen Programmen handelt es sich um künstliche Intelligenz.

2.1.1 Problemstellung

Es sollen beispielhaft Übungen erstellt werden, die später in ein Blended-Learning Kursangebot zum Thema künstliche Intelligenz aufgenommen werden können. Damit solche Übungen generiert werden können, ist zunächst ein grundsätzliches Vorwissen der Themengebiete notwendig. Mit der ersten Übung soll dargestellt werden, wie ein einzelnes Neuron lernen kann. Eine weitere Übung soll sich mit der Unterscheidung von Objekten auf Bildern befassen. Eine künstliche Intelligenz soll hierbei unterscheiden, ob auf einem Bild ein Hund oder eine Katze zu erkennen ist. Die Übungen sollen aufbauend auf eine noch nicht vorhandene Präsenzvorlesung Studierenden und anderen Lernwilligen auf elektronischem Weg zugänglich sein.

2.1.2 Motivation und Relevanz

Wenn es in der Lehre um IT-Themen geht, sollten sich Dozenten mit aktuellen Themen auseinandersetzen, die sie in ihre Lehre einfließen lassen. Ein Themengebiet, welches momentan einen Aufschwung erlebt, ist die künstliche Intelligenz. Damit diese Thematik in absehbarer Zeit Einzug in den Studiengang Wirtschaftsinformatik der Hochschule Kaiserslautern erhält, wird bereits jetzt mit den Vorbereitungen begonnen. Ein Teil der zukünftig angebotenen Veranstaltungen wird mit Übungen abgedeckt werden, mit denen die Programmierung künstlicher Intelligenzen den Studierenden nähergebracht werden soll. Zudem sollen die Übungen auch anderen Lerninteressierten außerhalb der Hochschule zur Verfügung gestellt werden.

2.1.3 Zielsetzung und Vorgehensweise

Ziel ist die beispielhafte Erstellung eines Blended-Learning Kursangebotes, mit dem künstliche Intelligenz den Lernenden nähergebracht werden soll. Es wird zunächst in Abschn. 2.2 auf den Begriff Blended-Learning und die Einordnung des Blended-Learnings innerhalb der unterschiedlichen Lehrformen eingegangen. Es wird erläutert worum es sich handelt, wenn von Präsenzlehre oder E-Learning gesprochen wird. Da sich das Blended-Learning von anderen Lehrformen unterscheidet, werden im Abschn. 2.2.3.1 die Vorgehensweise beim Blended-Learning sowie die didaktischen Anforderungen daran aufgezeigt. Abschließend werden die Lernziele betrachtet.

Damit Lernende wissen wobei es um künstliche Intelligenz handelt, welche Arten es davon gibt und wie diese funktioniert, beschäftigt sich der Abschn. 2.3 ausschließlich mit dieser Thematik. Nachdem versucht wird künstliche Intelligenz in Abschn. 2.3.1 zu definieren, erfolgt eine Unterteilung in die Arten künstlicher Intelligenzen. Welchen Unterschied künstliche Intelligenzen gegenüber regelbasierten Computerprogrammen aufweisen, wird in Abschn. 2.3.2 erläutert. Im Anschluss daran erfolgt der Einstieg in das Machine Learning. Im Abschn. 2.3.3 geht es darum zu verstehen, wie Maschinen lernen können und wie das Machine Learning definiert ist. Daten spielen bei künstlichen Intelligenzen eine essenzielle Rolle. Eine Unterteilung in strukturierte und unstrukturierte Daten findet in Abschn. 2.3.4 statt. Im Machine Learning werden unterschiedliche Algorithmen zum Anlernen eines Systems eingesetzt. Einige dieser Algorithmen werden in Abschn. 2.3.5 genauer erläutert. Der Abschn. 2.3.6 befasst sich ausschließlich mit künstlichen neuronalen Netzen, mit denen komplexe Aufgabenstellungen gelöst werden können. Nachdem der Aufbau und die Funktionsweise solcher Netze erläutert werden, wird in Abschn. 2.3.6.3 auf einige unterschiedliche Netzarten eingegangen

Nachdem die Grundlagen geschaffen sind, werden in Abschn. 2.4 zwei Programmierübungen erläutert, mit deren Hilfe die Lernenden ein einzelnes Perzeptron und ein Convolutional neuronales Netz eigenständig als Programmcode in der Programmiersprache Python umsetzen können. Zunächst werden hierfür bei beiden Übungen, die beispielhaft für die Blended-Learning Kurse stehen, die Lernziele definiert und die nötigen Vorbereitungen erläutert, die vorgenommen werden müssen, um anschließend die Programme zu erstellen. Im letzten Kapitel wird in einer Schlussbetrachtung reflektiert, welche der gesetzten Ziele umgesetzt wurden. Den Abschluss dieser Arbeit bilden ein Fazit und ein Ausblick.

2.2 Lehrformen

Da sich dieses Kapitel mit der Erstellung eines Blended-Learning-Kursangebotes befasst, wird erläutert, was darunter zu verstehen ist und wie sich diese Lehrform zusammensetzt. Hierbei werden die dafür notwendigen Lehrformen näher betrachtet und beschrieben. Es wird der Weg von der Präsenzlehre über das E-Learning hin zum Blended-Learning betrachtet. Bei dieser speziellen Form der Lehre wird darauf eingegangen, wie diese integriert werden kann, welchen didaktischen Anforderungen diese unterliegt und wie Lernziele unterteilt sind.

2.2.1 Präsenzlehre

Sobald sich Lernende zusammen mit dem Lehrenden zur selben Zeit am selben Ort befinden und eine Bildungsmaßnahme durchgeführt wird, kann dies als Präsenzlehre, Präsenzunterricht oder Präsenzveranstaltung bezeichnet werden. Da bei dieser Art der Lehrform sämtliche Parteien physisch vorhanden sind kann eine direkte Kommunikation (face-to-face) stattfinden. Auch die Art unmittelbar miteinander zu interagieren findet direkt mit den jeweiligen Teilnehmern statt wodurch natürliche Kommunikationsformen wie Sprache und Gestik entsprechend Geltung finden. Traditionell findet der Präsenzunterricht als Frontalunterricht statt, welcher durch Gruppen- und Einzelarbeiten, Seminaren, Übungen, Praktika und die entsprechende Literatur ergänzt werden kann. Die Lerninhalte werden dabei von einem Lehrenden mit der entsprechenden Gebietsexpertise vermittelt.[1]

Die Präsenzlehre besitzt sowohl Vorteilen als auch Nachteile, welche in der folgenden Tab. 2.1 dargestellt sind. Da es bei einer solchen Gegenüberstellung meist mehrere beteiligte Akteure gibt, wurde die Beurteilung aus Sicht des Lehrenden mit einem -L- und die des Lernenden mit einem -S- gekennzeichnet. Die Tabelle soll als Vergleich einiger positiver und negativer Aspekte dienen und hat keinen Anspruch auf Vollständigkeit. Zudem können, je nach Betrachtungsweise, einige der angeführten Punkte auch der gegenüberliegenden Seite zugeschrieben werden.

2.2.2 E-Learning

Eine Alternative zu der zuvor definierten Präsenzlehre bietet das E-Learning. Beim E-Learning werden die Lerninhalte so aufbereitet, dass diese ohne eine zusätzliche Präsenzveranstaltung unter Zuhilfenahme von elektronischen Hilfsmitteln wie Computern, Tablets oder Smartphones an jedem Ort abgerufen und von den Lernenden verwendet werden können. Hierbei hat der Lernende elektronischen Zugriff auf die zu er- bzw. bearbeitenden Materialien. Dies können Videos, Podcasts, elektronisch ausfüllbare Fragebögen, Simulationen, Animationen und andere elektronische Materialien sein. Wird das E-Learning in Form einer virtuellen Lehre angeboten, existiert hierfür kein nennenswerter Anteil an Präsenzlehre, sofern es überhaupt ein Präsenzangebot gibt. Bei solchen Kursen ist die Interaktion zwischen Lehrenden und Lernenden eher

---
[1] Vgl. User: Kitikat et al. (2020).

Tab. 2.1 Vor- und Nachteile der Präsenzlehre[a, b]

Vorteile	Nachteile
Förderung der sozialen Interaktion und Kommunikation (L/S)	Zeitliche und räumliche Einschränkungen (L/S)
Direkte Vermittlung von Lerninhalten (L/S)	Zusätzliche Kosten, z. B. Anfahrt (L/S)
Direkte Interaktion (L/S)	Probleme werden meist nur während der Präsenzveranstaltung gelöst (S)
Verbesserung der sozialen Kompetenz (S)	Oft nicht genügend Zeit für themenbasierte Diskussionen (S)
Stärkung des Zusammengehörigkeitsgefühls (S)	Demotivation durch mangelndes Feedback (S/L)
Vertrauensbildung innerhalb der Gruppe (S)	Angst in der Gruppe (S)
Im Gegensatz zu alternativen Lehrkonzepten minimal Kosten (L)	Schwer zu engagieren, wenn die Bildungsmaßnahme neben dem Beruf stattfindet (S/L)
Neben der Fachkompetenz keine zusätzlichen Anforderungen notwendig (L/S)	Das Lerntempo ist nicht individuell anpassbar (S)

[a]In Anlehnung an: User: Avatar et al. (2020a, b)
[b]In Anlehnung an: User: Kitikat et al. (2020)
Legende: L = Lehrender (Lehrer)
S = Lernender (Schüler)

gering und die Kommunikation zwischen den Parteien findet in Chaträumen, Foren, per E-Mail (electronic Mail) oder einem anderen elektronischen Weg statt. Zu den Formen des E-Learnings zählen neben der virtuellen Lehre das Blended-Learning, content-sharing, learning-communities, Computer-supported cooperative learning, web-based-collaboration, virtual classrooms, interaktive Whiteboards, business Tv, rapid E-Learning, Mikrolernen, Prozessvisualisierung modularer Inhalte im Rahmen von E-Learning sowie 3-D-Infrastuktur Plattformen.[2]

Wie bereits im vorherigen Kapitel, soll auch hier eine Gegenüberstellung von Vor- und Nachteilen, die positiven und negativen Aspekte der Lernform aufzeigen. Wie bereits zuvor erfolgt die Betrachtung aus Sicht des Lehrenden, mit -L- gekennzeichnet sowie aus Sicht des Lernenden, mit -S- gekennzeichnet. Auch diese unterliegen einer subjektiven Betrachtungsweise. Tab. 2.1 und 2.2 ha keinen Anspruch auf Vollständigkeit und unterliegen einer subjektiven Betrachtungsweise.

Wie den Tab. 2.1 und 2.2 zu entnehmen ist können die Vorteile der Präsenzlehre gleichzeitig die Nachteile des E-Learnings und umgekehrt darstellen. Um das möglichst beste Ergebnis aus den beiden Lehrformen verwenden und die Vorteile beider

---

[2]Vgl. User: Avatar et al. (2020a, b).

Tab. 2.2 Vor- und Nachteile von E-Learning,[a]

Vorteile	Nachteile
Individuelles Lerntempo (S)	Weitere Kompetenzen notwendig (L/S)
Wiederholungen beliebig oft durchführbar (S)	Präsentation der Lehrmaterialien hängt von eingesetzter Technik ab (L/S)
Ständiger Zugriff auf Lernmaterial (S)	Hoher Grad an Selbstdisziplin notwendig (S)
Kostengünstig bei hoher Teilnehmerzahl (S)	Am Bildschirm lernen ermüdender als mit Papier (S)
Unterschiedlicher Wissenstand kann kompensiert werden (S)	Wissen muss selbst erarbeitet werden (S)
Keine Bloßstellung vor anderen (S)	Fehlende soziale Kontakte (S)
Es kann just-in-time gelernt werden (S)	Fehlende Didaktik bei der Erstellung von E-Learning Lösungen (L)
Lernobjekte sind wiederverwendbar (L)	Zusätzliche kosten durch Hard- und Software (S/L)

[a] In Anlehnung an: User: Avatar et al. (2020a, b)
Legende: L = Lehrender (Lehrer)
S = Lernender (Schüler)

Lehrformen nutzen zu können und somit die Nachteile möglichst gering zu halten, kann das Blended-Learning verwendet werden.

2.2.3 Blended-Learning

Blended-Learning wird als die Art der Lehre verstanden, bei der unterschiedliche Lehrformen wie Präsenzunterricht in Kombination mit E-Learning angeboten werden. Bei einem solchen Verbund wird bei der Verwertung des Wissens auch von integriertem Lernen gesprochen. Die Lerninhalte sollen dabei so vermittelt werden, dass das Verständnis im Focus steht und die Lernenden nicht nur die Lerninhalte auswendig, z. B. zum Bestehen der Prüfung, lernen müssen. Es sollen demnach die Zusammenhänge verstanden und anschließend entsprechend umgesetzt werden können. Unter diesen Begriff fällt aber auch eine Komposition des formellen Lernens gepaart mit dem informellen Lernen sowie der Verwendung von zweidimensionalen Codes, z. B. QR-Codes (Quick Response Codes), welche beispielsweise auf Printmedien ihre Verwendung finden. Kommt in wissenschaftlichen Bereichen eine solche Kombination zustande, wird dies als Medienverbund oder hybrides Lernarrangement betitelt.[3]

---

[3] Vgl. Bendel, O. (2018).

2.2.3.1 Vorgehensweise

Zunächst wird beim Einsatz von Blended-Learning das Lernziel der jeweiligen Bildungsmaßnahme definiert, welches möglichst effizient zum Erfolg führt. Hierfür sollte eine passende Kombination aus unterschiedlichen Methoden, Modulen, Medien sowie Präsenz- und E-Learning-Veranstaltungen, welche aufeinander aufbauen und sich gegenseitig ergänzen, getroffen werden. Dabei können Präsenzveranstaltungen als Start der Bildungsmaßnahme eingesetzt werden. Durch diese Art der Veranstaltung können sich zugleich sämtliche Beteiligten kennenlernen. Hierdurch kann eine Basis für ein gemeinsames Arbeiten und Lernen, auch im virtuellen Raum, geschaffen werden.

Ist eine Präsenzveranstaltung zum Start der Bildungsmaßnahme nicht möglich oder gewünscht, können virtual classrooms (virtuelle Klassenzimmer) oder Web-Based-Trainings (WBTs) eingesetzt werden. Durch den Einsatz dieser Methoden, sollen die Teilnehmer, zur Vorbereitung auf die Präsenzveranstaltung, auf einen äquivalenten Wissensstand gebracht werden. Zudem soll dies für eine Entlastung des formellen Lernens, also dem herkömmlichen Lernen mit Präsenzveranstaltung innerhalb einer Bildungseinrichtung sorgen und das informelle Lernen, also die Verwendung von E-Learning-Einheiten in virtuellen Klassenzimmern, entsprechend stärken. Als weiterer Aspekt ist die Verwendung von QR-Codes auf Druckmedien zu nennen. Solche Codes können in den Lernunterlagen z. B. in einem Buch an entsprechenden Stellen zum Einsatz kommen. Gelangt die lernende Person an eine solche Stelle, kann der QR-Code mit dem Smartphone oder einem anderen dafür geeigneten Gerät abgescannt werden und es werden weitere Informationen online abgerufen.[4]

2.2.3.2 Didaktische Anforderungen[5]

Bei dem erfolgreichen Einsatz von Blended-Learning-Angeboten sollte bedacht werden, dass den Teilnehmern dieser Maßnahme nicht nur das nötige Wissen, sondern auch die darauf aufbauende Handlungskompetenz vermittelt wird. Es ist demnach unabdingbar, dass die Lernenden am Ende der Bildungsmaßnahme ihr neues Wissen so transferieren können, dass es entsprechend umgesetzt und angewendet werden kann. Bei der Konzeption solcher Angebote sollten das Lernziel, die Handlungsorientierung sowie die zu erzielende Transferleistung entsprechend ausgearbeitet und durchdacht sein. Zudem sollten die technischen Voraussetzungen, welche für die Wissensvermittlung notwendig sind, vorhanden sein.

Lernziel Das Lernziel, welches klar formuliert und für alle Beteiligten transparent gestaltet sein sollte, dient als Grundlage des didaktischen Konzepts und basiert auf den

---

[4] Vgl. User: Haircutter et al. (2020).
[5] Vgl. Bett K. und Fassnacht K. (2020).

Anforderungen, welche von den Lernenden zu erfüllen sind. Es ist demnach die Frage zu stellen, welche Kompetenzen und welches Wissen werden von den Teilnehmern benötigt.

Handlungsorientierung Hierbei sollte die Frage gestellt werden, welche Tätigkeiten im Anschluss an die Bildungsmaßnahme von den Teilnehmern ausgeführt oder besser ausgeführt werden sollen. Es sollte darauf geachtet werden, dass nicht nur das Wissen im Fokus steht und sich daran die Lernziele ausrichten.

Transferleistung Die eingesetzten Medien und Methoden sollten so ausgewählt werden, dass das erlernte Wissen in eine praktische Kompetenz umgesetzt werden kann. Mithilfe von Anwendungsfällen, Simulationen und entsprechenden Rollenspielen soll es den Lernenden ermöglicht werden, das erlernte Wissen, unter Anleitung in die Praxis umzusetzen. Mit welchen Methoden und Medien, kann das bereitgestellte theoretische Wissen in praktische Kompetenz transferiert werden.

Technische Voraussetzungen Auf welche technischen Mittel haben die Teilnehmer Zugriff und welches technische Know-how wird benötigt. Bei der Konzeption sollte darauf geachtet werden, welche Hardware den Teilnehmern tatsächlich zur Verfügung steht, da es unter Umständen sein kann, dass eine Person mangels notwendiger Hardware nicht die geforderten Ansprüche erfüllen kann. Zudem ist es wichtig zu hinterfragen, ob die Teilnehmer mit der zum Einsatz kommenden Software umgehen können oder ob eine zusätzliche Einweisung erfolgen muss.

2.2.4 Lernziele

Um sich einen Überblick verschaffen zu können, welche Ziele einer Lerneinheit erreicht werden sollen, ist es notwendig, diese Ziele entsprechend zu definieren. Zuvor erreichte Lernerfolge bilden dabei die Grundlage für das Erlangen des neuen Wissens. Gleichzeitig schafft das neu erlernte Wissen die Basis für nachgelagerte Lernziele. Die Lernziele können unterteilt werden in Richtlernziele, Groblernziele und Feinlernziele.[6]

Richtlernziele Bilden die Einordnung in die unterschiedlichen Lernfelder. Mit diesen Zielen wird zum Beispiel angegeben, aus welchen Themengebieten Wissen generiert werden soll, um die Ziele zu erreichen.[7]

---

[6] Vgl. Glamayer, C. (2020).
[7] Vgl. Glamayer, C. (2020).

Groblernziele Sollten so formuliert sein, dass sie die Fähigkeiten und Fertigkeiten widerspiegeln, welche durch die jeweilige Lerneinheit vermittelt werden und nach erfolgreichem Lernprozess bei den Lernenden vorhanden sein sollten.[8]

Feinlernziele Werden als Kompetenzen und Tätigkeiten beschrieben, die Lernende erreichen sollen und als Teilziele einer überschaubaren Anzahl an Lerneinheiten formuliert. Die Reihenfolge der Feinlernziele sollte so gestaltet sein, dass diese sinnvoll aufeinander aufbauen und hierdurch die Erreichung der Groblernziele fokussiert wird. Die Reihenfolge der Feinlernziele wird vom Lehrenden zuvor festgelegt.[9]

Gerade bei komplexen Themen kann es schwierig werden die Lernziele so zu formulieren, dass diese in Ihrer Gewichtung aufeinander aufbauen. Eine Einordnung kognitiver Lernziele kann hierbei hilfreich sein. Der US-amerikanische Psychologe Benjamin Bloom hat mit der Lernzieltaxonomie die kognitiven Lernziele in sechs Bereiche unterteilt, die in Abb. 2.1 dargestellt werden.[10]

Die erste Ebene bildet das **Wissen** spezifischer Informationen. Diese Informationen können sowohl durch das Kennen als auch durch das Erinnern vorhanden sein. Zudem gehört hierzu das Methodenwissen, wie mit den Informationen gearbeitet werden kann. Des Weiteren betrifft dieser Bereich die Abstraktionen des Wissens in einem speziellen Fachgebiet. Ein Beispiel für dieses Lernziel könnte sein, die Kriterien der künstlichen Intelligenz zu kennen, diese zu beschreiben und deren wichtigsten Elemente aufzuzählen.[11]

Die nächste Ebene befasst sich mit dem **Verstehen**. Zusammenhänge und deren Bedeutungen zueinander sollen hierbei Verstanden werden. Hierdurch können Informationen in eigene Sätze transformiert, fremde Sätze interpretiert und ggf. Voraussagen getroffen werden. Ein Beispiel für dieses Lernziel könnte sein, die Bedeutung der künstlichen Intelligenz im Hinblick auf zukünftige Geschäftsmodelle zu erkennen und zu beschreiben sowie eine Aussage über die Anwendung dieser zu treffen.[12]

Das Anwenden bildet die dritte Stufe der kognitiven Lernziele. Bei diesen Lernzielen geht es um die **Anwendung** des Wissens zur Lösung eines konkreten Problems. Vorhandenes Wissen soll hierbei hilfreich eingesetzt werden. Ein Beispiel könnte die Anwendung künstlicher Intelligenzen zur Reduzierung des Welthungers sein.[13]

---

[8] Vgl. Glamayer, C. (2020).
[9] Vgl. Glamayer, C. (2020).
[10] Vgl. Glamayer, C. (2020).
[11] Vgl. Glamayer, C. (2020).
[12] Vgl. Glamayer, C. (2020).
[13] Vgl. Glamayer, C. (2020).

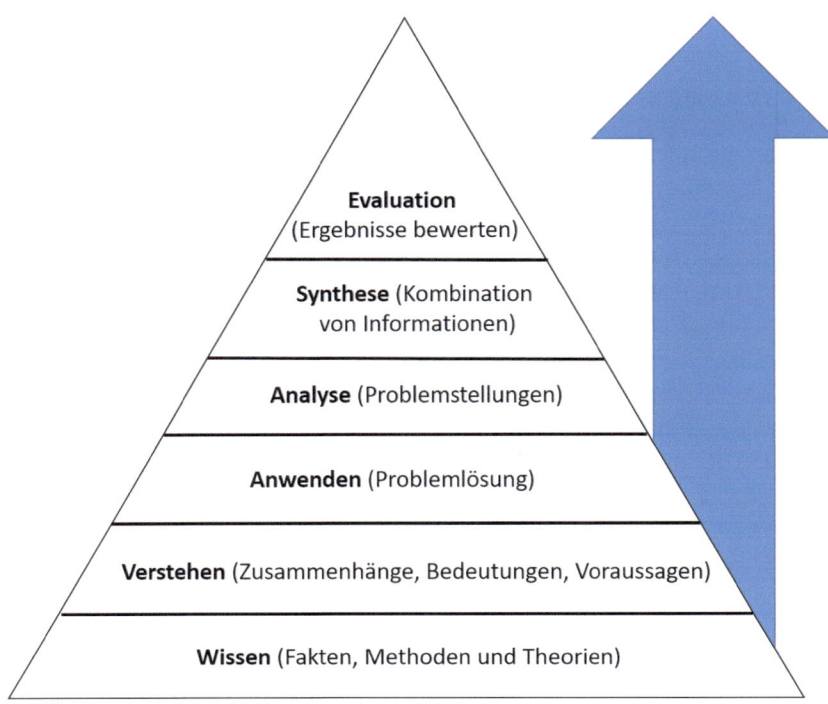

Abb. 2.1 Taxonomie der Lernziele nach Bloom. (In Anlehnung an: Glamayer, C., 2020)

Beim **Analysieren,** der vierten Stufe der kognitiven Lernziele, geht es um die Untersuchung wesentlicher Bestandteile einer bestimmten Situation. Beziehungen zwischen den unterschiedlichen Bestandteilen sollen erkannt und nach entsprechenden Prinzipien geordnet werden können. Voraussetzung hierfür sind die Kenntnisse, die Fähigkeiten und Fertigkeiten der zuvor erreichten Lernziele der Stufen eins bis drei. Ein Beispiel für dieses Lernziel ist Annahmen in Fachliteratur zu benennen, Argumentationsarten herausfiltern, Argumentationsfehler aufzeigen sowie die Herangehensweisen einschätzen zu können.[14]

Bei der Stufe fünf der Lernzieltaxonomie geht es darum, neue Kombinationen bereits vorhandener Informationen zu **Synthetisieren.** Hierbei ist eine Unterteilung in drei Unterkategorien möglich:[15]

---

[14] Vgl. Glamayer, C. (2020).
[15] Vgl. Glamayer, C. (2020).

- Produktion von Unikaten durch die Neustrukturierung bereits vorhandener Daten (z. B. Komposition eines Musikstücks),
- Erstellung von Handlungsplänen (z. B. Entwicklung einer Unterrichtseinheit für Lernschwache) und
- Ableiten von aufeinanderfolgenden Beziehungen (z. B. Formulieren von Lerntheorien für den Unterricht).

Als Beispiel kann in diesem Fall das Verfassen einer Arbeit oder die Planung einer speziellen Präsentation genannt werden.[16]

Die letzte der sechs Ebenen ist die **Evaluation**. Sämtliche Lernzielstufen, die unter dieser Stufe liegen, fließen in diese Stufe hinein. Hierbei geht es darum, entsprechende Bewertungen durchführen zu können. Ein Beispiel für dieses Lernziel kann die Bewertung von wissenschaftlich erstellten Arbeiten darstellen.[17]

Da die Stufen hierarchisch aufeinander aufbauen ist es möglich, die zu erreichenden Kompetenzen voneinander abzugrenzen, um somit eine Transparenz und entsprechende Verständlichkeit bei den Lernenden zu schaffen. Lernende sind hierdurch in Lage abschätzen zu können, ob sie für die Erreichung eines bestimmten Zieles bereits über das notwendige Wissen, Kenntnisse und Fertigkeiten verfügen. Zudem wird aufgezeigt, welche Weiterbildung notwendig ist, um das nächste Ziel zu erreichen.[18]

2.3 Künstliche Intelligenz

Maschinen sind mittlerweile Teil unseres Alltags. Smartphones, Tablets, Navigationssysteme sowie Lautsprecher mit denen Gespräche geführt werden können und viele andere, mehr oder weniger nützliche Gadgets, helfen und unterstützen uns dabei, bestimmte Aufgaben zu erledigen.

Soll z. B. ermittelt werden, welcher Vogel gerade im Garten zwitschert, kann dieses Zwitschern mit dem Smartphone und der entsprechenden mobilen Applikation (App) ermittelt werden. Hierzu wird das Geräusch des Vogels mit der App aufgezeichnet und im Display des Smartphones die richtige Vogelart angezeigt. Wie allerdings ein solches System funktioniert, bleibt dabei erst einmal verborgen. Zunächst lässt sich als Laie vermuten, dass die erzeugte Aufnahme mit vielen weiteren Aufnahmen verglichen wird und das System hierdurch den passenden Vogel zum Gezwitscher findet. Mit etwas mehr als

---

[16] Vgl. Glamayer, C. (2020).
[17] Vgl. Glamayer, C. (2020).
[18] Vgl. Glamayer, C. (2020).

10.300[19] Vogelarten weltweit wäre ein solches System allerdings über mehrere Jahre beschäftigt, um einen solchen Vergleich durchzuführen. Selbst wenn die Anzahl der Vogelarten reduziert werden würde, könnte von dem System nur eine vage Schätzung vorgenommen werden. Hintergrund hierfür können z. B. Nebengeräusche sein, welche bei Aufnahmen in der freien Natur unweigerlich mit aufgezeichnet werden. Doch wie schafft es ein solches System, innerhalb nur weniger Sekunden, den richtigen Vogel im Display anzuzeigen? Solche Aufgaben werden heute von künstlichen Intelligenzen übernommen. Aber was ist das genau?

In diesem Teil soll erläutert werden, wobei es sich bei künstlichen Intelligenzen handelt, wie diese unterteilt werden und wie bestimmte Bereiche davon funktionieren.

2.3.1 Definition von „künstliche Intelligenz"

Wer in der Literatur nach einer eindeutigen Definition von künstlicher Intelligenz sucht, wird auf viele unterschiedliche Ansätze stoßen. Warum sich der Begriff künstliche Intelligenz so schwer definieren lässt, hängt damit zusammen, dass es bereits für den Begriff Intelligenz keine eindeutige Definition gibt.

So definiert z. B. Prof. Dr. Maier, G. im Gabler Wirtschaftslexikon Intelligenz folgendermaßen:

> „… in der Psychologie ein hypothetisches Konstrukt (d.h. eine Erklärung für ein nicht direkt beobachtbares Phänomen), das die erworbenen kognitiven Fähigkeiten und Wissensbestände einer Person bezeichnet, die ihr zu einem gegebenen Zeitpunkt zur Verfügung stehen. …"[20]

Eine weitere Definition kommt von den Autoren Kern, S., Schadwinkel, A. und Zielke, J. Sie definieren Intelligenz wie folgt:

> „Intelligenz ist die Umschreibung für die Fähigkeit, sich in neuen Situationen durch Einsicht zurechtzufinden und Aufgaben durch Denken zu lösen."[21]

Laut den Autoren ist nicht die Erfahrung relevant, sondern vielmehr die Kombinatorik beim Erfassen von Beziehungen. Demzufolge kann möglicherweise, durch eine neue Sicht auf ein bestehendes Problem, dieses eventuell ohne mehrere Versuche oder zu voriges Lernen gelöst werden.

In der Literatur wird oft das Zitat von Edwin Boring aus dem Jahr 1923 angeführt, mit dem Boring seine eigene Definition für Intelligenz beschreibt:

---

[19] Vgl. User: unbekannt (2013).
[20] Maier, G. (2020).
[21] Kern S. et al. (2020).

> „Intelligenz ist das, was der Intelligenztest misst."[22]

Boring verschiebt somit das Problem der Definition von Intelligenz auf unterschiedliche Tests, die allerdings nicht den Begriff Intelligenz, sondern vielmehr das Vorhandensein in einem bestimmten Maß beschreiben.

Bei dem Begriff der künstlichen Intelligenz verhält es sich ähnlich. Es gibt unterschiedliche Ansätze diesen Begriff zu definieren, aber da Intelligenz bisher nicht eindeutig definiert ist, erweist es sich hierfür ähnlich schwer.

Dr. Markus Siepermann von der Technischen Universität Dortmund definiert die künstliche Intelligenz so:

> „Künstliche Intelligenz beschäftigt sich mit Methoden, die es einem Computer ermöglichen, solche Aufgaben zu lösen, die, wenn sie vom Menschen gelöst werden, Intelligenz erfordern."[23]

In einem Bericht von Jann Raveling auf der Webseite der Wirtschaftsförderung Bremen GmbH wird der Begriff künstliche Intelligenz als:

> „… Versuch, menschlichen Lernens und Denkens auf den Computer zu übertragen und ihm damit Intelligenz zu verleihen…"[24]

erklärt.

Da es auch hier unter den Experten bislang keinen Konsens bezüglich der Definition von künstlicher Intelligenz gibt, wird in der Literatur des Öfteren versucht, sich dem Begriff der künstlichen Intelligenz zu nähern. Hierbei wird im deutschen Raum gerne von schwacher und starker Intelligenz gesprochen.

2.3.1.1 Starke Intelligenz

Wer bereits Filme wie Terminator, Wall-E, Matrix und Ex-Machina gesehen hat, dem sind starke künstliche Intelligenzen mit Sicherheit bekannt. Bei all diesen Science-Fiction-Filmen lösen Maschinen Probleme, die von genereller Natur sind. Das bedeutet, sie können jede Aufgabe intuitiv lösen. Die Art mit der die Probleme gelöst werden, ähneln dabei in den Ansätzen derselben Art, die ein Mensch verwenden würde, um dasselbe Problem zu lösen. Allerdings werden die Probleme mit einer wesentlich höheren Präzision gelöst als es ein Mensch je machen könnte. In den Filmen wird suggeriert, dass die Maschine ein eigenes Bewusstsein und manchmal sogar Gefühle

---

[22] Kern S. et al. (2020).
[23] Siepermann, M. (2020).
[24] Raveling, J. (2020).

hat. Diese Art der Intelligenz ist bislang noch reinste Fantasie und sie wird wohl in den nächsten Jahrzehnten nur in Science-Fiction-Filmen und Büchern vorkommen.[25]

2.3.1.2 Schwache Intelligenz

Die schwache Intelligenz hingegen ist bereits heute Bestandteil unseres Alltags. Eine schwache Intelligenz ist eine Ansammlung von Rechenoperationen die mehr oder weniger komplex gestaltet sein können und gemeinsam einen komplexen Algorithmus zur Lösung eine Aufgabe darstellen. Dabei wurde der Lösungsweg vom Algorithmus selbstständig erlernt. Bei der Lösung eines Problems zeigt diese Art der Intelligenz kein Verständnis und der Algorithmus geht auch keine Kompromisse ein. Da die schwache Intelligenz die künstliche Intelligenz ist, welche bereits vorhanden ist, wird im weiteren Verlauf dieser Arbeit nur noch diese betrachtet.[26]

2.3.2 Unterschied zu regelbasierten Computerprogrammen

Auch einfache Programme unterliegen in aller Regel einem oder mehreren Algorithmen, die nacheinander abgearbeitet werden. Sobald irgendwas ausgelöst wird, soll irgendetwas anderes vom System gemacht werden. So wird z. B. ein Druckauftrag nur dann an den Drucker weitergeleitet, wenn zuvor der Button „Drucken" gedrückt wurde. Bei dieser Form handelt es sich um ein regelbasiertes System. Werden die abzuarbeitenden Probleme zu kompliziert, um einen entsprechenden Programmcode dafür zu entwickeln, wird eine künstliche Intelligenz eingesetzt, die die Schritte zur Lösung des Problems selbstständig erlernen kann. Eine Person auf einem Bild kann an ganz vielen unterschiedlichen Orten zu unterschiedlichen Tageszeiten, unterschiedlichen Wetterverhältnissen und noch ganz vielen weiteren unterschiedlichen Merkmalen aufgenommen sein. Diese Vielzahl an Variationen macht es einem regelbasierten Programmcode schwer zu erkennen, wer sich tatsächlich auf dem Foto befindet. Um bei diesem Beispiel eine aussagekräftige Antwort zu erhalten, müssten sämtliche Fälle, wie ein Bild mit einer bestimmten Person gemacht sein könnte, vorab bekannt und alle im Programm vorhanden sein. Da es aber unzählige Fälle gibt, wie ein solches Foto gemacht sein kann, ist das unmöglich. Doch wie macht das eine künstliche Intelligenz? Die künstliche Intelligenz kennt auch nicht jedes Bild, welches von einer Person je gemacht wurde. Durch die Anzahl bereits vorhandener Bilder einer Person kann das System lernen, wie eine Person aussieht. Die daraus resultierende Regel wird auf weitere Bilder übertragen und auf Milliarden unterschiedliche Bilder mit Gesichtern in Bruchteilen von Sekunden übertragen. Damit kann die künstliche Intelligenz auch mit unbekannten Daten umgehen,

---

[25] Vgl. Raveling, J. (2020).
[26] Vgl. Raveling, J. (2020).

Muster erkennen und ggf. Handlungen davon ableiten. Das was eine künstliche Intelligenz dabei lernt, wird durch den Programmcode vom Menschen bestimmt und designed. Die Möglichkeit zu lernen macht die künstliche Intelligenz gegenüber regelbasierten Systemen weitaus mächtiger.[27]

2.3.3 Machine Learning

Wenn ein Computercode in der Lage ist zu lernen, wie funktioniert dies? Hierzu sollte zunächst betrachtet werden wie ein Mensch lernt. Wenn es z. B. darum geht sich neues Wissen anzueignen, haben Menschen die Möglichkeit dieses Wissen durch das Nachlesen der gewünschten Information in unterschiedlichen Lexika zu erlangen. In den Lexika steht meist nicht die Antwort im selben Wortlaut und Informationen, die in einem Lexikon enthalten sind, kommen nicht zwangsläufig auch in einem anderen vor. Im Kern wird allerdings immer dieselbe Antwort zu finden sein. Durch die Anreicherung dieser Daten mit weiteren Informationen kann somit der Wissensschatz weiter aufgebaut werden und zu einer bereits vorhandenen Information kommen weitere hinzu. Hierdurch ist eine Leistungssteigerung, ähnlich einem Sportler, der Krafttraining betreibt, zu beobachten, die durch eine zielgerichtete Anstrengung erreicht wurde. Durch das wiederholte lesen der Kernaussage in weiteren Lexika, lassen sich Verhaltensänderungen, welche auf Beobachtung, Übung und Erfahrung zurückzuführen sind, feststellen. Bestimmte Verhaltensänderungen bewirken demnach, dass wir aus gemachten Erfahrungen lernen. Computer sollen das ähnlich machen. Hierbei werden die von der Maschine gemachten Erfahrungen anhand von Daten dargestellt. Da es allerdings eine unzählbare Menge an Daten gibt, könnte impliziert werden, dass eine Maschine automatisch immer weiter lernt. Dem ist aber nicht so. Ein bestimmtes Verhalten lässt sich durch einmaliges Lernen oder Trainieren entsprechend abspeichern und zu einem benötigten Zeitpunkt wieder abrufen.[28]

Maschinen sind in der Lage ihr Verhalten situationsbedingt leicht anzupassen. Ein Saugroboter, der zum ersten Mal in Betrieb genommen wird, fährt zunächst den Fußboden ab, um das zu reinigende Areal zu erkunden. Dabei stößt der Roboter gegen Möbel, Wände und andere Gegenstände, die sich auf dem Fußboden befinden. Je nach Ausführung werden die Koordinaten, die der Saugroboter abgefahren hat, gespeichert. Auch das Kollidieren mit Möbel, Wänden und anderen Gegenständen wird entsprechend aufgezeichnet. Der Saugroboter hat durch das Sammeln von Daten gelernt und kann beim nächsten Einsatz seinen Erfahrungsschatz einsetzen, um nicht mit Hindernissen zu kollidieren. Gegenstände, die sich auf dem Fußboden eines Raumes befinden, werden

---

[27] Vgl. Raveling, J. (2020).
[28] Vgl. Frochte, J. (2019, S. 13).

hin und wieder verschoben. Ein Stuhl steht meist nicht immer an derselben Stelle, was zur Folge hat, dass der Roboter bei seinem nächsten Einsatz ein neues Hindernis hat, welches noch nicht in seinen Daten und somit in seinem Erfahrungsschatz vorhanden ist. Es kommt erneut zur Kollision und der Roboter muss sein Verhalten an die neue Situation anpassen. Diese Anpassung erfolgt zum einen aufgrund des neuen Datenbestandes und zum anderen auf Basis der vorhandenen Algorithmen. Hierbei wird das Verhalten an die Umgebung adaptiert.[29]

Wie bereits zuvor bei den Begriffen Intelligenz und künstliche Intelligenz, ist der Begriff des Machine Learning oder des maschinellen Lernens in der Literatur nicht eindeutig abgegrenzt. Diese Uneinigkeit rührt daher, dass Machine Learning oftmals nur als Werkzeugschrank angesehen wird. Die sich in diesem Schrank befindlichen Tools werden im Zusammenhang mit Data Mining oder der Knowledge Discovery in Databases eingesetzt. Ein weiterer Blickpunkt auf das Machine Learning bietet die künstliche Intelligenz. Aufgrund dieser unterschiedlichen Blickwinkel wurde bisher kein Konsens bei der Definition von Machine Learning erzielt.[30]

2.3.4 Daten

Künstliche Intelligenz und Machine Learning funktionieren nur dann, wenn die entsprechenden Daten vorhanden sind. Sie bilden einen Grundpfeiler für das zu erzielende Ergebnis. Aber Daten sind nicht gleich Daten. Bei der Unterscheidung zwischen Daten, wird von strukturierten Daten und unstrukturierten Daten gesprochen.

2.3.4.1 Strukturierte Daten

Wer von unstrukturierten Daten spricht, schaut meist auf eine Tabelle, die ihre Merkmalsausprägungen in unterschiedlichen Spalten aufweist. Die Zeilen einer solchen Tabelle dienen dabei den einzelnen Datensätzen. Ein Datensatz kann demnach über eine bestimmte Anzahl an Merkmalen verfügen. Insgesamt wird bei einer solchen Tabelle von einem Datenbestand gesprochen. Anhand der folgenden Tab. 2.3 soll gezeigt werden, wie die Begriffe Merkmale, Datensatz und Datenbestand Anwendung finden.

Eine solche Tabelle könnte z. B. mit Informationen über E-Bikes gefüllt sein. In diesem Fall könnte jeder Datensatz, also jede Zeile für ein anderes Modell stehen. Merkmale wie z. B. Motorleistung (a1), Ladezeiten (a2), Gewicht (a3) und weitere bis hin zur Rahmengröße (an) werden in den jeweiligen Spalten abgebildet. Tabellen wie diese sind in vielen Unternehmen in entsprechenden Datenbanken z. B. SQL-Datenbanken (Structured Query Language Datenbanken) zu finden. Durch die Zuweisung der

---

[29] Vgl. Frochte, J. (2019, S. 13).
[30] Vgl. Frochte, J. (2019, S. 14).

Tab. 2.3 Strukturierte Daten[a]

Datensatz \ Merkmal	a1	a2	a3	...	an
1					
2					
...					
m					

[a]In Anlehnung an; Frochte, J. (2019, S. 17)

Information zu einem festgelegten Platz innerhalb der Tabelle lässt sich jede Information leicht wiederfinden. Die Daten sind somit strukturiert aufbereitet.[31]

2.3.4.2 Unstrukturierte Daten

Wenn es um Beispiele für unstrukturierte Daten geht, werden in der Literatur oftmals Bilder genannt. Dabei stellt sich allerdings die Frage, ob ein Bild tatsächlich unstrukturiert ist, da ein Bild von einem Computer angezeigt wird und somit die vorhandenen Daten wiederum strukturiert sein müssen. Ein Bild wird von einem Computer, je nach Format, z. B. im RGB-Farbraum (rot, grün, blau) aufgelöst und die entsprechenden Informationen in Matrizen überführt, welche vom Computer als strukturierte Daten gelesen werden können. Somit sieht ein Bild, wenn zwischendurch keine Änderungen daran vorgenommen werden, auch nach mehrmaligem Öffnen und Schließen immer gleich aus. Das Computersystem kann demnach ein bestimmtes Bild zusammensetzen.

Was hat das mit unstrukturierten Daten zu tun? Der Computer weiß, wie die einzelnen Bildpunkte zusammengesetzt werden, allerdings weiß er nicht, welche Informationen sich auf dem jeweiligen Bild befinden. Diese Informationen können auch nicht so ohne weiteres vom Computer als strukturierte Daten abgerufen werden. Ähnlich verhält es sich mit freien Texten, welche z. B. in E-Mails enthalten sind. Das System erkennt Worte und Wortfolgen (strukturierte Daten), allerdings wird es nicht den Sinn (unstrukturierte Daten) verstehen, der als Information in dem Text enthalten ist. Wenn es darum geht, ob Daten strukturiert oder unstrukturiert sind, sollte genau die Fragestellung des zu

---

[31] Vgl. Frochte, J. (2019, S. 17).

lösenden Problems beachtet werden. Es ist wesentlich einfacher, bereits vorhandene strukturierte Daten als Grundlage zu verwenden, als unstrukturierte.[32]

2.3.5 Lernalgorithmen

Bereits mehrfach wurde der Begriff Algorithmus verwendet. Doch was ist das genau? Laut Kristian Kersting wird ein Algorithmus wie folgt definiert:

> Ein Algorithmus ist eine eindeutige Handlungsvorschrift zur Lösung eines Problems. Eine Eingabe wird dabei in genau definierten Schritten zu einer Ausgabe umgewandelt.[33]

Dieser Definition folgend, ist ein Algorithmus nichts anderes als z. B. ein Rezept für einen Kuchen. Dabei bildet das Problem die Fragestellung, wie ein Kuchen gebacken werden muss. Als Eingabe dienen die Zutaten und die einzelnen Schritte, die durchgeführt werden müssen, um die vorhandenen Zutaten in einen fertigen Kuchen, also die Ausgabe, umzuwandeln. Wenn dem so wäre, könnten die Informationen, das Rezept, von einem maschinellen System verarbeitet werden. Anhand des folgenden Kuchenrezeptes für einen Käsekuchen soll gezeigt werden, dass es nicht immer möglich ist, von einem Computersystem einen Kuchen backen zu lassen.

Ultracremiger Käsekuchen.[34]
Die wohl zarteste Versuchung, seit es Käsekuchen gibt.
Zutaten für 1 Portion.
Für den Teig:

150 g	*Butter*
1 Prise(n)	*Salz*
300 g	*Mehl*
50 ml	*Wasser*

Zum Bestreichen:

3 EL	*Aprikosenkonfitüre*

---

[32] Vgl. Frochte, J. (2019, S. 18).
[33] Kersting. K., et al. (2019, S. 11).
[34] Mitglied alina2st (2020).

Für den Belag:

5	*Ei(er), getrennt*
300 g	*Zucker*
500 g	*Schichtkäse*
500 g	*Mascarpone*
250 g	*Ricotta*
1	*Zitrone(n), den Saft davon*
2 EL	*Amaretto, optional*
100 g	*Speisestärke*

Zubereitung:
Die Butter mit Salz schaumig schlagen. (Wer es süßer mag, schlägt sie mit 75 g Zucker schaumig. Mir ist der Kuchen ohne Zucker im Teig süß genug.) Nach und nach Mehl und Wasser unterrühren. Dann den weichen Teig mit den Händen zusammenkneten. 2/3 des Teiges ausrollen und Boden und Rand der gefetteten Springform damit auslegen. Mit der Konfitüre bestreichen. Den restlichen Teig auf Größe des Springformbodens ausrollen und darüberlegen, die Ränder leicht andrücken. Eigelb mit Zucker dick-cremig aufschlagen, nach und nach Schichtkäse, Mascarpone und Ricotta unterrühren. Dann den Zitronensaft und den Amaretto zugeben und die Speisestärke einsieben. Zu einer glatten Masse verrühren. Die Eiweiße steif schlagen und den Eischnee vorsichtig unterheben. Die Masse auf den Teig geben. Bei 180°C 35–40 min backen. Dann herausholen und rundherum von der Seite ca. 2 cm tief einschneiden. Nach 10 min wieder in den Ofen schieben und in weiteren 20–25 min fertig backen.[35]

Zunächst erscheint das Rezept logisch und es erweckt den Eindruck, dass es problemlos von einer Maschine übernommen und den Anweisungen entsprechend umgesetzt werden kann. Allerdings gibt es in diesem Rezept einige Angaben, die von einer Maschine nicht ohne weitere Informationen bearbeitet werden können. Eine Angabe ist z. B. eine Prise Salz. Die Maschine kann mit einer solchen Mengenangabe nichts anfangen. Sie benötigt, um die Zutaten verwenden zu können, genau festgelegte Maßangaben mit Einheiten wie z. B. 4 g oder 3 kg. Ähnlich verhält es sich mit Ausdrücken wie z. B. „… schaumig schlagen …", „… Eiweiße steif schlagen …" oder „Nach und nach …". All das sind Beispiele für Angaben, mit denen die Maschine zunächst nichts anfangen kann und die Schritte könnten nicht weiter abgearbeitet werden. Das System benötigt demnach weiteren Input in Form von Daten, mit denen es möglich ist, die Aufgabe zu bewältigen.

---

[35] Mitglied alina2st (2020).

Dieser Input erfolgt durch die Verwendung von Lernalgorithmen. Hierbei werden Anwendungsszenarien definiert, bei denen Erfahrungen in Datenform zu Lernen verwendet werden. Mit solchen Algorithmen sollen Probleme besser gelöst werden, da das System aus Erfahrungen lernen soll. Es wird allerdings nicht definiert, wie das System das Problem zu lösen hat. Das Lernen ist in entsprechende Phasen unterteilt:

- Trainingsphase
- Test- und Anwendungsphase.

Zunächst wird dabei in der Trainingsphase ein Modell angelernt. Diese Trainingsphase erfolgt unter Zuhilfenahme des Lernalgorithmus. In der Test- und Anwendungsphase wird das Modell auf das gegebene Problem angewendet.[36]

Was bedeutet dies für das Rezept des Käsekuchens? Zunächst werden ganz viele Daten bezüglich des Backens von Kuchen gesammelt. Mit einem entsprechenden Lernalgorithmus, z. B. einem Suchalgorithmus, können innerhalb des vorhandenen Datenbestands die entsprechenden Daten gefunden und verarbeitet werden. Als Beispiel eine Prise Salz. Unter der Annahme, dass in dem Datenbestand mehrere tausend Kuchenrezepte enthalten sind, kann es natürlich auch sein, dass eine Prise an manchen Stellen in Gramm angegeben ist. Das System wird die zugrundelegenden Informationen prüfen und sich, einer im Schnitt verwendeten Menge Salz, immer mehr annähern. Ähnlich verhält es sich mit „… schaumig schlagen …" und den anderen zuvor erwähnten Ausdrücken. Unter der Annahme, dass für das Vermischen von Butter und Salz in einigen Rezepturen eine Zeitangabe vorhanden ist, wird der Datenbestand dahin gehend untersucht. Nachdem die entsprechenden Werte gefunden wurden und die Trainingsphase für das Modell abgeschlossen ist, werden meist neue Datensätze dafür verwendet, das Modell zu überprüfen. Stimmen die Werte überein, kann das Modell entsprechen Anwendung finden, ansonsten kann es sein, dass noch weiter verfeinert werden muss. Zur Überprüfung, ob der Lernalgorithmus das Richtige oder Falsche gelernt hat, kann einer der Haupttypen des Lernens verwendet werden. Diese Typen werden unterteilt in:

- überwachtes Lernen
- unüberwachtes Lernen
- verstärkendes Lernen.[37]

2.3.5.1 Überwachtes Lernen (Supervised Learning)

Ein Computersystem soll unterscheiden können, ob es sich bei einem Tier um einen Hund, eine Katze oder einen Vogel handelt. Hierfür wird beispielhaft ein Datenbestand

---

[36]Vgl. Kersting. K., et al. (2019, S. 19 f.).
[37]Vgl. Kersting. K., et al. (2019, S. 21 f.).

von 100.000 Bildern verwendet. Die Datensätze werden so aufgeteilt, dass 90.000 Bilder erst im späteren Verlauf ausgewertet werden sollen. Diese 90.000 Bilder wurden noch nicht gesichtet und einem Tier zugewiesen. Die anderen 10.000 Bilder werden im Verhältnis 70:30 weiter aufgeteilt. Dabei dienen 70 %, also 7000 Bilder, als Trainingsdaten, welche zuvor ebenfalls nicht gesichtet und einem Tier zugewiesen wurden sowie 30 %, was 3000 Bildern entspricht, als Testdaten. Diese 3.000 Bilder erhielten bereits zuvor ein Lable, das bedeutet, sie wurden gesichtet und auf der sinnbildlichen Rückseite mit der jeweiligen Tierbezeichnung markiert. Es sollen zum Schluss des Trainings drei Kategorien von Tierbildern existieren. Hierfür wird für jeden der drei Kategorien ein Beispielbild gezeigt, welches zur Orientierung dienen soll. Jetzt werden die 7000 Trainingsbilder der jeweiligen Kategorie zugeordnet. Anhand unterschiedlicher Merkmale wie Größe, Anzahl an Beinen, Barthaaren, Flügel, Form der Ohren, Schnabel oder Schnauze, Form der Schnauze, Fell oder Federn, usw. soll das System zwischen den Tieren entscheiden, ob es sich dabei um einen Hund, eine Katze oder einen Vogel handelt und der jeweiligen Kategorie zuweisen. Da es z. B. mehrere Hunderassen gibt, die auch in unterschiedlichen Situationen aufgenommen sein können, wird es zu Beginn des Trainings für das System relativ schwierig sein zu erkennen, ob es sich auf dem gezeigten Bild tatsächlich um einen Hund handelt oder nicht. Wurde das Bild z. B. der Kategorie Hund zugewiesen, dann werden ebenfalls die neuen Informationen als Merkmale von dem Lernalgorithmus für das nächste Bild mit übernommen. Hierdurch wird das Modell mehr und mehr verfeinert und die Zuordnung sollte von Bild zu Bild besser funktionieren. Nachdem das System die 7000 Bilder in die Kategorien aufgeteilt und somit das Training beendet hat, wird mit den Testdaten überprüft, wie gut das System gelernt hat, die Bilder den richtigen Kategorien zuzuweisen. Da die Testdaten bereits gesichtet und der jeweiligen Kategorie zugewiesen wurden, ist relativ einfach festzustellen, wie viele Fehler das System bei der Zuordnung gemacht hat. Je nach Anzahl gemachter Fehler, muss das erstellte Modell noch weiter verfeinert oder kann zur Kategorisierung der noch nicht überprüften 90.000 Bilder verwendet werden. Wenn dem Lernalgorithmus bereits zu Beginn die Lösung vorgegeben wird, in dem Beispiel die Einteilung in die Kategorien Hund, Katze oder Vogel, wird dies überwachtes Lernen genannt.[38]

2.3.5.2 Unüberwachtes Lernen (Unsupervised Learning)

Etwas anders verhält es sich beim unüberwachten Lernen. Hier kennt der Lernalgorithmus noch nicht zu Beginn die Lösung. Dem zuvor verwendeten Beispiel mit der Einteilung von Bildern in unterschiedliche Kategorien soll der Datenbestand von 100.000 Bildern in unterschiedliche Kategorien aufgeteilt werden. Erneut werden 10.000 Bilder im Verhältnis 70:30, 70 % Trainingsdaten und 30 % Testdaten, aufgeteilt. Die restlichen

---

[38] Vgl. Kersting. K., et al. (2019, S. 23–27).

90.000 Bilder sollen später kategorisiert werden. Der Unterschied zum Überwachten liegt darin, dass dem Lernalgorithmus die Lösung, also die unterschiedlichen Kategorien, zuvor nicht bekannt sind. Das System soll eigenständig erkennen um was es sich bei dem gezeigten Bild handelt und selbst eine Kategorisierung vornehmen. Das bedeutet, dass die Kategorien nicht bereits vorgegeben sind. Der Algorithmus beim unüberwachten Lernen lernt ebenfalls anhand unterschiedlicher Merkmale die Bilder zu kategorisieren. Allerdings könnte es vorkommen, dass aufgrund bestimmter Merkmale Kategorien gefunden werden, die so eventuell nicht erwünscht sind oder benötigt werden. Das System erkennt demnach unterschiedliche Muster und weist die Bilder den gefundenen Mustern zu. Überprüft wird das Training wiederum anhand der 3000 Testdaten. Je nachdem wie gut oder schlecht das Ergebnis der Auswertung ist, muss das Modell entsprechend angepasst werden oder kann zur Unterscheidung der restlichen 90.000 Bilder verwendet werden.[39]

In beiden Fällen, dem überwachten, wie auch dem unüberwachten Lernen, wurden die Bilder nach entsprechenden Kategorien aufgeteilt. Beim überwachten Lernen, waren die Kategorien vorgegeben und beim unüberwachten Lernen mussten diese anhand von erkannten Mustern zunächst erzeugt werden. Das überwachte Lernen wird demzufolge dann angewandt, wenn es sich um eine überschaubare Datenmenge handelt und die Lösung bereits zu Beginn definiert wurde. Das unüberwachte Lernen findet dann seine Anwendung, wenn der Datenbestand groß und unübersichtlich ist. Allerdings kann es hierbei vorkommen, dass dabei Muster gefunden werden, welche keinen Sinn ergeben und so auch nicht gewollt sind. Sollte es zu einem solchen Fall kommen, müssen eventuell noch mehr Daten zum Training verwendet und/oder das Modell etwas angepasst werden.[40]

2.3.5.3 Verstärkendes Lernen (Reinforcement Learning)

Ein weiterer Typ des Lernens ist das verstärkende Lernen. Hierbei geht es darum zu belohnen oder zu bestrafen. Als Beispiel dient hierbei die Erziehung eines Hundes. Soll ein Hund eine bestimmte Tätigkeit ausführen, z. B. sich hinsetzen, soll dies durch die Anweisung „Sitz" ausgeführt werden. Am Anfang weiß der Hund allerdings noch nicht, was mit „Sitz" gemeint ist. Es kann vorkommen, dass der Hund die Anweisung „Sitz" wahrnimmt, aber aufgrund des noch nicht vorhandenen Wissens einfach davonläuft, stehen bleibt oder sich möglicherweise auch hinlegt. Wie kann der Hund so erzogen werden, dass dieser sich bei der Anweisung „Sitz" auch tatsächlich hinsetzt? Dies kann durch die Einführung eines Belohnungs- und Bestrafungssystem erzielt werden. Immer wenn der Hund sich hinsetzt, sobald er die Anweisung „Sitz" hört, erhält er eine Belohnung. Macht er hingegen etwas Anderes als sich hinzusetzen, erhält er nichts oder wird sogar ausgeschimpft und erfährt dadurch eine Bestrafung.

---

[39]Vgl. Kersting. K., et al. (2019, S. 23–27).
[40]Vgl. Kersting. K., et al. (2019, S. 23–27).

Der Hund möchte natürlich so viele Belohnungen, wie möglich erhalten und wird relativ schnell sein Verhalten dahin gehend anpassen, dieses Ziel zu erreichen. Zu Beginn kann es natürlich etwas dauern, bis der Hund genau weiß, was sich hinter dem Begriff „Sitz" verbirgt, aber nachdem die Ausführung mehrfach richtig war, wird er sich seine Handlungsweise einprägen, um so die größtmögliche Ausbeute an Leckerlis zu erzielen. Verstärkendes Lernen kommt dann zum Einsatz, wenn Zustände, Aktionen und Belohnungen auf einem klar definierten Gerüst aufgebaut sind. Beispiele hierfür sind Brett- und Computerspiele. Spiele, bei denen erst am Ende mit der Belohnung zu rechnen ist, z. B. bei Schach oder dem Spiel Go, werden zusätzlich noch mit künstlichen neuronalen Netzen (siehe Abschn. 2.3.6) aufgerüstet. Mit diesen Netzen soll das System lernen, sein Verhalten so anzupassen, dass es bei Spielende die größtmögliche Anzahl an Belohnungen erhält.[41]

2.3.5.4 Lineare Regression

Bei der linearen Regression geht es darum, eine möglichst genaue Vorhersage als Lösung zu einem bestimmten Problem treffen zu können. Hierbei wird ein Output bestehend aus nummerischen Werten erzeugt, welcher auf dem Input mehrerer Werten oder Variablen basiert. Als Beispiel hierfür soll die Vorhersage eines möglichen Bremsweges, in Abhängigkeit zu einer gefahrenen Geschwindigkeit dienen. Zunächst werden hierfür entsprechende Daten gesammelt. Auf einem Verkehrsübungsplatz wird dafür beispielhaft der Bremsweg von Automobilen bei unterschiedlichen Geschwindigkeiten gemessen. Für das Beispiel, werden hierfür mehrere Bremsungen aufgezeichnet. Die gesammelten Werte werden, wie in Abb. 2.2 dargestellt, in ein Koordinatensystem übertragen.

Es ist deutlich zu erkennen, dass mit einer steigenden Geschwindigkeit auch der zugehörige Bremsweg entsprechend zunimmt. Um eine Aussage darüber treffen zu können, welchen Bremsweg ein Pkw bei einer gewissen Geschwindigkeit zurücklegen muss, damit dieser zum Stillstand kommt, wird in diesem Beispiel die lineare Regression angewandt. Hierbei wird in Abb. 2.3 versucht eine Gerade, die auch Trendlinie genannt wird, so zwischen den einzelnen Koordinaten zu platzieren, dass alle eingetragenen Punkte einen möglichst geringen Abstand zu dieser aufweisen. Die Summe dieser Abstände zur Trendlinie wird Fehler genannt. Um möglichst genaue Werte zu erhalten, ist die Gerade mit den kleinsten Fehlern zu wählen. Die Berechnung der Geraden erfolgt durch die Formel

$$f(x) = y = mx + b.$$

Mit ihr werden sowohl die Steigung der Geraden, wie auch die Verschiebung dieser auf der y-Achse berechnet. Wird ein Bremsweg zu einer Geschwindigkeit gesucht, welche nicht bereits im Datenbestand vorhanden ist, kann der entsprechende Wert aus dem

---

[41] Vgl. Kersting. K., et al. (2019, S. 23–27).

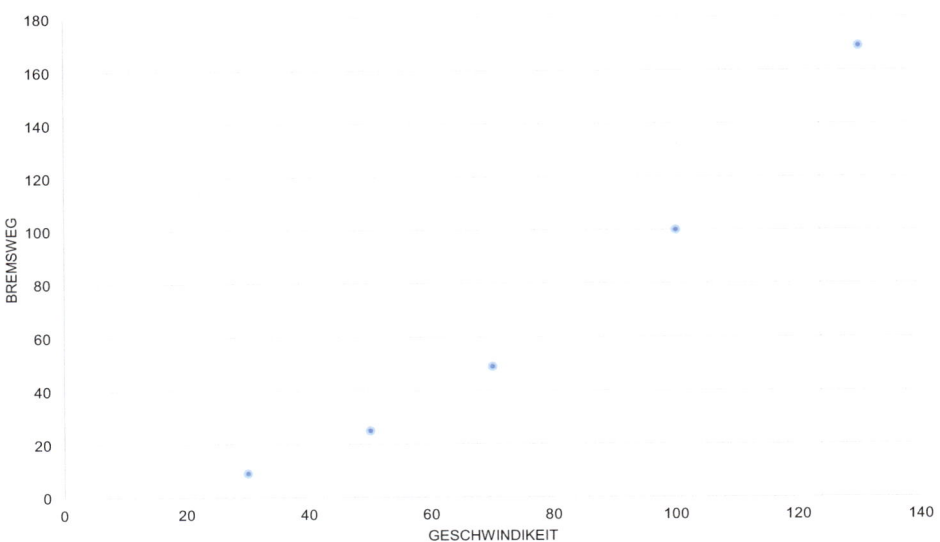

Abb. 2.2 Bremsweg in Abhängigkeit von der Geschwindigkeit. (In Anlehnung an; Bußgeldkatalog 2020 2020)

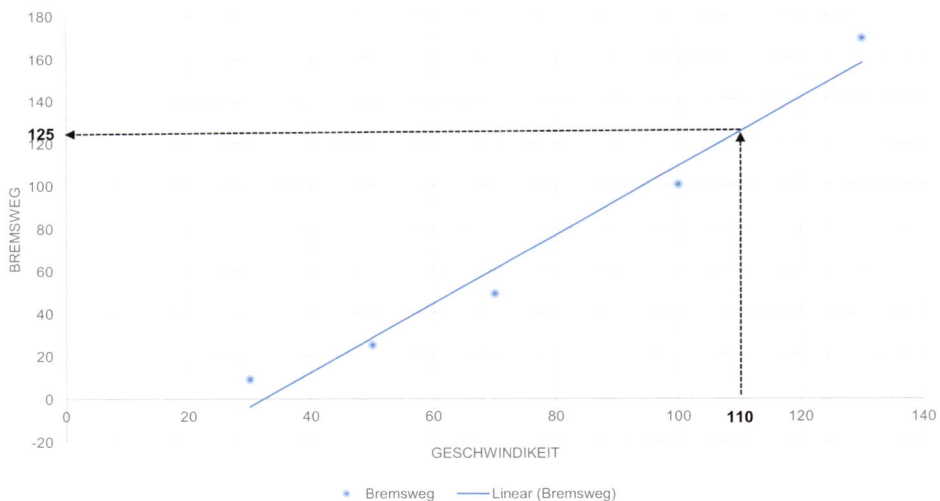

Abb. 2.3 Lineare Regression

Koordinatensystem abgelesen werden. Hierfür wird die gefahrene Geschwindigkeit auf der x-Achse gesucht. Wurde diese gefunden, muss senkrecht nach oben bis zur Trendlinie abgetragen werden. Die Höhe des Punktes korrespondiert an dieser Stelle mit einem

Wert, also einem zu erwartenden Bremsweg, auf der y-Achse. Bei einer Geschwindigkeit von 110 km pro Stunde wird voraussichtlich ein Bremsweg von 125 m benötigt.

Die Aufzeichnung der Daten erfolgte jeweils unter gleichen Bedingungen. Was passiert, wenn sich möglicherweise Voraussetzungen zum Abbremsen verändern, wird in Abb. 2.4 dargestellt. Es wurden drei zusätzliche Bremswege gemessen, bei 50, 90 und 120 km pro Stunde, bei deren Messung es regnete. Es ist deutlich zu erkennen, wie sich der Bremsweg gegenüber den vorherigen Messungen erhöht hat. Auch die Trendlinie hat sich entsprechend verschoben und ist zudem etwas steiler. Dies sind die Auswirkungen der Ausreißer, die mit in den Berechnungen enthalten sind.

Die lineare Regression ist eine einfache Methode, um Vorhersagen im maschinellen Lernen treffen zu können.

Neben dem erläuterten Beispiel kann es durchaus sein, dass die Vorhersage des Alters auf einem Smartphone, durch aufgezeichnete Bewegungsdaten und der Anwendung einer linearen Regression basiert. Ein weiterer Lernalgorithmus der im maschinellen Lernen beim überwachten Lernen zum Einsatz kommt, ist die Klassifikation.

2.3.5.5 Klassifikation

Bei der Klassifikation sollen ebenfalls, wie bereits bei der linearen Regression, Vorhersagen getroffen werden können. Durch den Input von Merkmalen sollen z. B. Objekte

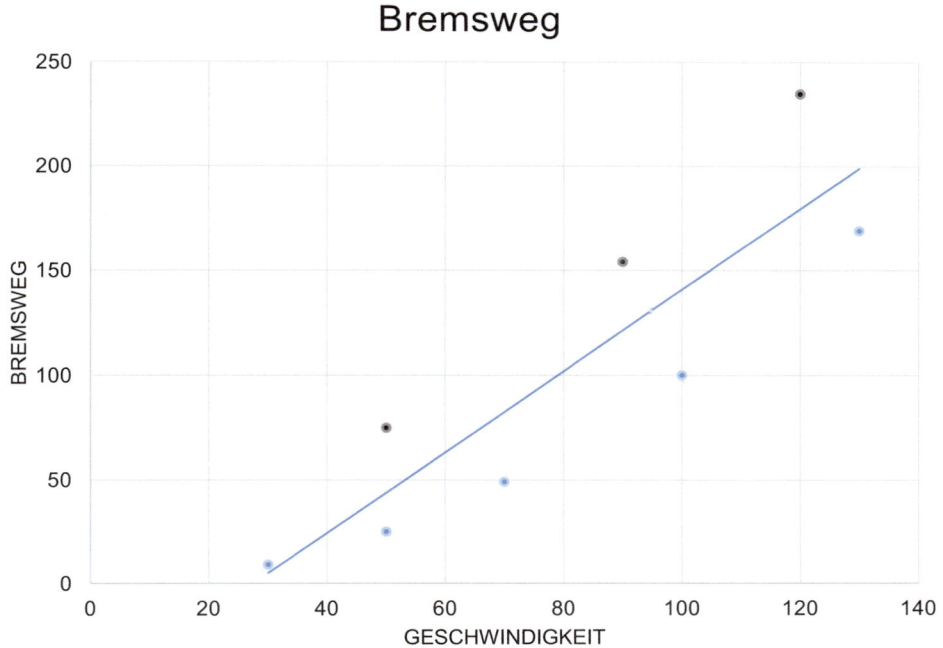

Abb. 2.4 Ausreißer durch Nässe

Abb. 2.5 Klassifizierung von Hunden und Katzen. (In Anlehnung an: Kersting. K., et al. 2019, S. 49)

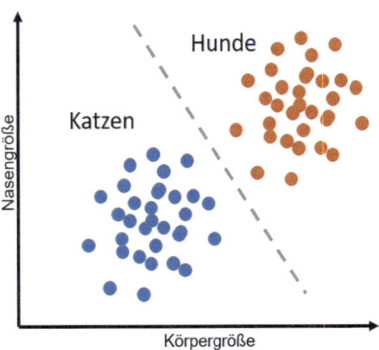

einer bestimmten Klasse zugewiesen werden können. Als Beispiel sollen Hunde von Katzen unterschieden werden. Für Menschen stellt das zunächst kein größeres Problem dar, weil diese anhand bestimmter Merkmale die Tiere voneinander unterscheiden können. Ein Merkmal könnte z. B. die Körpergröße sein. In aller Regel sind Hunde größer als Hauskatzen. Ein weiteres Merkmal könnte die Größe der Nase sein. Aufgrund Ihres Geruchssinns und der zur Wärmeregulation anatomischen Beschaffenheit, verfügen Hunde in aller Regel über ein größeres Riechorgan als Katzen. Anhand dieser Merkmale könnten demnach Hunde und Katzen klassifiziert und entsprechend aufgeteilt werden. Werden einige Daten zu Hunden und Katzen in einem Koordinatensystem abgetragen, entstehen, wie in Abb. 2.5 dargestellt, zwei unterschiedliche Bereiche.[42]

Anhand dieser Bereiche lassen sich Bilder von Hunden und Katzen, aufgrund ihrer Körper- und Nasengröße, voneinander unterscheiden. Die Trennlinie ermöglicht dabei die klare Unterscheidung. In diesem Beispiel liegen die erhobenen Daten relativ weit auseinander, weshalb sich die Klassifizierung entsprechend einfach gestaltet. Zudem wurden nur zwei Merkmale verwendet um das Klassifizierungsproblem zu lösen (siehe Abb. 2.6). Sollten zur Identifikation mehrere Merkmale benötigt werden, kann sich die Trennung der einzelnen Klassen für Menschen allerdings schwierig darstellen.[43]

Der Lernalgorithmus passt sich mit jedem weiteren Datensatz an und verfeinert damit das Ergebnis. Bei dieser Methode ist es wichtig, dass die Datensätze für die Trainings- und die anschließende Testphase entsprechend gekennzeichnet und mit einem sogenannten Lable versehen sind.[44]

---

[42] Vgl. Kersting. K., et al. (2019, S. 45–47).

[43] Vgl. Kersting. K., et al. (2019, S. 45–47).

[44] Vgl. Kersting. K., et al. (2019, S. 45–47).

Abb. 2.6 Klassifizierung mit vermengten Daten. (In Anlehnung an: Kersting. K., et al. 2019, S. 51)

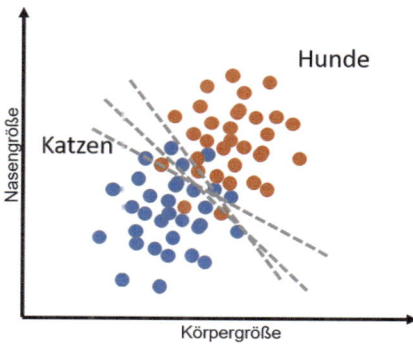

Abb. 2.7 Clustering von Daten

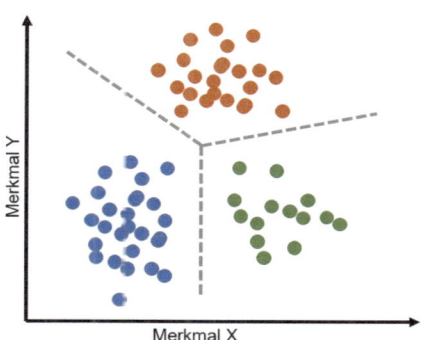

2.3.5.6 Clusteranalyse

Eine Methode, die beim unüberwachten Lernen zum Einsatz kommen kann, ist die Clusteranalyse. Hierbei wird versucht, die Daten eines Datenbestandes so aufzuteilen, dass die Daten, welche sich ähnlich sind, in Gruppen aufgeteilt werden. Das bedeutet anhand übereinstimmender Merkmale werden Objekte, wie in Abb. 2.7 gezeigt, als Gruppe zusammengefasst. Die Gruppen selbst unterscheiden sich allerdings so sehr, dass diese voneinander getrennt sind.[45]

Die einer Gruppe zugewiesenen Daten werden Cluster genannt. Die Zuordnung zu Gruppen ist das Clustering.[46]

Das Ziel dieser Analyse liegt darin, neue Gruppen zu identifizieren. Das bedeutet, dass diese nicht, wie bei der Klassifikation, zuvor bekannt sind, sondern durch das

---

[45] Vgl. Sigbert et al. (2020).

[46] Vgl. Sigbert et al. (2020).

Verfahren gefunden werden. Hierbei kann es vorkommen, dass neben brauchbaren Gruppen auch solche entstehen, die nicht nützlich sind. Aufgrund dieser Tatsache ist eine anschließende Expertenanalyse notwendig. Mithilfe der Clusteranalyse lassen sich beispielsweise Muster in Bildern erkennen. Nach Abschluss der Testphase können anschließend weitere Bilder den entsprechenden Kategorien zugewiesen werden. Da es für dieses Verfahren viele unterschiedliche Algorithmen gibt, muss zu Beginn getestet werden, welcher Algorithmus mit welchen Parametern am besten für das jeweilige Vorhaben geeignet ist.[47]

Zu den Verfahren, welche bei der Clusteranalyse eingesetzt werden können, zählen:[48]

- Klassische Clusterverfahren
    - Partitionierende Verfahren
        K-Means-Algorithmus
        K-nearest-neighbor-Algorithmus
        Fuzzy-c-Means-Algorithmus
        EM-Clustering
        Affinity-Propagation
    - Hierarchische Verfahren
        Divisive Analysis Clustering
        Agglomerative Clustering
        Single Linkage
        Ward Methode
- Neuere Clusterverfahren
    - Dichtebasierte Verfahren
        DBSCAN (Density-Based Spatial Clustering of Applications with Noise)
    - Maximum-Margin-Clustering
- Kombinierte Verfahren
    - Spektrales Clustering
    - Multiview-Clustering
    - Balanced iterative reducing and clustering using hierachies (BIRCH)

Wie bereits erwähnt, ist kein Verfahren von Grund auf besser als ein anderes da diese je nach Komplexitätsgrad der zu bewältigenden Aufgabe, unterschiedlich gewählt werden müssen. Es kann durchaus vorkommen, dass ein leichtes Verfahren bei der Analyse eines Datenbestandes wesentlich bessere Ergebnisse liefert, als ein hoch komplexes Verfahren.

---

[47] Vgl. Kischnick T. (2020).
[48] Vgl. Sigbert et al. (2020).

2.3.6 Künstliche neuronale Netze

Ein weiteres Verfahren im Rahmen des Machine Learnings sind die künstlichen neuronalen Netze. Mit solchen Netzen wird versucht modellhaft das Verhalten von Neuronen eines menschlichen Gehirns abzubilden. Den Ursprung haben diese Netze in den 40er-Jahren des vergangenen Jahrhunderts. Nach einer anfänglichen Hype-Stimmung wurde allerdings schnell klar, dass die damals zur Verfügung stehenden Mittel nicht ausreichend waren. Es fehlte sowohl an Rechenkapazität wie auch an einer ausreichend großen Anzahl an Daten. Erste seit Mitte der 2000er-Jahren erhielt das Thema einen erneuten Aufschwung. Allerdings haben sich seither die Grundvoraussetzungen verändert. Es gibt Hardware, die genügend Rechenleistung aufbringen kann, um auch mit komplexen künstlichen neuronalen Netzten rechnen zu können. Hinzu kommt, dass sich die zur Verfügung stehende Datenmenge in den letzten Jahren erheblich verändert hat.[49]

Laut einer Prognose des Festplattenherstellers SEAGATE wird sich das Volumen der jährlich generierten Daten von 2018 bis 2025 weltweit mehr als verfünffachen. In 2018 wurden dabei circa 33 Zettabyte an Daten generiert in 2025 sollen es bereits 175 Zettabyte sein.[50]

Durch das Internet und den damit in Verbindung stehenden technologischen Erneuerungen, stehen heute enorme Datenmengen aus den unterschiedlichsten Bereichen zur Verfügung. Aufgrund dieser Tatsachen lassen sich z. B. bei Online-Shopping-Portalen wie Amazon oder Ebay Vorhersagen über das Kaufverhalten von Kunden treffen (weil sie ein Produkt X gekauft oder angesehen haben, könnte sie auch Produkt Y interessieren).

Oder es werden Vorschläge zu Filmen und Serien in Streaming-Portalen wie Netflix, Amazon Prime oder Disney+ gemacht. Künstliche neuronale Netze werden auch bei Themen wie Bild- und Texterkennung und in Übersetzungssoftware eingesetzt. Auch im medizinischen Bereich zur Analyse von Zellen oder wenn es um das Thema autonomes Fahren geht, sind künstliche neuronale Netze im Einsatz. Doch wie funktionieren solche künstlichen neuronalen Netze?

2.3.6.1 Aufbau

Wie der Name schon sagt handelt es sich bei einem künstlichen neuronalen Netz um ein auf bestimmte Art und Weise miteinander verbundenes Netz (in der Regel in einer festen Hierarchie), bestehend aus mehreren Neuronen. Ein solches Netz besteht meist aus mehreren Schichten, den sogenannten Layern. Die Layer wiederum bestehen aus einem oder mehreren Neuronen, die über die Schichten hinweg miteinander verbunden sind.

---

[49] Vgl. Frochte, J. (2019, S. 161).
[50] Vgl. Tenzer, F. (2020).

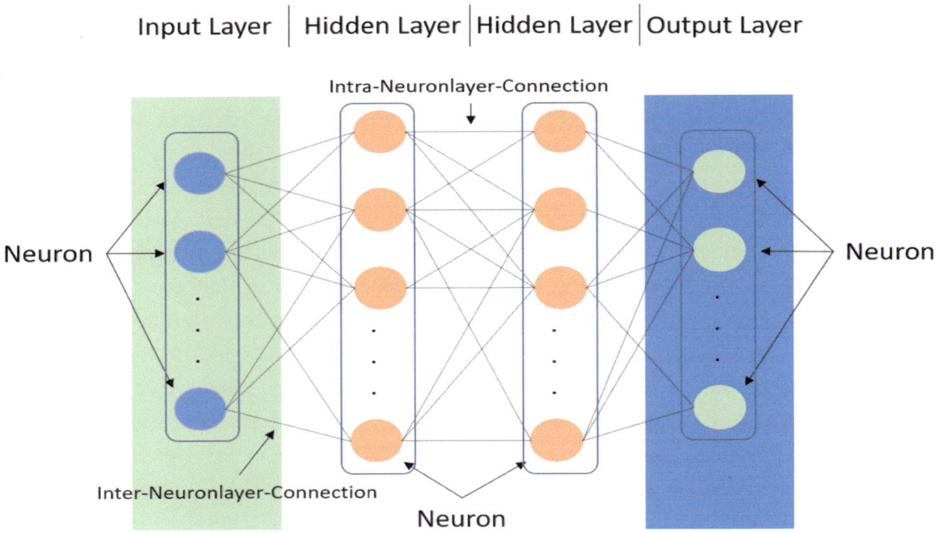

Abb. 2.8 Bestandteile eines künstlichen neuronalen Netzes

Sind Neuronen desselben Layers miteinander verbunden, wird dies Intra-Neuronlayer-Connection genannt und bei Verbindungen zwischen unterschiedlichen Layern, Intra-Neuronlayer-Connection. In Abb. 2.8 ist ein solches Netz mit seinen Bestandteilen dargestellt. Da dieses Netz aus vier Schichten mit Neuronen besteht, dem Input-Layer, zwei Hidden-Layer und dem Output-Layer, wird von einem 4-schichtigen Netz gesprochen.[51]

In aller Regel werden künstliche neuronale Netze horizontal von links, beginnend mit dem Input-Layer, über die Mitte, den Hidden-Layer, nach rechts dem Output-Layer dargestellt und auch so gelesen (Ausnahmen sind z. B. die Markov Chain und das Hopfield Network, dargestellt in Abb. 1.25). Die Anzahl der Hidden-Layer kann in der Theorie unendlich groß sein. Die Grenzen entstehen durch die aktuell vorhandene Rechenkapazität, die mit jedem zusätzlichen Hidden-Layer, den Information zum Durchlaufen der Daten des künstlichen neuronalen Netzes benötigten, steigt. Je mehr Hidden-Layer ein künstliches neuronales Netz aufweist, desto tiefer kann ein solches Netz lernen. Sobald ein Netz über mehr als einen Hidden-Layer verfügt wird im englischen der Begriff Deep Learning dafür verwendet.[52]

Neuronen können, wie in Abb. 2.9 dargestellt, in vier unterschiedliche Bestandteile aufgeteilt werden:[53]

---

[51] Vgl. Moeser, J. (2018).
[52] Vgl. Moeser, J. (2018).
[53] Vgl. Chrislb (2020).

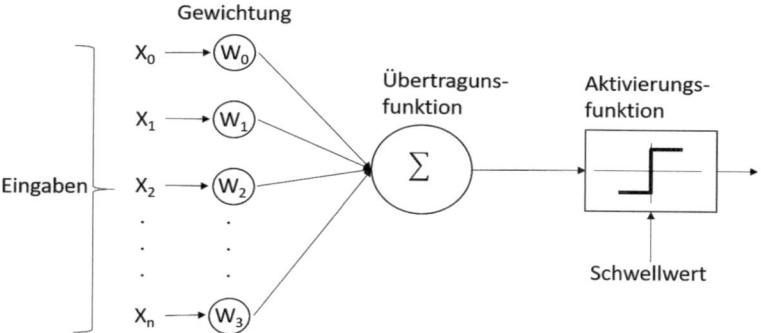

Abb. 2.9 Bestandteile eines Neurons. (In Anlehnung an: Chrislb 2020)

1. Gewichtung
2. Übertragungsfunktion
3. Aktivierungsfunktion
4. Schwellenwert

Die Gewichtung innerhalb eines Neurons nimmt Einfluss auf die Berechnung zur späteren Aktivierung. Dieser Einfluss kann, je nach Vorzeichen, sowohl hemmend wie auch erregend sein. Bei einem Gewicht von Null besteht keine Verbindung zwischen zwei Neuronen. Die Übertragungsfunktion bildet die Summe der einzelnen Eingaben, welche mit dem jeweiligen Gewicht multipliziert wurde. Die Aktivierungsfunktion dient dazu, die Information bei überschreiten eines bestimmten Wertes weiterzugeben. Das Addieren eines Schwellenwertes zu dem Ergebnis der Übertragungsfunktion trägt dazu bei, dass dieses Ergebnis verschoben und somit die Informationen bereits früher weitergeleitet werden können.[54]

Der Output eines Neurons bildet im Input- und Hidden-Layer den Input eines weiteren Neurons (je nach Netztopologie kann der Output eines Neurons auch gleichzeitig den neuen Input desselben Neurons bedeuten). Der Output der Neuronen des Output-Layers liefert die endgültigen Ergebnisse.

2.3.6.2 Funktionsweise

Da es, wie in den Abb. 2.17 und 2.18 dargestellt, mehrere Arten von Netztopologien gibt, wird die Funktionsweise anhand eines Feed-Forward-Netzes, erklärt. Zunächst müssen die zu analysierenden Daten entsprechend vorbereitet werden. So müssen z. B. Bilder, die miteinander verglichen werden sollen, vor Ihrer Verwendung in ein einheitliches Format gebracht werden. Sowohl die Bildgröße, wie auch die Farbpaletten, sollten

---

[54] Vgl. Chrislb (2020).

dabei bei allen Bildern gleich sein. Anschließend werden die Daten wieder in Trainingsdaten und Testdaten in einem Verhältnis von z. B. 70 % Trainingsdaten und 30 % Testdaten, aufgeteilt. Sobald die Vorverarbeitung abgeschlossen ist, kann das Trainieren des Modells beginnen und die Daten, anhand einer zuvor gewählten Methode, das künstliche neuronale Netz durchlaufen. Über den Input-Layer gelangen die Daten in das künstliche neuronale Netz. Nachdem die Informationen von den Neuronen der Eingabeschicht verarbeitet wurden, wird der Output dieser Neuronen an die jeweiligen Neuronen des ersten Hidden-Layers weitergegeben. Wiederum werden die Informationen verarbeitet, nun allerdings in den Neuronen des ersten Hidden-Layers. Nach der Verarbeitung wird der Output der Neuronen des ersten Hidden-Layers an die entsprechenden Neuronen des zweiten Hidden-Layers weitergegeben, wo diese wiederum als Input verarbeitet werden können. Je nachdem wie viele Hidden-Layer existieren, wird dieser Schritt bis zum Output des letzten Hidden-Layers fortgeführt, wo die Informationen schließlich in die Neuronen des Output-Layers fließen. Sobald die Informationen in den Neuronen des Output-Layers angekommen sind, bilden diese das Ergebnis. In dem Beispiel mit den Bildern kann das die Zuweisung eines Bildes zu einer bestimmten Kategorie bedeuten. Dieser Vorgang wird mit sämtlichen Bildern, welche für das Training vorbereitet wurden, durchgeführt. Jedes Bild wird beim Test zudem validiert. Es wird mithilfe der Labels überprüft, ob das Ergebnis richtig oder falsch war.[55]

2.3.6.3 Netzarten
Wie bereits zu Beginn des Abschn. 2.3.6.2 erwähnt gibt es mehrere Arten, wie die Topologie eines künstlichen neuronalen Netzes designet sein kann. Da es zu umfangreich sein würde alle Netzarten zu erläutern, wird hier lediglich auf die gängigsten Netze eingegangen.

Zu diesen Netzen zählen:[56]

1. Perzeptron
2. Feed-Forward Netz
3. Rekurrentes neuronales Netz
4. Convolutional neuronales Netz

2.3.6.3.1 Perzeptron
Das einlagige Perzeptron ist die einfachste und kleinste Form eines künstlichen neuronalen Netzes. Es besteht aus einem Neuron mit mehreren Eingängen und einem einzigen Ausgang. Durch die Berechnung der Input-Werte mit der entsprechenden Gewichtung und dem zugehörigen Schwellenwert, liefert ein Perzeptron 0 oder 1 als binäres

---

[55] Vgl. Moeser, J. (2020).
[56] Vgl. Moeser, J. (2020).

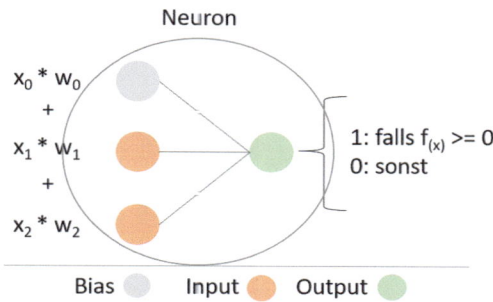

Abb. 2.10 Einlagiges Perceptron. (In Anlehnung an: Busch, D. 2020)

Ergebnis. Beim Lernen verändert dabei das Perzeptron die jeweilige Gewichtung. Um entsprechend valide Ergebnisse erzielen zu können, müssen die Daten, welche das Perzeptron durchlaufen, linear separierbar sein. Nur dadurch kann eine entsprechende Musterzuordnung stattfinden. In einem Koordinatensystem kann mithilfe des Perzeptrons die Klassifizierung der Daten, wie in Abb. 2.5 und 2.6 dargestellt, vorgenommen werden. Die unterschiedlichen Klassen werden dabei durch eine Gerade oder auch Trennlinie voneinander getrennt. Ein einfaches einlagiges Perzeptron ist in Abb. 2.10 dargestellt. Das obere Neuron der Abbildung zeigt die Verzerrung an, mit der die Aktivierungsfunktion auf der x-Achse verschoben werden kann. Diese Verzerrung wird auch Bias genannt. Bei der in Abschn. 2.3.5.4 verwendeten Formel.

$$f(x) = y = mx + b$$

kommt eben diese „+b"-Verschiebung zum Einsatz. Zu Beginn des Trainings liegen die Werte des Bias bei -1 bis 1. Diese können allerdings im Laufe des Trainings deutlich davon abweichen.[57]

Die Erweiterung des einlagigen Perzeptron bildet das mehrlagige Perzeptron, welches im englischen auch Multi Layer Perzeptron (MLP) genannt wird. Ein solches mehrlagiges Perzeptron ist gegenüber dem einlagigen Perzeptron in der Lage, komplexere Trennlinien zwischen den einzelnen Klassen zu bilden. Das Ergebnis eines Neurons ist hierbei gleichzeitig der Inputwert des nachfolgenden Neurons. Für die Anwendung von Perzeptren gibt es folgende Beispiele:[58]

- Analyse und Vorhersagen von Wetter, Mess- und Sensordaten, Aktienkursen etc.
- Frühwarnsysteme (z. B. Anfälle aufgrund von EEG-Signalen)
- Analyse und Klassifizierung von Bildinformationen (z. B. Krebszellen)
- Handschriftenerkennung

---

[57] Vgl. Luber, S. und Litzel, N. (2020a, b).
[58] Vgl. Luber, S. und Litzel, N. (2020a, b).

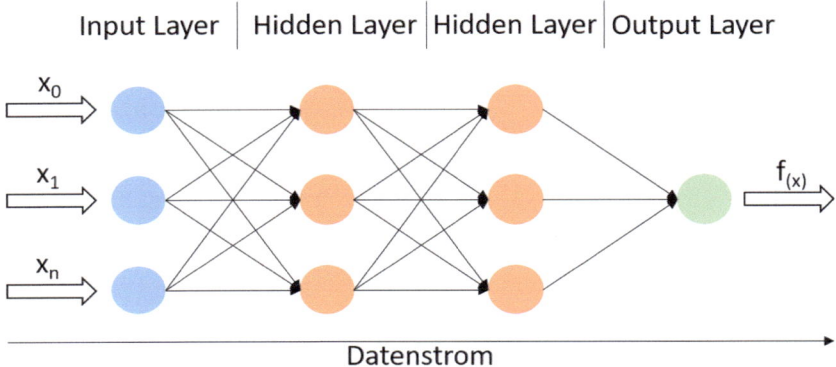

Abb. 2.11 Feed-Forward Netz

Eine typische Verwendung für das mehrlagige Perzeptron ist das Feed-Forward Netz.

2.3.6.3.2 Feed-Forward Netz

Ein Beispiel für ein mehrlagiges Perzeptron ist das Feed-Forward Netz (siehe Abb. 2.11). Bei dieser Art künstlichem neuronalen Netz sind alle Elemente einer Schicht mit allen Elementen der nachfolgenden Schicht miteinander verbunden. Feed-Forward Netze bestehen aus einem Input-Layer, welcher die Eingabewerte an das Netz übergibt, aus einem oder mehreren Hidden-Layers, zur Berechnung und Weitergabe der jeweiligen Werte und einem Output-Layer, welcher das Ergebnis liefert. Da die Informationen sämtliche Schichten von links nach rechts, also von der Eingabeschicht bis zur Ausgabeschicht, durchlaufen, wird ein solches Netz auch als vorwärts gerichtetes Netz bezeichnet.[59]

2.3.6.3.3 Rekurrentes neuronales Netz

Eine besondere Form bei den künstlichen neuronalen Netzen ist das rekurrente neuronale Netz. Bei dieser Art neuronalem Netz kann es vorkommen, dass Neuronen rückgekoppelt werden. Diese Rückkopplungen können dabei im selben Layer wie auch über andere unterschiedliche hinweg geschaltet sein. Auf diese Weise können die Ergebnisse eine Ansammlung von zeitlich codierten Informationen darstellen. Die Arten der Rückkopplungen zwischen den unterschiedlichen Neuronen geben Aufschluss auf die verwendete Art des rekurrenten neuronalen Netzes. Für diese Art neuronalen Netze sind aufgrund ihrer Komplexität spezielle mathematische Verfahren für das Training vonnöten. Es kann unter den folgenden Arten von Rückkopplungen bei rekurrenten neuronalen Netzen unterschieden werden:

---

[59] Vgl. Luber, S. und Litzel, N. (2020a, b).

- direkte Rückkopplung
- indirekte Rückkopplung
- seitliche Rückkopplung
- vollständige Rückkopplung.

Bei der direkten Rückkopplung verwendet ein Neuron seinen eigenen Output und führt sich diesen als neuen Input wieder selbst zu. Eine indirekte Rückkopplung liegt dann vor, wenn der Output eines Neurons, der neue Input eines vorgelagerten Neurons einer anderen Schicht wird. Ist der Output eines Neurons der neue Input eines Neurons derselben Schicht, wird dies seitliche Rückkopplung genannt. Verwenden alle Neuronen im Netz als zusätzlichen Input den Output eines Neurons, wird dies vollständige Verbindung oder im englischen fully connected genannt.[60]

2.3.6.3.4 Convolutional neuronales Netz

Aufgrund der relativ hohen Anzahl an Input-Daten bei der Bildverarbeitung gelangen herkömmliche künstliche neuronale Netze relativ schnell an ihre Grenzen. Die Anzahl der benötigten Layer und Verbindungen zwischen diesen wäre nur von Systemen mit enormer Rechenleistung zu bewältigen. Convolutional neuronale Netze lösen das Problem, indem die Netze gefaltet werden. Daher auch der Ausdruck gefaltetes Netz. Dieses Falten kann als eine Verdichtung der gelieferten Informationen angesehen werden. Überflüssige Informationen werden dabei verworfen und somit die Datenmenge reduziert. Bedingt durch die verkleinerte Anzahl an zu verarbeitenden Daten, erhöht sich die Geschwindigkeit bei den Berechnungen ohne die Leistungsfähigkeit zu verringern. Das Convolutional neuronale Netz besteht aus einer oder mehreren Convolutional-Schicht(en), einer oder mehreren Pooling-Schicht(en) und einer vollständig vermaschten Schicht. Die Aufgabe der Convolutional-Schicht ist es, einzelne Merkmale bei den eingehenden Daten zu erkennen und diese zu extrahieren. Werden z. B. Bilder durch das künstliche neuronale Netz geschickt, können diese Merkmale beispielsweise als Formen, Linien oder Kanten auftreten. Allerdings werden die Daten nicht direkt als Bilddaten verarbeitet, sondern in Form von Matrizen mit definierten Größen wie Höhe x Breite x Kanäle. Bei den Kanälen handelt es sich um die Farbpalette, welche zur Verarbeitung der Bilder, z. B. RGB (Rot, Grün, Blau) oder Graustufen, gewählt wurde. Die Daten, die in der Convolutional-Schicht verarbeitet wurden, fließen nun in die Pooling-Schicht, die auch Subsampling-Schicht genannt wird. In dieser Schicht werden die Daten verdichtet und die Auflösung der erkannten Merkmale reduziert. Die Verdichtung erfolgt anhand einer zuvor gewählten Methode, z. B. Max-Pooling oder Average-Pooling. Diese beiden Schichten, die Convolutional-Schicht und die Pooling-Schicht, können mehrfach hintereinander mit unterschiedlichen Parametern aufgerufen werden. Ihnen folgt

---

[60] Vgl. Team WEGOFIVE (2020).

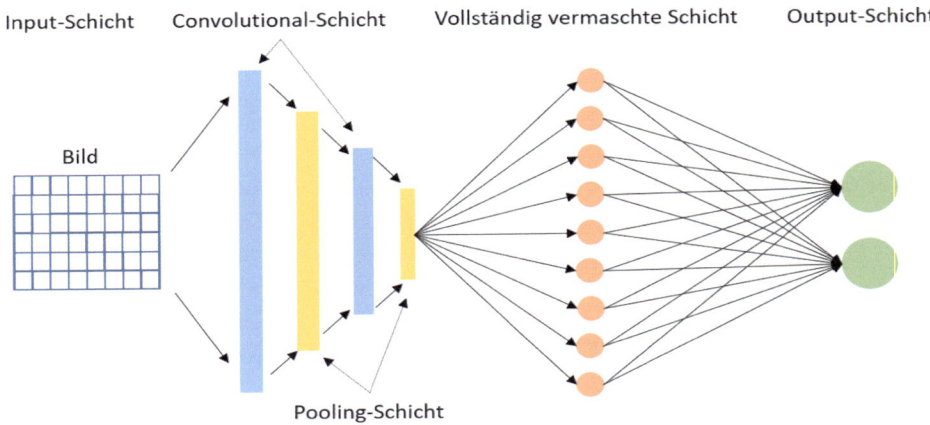

Abb. 2.12 Convolutional neuronales Netz

eine vollständig vermaschte Schicht, welche die Elemente der Vorgänger aufnimmt und nach ihrer Verarbeitung an die Output-Schicht weitergibt. Diese Vorgehensweise ist in Abb. 2.12 dargestellt.[61]

Wie funktioniert die die Verdichtung beim Convolutional neuronalen Netz? Am Beispiel einer Bilderkennung soll diese Fragestellung erläutert werden. Zunächst werden Bilder so vorverarbeitet, dass diese in einer entsprechenden Größe vorhanden sind. Zusätzlich werden die Bilder in eine einheitliche Farbpalette überführt. Als nächstes werden die einzelnen Werte der Farbtöne als Zahlenwerte ausgelesen. Auf diese Weise wird zum Beispiel aus einem Bild mit einer Größe von 7×5 Pixel eine 7×5 Matrix. Jeder Pixel steht dabei für einen Eingabewert und kann somit als Input-Neuron betrachtet werden. Die Umwandlung von einem Bild in eine entsprechende Matrix ist in Abb. 2.13 dargestellt.[62]

Im nächsten Schritt folgt die Bearbeitung der Werte. Hierfür wird zusätzlich ein sogenannter Kernel benötigt. Dieser Kernel stellt eine weitere Matrix dar, mit der die Werte der Bildmatrix multipliziert werden. Die in dem Kernel enthalten Werte stellen wiederum die Gewichtung bei der Berechnung im künstlichen neuronalen Netz dar. In Abb. 2.14 wird gezeigt, wie die Berechnung innerhalb der Convolutional-Schicht funktioniert.[63]

---

[61] Vgl. Luber, S., Litzel, N. (2020a, b).
[62] Vgl. Becker, R. (2020).
[63] Vgl. Becker, R. (2020).

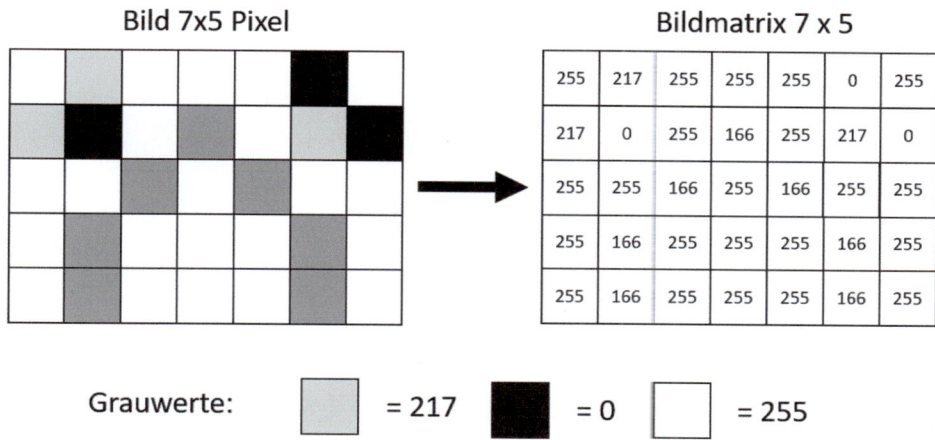

Abb. 2.13 Umwandlung vom Bild zur Matrix

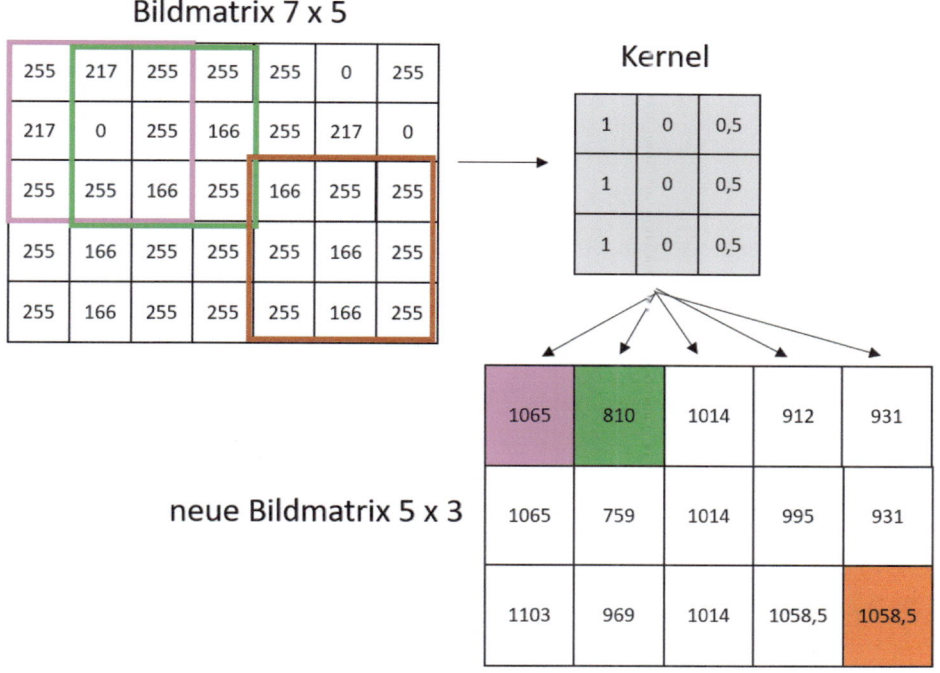

Abb. 2.14 Datenberechnung in der Convolutional-Schicht

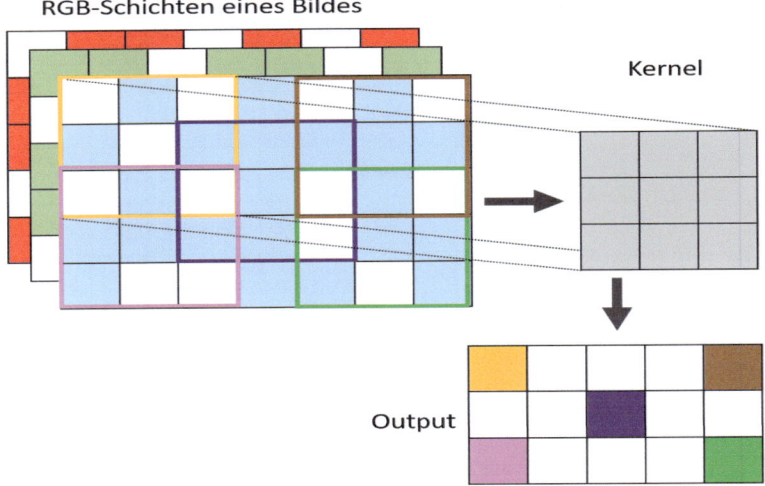

Abb. 2.15 Input eines Bildes mit RGB-Werten

Beispielhaft wurden die ersten beiden Werte der neuen Bildmatrix berechnet.
Erster Wert:

$(255*1)+(217*0)+(255*0.5)+(217*1)+(0*0)+(255*0.5)+(255*1)+(255*0)+(166*0.5) = 1065$

Zweiter Wert:

$(217*1)+(255*0)+(255*0.5)+(0*0)+(255*0)+(166*0.5)+(255*1)+(166*0)+(255*0.5) = 810$

Die originale Matrix mit sieben Spalten und fünf Zeilen wurde durch die Umrechnung in eine Matrix mit fünf Spalten und sieben Zeilen umgewandelt, ohne dabei relevante Informationen zu verlieren. Der Kernel dient bei den Berechnungen eines Durchlaufs jeweils als Konstante, die mit zunehmendem Training mehr und mehr angepasst wird. Um sämtliche Informationen eines Bildes erfassen zu können, startet der Kernel in der linken oberen Ecke eines Bildes und wandert Spaltenweise nach rechts weiter. Am Ende angelangt, springt der Kernel wieder ganz nach links und beginnt mit der der nächsten Zeile.[64]

Wird ein Bild mit einer anderen Farbpalette verwendet, müssen sämtliche Lagen, z. B. Rot, Grün und Blau, mit dem Kernel verrechnet werden. Schematisch wird dies in Abb. 2.15 dargestellt. Hierbei wird zunächst der Rotbereich mit dem Kernel multipliziert, anschließend der Grünbereich und zuletzt der Blaubereich. Die Summe der Ergebnisse stellt den Output-Wert des jeweiligen Neurons dar.

---

[64] Vgl. Becker, R. (2020).

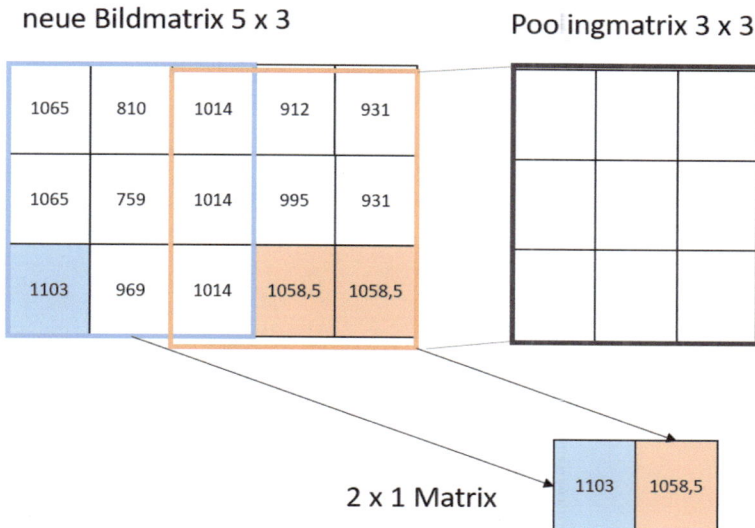

Abb. 2.16 Max-Pooling

Nachdem die Berechnung komplett abgeschlossen ist, werden die Informationen zur Pooling-Schicht weitergetragen. In dieser Schicht werden die Daten weiter verdichtet. Mithilfe des Poolings sollen die Informationen noch weiter verdichtet werden. Hierfür wird, ähnlich dem Kernel in der Convolutional-Schicht, eine Art Matrix verwendet, die über die neu erhaltene Bildmatrix gelegt wird. Angenommen es wird eine Matrix von drei Spalten und drei Zeilen verwendet, wird das Ergebnis eine Matrix mit zwei Spalten und einer Zeile sein. Dargestellt wird dies in Abb. 2.16. Die Ergebnisse wurden in diesem Fall durch das Max-Pooling ermittelt. Hierbei wird in der neuen Bildmatrix, in einem Bereich der die Größe der Poolingmatrix hat, der höchste Wert ermittelt und an die 2×1 Matrix weitergegeben. Bei dem Average-Pooling wird der Durchschnittswert aller sich in dem Größenbereich der Poolingmatrix befindlichen Werte ermittelt und weitergegeben.[65]

Die nächste Schicht, an welche die Daten übergeben werden, ist die voll vermaschte Schicht. Allerdings können die Daten nur dann in diese Schicht einfließen, wenn diese zuvor umgeformt wurden. Mit der Funktion „Flatten" wird aus einem mehrdimensionalen Vektor ein eindimensionaler Vektor.[66] In der letzten, der vollständig vermaschten Schicht, werden die Daten klassifiziert und die Ergebnisse an die Output-Schicht weitergegeben. Ihren Einsatz finden Convolutionale neuronale Netze in

---

[65] Vgl. Mössner, C. (2020).
[66] Vgl. Fischer, Pochwyt (2020).

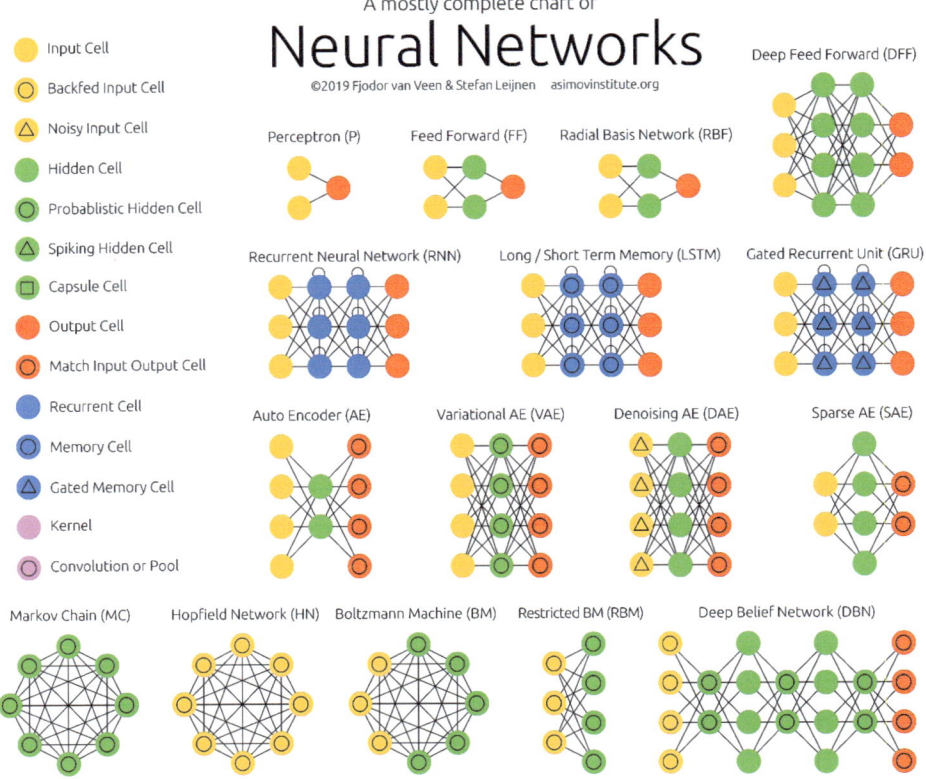

Abb. 2.17 Arten von künstlichen neuronalen Netzen Teil 1 (Van Veen, F. 2019)

Bereichen wie der Bild- oder Spracherkennung. Neben den bereits erläuterten Netzarten gibt es noch weitere, mehr oder weniger komplexe Netze. Eine Sammlung unterschiedlicher Netzarten ist in den Abb. 2.17 und 2.18 zu finden.[67]

2.4 Umsetzung

Nachdem im theoretischen Teil erläutert wurde, wie künstliche Intelligenz funktioniert, befasst sich dieses Kapitel mit der Umsetzung. Mit Übungen soll den Lernenden die Programmierung eines Perzeptrons und eines Convolutional neuronalen Netzes nahegebracht werden, sodass sie in der Lage sind, selbstständig diese Aufgaben zu lösen. Hierfür werden zunächst die jeweiligen Aufgabenstellungen erläutert, die Lernziele

---

[67] Vgl. Luber, S., Litzel, N. (2020a, b).

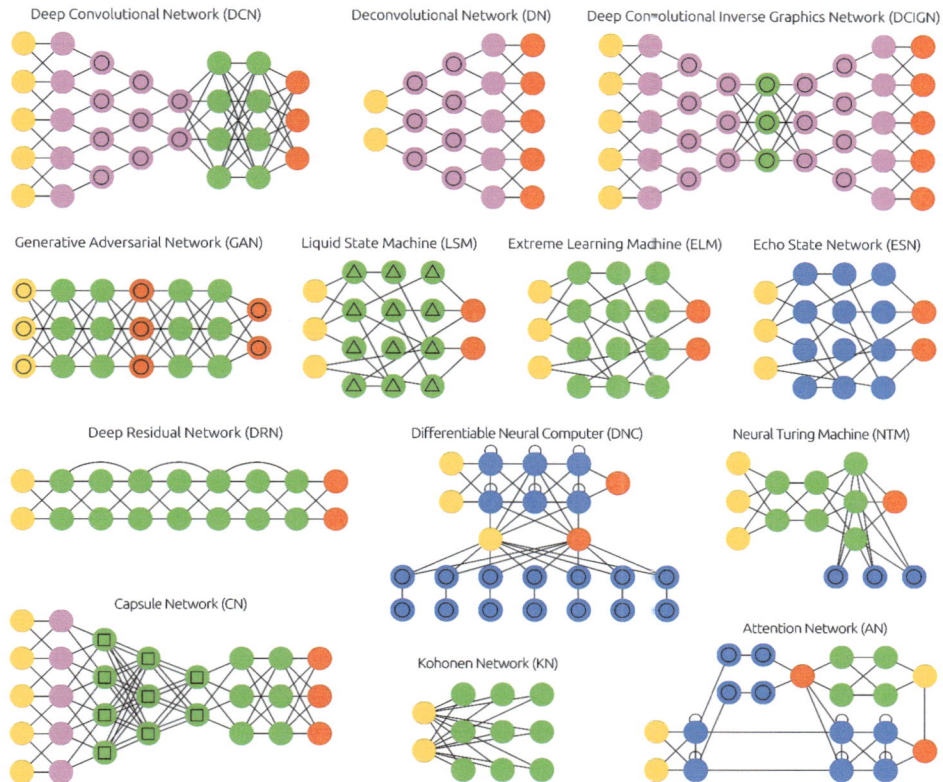

Abb. 2.18 Arten von künstlichen neuronalen Netzen Teil 2 (Van Veen, F. 2019)

bestimmt und erklärt, welche Vorbereitung getroffen werden müssen, um die jeweilige Aufgabe zu lösen. Den Abschluss bildet jeweils die Programmierung, also die tatsächliche Umsetzung der Aufgabenstellung.

2.4.1 Übung 1

Die Aufgabe der ersten Übung besteht darin, ein einzelnes Perzeptron zu programmieren, welches in der Lage ist, eigenständig die jeweilige Gewichtung so anzupassen, dass am Ende zwischen zwei Klassen unterschieden werden kann.

2.4.1.1 Lernziele definieren
Die Lernziele werden auf Grundlage der Lernzieltaxonomie nach Bloom erstellt, welche in Abschn. 2.2.4 erläutert wurde. Es wird folglich nur auf die kognitiven Lernziele eingegangen (Tab. 2.4).

Tab. 2.4 Lernziele Übung 1

	Die Lernenden ...
Wissen	... wissen, wie ein Perzeptron in Python so programmiert wird, dass dieses durch selbständiges Anpassen der Gewichte, lernen kann ... können die einzelnen Elemente im Programmcode aufzählen
Verstehen	... können erklären wie bei der Programmierung eines Perzeptrons vorzugehen ist und welche Elemente dafür programmiert werden müssen
Anwenden	... sind in der Lage ein Perzeptron in Python so zu programmieren, dass dieses selbstständig lernen kann
Analysieren	... können erklären, wie ein Perzeptron lernen kann
Verknüpfen	... können die Lernergebnisse des Perzeptrons, durch Anpassung von Parametern, verbessern
Beurteilen	... können Anhand von verwendeten Elementen in einem Programmcode beurteilen, ob es sich dabei um ein Perzeptron handelt

2.4.1.2 Vorbereitung

Damit ein Programm in Python erstellt werden kann, muss Python zunächst installiert werden. Im vorliegenden Fall wurde dies mit der der Software Anaconda gemacht, welche auf der Herstellerseite am Ende der Seite heruntergeladen werden kann.

Nach der Installation und dem Start von Anaconda (Red Hat) werden auf dem Dashboard unterschiedliche Anwendung angezeigt. Zur Programmierung wird die Anwendung Spyder verwendet. In der Entwicklungsumgebung von Spyder können Python-Programme entwickelt werden.

Neben der technischen Vorbereitung wird ein Grundverständnis in einer Programmiersprache vorausgesetzt. Zudem sollten die Lernenden die zugehörige Theorie durchgearbeitet und verstanden haben.

2.4.1.3 Programmierung

Nachdem alle Vorbereitungen abgeschlossen sind und die entsprechenden Programme und Erweiterungen installiert wurden, kann mit der Programmierung begonnen werden. Wie dem Fallbeispiel zu entnehmen ist, soll eine Vorhersage getroffen werden können, ob es sich bei Personen eines bestimmten Alters mit einem entsprechenden Gehalt um potenzielle Kunden handelt oder nicht.

Hierfür wird zunächst in Zeile 1, wie in Abb. 2.19 dargestellt, die Bibliothek numpy importiert und für weitere Vorhaben innerhalb des Programms als **np** deklariert. Numpy wird benötigt um mit mehrdimensionalen Vektoren rechnen zu können. Um beim Ausführen des Programms eine Abbildung zu erhalten, wie die einzelnen Werte innerhalb eines Koordinatensystems dargestellt werden und wie diese durch eine Trendlinie voneinander unterteilt werden, wird aus der Datei zeichnen.py die Funktion zeichnen aufgerufen.

Diese Funktion wurde nur exemplarisch erstellt, um den Lernenden die Ergebnisse grafisch darzustellen.

2 Künstliche Intelligenz mit den Themenschwerpunkten maschinelles …

```
1   import numpy as np
2   from zeichnen import zeichnen
3
4   g = np.zeros(3)
5   lernrate = 0.5
6   daten = np.array([[20, 10, 0],
7                     [40, 50, 1],
8                     [30, 65, 0],
9                     [50, 20, 1],
10                    [65, 35, 1]])
11
```

Abb. 2.19 Quellcode Perzeptron – Importe und Deklarationen

```
12   def reset (g):
13       g[:] = 0.0
14
```

Abb. 2.20 Funktion zum Reset der Gewichte

In der Zeile 2 werden die benötigten Gewichte als **g** deklariert. Die Anzahl der Gewichte entspricht der Anzahl der Inputs je Datensatz. Hier werden drei Gewichte, eines für Alter, eines für Einkommen und eines für Kunden, benötigt. Zur Anpassung der Gewichte wird im weiteren Verlauf ein entsprechender Faktor benötigt, welcher die Lernrate darstellt. Die Lernrate, hier **lernrate,** wird zunächst auf **0.5** gesetzt. Sollte das Programm nicht das gewünschte Ergebnis liefern, ist dies der erste Faktor, über den Anpassungen vorgenommen werden sollten. Um das Neuron entsprechend trainieren zu können, wird zudem noch ein Datenset mit entsprechenden Datensätzen benötigt.

Beispielhaft werden hier fünf Datensätze mit den Werten **[20, 10, 0]**, **[40, 50, 1]**, **[30, 65, 0]**, **[50, 20, 1]**, **[65, 35, 1]** in einem Array angelegt und als **daten** deklariert. Der jeweils erste Wert gibt das Alter der Person an, der zweite Wert das jeweilige Einkommen und der dritte Wert, ob die Person bereits bei uns etwas gekauft hat oder nicht.[68]

Als nächstes wird eine Funktion erstellt, mit der sämtliche Werte der Gewichte zunächst auf null gesetzt werden. Wie der Zeile 13 in Abb. 2.20 zu entnehmen ist, wurde bei der Deklaration von **g,** zusätzlich der Ausdruck **[:]** verwendet, mittels diesem die Inhalte im aktuellen Array geändert und nicht einem neuen Array zugeordnet werden.[69]

---

[68] Vgl. WeitzDatei:, E. (2017).
[69] Vgl. Weitz, E. (2017).

```
15  def lernen (input, g):
16      x = np.hstack((np.ones((len(input), 1)), input[: , 0:2]))
17      output = input[:, 2]
18      for j in range(len(input)):
19          y = 1 if np.sum(g * x[j]) >= 0
20          else 0
21          g[:] = lernrate * x[j] * (output[j] - y) + g
22      return g
23
```

Abb. 2.21 Funktion zum lernen

```
24  for i in range(5):
25      lernen(daten,g)
26      print('Gewichte Epoche' , (i+1) , g)
27
28  zeichnen(daten,g)
```

Abb. 2.22 Epochen die durchlaufen werden müssen

Damit das Perzeptron lernen kann, wird eine Funktion benötigt, die diesen Lernprozess ermöglicht. Diese Funktion wurde **lernen** genannt und ist in Abb. 2.21 dargestellt. Zunächst erhält diese Funktion einen Dateninput **input,** also einen Datensatz aus dem Datenset sowie zusätzlich Gewichte **g.** Als nächstes wird ein entsprechender x-Wert benötigt, welcher aus dem Array der Datensets mit der Funktion **hstack** erzeugt wird. Hierbei werden nebeneinanderliegende Arrays so verdichtet, dass als Ergebnis ein eindimensionaler Vektor erzeugt wird. Mit der Funktion **ones** wird diesem Vektor zunächst jeweils eine 1 vorangestellt. Anschließend wird dieser mit den Koordinaten 0 und 1 des jeweiligen Arrays aufgefüllt. Die variable x stellt den kompletten Input des Perzeptrons dar. Der richtige Output wird in Zeile 17 als **output** deklariert. Dieser enthält die originalen Werte aus dem Datenset und beschreibt genau, welches Ergebnis hätte vorliegen sollen. Die Output-Werte werden mittels Schleife berechnet. Im Anschluss werden die Gewichte entsprechend angepasst. Hierfür wird das y mittels einer Heaviside-Funktion berechnet. Bei der Heaviside-Funktion werden Werte die größer oder gleich 0 sind als 1 weitergegeben und bei Werten die kleiner 0 sind als 0. Das bedeutet, dass der Wert, welcher ausgerechnet dann 1 ist, wenn die Gewichte multipliziert mit der entsprechenden Zeile des Inputs größer oder gleich 0 beträgt, ansonsten ist dieser Wert 0. In Zeile 21 werden die Gewichte entsprechend aktualisiert. Hierfür werden zunächst die **lernrate,** der jeweilige Wert des Inputs **x,** der jeweilige Output subtrahiert mit dem berechneten **y**-Wert, miteinander multipliziert und anschließend mit den alten Gewichten

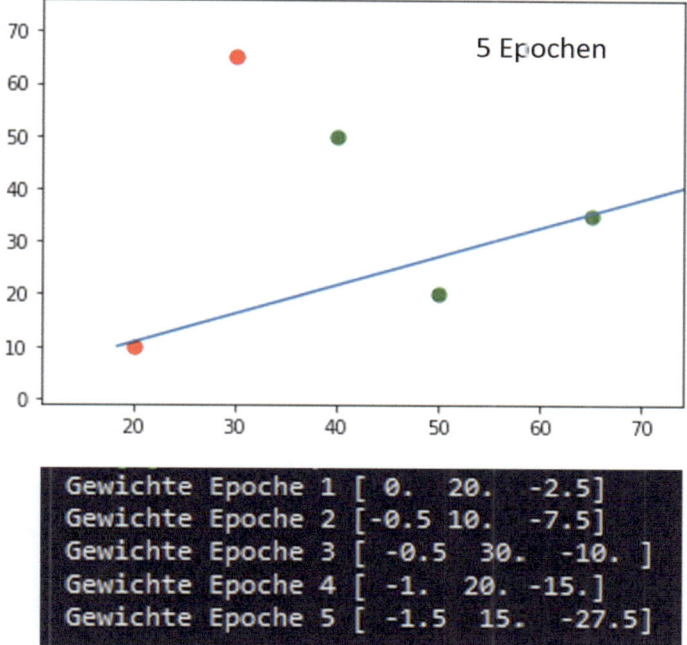

Abb. 2.23 Durchlauf von 5 Epochen

addiert. Die Funktion liefert als Ergebnis den neuen Wert der Gewichte zurück. Mit diesen neuen Gewichten wird weiter gerechnet.[70]

Aktuell würde das Programm nur einen Durchlauf mit den vorhandenen Daten durchführen. Da das Programm entsprechend unterscheiden soll, ob es sich um eine Person eines bestimmten Alters, mit einem entsprechenden Einkommen um einen potenziellen Kunden handelt oder nicht, muss das System mehrere Epochen durchlaufen. Hierfür wurde, wie in Abb. 2.22 dargestellt, erneut eine Schleife erzeugt, mit deren Hilfe die Funktion **lernen,** iterativ je nach Anzahl, entsprechend oft durchlaufen wird. Nach jedem Durchlauf werden die Gewichte **g** für den nächsten Durchlauf entsprechend angepasst und mit der Funktion **print** in der Konsole ausgegeben.[71]

Die Funktion **zeichnen** wird in diesem Programm als letzte Funktion aufgerufen. Mit ihr wird ein Koordinatensystem mit den Werten des Datensets erzeugt. Eine Trennlinie,

---

[70]Vgl. Weitz, E. (2017).
[71]Vgl. Weitz, E. (2017).

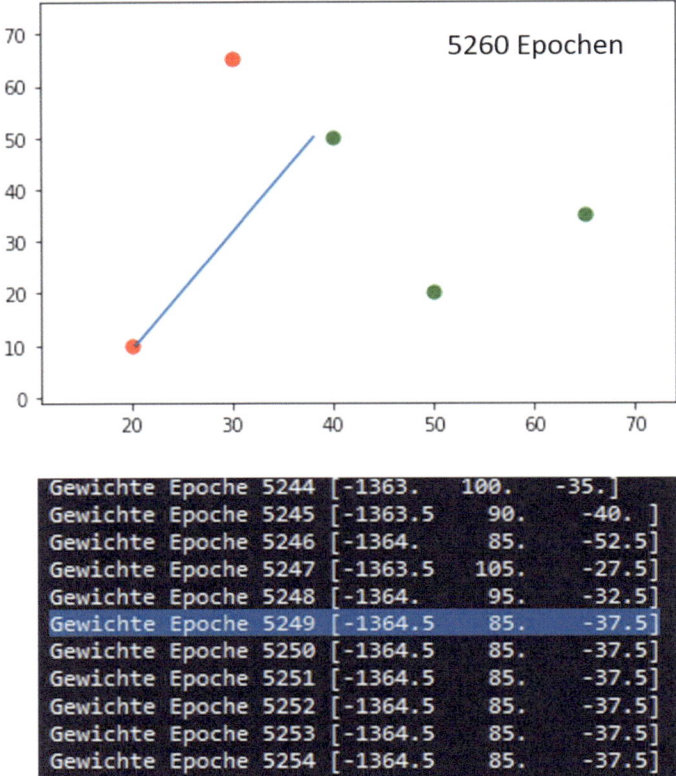

Abb. 2.24 Durchlauf von 5260 Epochen

wie in Abb. 2.23 dargestellt gibt an, wo das System die Datensätze unterteilt. Bei nur fünf Epochen liefert das System noch unbrauchbare Ergebnisse.[72]

Mit der Steigerung der Durchläufe und somit der Erhöhung der Anzahl der zu durchlaufenden Epochen, kann das System mehr Trainingsdaten verarbeiten und eventuell bessere Ergebnisse, so wie in Abb. 2.24 dargestellt, erzielen. Es ist deutlich zu erkennen, wie sich die Trennlinie angepasst hat und die Klassen voneinander trennt.

Mit dieser Übung konnte gezeigt werden, wie ein Perzeptron, also ein einzelnes Neuron, lernen kann. Bereits hier lässt sich erkennen, dass durch das Anlernen eines einzelnen Neurons bereits viele Aufgaben, die sich mit der linearen Klassifikation von Daten beschäftigen, umgesetzt werden können. Sollen komplexere Aufgaben gelöst werden, reicht

---

[72] Vgl. Weitz, E. (2017).

eine einzelnes Perzeptron möglicherweise nicht aus und es muss auf künstliche neuronale Netze zurückgegriffen werden, die aus mehr als einem Neuron bestehen.

2.4.2 Übung 2

Die Aufgabe dieser Übung ist ein Programm zu entwickeln, mit dem Bilder von Hunden und Katzen unterschieden werden können. Eine Anforderung dieser Aufgabe ist, die Daten so vorzubereiten, dass diese in einem weiteren Schritt mit einem Convolutional neuronalen Netz verarbeitet werden können.

2.4.2.1 Lernziele definieren
(Siehe hier Tab. 2.5)

2.4.2.2 Vorbereitung
Für die Programmierung wird auch hier erneut Spider verwendet. Zusätzlich muss allerdings zuvor noch TensorFlow in Anaconda installiert werden. Um zu verstehen, wie die Aufgabe gelöst wird, ist neben den technischen Vorbereitungen das theoretische Verständnis (siehe Abschn. 2.3) wichtig.

2.4.2.3 Programmierung
Bei dieser Übung geht es um die Unterscheidung zwischen Hunden und Katzen. Es soll ein System programmiert werden, welches anhand abgespeicherter Bilder klassifizieren kann, ob es sich bei dem Objekt auf dem Bild um einen Hund oder eine Katze handelt. Das Training wird mit einem Datenset, bestehend aus 25.000 Bildern, durchgeführt. Die Bilder des Datensets stehen in unterschiedlichen Größen zur Verfügung. Das bedeutet, dass es sich um Bilder handelt, deren Maße unterschiedlich groß sein können. Die Bilder sind bereits unterteilt in die Kategorien Hund und Katze und liegen zum Teil als Farbfotos und zum Teil in Graustufenfotos vor. Um mit den zur Verfügung stehenden Bildern besser arbeiten zu können, müssen diese zunächst vereinheitlicht werden. Hierfür wird ein eigenes Programm geschrieben, mit dessen Hilfe alle Fotos in Graustufen angezeigt werden, deren Größe auf ein einheitliches Format von 50 × 50 Pixel gebracht wird und die Bilder in einer willkürlichen (ungeordneten) Reihenfolge abspeichert. Das Abspeichern in einer zufälligen Reihenfolge ist deshalb wichtig, da das System anhand von zufällig aufeinanderfolgenden Merkmalen, welche auf den Bildern vorkommen, lernen soll und nicht anhand einer aufeinanderfolgenden Reihenfolge. Da es sich bei der Anpassung der Bilder um eine Vorbereitungsarbeit handelt, wird dieses Programm vorbereitung.py genannt.

2.4.2.3.1 Vorbereitung der Daten
Zunächst werden wieder die benötigten Bibliotheken importiert. Um mit mehrdimensionalen Vektoren rechnen zu können, wird auch hier, wie in Abb. 2.25 dargestellt,

Tab. 2.5 Lernziele Übung 2

Wissen	… wissen, wie Daten vorbereitet werden müssen, dass diese anschließend von einem künstlichen neuronalen Netz verarbeitet werden können
	… kennen die Unterschiede zwischen unterschiedlichen Netzarten und wie bestimmte Aktivierungsfunktionen funktionieren
	… können die einzelnen Elemente im Programmcode aufzählen
Verstehen	… können erläutern, wie die Daten vorbereitet werden müssen, damit diese von einem Convolutional neuronalen Netz verarbeitet werden können
	… können erklären wie bei der Programmierung eines Convolutional neuronalen Netzes vorzugehen ist und welche Elemente dafür programmiert werden müssen
	… können beschreiben, welche Elemente programmiert werden müssen, um ein fertiges Model einsetzen zu können
Anwenden	… sind in der Lage ein Programm in Python zu entwickeln, mit dem Daten für die Bilderkennung mit einem Convolutional neuronalen Netz verarbeitet werden können
	… können ein Convolutional neuronales Netz mit den zugehörigen benötigten Elementen programmieren
	… können ein Programm entwickeln, mit dem ein fertiges Model zur Unterscheidung zwischen Hund oder Katze verwendet werden kann
Analysieren	… können erklären, wie Daten zur weiteren Verarbeitung in einem Convolutional neuronalen Netz vorbereitet werden müssen
	… sind in der Lage zu erläutern, wie ein Convolutional neuronales Netz funktioniert
	… können beschreiben, wie vorzugehen ist, um ein fertiges Model für den operativen Einsatz einzusetzen
Verknüpfen	… sind in der Lage die Parameter des Convolutional neuronalen Netzes so zu verändern, dass bessere Ergebnisse erzielt werden können
Beurteilen	… können anhand von verwendeten Elementen in einem Programmcode beurteilen, ob es sich dabei um ein Convolutional neuronales handelt
	… können die Ergebnisse, die während dem Training angezeigt werden, interpretieren

numpy als **np** importiert und deklariert Die zweite Bibliothek, die benötigt wird, ist **os**. Mit Funktionen innerhalb dieser Bibliothek können Ordnerstrukturen und Dateipfade erstellt werden. Das ist wichtig, wenn es um die zufällige Sortierung der Bilder geht oder, wenn diese entsprechend abgerufen werden müssen. Funktionen der Bibliothek **cv2** werden eingesetzt um die Bilder anpassen zu können. Neben Größenänderungen können hiermit auch die Farbpalletten angepasst werden. Damit die Bilder in einer zufälligen Reihenfolge abgelegt werden können, wird die Bibliothek **random** importiert. Die Bibliothek pickle wird benötigt um Daten direkt aus einem Array heraus zu speichern. Nach dem Import der Bibliotheken wird der übergeordnete Pfad angegeben, in dem sich die Bilder befinden. Zudem wird ein Array mit der Bezeichnung **CATEGORIES**

```
1    import numpy as np
2    import os
3    import cv2
4    import random
5    import pickle
6
7    DATASPOT = 'C:/Users/herrmann/Desktop/Uebung2/Tierbilder/'
8    CATEGORIES = ['Hund', 'Katze']
9
10   trainingsdaten = []
11   img_size = 50
12
```

Abb. 2.25 Import von Bibliotheken und Deklaration von Variablen

erzeugt, in dem sich die Werte **Hund** und **Katze** befinden. Nachdem die Zuweisung der Pfade abgeschlossen ist, wird ein weiteres, diesmal leeres Array für die **Trainingsdaten** erzeugt. Die Bildgröße, **img_size,** wird hier mit **50** angeben. Ohne eine Maßeinheit bedeutet dies, dass es sich um 50 Pixel handelt.

Damit die Trainingsdaten erzeugt werden können, wird eine Funktion benötigt, die in der Lage ist, die Daten entsprechend vorzubereiten. Diese Funktion wurde, wie in Abb. 2.26 zu sehen ist, **erzeuge_trainingsdaten** genannt. Zunächst werden zum Bearbeiten der Bilder, mit der Funktion **path.join,** aus der Bibliothek **os,** der Pfad erzeugt, in dem sich die Bilder befinden. Gleichzeitig werden aus den Bezeichnern, die zu den Bildern gehören, Zahlen gemacht. Als nächstes wird ein Index, der sich in dem Pfad befindlichen Bildern, generiert und abfragbar gemacht. Hierfür wird die

```
13   def erzeuge_trainingsdaten():
14       for category in CATEGORIES:
15           path = os.path.join(DATASPOT, category)
16           kategorie_bezeichner = CATEGORIES.index(category)
17           for img in os.listdir(path):
18               try:
19                   tmp_img_array = cv2.imread
20                   (os.path.join(path, img), cv2.IMREAD_GRAYSCALE)
21                   img_array = cv2.resize(tmp_img_array, (img_size, img_size))
22                   trainingsdaten.append([img_array, kategorie_bezeichner])
23               except Exception as e:
24                   print(e)
25
26   erzeuge_trainingsdaten()
27   print(len(trainingsdaten))
28
```

Abb. 2.26 Funktion erzeuge_trainingsdaten

Funktion **listdir** aus der Bibliothek **os** verwendet. Im nächsten Schritt werden die Bildinformationen verarbeitet. Diese Verarbeitung geschieht unter Anwendung von **try** und **except**. Das bedeutet, dass versucht wird (**try**) die Bilddaten entsprechend den Anweisungen zu verändern. Sollte dies allerdings nicht möglich sein, wird eine **Exception**, also ein Fehler oder eine Ausnahme ausgegeben. Für die Verarbeitung wird zunächst ein temporäres Array mit der Bezeichnung **tmp_img_array** mit der Funktion **imread** der Bibliothek **cv2** erzeugt. Zudem wird ein Pfad zu jedem einzelnen Bild mit der Funktion **path.join** erzeugt. Durch die Funktion **IMREAD_Grayscale** wird die Farbpalette der Bilder in Graustufen umgewandelt. Damit die Bilder später alle in derselben Größe vorhanden sind, wird diese mit der Funktion **resize** der Bibliothek **cv2** angepasst. Hier wird wieder die Variable **img_size,** welche zu Beginn des Programmcodes erzeugt wurde, verwendet. Da es sich bei den Bildern um quadratische Bilder handeln soll, wird **img_size** zweimal aufgerufen. Einmal für die Länge des Bildes und einmal für die Höhe. Mit den Informationen der Größenveränderung und den zuvor generierten Informationen des temporären Arrays **tmp_img_array,** wird ein neues Array mit der Bezeichnung **img_array** erzeugt. Damit die Daten nicht verloren gehen, welche sich in dem Array **img_array** befinden, werden diese zusammen mit dem jeweiligen Bezeichner **kategorie_bezeichner** (das jeweils zugehörige Lable), mit **trainingsdaten.append** abgespeichert. Sollte es zu einer Ausnahme gekommen sein und ein Bild konnte nicht bearbeitet werden, wird über **print(e)** in der Konsole eine Fehlermeldung angezeigt. Anschließend wird mit **erzeuge_trainingsdaten()** die Funktion aufgerufen und über **print(len(traingsdaten))** die Anzahl der bearbeiteten Bilder ausgegeben.

Da die Bilddaten zufällig durcheinander für den weiteren Verlauf zur Verfügung stehen sollen, werden diese mit der der Methode **random.shuffle** wie in Abb. 2.27 gezeigt, weiterverarbeitet. Mit der Funktion **print(sample[1])** wird zusätzlich eine Ausgabe erzeugt, mit deren Hilfe festgestellt werden kann, ob das System die Bilder tatsächlich in eine zufällige Reihenfolge überführt hat. Aufgrund der ohne Begrenzung entstehenden Länge der Auflistung, wurde diese mit **[:10]** auf zehn Einträge begrenzt.

Im letzten Schritt müssen die Daten so vorbereitet und abgespeichert werden, dass diese als Input für das künstliche neuronale Netz verwendet werden können. Hierfür werden zunächst, wie in Abb. 2.28 dargestellt, die Arrays **X** und **y** als leere Arrays erzeugt. Als nächstes werden, aus den zuvor erstellten Trainingsdaten, dem Array **X** die Features und dem Array **y** die Labels hinzugefügt. Anschließend wird das Array **X** so umgeformt, dass die Informationen darin, jeweils einen entsprechenden Inputvektor für das künstliche neuronale Netz darstellen. Angepasst werden Informationen mit der

Abb. 2.27 Methode random. shuffle

```
29    random.shuffle(trainingsdaten)
30    for sample in trainingsdaten[:10]:
31        print(sample[1])
32
```

```
33      X = []
34      y = []
35
36    ▾ for features, label in trainingsdaten:
37          X.append(features)
38          y.append(label)
39
40      X = np.array(X).reshape(-1, img_size, img_size, 1)
41      y = np.array(y)
42      pickle_output = open('X.pickle', 'wb')
43      pickle.dump(X, pickle_output)
44      pickle_output.close()
45
46      pickle_output = open('y.pickle', 'wb')
47      pickle.dump(y, pickle_output)
48      pickle_output.close()
```

Abb. 2.28 Abspeichern der Daten mit pickle

Funktion **reshape,** die in der Bibliothek **Numpy** zu finden ist. Die **-1** gibt die Dimension an, in die das Array als Vektor überführt werden soll. Im vorliegenden Fall wird der Vektor aus der Länge des Arrays und den verbleibenden Dimensionen abgeleitet. Als nächstes folgen die Höhe und die Breite der Bilder, gefolgt vom gewählten Farbkanal, welcher hier als **1** für Graustufen, angegeben ist. Dem Array **y** werden die Werte der Lables übergeben. Zuletzt werden die Informationen in entsprechende Dateien abgespeichert. Hierfür wird mit **open** zunächst eine leere Datei mit dem Namen **X.pickle** erzeugt. Durch das **wb** wird diese Datei als binary erzeugt. Mit **pickle.dump** werden die Elemente, welche sich in dem Array **X** befinden, in die zuvor geöffnete Datei geschrieben. Sobald dies geschehen ist, wird durch den Aufruf **pickle_output.close**() die Datei geschlossen. Analog wird dies mit dem Array **y** gemacht. Die Werte werden an dieser Stelle in die Datei **y.pickle** geschrieben.

Die Vorbereitung der Daten ist für die spätere Verarbeitung im künstlichen neuronalen Netz von immenser Bedeutung. Je nachdem, wie gut oder schlecht die Daten zuvor vorbereitet wurden, kann sich auch dies auf das Ergebnis zum Positiven oder Negativen auswirken.

Da die Vorbereitung der Daten abgeschlossen ist, kann das zugehörige Model programmiert werden.

2.4.2.3.2 Das Trainingsmodel
Mit dem Trainingsmodel werden die vorbereiteten Daten zum Training in das künstliche neuronale Netz überführt. Hier durchlaufen die Daten die unterschiedlichen Layer des Netzes und es wird nach Abschluss ein fertiges Model erzeugt, welches im besten Fall, der Aufgabenstellung entsprechend, zwischen Hunde- und Katzenbilder unterscheiden

kann. Da sich für die Verarbeitung von Bildinformationen das Convolutional Netz besonders eignet, wird ein Solches zur Bewältigung der Aufgabe eingesetzt.

Zunächst werden wieder, wie in Abb. 2.29 zu sehen ist, die benötigten Bibliotheken, Funktionen und Methoden importiert. Als erste Bibliothek wird die Bibliothek **tensorflow** importiert und als **tf** deklariert. TensorFlow ermöglich eine datenstromorientierte Programmierung. Als nächstes folgt die Bibliothek **numpy**, die als **np** deklariert wird und die Bibliothek **pickle**. Aus der in **tesorflow** enthaltenen Bibliothek **keras** wird der Bereich **layers** aufgerufen und die Funktionen **Dense**, **Activation**, **Flatten**, **Conv2D** und **MaxPooling2D** importiert. Im Anschluss daran werden die zuvor abgespeicherten Binarydateien **X.pickle** und **y.pickle** geöffnet und die darin enthaltenen Daten jeweils **X** und **y** zugewiesen. Zur Normalisierung werden die Werte, welche sich aktuell in **X** befinden, durch **255** geteilt. Das Ergebnis hieraus stellt das neue **X** dar. Die Zahl **255** ist dabei keine zufällige Zahl. Da die Bildinformationen nach der Vorbereitung in Graustufen vorliegen und die Anzahl der zur Verfügung stehenden Bits dieser Farbskala 255 ist, wurde dieser Wert zur Normalisierung verwendet.

Der nächste Teil der Programmierung befasst sich mit dem Aufbau des künstlichen neuronalen Netzes. Wie in Abb. 2.30 zu erkennen ist, wird zunächst die Funktion **Sequential** aufgerufen, die als Teil der Keras-Bibliothek und somit in TensorFlow enthalten ist. Mit dieser Funktion werden Trainings- und Interferenzfunktionen für das Model bereitgestellt. Das bedeutet, die Funktion übergibt die Daten an das Netz und überführt diese zum jeweils nächsten Layer. Im Anschluss daran wird der erste Convolutional-Layer erzeugt. Dieser ist der Beginn des künstlichen neuronalen Netzes und kann somit auch als Input-Layer betrachtet werden. Der Layer wird als **Conv2D**-Layer an das **model** angehängt. Mit **Conv2D** werden Convolution-Layer erzeugt, mit denen zweidimensionale Bilder verarbeitet werden können. Zudem besteht dieser Layer aus **32** Features, einem Kernel in einer Größe von 3×3, was als **(3, 3)** in Zeile 14 dargestellt ist sowie dem Wert, der angibt, mit welcher Farbpallette gearbeitet werden soll. Die Angabe der Farbpalette muss nur bei dem ersten Convolutional-Layer erfolgen. Anschließend wird die Aktivierungsfunktion **relu** hinzugefügt. Mit dieser Aktivierungsfunktion werden die Werte, die größer als null sind, als gleicher Wert (z. B. 1,25

```
1   import tensorflow as tf
2   import numpy as np
3   import pickle
4   from tensorflow.keras.layers import Dense, Activation, Flatten,
5                                       Conv2D, MaxPooling2D
6
7   X = pickle.load(open('X.pickle', 'rb'))
8   y = pickle.load(open('y.pickle', 'rb'))
9   X = X/255.0
10
```

Abb. 2.29 Bibliotheken Import und Variablendeklaration

```
11    model = tf.keras.models.Sequential()
12
13    model.add(Conv2D(32, (3, 3), input_shape=X.shape[1:]))
14    model.add(Activation('relu'))
15    model.add(MaxPooling2D(pool_size=(2, 2)))
16
17    model.add(Conv2D(32, (3, 3)))
18    model.add(Activation('relu'))
19    model.add(MaxPooling2D(pool_size=(2, 2)))
20
21    model.add(Conv2D(16, (3, 3)))
22    model.add(Activation('relu'))
23    model.add(MaxPooling2D(pool_size=(2, 2)))
24
25    model.add(Flatten())
26    model.add(Dense(1))
27    model.add(Activation('sigmoid'))
28    model.compile(loss='binary_crossentropy',
29                  optimizer='Adam',
30                  metrics=['accuracy'])
31
```

Abb. 2.30 Aufbau des Netzes

Input = 1,25 Output) und welche kleiner als null sind als null (z. B. -0,12 Input = 0 Output) weitergegeben. Im Anschluss daran erfolgt das Pooling. Mit der Funktion **MaxPooling2D** wird das Maxpooling, wie in Abschn. 2.3.6.3.4 beschrieben, durchgeführt. Hierfür wird eine Poolgröße von 2 × 2 verwendet, was als **(2, 2)** in Zeile 15 des Programmcodes dargestellt ist. Somit wurde der erste Layer des Convolutional neuronalen Netzwerkes erstellt. In dieser Übung wird ein Convolutional neuronales Netzwerk mit drei Convolutional-Layern erstellt. Deshalb werden die gerade beschriebenen Codezeilen ebenfalls für die weiteren Layer verwendet. Abweichend sind lediglich die Anzahl der zu verwendenden Features und das Weglassen der Angabe, welche Farbpalette verwendet werden soll. Nachdem die Convolutional-Layer erzeugt wurden, müssen die Daten in einen eindimensionalen Vektor überführt werden. Die geschieht mit der der Funktion **Flatten.** Sobald dieser Vektor erzeugt wurde, werden Daten an einen vollvermaschten Layer weitergegeben. Das heißt alle Neuronen die letzten Convolutional-Layers sind mit allen Neuronen des darauffolgenden Layers verbunden. Dieser Layer wird mit **Dense(1)** erzeugt. Der Wert, welcher dem **Dense** mitgegeben wird, steht für die Anzahl der Outputs. In diesem Fall wird nur ein Wert ausgeben, da als Ergebnis eine null für Katze oder eine 1 für Hund zu erwarten ist. Anschließend wird die Aktivierungsfunktion **sigmoid** verwendet. Diese Aktivierungsfunktion wird verwendet, da ihr Wertebereich von null bis eins reicht und der zu erwartende Output-Wert entweder null oder eins beträgt. Im nächsten Schritt wird das Model mit entsprechenden Parametern kompiliert. Das heißt, es wird in eine maschinenlesbare Sprache übersetzt. Als Verlustfunktion wird **binary_crossentropy** eingesetzt. Da das Ergebnis, welches am Ende erzielt wird, möglichst genau sein soll und die Verluste möglich gegen null gehen sollen, wird zur Optimierung der Verlustfunktion der **optimizer='Adam'** eingesetzt. Mithilfe eines Optimizers lassen sich weitere Parameter, wie z. B. die Lernrate oder die Variablen des Optimizers, anpassen. Mit **metrics=['accuracy']** wird eine Performance Metrik übergeben, mit der die Genauigkeit angegeben wird. Je genauer die Ergebnisse sind, desto besser die Vorhersagen, die von der künstlichen Intelligenz getroffen werden.

Nach der Kompilierung des Models, wird der Variablen **y** die Werte des in **y** enthaltenen Arrays zugewiesen. Anschließend wird das Model mit dem Aufruf von **model.fit** trainiert. Hierfür werden die Variable **X** (Bildinformationen), die Variable **y** (Lables), die **batch_size** (Anzahl der zu verwendenden Datensätze pro Durchlauf), die **epochs** (Anzahl der vollständigen Durchläufe) und die **validation_spilt** (Aufteilung des Datensets in Trainingsdaten und Testdaten), als Parameter mitgegeben. Nach Abschluss des Trainings wird mit **model.save** das fertige Model als **Hund_Katze** abgespeichert (siehe Abb. 2.31).

Während des Trainings wird, wie in Abb. 2.32 dargestellt, in der Konsole angezeigt, in welcher Epoche das Training gerade durchgeführt wird, wie groß der Anteil an Verlusten ist und wie genau die bisherigen Ergebnisse sind. Nach jeder Epoche wird zusätzlich noch eine Überprüfung durchgeführt, mit deren Hilfe die Verluste und die Genauigkeit validiert werden. Zudem wird gezeigt, wie lange das System pro Epoche benötigt hat.

Sobald das Model erzeugt wurde und die zur Lösung der Aufgabe angemessenen Ergebnisse liefert, sollte noch ein kleines Programm geschrieben werden, mit dem das fertige Model eingesetzt werden kann.

```
32    y = np.array(y)
33    model.fit(X, y, batch_size=32, epochs=20, validation_split=0.3,)
34
35    model.save("Hund_Katze")
```

Abb. 2.31 Model vorbereiten und abspeichern

```
Epoch 5/10
17462/17462 [==============================] - 25s 1ms/sample - loss: 0.5925 - accuracy: 0.6868 - val_loss: 0.5897 - val_accuracy: 0.6835
Epoch 6/10
17462/17462 [==============================] - 23s 1ms/sample - loss: 0.5745 - accuracy: 0.7000 - val_loss: 0.5599 - val_accuracy: 0.7131
Epoch 7/10
17462/17462 [==============================] - 24s 1ms/sample - loss: 0.5555 - accuracy: 0.7156 - val_loss: 0.5453 - val_accuracy: 0.7257
Epoch 8/10
17462/17462 [==============================] - 21s 1ms/sample - loss: 0.5411 - accuracy: 0.7316 - val_loss: 0.5369 -
```

Abb. 2.32 Ausgabe der Verluste und Genauigkeit

2.4.2.3.3 Operativer Einsatz

Damit z. B. Bilder von Hunden und Katzen unterschieden werden können, muss das fertige Model aufgerufen werden können. Hierfür ist es notwendig ein weiteres kleines Programm zu schreiben.

Zunächst müssen wieder die benötigten Bibliotheken importiert werden. In diesem Fall werden, wie in Abb. 2.33 gezeigt, die Bibliothek **cv2** und die Bibliothek **tensorflow,** die als **tf** deklariert wird, importiert. Im Anschluss daran werden die Kategorien [‚Hund, Katze'] in einem Array namens **CATEGORIES** angelegt. Mit dem nächsten Schritt wird eine Funktion erstellt, mit der das Bild, welches kategorisiert werden soll, entsprechend vorbereitet wird. Mit dieser Funktion wird die Bildgröße auf 50 × 50 Pixel skaliert, die Farben in Graustufen umgewandelt und die Werte in einem Array abgespeichert (Analog zur Vorbereitung im Kap. 0, Codezeilen 19–22). Im Anschluss daran wird das erzeugte fertige Modell mit dem Namen **Hund_Katze,** mit der Anweisung **tf.keras.load.model,** geladen. Mit **model.predict** wird ein vorhandenes Bild, anhand der zuvor gesetzten Parameter in den Codezeilen 6–10, vorbereitet und die Vorhersage getroffen. Sobald das System mit der Umwandlung des Bildes und den Berechnungen fertig ist, wird in der Konsole mit der Anweisung **print(CATEGORIES[int(prediction[0][0])])** angezeigt, ob es sich bei dem Objekt auf dem Foto um einen Hund oder eine Katz handelt.

Nachdem ein Bild eines Hundes aus dem Internet heruntergeladen und abgespeichert wurde, kann das Programm getestet werden. Das Ergebnis ist in Abb. 2.34 dargestellt. Es wurde erkannt, dass es sich dabei um einen Hund handelt.

```
1   import cv2
2   import tensorflow as tf
3
4   CATEGORIES = ['Hund', 'Katze']
5
6   def prepare(filepath):
7       img_size = 50
8       img_array = cv2.imread(filepath, cv2.IMREAD_GRAYSCALE)
9       new_array = cv2.resize(img_array, (img_size, img_size))
10      return new_array.reshape(-1, img_size, img_size, 1)
11
12  model = tf.keras.models.load_model('C:/Users/herrmann/Desktop/Uebung2/Hund_Katze')
13
14  prediction = model.predict([prepare('hund.jpg')])
15  print(CATEGORIES[int(prediction[0][0])])
```

Abb. 2.33 Programm zur Unterscheidung zwischen Hund und Katze

```
In [2]: runfile('C:/Users/herrmann/Desktop/Uebung2/Hund_Katze/
Hund_Katze')
Hund
```

Abb. 2.34 Ergebnis des Tests

Mit der Programmierung dieses Convolutional neuronalen Netzes konnte gezeigt werden, mit welchen Mitteln in Python ein solches Netz programmiert werden kann. Durch die Anpassung unterschiedlicher Parameter können die Ergebnisse positiver oder negativer ausfallen. Bei der Verwendung eines künstlichen neuronalen Netzes kann die Vorbereitung der Daten enormen Einfluss auf das spätere Ergebnis haben. Das Beispiel wurde so gewählt, dass Lernende zum einen die Programmierung verstehen, zum anderen, dass diese eine Umsetzung der in Abschn. 2.3.6.3.4 angeführten Beispiele haben. Das System weist noch Lücken auf. Es kann zwar zwischen Hund und Katze unterscheiden, allerdings wird es einem Objekt, das weder ein Hund noch eine Katze ist, dennoch eine dieser Kategorien zuweisen. Es kann demnach durchaus vorkommen, dass ein Bild von einem Tisch von dem System als Katze kategorisiert wird. Eine Erweiterung des Programms um eine oder mehrere Kategorien wäre als Hausaufgabe denkbar.

Zum Testen der Dateien müssen gegebenenfalls die Dateipfade in den Programmen angepasst werden.

2.5 Schlussbetrachtung, Fazit, Ausblick

Ziel dieses Abschnittes war die beispielhafte Erstellung eines Blended-Learning Kursangebotes, mit dem künstliche Intelligenz den Lernenden nähergebracht wird. In Abschn. 2.2 wurde zunächst auf die Lehrformen eingegangen. Es wurde gezeigt, aus welchen Elementen sich das Blended-Learning zusammensetzt und die Funktionsweise erläutert. Neben didaktischen Anforderungen wurde dargestellt, wie Lernziele definiert werden können.

Da sich der Kurs mit künstlicher Intelligenz befasst, wurde diese Thematik in Abschn. 2.3 untersucht und beschrieben. Zunächst wurde versucht zu definieren, was künstliche Intelligenz ist und welche Arten es davon gibt. Es wurde aufgezeigt, worin sich regelbasierte Computerprogramme von künstlichen Intelligenzen unterscheiden. In Abschn. 2.3.4 wurden unterschiedliche Daten voneinander in strukturierte und unstrukturierte Daten abgegrenzt und aufgezeigt, welche essenzielle Rolle die Vorbereitung der Daten für die spätere Verwendung einnimmt. Im Anschluss daran wurde eine Auswahl unterschiedlicher Lernalgorithmen analysiert, die für künstliche Intelligenzen verwendet werden können. Aufbauend auf den Lernalgorithmen wurden der Aufbau, die Funktionsweise sowie ausgewählte Netzarten von künstlichen neuronalen Netzen in Abschn. 2.3.6, beschreiben.

Das Kap. 4 befasste sich mit der Umsetzung der gestellten Aufgaben. Zunächst wurden die Aufgaben erläutert und die zugehörigen Lernziele definiert. Im Anschluss daran wurde mit Python ein Programmcode zur Lösung der jeweiligen Aufgaben entwickelt. Die einzelnen Elemente des Codes wurden dabei anhand von Codeschnipsel und Beispielen erläutert.

2.5.1 Fazit

Die Umsetzung dieses Abschnitts stellte bedingt durch die Aktualität der Thematik eine besondere Herausforderung dar. IT-Themen sind sehr schnelllebig und wer sich nicht weiterbildet, verpasst auf dem State oft he Art zu bleiben. Künstliche Intelligenzen sind zurzeit in aller Munde und die bereits erzielten Ergebnisse sprechen dabei für sich. Es ist spannend und interessant zugleich sich mit einer solchen Thematik auseinander zu setzen, da uns künstliche Intelligenzen auch in den nächsten Jahren immer häufiger begleiten werden. Ob die Menschheit jemals in der Lage sein wird eine Superintelligenz zu entwickeln, bleibt allerdings abzuwarten.

2.5.2 Ausblick

In diesem Teil des Buches wurden Übungen zur Erstellung eines Perzeptrons sowie zur Bilderkennung entwickelt. Dies beinhaltet allerdings nur einen kleinen Teil der Thematik künstliche Intelligenz. Denkbar ist, die theoretischen Grundlagen zur künstlichen Intelligenz zu erweitern und zusätzliche Übungen zu entwickeln, mit denen diese Erweiterungen anhand von Beispielen umgesetzt werden können. Da die Thematik, eine den Globus umspannende ist und somit Menschen auf der ganzen Welt mit dieser konfrontiert werden, sollten sowohl die theoretischen Grundlagen, wie auch die zugehörigen Übungen auf einer offenen Internetplattform, gegebenenfalls auch mehrsprachig, zur Verfügung gestellt werden.

Literatur

Becker, R. (2019). Convolutional neural Networks – Aufbau, Funktion und Anwendungsgebiete; Just Add AI GmbH. https://jaai.de/convolutional-neural-networks-cnn-aufbau-funktion-und-anwendungsgebiete-1691/. Zugegriffen: 29. Juni 2020.

Beitragszentrale für Politische Bildung. (2015). Video: Was ist eigentlich E_Laerning; Youtube; 2015; https://www.youtube.com/watch?v=XHwDtmSFrOA Zugegriffen: 27. März 2020.

Bendel, O., & Blended Learning. (2018). Gabler Wirtschaftslexikon. https://wirtschaftslexikon.gabler.de/definition/blended-learning-53492 Zugegriffen: 3. Apr. 2020.

Busch, D. (2018). Tutorial – Das Perzeptron; Neuromant. https://neuromant.de/2018/11/25/Tutorial_Das-Perzeptron/. Zugegriffen: 29. Juni 2020.

Bußgeldkatalog (2020). Kurz und knapp: Die wichtigsten Infos zum Bremsweg. https://www.bussgeldkatalog.org/bremsweg/. Zugegriffen: 19. Juni 2020.

Chrislb., Künstlichen Neuron., Wikipedia. https://de.wikipedia.org/wiki/K%C3%BCnstliches_Neuron. Zugegriffen: 24. Juni 2020.

Fischer, P. (2017). Neuronale Netze – Flatten und Dense. https://user.phil.hhu.de/~petersen/SoSe17_Teamprojekt/AR/neuronalenetze.html. Zugegriffen: 1. Juli 2020.

Frochte, J. (2019). Maschinelles Lernen – Grundlagen und Algorithmen in Python, Carl Hanser Fachbuchverlag. 2. Aufl.

Frochte, J. (2019). Maschinelles Lernen – Grundlagen und Algorithmen in Python; Tabelle 2.1: Strukturierter Datenbestand in einer Tabellenform (2. Aufl.); Carl Hanser Fachbuchverlag.

Glamayer, C. (2020). Typen und Studen von Lernzielen; Abbildung: Schematische Darstellung der kognitiven Lernzieltaxonomie; Ruhr-Universität Bochum. https://dbs-lin.ruhr-uni-bochum.de/lehreladen/planung-durchfuehrung-kompetenzorientierter-lehre/lehr-und-lernziele/typen-und-stufen/. Zugegriffen: 06. Juli 2020.

Glamayer, C. (2020). Typen und Studen von Lernzielen. Ruhr-Universität Bochum. https://dbs-lin.ruhr-uni-bochum.de/lehreladen/planung-durchfuehrung-kompetenzorientierter-lehre/lehr-und-lernziele/typen-und-stufen/. Zugegriffen: 06. Juli 2020.

Bett, K., & Fassnacht, K. (2020). Die Blended-Learning-Formel: Webinare+E-Learning+Präsenz. https://www.didactic-design.de/wp-content/uploads/562DE_WP_Erfolgreiches-Lernen-mit-Webinaren.pdf. Zugegriffen: 02. Apr. 2020.

Kern., Schadwinkel., & Zielke. (2020). Intelligenz – Was ist Intelligenz; Plane Wissen. https://www.planet-wissen.de/gesellschaft/lernen/intelligenz/index.html. Zugegriffen: 08. Juni 2020.

Kersting. K., et al. (Hrsg.). (2019). *Wie Maschinen lernen – Künstliche Intelligenz verständlich erklärt*. Springer Fachmedien Wiesbaden GmbH.

Kischnick, T. (2020). Clusteranalyse; Trend Report. https://www.trendreport.de/wiki/clusteranalyse/. Zugegriffen: 23. Juni 2020.

Luber, S., & Litzel, N. (2020a). Was ist ein Convolutional Neural Network?; bigdate-insider.de. https://www.bigdata-insider.de/was-ist-ein-convolutional-neural-network-a-801246/;2019. Zugegriffen: 29. Juni 2020.

Luber, S., & Litzel, N. (2020b). Was ist ein Perzeptron?; bigdate-insider.de. https://www.bigdata-insider.de/was-ist-ein-perzeptron-a-798367/;2019. Zugegriffen: 29. Juni 2020.

Maier, G. (2020). *Definition: Was ist Intelligenz*. Gabler Wirtschaftslexikon. https://wirtschaftslexikon.gabler.de/definition/intelligenz-37696 Zugegriffen: 02. Apr. 2020.

Mitglied alina2st. (2020). Ultracremiger Käsekuchen; Chefkoch de. https://www.chefkoch.de/rezepte/389361126172855/Ultracremiger-Kaesekuchen.html Zugegriffen: 15. Juni 2020.

Moeser, J. (2018). *Künstliche neuronale Netze – Aufbau & Funktionsweise*. Just Add AI GmbH. https://jaai.de/kuenstliche-neuronale-netze-aufbau-funktion-291/#:~:Text=Funktionsweise%20und%20Aufbau%20k%C3%BCnstlicher%20neuronaler,einer%20festen%20Hierarchie%20miteinander%20verbunden.&text=Dabei%20ist%20der%20Output%20des%20einen%20Neurons%20der%20Input%20des%20n%C3%A4chsten. Zugegriffen: 26. Juni 2020.

Mössner, C. (2017). Neuronale Netze #28 – Convolutional Neural Networks für Bilderkennung (Machine Learning #108). Youtube. https://www.youtube.com/watch?v=LqG_MosgnPI. Zugegriffen: 01. Juli. 2020.

Raveling, J.(2020). *Was ist künstliche Intelligenz? – Die Definition des Begriffs KI*. Wirtschaftsförderung Bremen GmbH. https://www.wfb-bremen.de/de/page/stories/digitalisierung-industrie40/was-ist-kuenstliche-intelligenz-definition-ki#book/2 Zugegriffen: 08. Juni 2020.

Siepermann, M. (2020). *Künstliche Intelligenz (KI) – Definition: Was ist „Künstliche Intelligenz (KI)"*. Gabler Wirtschaftslexikon. https://wirtschaftslexikon.gabler.de/definition/kuenstliche-intelligenz-ki-40285 Zugegriffen: 08. Juni 2020.

Sigbert et al. (Autorenschaft) (2020). Wikipedia; Clusteranalyse – Verfahren. https://de.wikipedia.org/wiki/Clusteranalyse Zugegriffen: 23. Juni 2020.

Team WEGOFIVE. (2020). Was sind „Neuronale Netze"?. Wegofive. https://www.wegofive.net/2019/01/29/was-sind-neuronale-netze/;2020. Zugegriffen: 29. Juni 2020.

Tenzer, F. (2020). Prognose zum Volumen der jährlich generierten digitalen Datenmenge weltweit in den Jahren 2018 und 2025. Statista. https://de.statista.com/statistik/daten/studie/267974/umfrage/prognose-zum-weltweit-generierten-datenvolumen/ Zugegriffen: 24. Juni 2020.

User: Avatar et al (2020a). *E-Learning*. Wikipedia. https://de.wikipedia.org/wiki/E-Learning#Formen_des_E-Learning. Zugegriffen: 27. März 2020.

User: Avatar et al (2020b). *E-Learning*. Wikipedia. 2020. https://de.wikipedia.org/wiki/E-Learning#Vor-_und_Nachteile_von_E-Learning. Zugegriffen: 01. Apr. 2020.

User: Haircutter et al. (2020). *Integriertes Lernen*. Wikipedia. https://de.wikipedia.org/wiki/Integriertes_Lernen. Zugegriffen: 03. Apr. 2020.

User: Kitikat et al. (2020). *Präsenzlehre*. Wikipedia. https://de.wikipedia.org/wiki/Pr%C3%A4senzlehre. Zugegriffen: 01. Apr. 2020.

User: Unbekannt. (2013). Portal: Vögel. Wikipedia. https://de.wikipedia.org/wiki/Portal:V%C3%B6gel. Zugegriffen: 04. Apr. 2020.

Van Veen, F. (2019). A mostly comlete chart of Neural Networks. asimovinstitut.org. https://www.asimovinstitute.org/neural-network-zoo/. Zugegriffen: 23. Juni 2020.

Weitz, E. (2017). Video: Das Perceptron, in Python. Youtube. https://www.youtube.com/watch?v=s-3Rs0wvaQU. Zugegriffen: 07. Juli 2020.

Vorgehensweise zur Anwendung Digitaler Geschäftsprozesse auf Basis von Künstlicher Intelligenz

3

Christian Aichele

Die Vorgehensweise zur Etablierung von Applikationen und Methoden der Künstlichen Intelligenz.

Zusammenfassung

Initialer Schritt für der Generierung von KI-Anwendungen ist die Definition der Strategie. Aufbauend auf der Strategie wird das Geschäftsmodell konzipiert und die Projektumsetzung geplant.

3.1 Die Generierung einer Strategie für KI-Anwendungen

Eine Strategie für die Entwicklung und Marktetablierung von KI-Anwendungen dient zur Positionierung des eigenen Unternehmens in Bezug auf Umfang und Funktionalität der KI-Applikation und die zu erreichenden Ziele mit der Einführung der Anwendung. Die Initialzündung zur Entwicklung einer KI-Anwendung kann dabei extrinsischer oder intrinsischer Natur sein. Der extrinsische Antrieb kann durch eine eigene oder auch fremde Marktevaluation und Marktnachfrage durch Kunden oder verbundene Unternehmen erfolgen. Intrinsische Anregungen kommen von einzelnen Mitarbeitern oder Gruppen von Mitarbeitern und entstehen zumeist auch durch Beobachtungen, Evaluationen oder Interaktionen und Kommunikation.[1]

---

[1] Vgl. Aichele (2014, S. 35–85).

C. Aichele (✉)
Hochschule Kaiserslautern, Ketsch, Deutschland
E-Mail: christian.aichele@hs-kl.de

© Springer Fachmedien Wiesbaden GmbH, ein Teil von Springer Nature 2022
C. Aichele und J. Herrmann (Hrsg.), *Betriebswirtschaftliche KI-Anwendungen*,
https://doi.org/10.1007/978-3-658-40099-6_3

▶ Eine KI-Strategie ist eine konzipierte Vorgehensweise zur Entwicklung und Etablierung von KI-Applikationen in Bezug auf definierte Ziele.

Auch die spontane und intuitive Entscheidung eine Strategiefindung zu starten gehört zur intrinsischen Art. Die Strategiefindung sollte in Workshops mit einer limitierten Dauer und einem definierten Team durchgeführt werden. Ideal sind Workshops mit einer Bruttodauer (inklusive aller Pausen) von minimal vier bis maximal acht Stunden. Die Mitglieder des Teams sollten interne KI-Experten sowie Entscheidungsträger aus dem Management sein. Falls keine internen Experten vorhanden sind, können auch externe Experten Input bereitstellen. Die ideale Teamgröße besteht aus minimal 5 Mitgliedern bis maximal zehn Teilnehmer. Zur Strategiefindung sollten minimal ein Workshop bis maximal drei Workshops durchgeführt werden.

Entscheidend für das Geschäftsmodell ist auch die KI-Eignung, d. h. der Anwendungsfall sollte für die Anwendung künstlicher Intelligenz über die entsprechend notwendigen Eigenschaften verfügen. Dazu gehört insbesondere das Vorhandensein

1. einer ausreichenden Datenbasis,
2. einer ausreichenden Anwendungsfrequenz und
3. einer KI-gerechten Anwendungsadäquanz.

Die Datenbasis wird für das Training der Künstlichen Neuronalen Netz benötigt und muss dafür über eine hohe Quantität verfügen, die Frequenz ermöglicht den effizienten und ökonomischen Einsatz der KI und die Adäquanz stellt die Eignung des Anwendungsfalls oder Problems für den Einsatz von KI sicher.

Die Phase der Findung wird mit einer Entscheidung zur weiteren Vorgehensweise abgeschlossen (Go/No-Go). Dieser Meilenstein wird „Decision Gate" genannt. Nach der erfolgreichen Strategiefindung wird die Phase der Strategiedefinition gestartet. Zu Aufgaben der Definition gehören die Beschreibung der KI-Applikation ggf. mit der Erstellung eines Mockups und die Erarbeitung eines Business Cases. Abgeschlossen wird die Phase mit dem „Decision Gate Strategiedefinition"

▶ Ein Mock-up (oder mockup) ist ein Prototyp einer Applikation ohne Funktionalität und zeigt damit insbesondere das äußere Erscheinungsbild und die Benutzerführung (Graphical User Interface, GUI) auf.

▶ Ein Business Case oder Geschäftsmodell ist die Untersuchung der Rentabilität einer KI-Strategie und enthält ein Mission Statement, die Beschreibung der KI-Applikation, das Marktpotenzial, die Vertrieb- bzw. Absatzziele, die Umsatz- und Kostenannahmen und die Berechnung des Ergebnisses und der Rentabilität für einen definierten Zeitraum.

Abb. 3.1 Vorgehensweise Strategie für KI-Applikationen

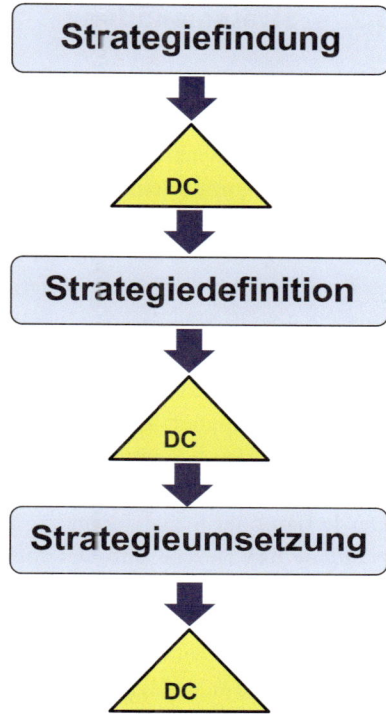

In die darauffolgende Phase der Strategieumsetzung gehören allen Aufgaben bis zum eigentlichen Projektstart der KI-Entwicklung. Dies beinhaltet insbesondere die Erstellung von Lasten- und Pflichtenheft, der Kalkulation der Entwicklungskosten und der Definition des Geschäftsmodells. Die Phase schließt mit dem „Decision Gate Strategieumsetzung" und führt zur Projektfreigabe oder zum Projektstopp (siehe Abb. 3.1).

▶ Ein Lastenheft (Synonyme u. a.: Requirements Specification, Anforderungsanalyse) beschreibt alle Anforderungen an die Leistungen einer KI-Applikation. Das Lastenheft wird in der Regel durch den Auftraggeber erstellt.

▶ Ein Pflichtenheft (Synonyme u. a.: Conceptual Design, Sollkonzept, Feinkonzept) beschreibt die konkrete Vorgehensweise zur Erstellung der KI-Applikation. Das Pflichtenheft wird in der Regel durch den internen oder externen Auftragnehmer erstellt und durch den Auftraggeber abgenommen.

▶ Ein Geschäftsmodell (engl. Business Model) beschreibt die Vorgehensweise zur Etablierung der KI-Applikation im Markt oder im Unternehmen. Damit werden die Phasen zur konkreten Umsetzung der Ziele aus dem Business Case definiert.

3.2 Strategiefindung

Bei Vorhandensein einer Anforderung zum Einsatz einer KI-Applikation muss eine adäquate Strategie gefunden und entwickelt werden. Neben den Entscheidungsträgern für eine KI-Entwicklung sollte in den ersten Workshops auch die notwendige Expertise aus dem KI-Umfeld eingebracht werden. Hier können auch externe Experten integriert werden. Diese sollten aber nicht die Interaktion und Kommunikation in den Workshops dominieren, sondern nur pointiert Beiträge leisten.

Geeignete Methoden zur Eingrenzung und Fokussierung auf die relevanten Aspekte sind die Arbeitstechniken Brainstorming und Mind Map.

▶ Brainstorming ist eine Methode zur Ideenfindung bei der, unkommentiert und nicht bewertet, Ideen aller Teilnehmer aufgenommen werden. In einem zweiten Schritt können diese Ideen dann nach ihrer Wichtigkeit geordnet werden (siehe Abb. 3.2).

Der Initiator der Strategiefindung lädt zu dem Workshop die passenden Teilnehmer ohne Nennung des Themas ein. Der Auswahl der Teilnehmer ist dabei von hoher Bedeutung, da jede weitere Durchführung eines Workshops die Dynamik der Ideenfindung reduziert und die Erfolgsquote eher suboptimal sein wird. In der Brainstorming-Sitzung, die von der Anzahl der Teilnehmer (5–10) und der Dauer (4–8 h brutto) limitiert sein sollte, sollten bestimmte Prinzipien beachtet werden:

- Kritik oder Unmutsäußerungen an den einzelnen Beiträgen bzw. Ideen sind verboten und sollten von dem Sitzungsleiter unmittelbar unterbunden werden.
- Argumentation und Gegenargumentation behindert das Ziel des Brainstormings über eine große Bandbreite Ideen zu entwickeln. Auch hier muss der Sitzungsleiter (Moderator) schnellstmöglich Diskussionen beenden.

Abb. 3.2 Brainstorming

- Quantität geht vor Qualität, die Anzahl der Ideen und Beiträge ist entscheidend. Die Chance die richtigen Ideen aus einer großen Quantität auch zu berücksichtigen ist signifikant höher.
- Wichtig ist, dass der Fantasie der Teilnehmer freien Lauf gelassen werden sollte. Dieser dynamische Sturm der Gehirne (engl. Brainstorm) ermöglicht Emotionen und Intuitionen, die neue Aspekte und Ideen hervorbringen können.
- In einem zweiten Schritt sind Ideen weiterzuentwickeln und auszuformulieren.
- Durch Assoziierungen werden ähnliche Ideen gebündelt, weitere Ideen entwickelt und Priorisierungen ermöglicht.

Die Phasen des Brainstormings sind Abb. 3.2 dargestellt.

> **Beispiel**
>
> Ein Stadtwerkeverbund hat eine IT- und Servicegesellschaft, deren Aufgaben neben der Bereitstellung der IT-Architektur für den Betrieb (Hardware, Software, Netware) und der Übernahme zentraler Services für die Stadtwerke (wie Call Center) auch die Erarbeitung neuer digitaler Geschäftsmodelle, Services und Produkte sind. Der neu bestellte Chief Digital Officer (CDO) des Stadtwerkeverbunds erteilt der IT-Gesellschaft den Auftrag Geschäftsmodelle für KI-basierte Services und Produkte zu konzipieren. In einem ersten Workshop wird ein Brainstorming zu der Thematik durchgeführt.
>
> Die Ideen, die in Abbildung Abb. 3.3 angeführt sind, beschäftigen sich mit den Zielkunden. Neben den Energieabnehmern wie den Tarifkunden und Sondervertragskunden (SVK) wurde auch der Verteilnetzbetreiber (VNB) und die Zielrichtung des Angebots an die Endkonsumenten (Business-to-Consumer, B2C) und an die Geschäftskunden (Business-to-Business, B2B) angeführt. Unter B2C und B2B sind auch Neukunden angedacht, die bisher in keiner Beziehung zu den Stadtwerken (auch Energieversorgungsunternehmen, EVUs) stehen. Grundsätzlich wurden für KI-basierte Lösungen bzw. Services und Produkte mehrere Themenfelder angedacht. Ein Feld stellen Expertensysteme dar, in denen Expertenwissen zu bestimmten Themen gebündelt wird. Diese Expertensysteme sollen dann den Fachleuten z. B. bei der Fehlerbehebung oder der Revision von Anlagen wie Kraftwerken Unterstützung bieten. Expertensysteme können auf Basis der hinterlegten Expertenregeln auch neue Regeln ableiten. Diese Systeme könnten den Außendienst steuern bzw. unterstützen (Expertensystem Work Management System, WMS). Ein weiterer Bereich sind Condition Monitoring Systeme, die aufgrund von digitalen Zustandsmeldungen (z. B. über Internet-of-Things, IoT) von Sensoren für bestimmte Merkmalsausprägungen, die in trainierten Künstlichen Neuronalen Netzen (KNN) festgehalten sind, Instandhaltungsmeldungen generiert. Dadurch ergibt sich die Möglichkeit gegenüber periodischen Revisionen (Wartungsarbeiten und Instandhaltungen) von Maschinen und Anlagen den Arbeitsaufwand signifikant zu reduzieren. Nur dann, wenn der Maschinenzustand eine bestimmte Merkmalsausprägung annimmt, wird ein manueller Arbeitsaufwand erforderlich.

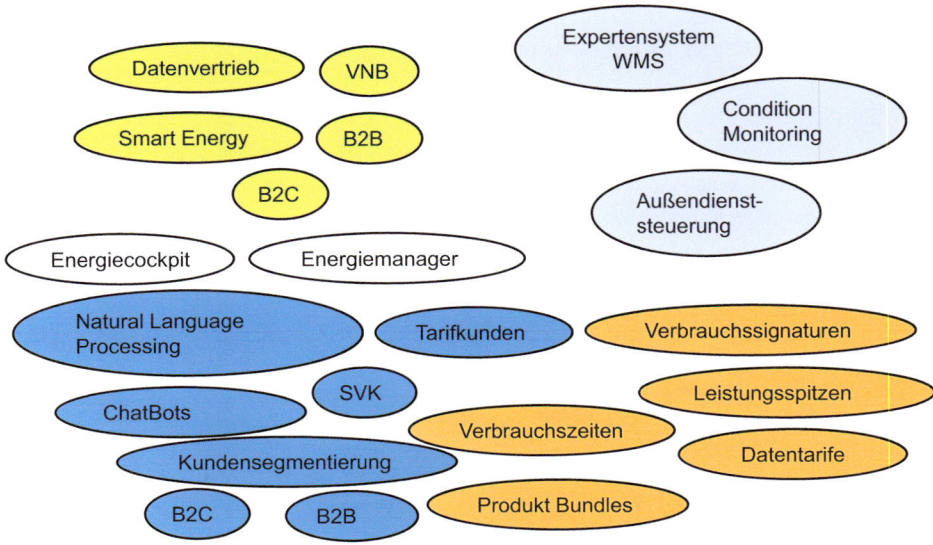

Abb. 3.3 Brainstorm KI-Applikation Energiewirtschaft

Zahlreiche Stadtwerke des Verbunds setzen zur Energieverbrauchserfassung digitale Zähler ein. Der digitale Zähler (sogenannter Automatic Meter oder Smart Meter) ermöglicht die Ermittlung sekundengenauer Verbrauchs- und Leistungswerte. Die EVUs können damit die Effizienz ihrer Abrechnungsprozesse erhöhen. Es wird nur in Rechnung gestellt, was auch verbraucht wird. Auch die Vorgaben des Gesetzgebers, wie z. B. Monatsrechnungen oder auch das Angebot von mindestens zwei Stromtarifen für einen Verbraucher, die diesem Energieeinsparungen ermöglichen sollen, werden damit eingehalten (siehe Regelungen der zentralen energiewirtschaftlichen Norm zum Mess- und Zählwesen in § 21b EnWG). Die anfallenden Daten werden in einem Meter Data Management System (MDM) administriert. Eine Idee des Brainstormings war der Vertrieb dieser Daten an Dritte. Die Qualifizierung der Daten in zielgerichtete Informationen und Daten soll dabei durch die Datenabnehmer übernommen werden. Voraussetzung ist dabei die Einwilligung der Kunden (gemäß Datenschutzgrundverordnung, DSGVO). Darauf aufbauend ergab sich die weitere Idee spezielle Datentarife anzubieten. Dies können preisreduzierte Tarife sein oder solche, die eine Erlösbeteiligung anbieten. Die Qualifizierung der Daten könnte auch durch die EVUs bzw. deren Dienstleister, die IT- und Servicegesellschaft durchgeführt werden. Der Verkauf solcher qualifizierter Daten (qualified accounts) ermöglicht höhere Erlöse. Auch die Möglichkeit selbst aufbauend auf den Ergebnissen Produkte und Services anzubieten, wurde diskutiert (Produkt Bundling). Auch eine qualifizierte Kundensegmentierung auf Basis dieser Daten wäre möglich.

Der manuelle Aufwand für alle Stadtwerke des Verbunds Call Center Leistungen bereitzustellen, erfordert hohe Personalressourcen und entsprechend sind die anteiligen Call Center Kosten der EVUs. Natural Language Processing (NLP) und automatisierte Chatbots könnten diesen Aufwand explizit reduzieren. Diese Chatbots könnten textbasiert sein oder auch sprachgesteuert. Entsprechend des von dem einzelnen EVU gewünschten Funktionsumfangs könnten von der IT- und Servicegesellschaft die Tarife für die Dienstleistung skaliert werden. ◄

In einem zweiten Teil des Workshops bzw. einem folgenden, zweiten Workshop kann aufbauend auf den eruierten Ideen eine weitere Fokussierung erfolgen. Dafür ist die Mind Map Methode sehr gut geeignet.

▶ Mind Map ist eine kognitive Technik, die Aspekte zu einem Themengebiet visualisiert und zielgerichtete Fokussierungen ermöglicht.

Im Zentrum der Mind Map steht die Aufgabenstellung (siehe Abb. 3.4). Alle Aspekte zu dieser Aufgabenstellung werden ausgehend von dem zentralen grafischen Objekt (Kreis, Ellipse, Rechteck oder andere) an Ästen (grafische Linie) notiert. Zu den einzelnen Aspekten kann es ein oder mehrere Merkmale geben, die auf Ästen ausgehend von dem Aspekt-Ast dargestellt werden. Ausprägungen der Merkmale werden auf weiteren Ästen ausgehend von dem Merkmal-Ast beschrieben. Aspekte, Merkmale oder ggf. Merkmalsausprägungen können durch Angabe von Zahlen (1,2,3…) priorisiert werden. Droht von einem Aspekt oder einem Merkmal oder ggf. einer Merkmalsausprägung Gefahr wird das durch einen stilisierten Blitz verdeutlicht. Ist ein Aspekt,

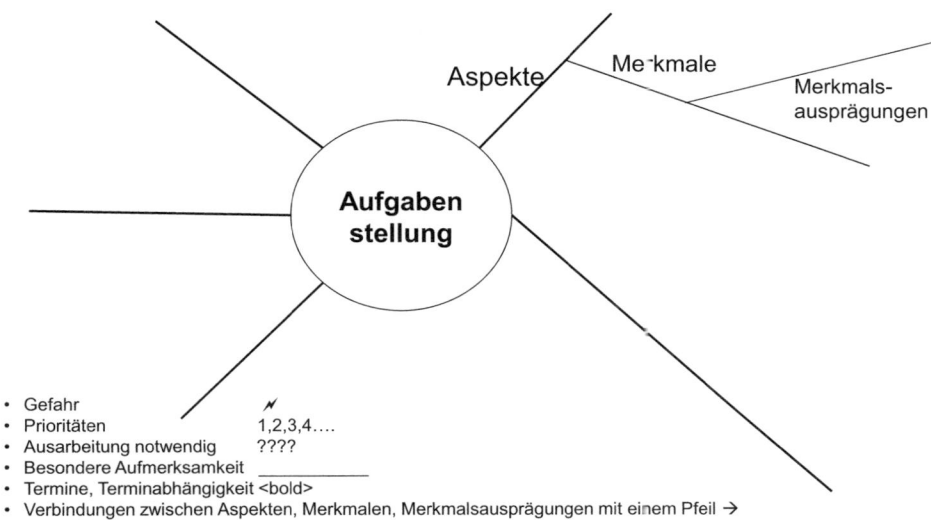

Abb. 3.4 Mind Map

ein Merkmal oder eine Merkmalsausprägung von besonderer Bedeutung wird dies durch eine Unterstreichung visualisiert. Termine und Terminabhängigkeiten zwischen Aspekten, Merkmalen und ggf. Merkmalsausprägungen werden durch Angabe von fettgedruckten Terminen dargestellt. Assoziationen bzw. Verbindungen zwischen Aspekten, Merkmalen und Merkmalsausprägungen werden durch Pfeile mit gestrichelten (ggf. auch durchgezogene) Linien realisiert. Ideen aus der ersten Phase des Workshops, dem Brainstroming, ohne eine Zuordnung zu Aspekten, Merkmalen oder Merkmalsausprägungen werden am Rand der Mind Map vorläufig skizziert. In der finalen Mind Map sollte eine Zuordnung erfolgen.

Beispiel

Nachdem das Strategiefindungsteam „KI-Applikationen für die Energiewirtschaft" sich für das Anwendungsgebiet Verbrauchssignaturen entschieden hatte, wurde in mehreren weiteren Workshops die Produktidee detailliert. Im ersten Schritt wurde dazu eine Mind Map entwickelt (siehe Abb. 1.47). ◄

Beispiel

Mögliche Kundensegmente für die KI-Applikation „Verbrauchssignatur Checker" für die Energiewirtschaft sind (siehe Abb. 3.5):

- Energievertriebe: Unternehmen der Energiewirtschaft, die Strom und andere Energiearten an den Endkunden liefern, wie z. B. Stadtwerke.
- Konsumgüter-Unternehmen: diese Unternehmen sind an Daten zum Energieverbrauch der Endkonsumenten interessiert. Diese Daten können in Korrelation zu bestimmten Kundensegmenten und Verkaufsverhalten gesetzt werden. Anhand des Energieverbrauchs können Ersatzbedarfe für Haushaltselektronik (Stromverbrauch) und auch Investitionsbedarfe für Wärmeerzeuger (Heizungen) und Wärmeeinsparungsmaßnahmen (energetische Sanierung von Liegenschaften) herausgefunden werden (Wärmeverbrauch).
- Endkunden: zu unterscheiden sind große Kunden mit einem hohen Verbrauch (sogenannte Geschäftskunden, Industriekunden oder in dem Branchenjargon Sondervertragskunden/SVK) und normale Haushaltskunden mit einem relativ geringen Verbrauch und damit einem geringen Umsatz mit marginaler Marge (im Branchenjargon Tarifkunden/TK). Beide Kundengruppen haben Interesse an Beratung für Ersatz- und Investitionsbedarfe.
- Datenhändler: die Datenhändler treten als Intermediäre auf und bereiten die Daten (entgeltlich) für unterschiedliche Kundengruppen (insbesondere Konsumgüter-Unternehmen und Endkunden, aber auch Online-Plattformunternehmen).

Das Wissen über die Verbrauchssignaturen und deren signifikanten Abweichungen macht in einem ersten Schritt Sinn für den Vertriebsaußendienst der Energievertriebe,

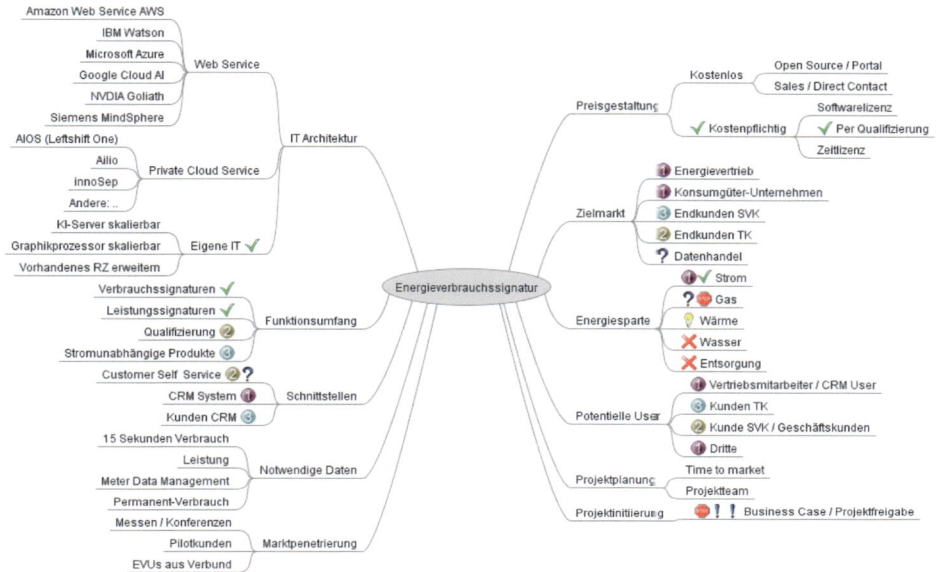

Abb. 3.5 Mind Map Verbrauchssignatur Checker

um insbesondere in Verhandlungen mit SVK Tarife und Produkte zu gestalten. In einem zweiten Schritt könnten die Energievertriebe ihren Tarifkunden eine Konfiguration mit vorgegebenen Produktbausteinen erlauben (ähnlich dem Konfigurator eines Automobilherstellers) und so dem Kunden individualisierte Produkte anzubieten. Die potenziellen Kundensegmente wurden wie folgt von dem Strategiefindungs-Team priorisiert:

- Energievertriebe, EVUs und Stadtwerke des eigenen Verbunds
- Konsumgüter-Unternehmen
- Endkunden SVK
- Endkunden TK

Der Zielmarkt „Datenhandel" ist noch weiter zu eruieren, da solche (unabhängige) Intermediäre noch nicht existieren. Insbesondere Unternehmen der Online-Plattformökonomie übernehmen auch die Funktionalität des Datenhändlers, deren Größe macht aber als Kunde des Angebots der IT- und Servicegesellschaft des Stadtwerkeverbunds nur bedingt Sinn.

Mögliche Energiesparten, die von dem Konfigurator abgedeckt werden, sind Strom, Gas, Wasser, Wärme und Entsorgung. Als Zusatzprodukte kommen insbesondere auch energiefremde Artikel infrage, die als Give-Aways, Add-ons oder in Form von Contracting-Verträgen an die Endkunden verkauft werden können. Die Bandbreite beginnt bei Artikeln wie Taschenlampen, LED-Leuchtmittel, LED- oder Energiesparlampen und endet bei Windkraftanlagen für einzelne Liegenschaften, Photovoltaik-Anlagen und Mikro-Blockheizkraftwerken. Da insbesondere in der Sparte Strom durch den vermehrten Einsatz der Smart Meter und der gesetzlichen und regulatorischen Vorgaben der Druck für ein breiteres und dynamischeres Produktspektrum am größten ist, entschied sich das Strategiefindungs-Team sich in einem ersten Schritt auf Strom zu konzentrieren. Eine modulare und objektorientierte Programmierung soll flexible und schnelle Erweiterungsmöglichkeiten auf andere Energiesparten und weitere Produkte ermöglichen. Das Erkennen der Signatur bei Gas- und Wärmekunden macht nur für Investitionsvorhaben in Richtung Ersatz für Heizungen und Wärmedämmungsmaßnahmen Sinn. Ob das Datenvolumen für den Einsatz von KI bzw. KNN ausreichend ist, soll in einem zweiten Schritt überprüft werden.

Aus den potenziellen Kundensegmenten ergeben sich auch die möglichen Anwender der App. Dies sind Vertriebsmitarbeiter bzw. CRM-User der Energievertriebe. Im Rahmen des Einsatzes in Customer Self Services-Portalen können auch Tarif – und Sondervertragskunden (insbesondere kleinere Geschäftskunden) zu den direkten Anwendern der Energieverbrauchssignatur zählen.

Die Preisgestaltung wurde in dem Strategiefindungs-Team kontrovers diskutiert. Zum einen gibt es die Möglichkeit des kostenpflichtigen Einsatzes in Form einer einmaligen Softwarelizenz ggf. mit Wartungskosten, einer zeitlich limitierten Lizenz und einer anwendungsbezogenen Lizenz, bei der jede Generierung von qualifizierten Accounts Gebühren erfordert. Zum anderen besteht die Option die KI-Anwendung kostenlos dem Markt zur Verfügung zu stellen und z. B. über eine Open Source Strategie die multiple Erweiterung der Anwendung zu triggern, oder über den eigenen Vertrieb Kunden die Applikation kostenlos im Rahmen von Beratungs- oder Dienstleistungsprojekten zu offerieren. Letzten Endes fiel die Entscheidung des Managements auf das Kundensegment der Energievertriebe und auf die kostenpflichtige Variante Gebühr per qualifizierten Account (ein potentieller Kunde).

Die KI-Applikation „Check Energieverbrauchssignatur" soll auf weitestgehend alle Devices (PC, Desktop, Tablet PC, Smart Phone, Convertible Notebooks, Notebooks) lauffähig sein. Als zugrunde liegende IT-Architektur kommen Web bzw. Cloud-Services von KI-Online-Plattformanbietern infrage. In der Mind Map sind die Anbieter

- Amazon Web Services (AWS)
- IBM Watson
- Microsoft Azure
- Google Cloud
- NVDIA Goliath
- Siemens MindSphere

genannt. In dem Workshop wurden auch die Problematik der Datensicherheit aufgrund (unbekannter) Server-Lokationen andiskutiert und damit ggf. einer Unverträglichkeit mit der DSVGO.[2]

Der Web Service kann über jeden mobilen und stationären Device mit einem beliebigen Web Browser aufgerufen werden und ist durch die Integration mit dem Cloud-basierten KI-Plattformanbieter immer auf dem gleichen aktuellen Stand.

Als Private-Cloud-Service wurde von den Workshop-Teilnehmern Cloud-basierte KI-Plattformen bezeichnet, deren Server nachweislich in der Europäischen Union stehen und die in Bezug auf die Datensicherheit Garantien für den ausschließlichen Zugriff auf die Daten durch Unternehmen des Stadtwerkeverbunds gewährleisten.

Dritte Option ist der Aufbau einer eigenen IT durch die eigene IT- und Servicegesellschaft. Diese Option wurde von den Workshop-Teilnehmern und dem Projektlenkungskreis (Manager von EVUs und IT- und Servicegesellschaft) präferiert. Der KI-Server soll in Bezug auf das Datenvolumen und die Anzahl der User aus den EVUs weitgehend skalierbar sein. Entsprechendes gilt für den oder die Graphikprozessoren. Dedizierte Graphikkarten sind als Beschleuniger von KI-Prozessen (KNN, Machine und Deep Learning) besonders geeignet und gegenüber anderen KI-Prozessoren (z. B. Field Programming Gate Arrays, FPGA) von geringerer Komplexität bzgl. der Programmierung und Parametrisierung. Als Programmierumgebung (Integerated Development Invironment, IDE) wurde die Open-Source-Distribution Anaconda mit der IDE Spyder ausgewählt.

Als Schnittstellen kommen die Anbindungen an

- CRM-Systeme (**bidirektional:** CRM-System fragt KI-Service für bestimmte Kunden/Kundensegmente an, KI-Service führt Signaturcheck durch, KI-Service gibt Ergebnisse an CRM-System zurück),
- CRM-Systeme (**unidirektional:** gesamter Datenpool wird durch KI-Service gecheckt und gibt qualifizierte Accounts an CRM-System zurück),
- Kunden-CRM (**bi- und undirektional:** Daten des Kunden werden vom KI-Service überprüft und Ergebnisse werden an die Kunden-CRM-Systeme weitergeleitet)
- Customer Self Service (TK und SVK des Stadtwerkeverbunds können durch den KI-Service Ersatzbedarfe für Strombasierte Devices und Investitionsbedarfe für Wärmemaßnahme feststellen lassen).
  - Aufgrund der im Regelfall vorhandenen Schnittstelle der proprietären CRM- und der damit relativ einfachen Einbindung eines KI-Services in ein Portal wurde von dem Strategiefindungs-Team die Schnittstelle zu CRM-Systemen

---

[2] Siehe Details zur Datenschutzgrundverordnung in https://eur-lex.europa.eu/eli/reg/2016/679/oj?locale=de, Abruf am 23.09.2020.

favorisiert. Durch die Realisierung der Datenübergabe mit XML (Extensible Markup Language[3]) ist die Realisierung der Schnittstelle zu verschiedenen CRM-Systemen sowie auch die Einbindung in beliebige Portale gewährleistet. Zweite Priorität hat die Einbindung von Endkunden durch Customer Self Service und dritte Priorität die direkte Anbindung von Kunden-CRM-Systemen.

- Notwendige Daten für den Energiesignatur-Checker sind die möglichst detaillierten Verbrauchsdaten (15 s-Werte oder besser permanente, kontinuierliche Werte), die Leistungsdaten (15 s-Werte oder besser permanente, kontinuierliche Werte). Basis für die Bereitstellung der Daten sind digitale (Strom- oder Wärme-) Zähler und einer performanten Datenbank (Meter Data Management System, MDM).
- Die Marktpenetrierung soll über die Positionierung in Messen und Konferenzen sowie über die Akquisition von Pilotkunden aus dem eigenen Stadtwerkeverbund erfolgen. Als Kunden der IT- und Servicegesellschaft werden die EVUs aus dem Verbund gesehen, die qualifizierten Daten können dann an Drittunternehmen (B2B) und an die Kunden der EVUs (B2C) verkauft werden.
- Für die Projektinitiierung ist eine Projektfreigabe auf Basis eines verifizier- und validierbaren Business Case notwendig. Der Business Case wird in der nächsten Phase, der Strategiefindung erarbeitet. Die Projektplanung soll während der Strategieumsetzung starten. ◄

Der abschließende Schritt in der Phase Strategiefindung beinhaltet die Erstellung des Project Charters. In diesem werden die KI-Applikation, die Zielgruppe, der Lieferumfang, die Funktionalität, die Vermarktungsstrategie und die Meilensteintermine beschrieben (siehe Abb. 3.6 und 3.7).

▶ In dem Project Charter werden die Ausgangslage, die Zielsetzung, das Umfeld, die Ergebnisse, die Kosten und der Nutzen sowie die Projektorganisation eines KI-Entwicklungsprojektes beschrieben. Der Project Charter kann die Status Vorschlag, Antrag und Auftrag haben.

In der Phase Strategiefindung hat der Project Charter den Status Vorschlag.

Beispiel

Das größte, zumeist ungenutzte Asset von Energieversorgungsunternehmen (EVUs) und Energievertrieben aller Größenordnungen (KMU bis Großkonzerne) sind die Daten der Kunden. Z.B. entstehen in Energiewirtschaftsunternehmen bei der Nutzung

---

[3] XML ist eine normierte textbasierte Datendarstellung, die zur plattform- und implementationsunabhängigen Datenübergabe genutzt werden kann.

Project Charter					
Projektname					
Genehmigung		Name	Funktion	Datum	Unterschrift
Antragsteller					
Genehmigt			Projektmanager		
Genehmigt			Sponsor		
Kontext und Background (Ausgangslage)					
Erwartete Business Benefits (Geschäftsmodell)					
Projektstartdatum			Projektenddatum		
Projektziele					
Projektergebnisse					
Projektumfang (Scope)					
enthält					
ist nicht enthalten					

Abb. 3.6 Project Charter Teil 1

Erfolgsfaktoren (Critical Success Factors)		
Methode und Vorgehensweise		
Projektressourcen		
Lenkungsausschuss		
Sponsor		
Projektleiter		
Projektmitarbeiter		
Externe Experten		
Andere		
Kostenschätzung		
Kosten		
Mitarbeitertage		
Risiken		
Annahmen		
Einschränkungen und Abhängigkeiten		
Reporting		
Meetings	Frequenz	Teilnehmerkreis
Lenkungsausschuss		
Projektteam		
Reports		
Projektbericht		
Open Issues		

Abb. 3.7 Project Charter Teil 2

digitaler Strom- und Gaszähler immense Datenvolumen (bei 4 Mio. Zähler und einer Messfrequenz von 15 min ca. 34 Terabyte pro Jahr). Diese Daten geben über das Verbrauchsverhalten der Konsumenten Auskunft und aus den Leistungsabgaben und Verbrauch lassen sich anhand von Statistiken auch die eingesetzten Verbraucher (Haushaltsgeräte, Elektronische Geräte, Mediageräte, E-Mobility, Wärmepumpen, Wärmetauscher, Saunen, Infrarotkabinen und vieles mehr) erkennen. Setzt man diese Daten in Bezug zu den Verbrauchsdaten einzelner Gerätetypen lassen sich Ersatzbedarfe extrapolieren. Damit wird aus einem Kunden ein qualifizierter Kandidat für eine zielgerichtete Akquisition (qualified account).

Diese Daten zu monetarisieren würde das Geschäftsmodell von EVUs erweitern bzw. zu disruptiven Änderungen der Unternehmensstrategie führen. Nicht der Verkauf von Produkten und Dienstleistungen steht im Mittelpunkt des Geschäfts, sondern der Erwerb und die Aufbereitung von Daten für die Digitalisierung von Services und Prozessen.

Die Digitalisierung von Prozessen kann durch die Verwendung Künstlicher Neuronaler Netze und Machine Learning Verfahren massiv unterstützt werden.

Voraussetzung dafür sind ausreichende Datenmengen, der Einsatz automatisierter Datensammler, wie z. B. digitaler Zähler oder digitaler Sensoren mit einer ausreichenden Messfrequenz (sogenannte Smart Meter) und die Speicherung der Daten in einem geeigneten System (Datenbank, Meter Data Management System, MDM). Diese Daten werden in Künstliche Neuronale Netze (KNN) überführt. Die Machine Learning Algorithmen extrahieren aus den Daten individuelle Informationen und Handlungsempfehlungen und bilden die Grundlagen für die Digitalisierung bzw. Automatisierung von Geschäftsprozessen. Der in Abb. 3.8 aufgeführte Project

- **Zielgruppe:** Energieversorgungsunternehmen / Energievertriebe / Vergleichsportale
- **Lieferumfang:** Cloud-basierter KNN mit trainierten Merkmalsausprägungen zur Erkennung von hochenergieverbrauchenden Devices
- **Funktionalität:** Anhand der Energieverbrauchssignatur erkennt das KNN kundenspezifisch die Devicetypen (Elektrogeräte) mit signifikant hohem Energieverbrauch
- **Kosten:** ca. 200 Entwicklertage
- **Vermarktung:** aktiv als Full-Service Lösung mit diversen Dienstleistungen, indirekt als Web Service über Web Channels
- **Ablösung:** keine, neues digitales Geschäftsmodell
- **Lieferbarkeit:** Ende 4. Quartal 2023

Abb. 3.8 Project Charter e-consign

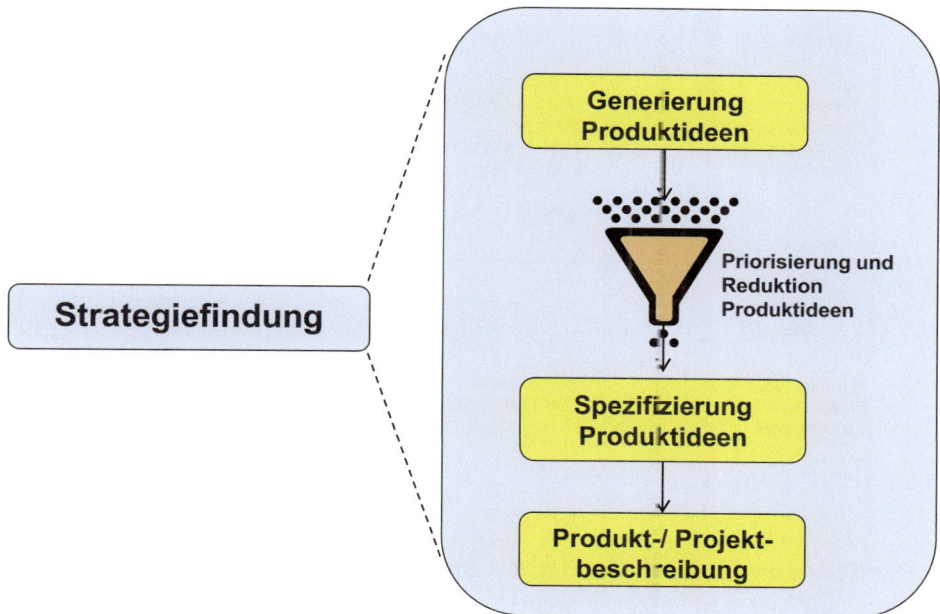

Abb. 3.9 Einzelschritte in der Phase Strategiefindung

Charter zeigt die Zielgruppe, den Lieferumfang der KI-Applikation e-consign[4], die Funktionalität, die Kosten bzw. den Entwicklungsaufwand, die Strategie für die Vermarktung, die Lösung bzw. den Prozess, den die KI-Anwendung ablöst und das Datum der Lieferbarkeit aus. ◄

Damit besteht die Phase der Strategiefindung aus vier Schritten und dem Decision Gate (siehe Abb. 3.9):

1. Der Generierung der Produktideen. Hierfür wird die Methode „Brainstorming" eingesetzt. Alternativ zu einem Präsenz-Brainstorming bietet sich auch ein webbasiertes Brainstorming an (über Chat-Rooms, Videokonferenzen, Messenger oder Foren). Die Kreativitätstechnik „Design Thinking" erweitert die Brainstorming-Methode mit einer definierten Vorgehensweise und designorientierten Prototypen, die auch für einen ersten Feldtest genutzt werden können (siehe Abbildung Abb. 3.10).[5]

---

[4] e-consign steht für **e**lectronic **con**sumption **sign**ature = digitale (elektronische) Energieverbrauchssignatur.

[5] Siehe zu Design Thinking, https://www.hpi.uni-potsdam.de/d_school/designthinking.html (Abruf am 29.01.2021).

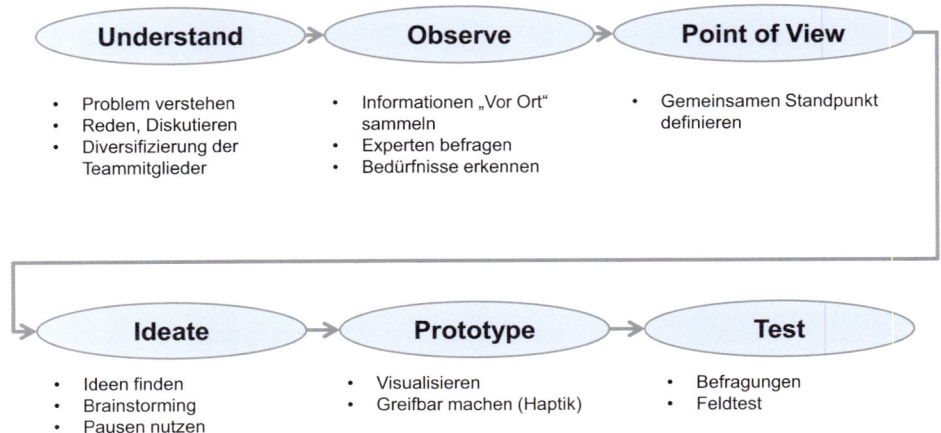

Abb. 3.10 Design Thinking

2. Der Priorisierung und Reduktion der Produktideen. Anschließend zu der Brainstorming-Phase oder in einem weiteren Workshop werden die Ideen geclustert und priorisiert. Durch Informationen über die Marktsituation, Wettbewerberprodukte und vorgegebene Rahmenbedingungen können die einzelnen Ideen in eine gewichtete Reihenfolge gebracht werden. Das Strategiefindungs-Team entscheidet über die Brisanz der Alternativen und wählt ein bis mehrere Alternativen zur weiteren Detaillierung aus. Je weniger Alternativen hier ausgewählt werden, umso stringenter kann die weitere Vorgehensweise erfolgen.
3. Der Spezifizierung der Produktideen. Je Produktalternative wird mit der Methode Mind Map das potenzielle Geschäftsmodell skizziert. Auf Basis des geschätzten Nutzens und der erforderlichen Kosten werden hier ggf. weitere Produktalternativen aus der weiteren Betrachtung ausgenommen.
4. Die Produkt- oder Projektbeschreibung. Die verbliebenen oder die verbliebene Produktalternative(n) werden in einem Project Charter beschrieben.
5. Entscheidung für oder gegen die Fortführung des Projekts (Decision Gate Strategiefindung)

Das Design Thinking ermöglicht über die Visualisierung der Prototypen eine frühzeitige Einbeziehung der späteren Anwender. Die Haptik der Applikation kann durch das Greifbarmachen frühzeitig erfahren werden. Dabei werden nicht nur die Bildschirmabfolgen per Mockups dargestellt, sondern durch den Einsatz von Smartphones, Tablets oder reinen Modellen von adäquaten Devices wird eine realitätsnahe Simulation erreicht.

3.2.1 Strategiedefinition

Hauptaufgabe der Phase Strategiedefinition ist die Erstellung eines detaillierten Business Plans mit einem Business Case, der das KI-Projekt quantifiziert.

▶ Ein Business Plan beschreibt ein Geschäftsmodell und die Maßnahmen und Vorgehensweise, die ergriffen werden müssen, um das Geschäftsmodell zu realisieren. Der Business Plan enthält Kennzahlen, die das Geschäftsmodell quantifizieren. Diese Quantifizierung kann zu Teilen bzw. vollständig dem Business Case entsprechen.

Die typische Struktur eines Business Plans für eine Unternehmensgründung bzw. für die Entwicklung eines neuen Produktes gliedert sich wie folgt:

> **Beispiel**
>
> 1. Einleitung
> 2. Das Unternehmen // *Das Geschäftsmodell*
>   - 2.1 Unternehmensgründer und Gründungsidee // *Gründungsidee*
>   - 2.2 Zielsetzung
>   - 2.3 Rechtsform// Projektorganisation
>   - 2.4 Standort
> 3. Technologie und Produkte/Dienstleistungen
>   - 3.1 Stand der Technik
>   - 3.2 Innovation
>   - 3.3 Produkte/Dienstleistungen // *KI-Applikation*
> 4. Der Markt
>   - 4.1 Entwicklung und Struktur des Gesamtmarktes
>   - 4.2 Nachfrager
>   - 4.2.1 Marktsegmente
>   - 4.2.2 Das geeignete Marktsegment
>   - 4.3 Konkurrenten
>   - 4.4 Differenzierung
>   - 4.5 Erfolgsfaktoren
>   - 4.6 Risiken
> 5. Marketing
>   - 5.1 Marketingziele
>   - 5.1.1 Absatzplanung
>   - 5.1.2 Marktanteile
>   - 5.2 Marketingmix
>   - 5.2.1 Produkte// KI-Applikation
>   - 5.2.2 Preise
>   - 5.2.3 Distribution
>   - 5.2.4 Absatzförderung

6. Geschäftsbeziehungen
7. Forschung und Entwicklung
   7.1 Ziele
   7.2 Ressourcen
8. Personalentwicklung und Organisation // *Projektorganisation*
   8.1 Organigramm und Stellenbeschreibung // *Projektstruktur*
   8.2 Personalentwicklung
9. Finanzierung
   9.1 Finanzbedarfsplanung
   9.2 Finanzierungsplanung
   9.3 Liquiditätsplanung
10. Gründungsbilanz und Jahresabschlüsse// *Absatz – und Umsatzplan*
    10.1 Umsatzplan// Absatz und Umsatzplan
       10.1.1 Jahresumsatz Jahr 1
       10.1.2 Jahresumsatz Jahr 2
       10.1.3 Jahresumsatz Jahr 3
    10.2 Ergebnisrechnung (GuV)
    10.3 Gründungsbilanz// entfällt
    10.4 Abschluss des ersten Jahres// *entfällt*
    10.5 Break-Even- und Kennzahlenanalyse
    10.6 Abschluss des zweiten Jahres// *entfällt*
    10.7 Abschluss des dritten Jahres// *entfällt*
11. Anhang
    Anhang 1: Beschreibung der Produkt- und Serviceleistungen
    1.1 Serviceleistungen
       1.1.1 …
       1.1.2 …
    1.2 Produktleistungen
       1.2.1 ……
       1.2.2 ….
    1.3 Seminare
    Anhang 2: CVs Management // Projektleitung
    1. Anhang 2.1 CV …
    2. Anhang 2.2 CV …
    Anhang 3: Literaturverzeichnis ◄

▶ Ein Business Plan ist für größere Entwicklungsprojekte in einem Umfang von mehreren hundert Entwicklertagen und mit einer Projektmitarbeiteranzahl im zweistelligen Bereich und einer Laufzeit größer einem Jahr erforderlich. Bei kleineren Projekten reicht die Erstellung eines Business Cases.

Die oben angeführte Struktur eines Business Plans enthält die wichtigsten Punkte für die Gründung eines Unternehmens oder für die Entwicklung eines Produktes bzw. einer KI-Applikation. Überschriften bzw. Gliederungspunkte, die für KI-Applikationen relevant sind, können durch die kursive Darstellung des Textes nach einem Doppelschrägstrich (double slash: *// Text*) erkannt werden. Zum Teil entfallen in einem Business Plan für die ausschließliche KI-Applikations-Betrachtung umfangreiche Unternehmensdarstellungen mit unternehmensrelevanten Analysen (wie z. B. Gründungsbilanzen und Jahresabschlüsse, siehe **//entfällt**). Ein Business Plan hat in Abhängigkeit des Investitionsvorhabens einen Umfang von 50 bis zu mehreren hundert Seiten.

Die Gliederung eines Business Case ist in der Regel einfacher und enthält weniger Einzelpunkte. Der Business Case ist von geringerem Umfang (Text 10–15 Seiten, Präsentation 10–15 Seiten) und enthält ein Kalkulationsmodell, in dem die Rendite der einzelnen Anwendung ggf. unter Zuhilfenahme verschiedener Szenarien oder Varianten detailliert errechnet wird. Ein Business Case kann auch ausschließlich in Präsentationsform erstellt werden.

> **Beispiel**
>
> 1. Mission Statement
> 2. Applikations-Beschreibung
> 3. Applikation Marktpotenzial
> 4. Applikation Vertriebsziele
> 5. Business Case Annahmen und Varianten
> 6. Business Case Varianten
> 7. SWOT-Analyse
> 8. Status Service Portfolio und Partner
> 9. Marketing und Sales Activities
> 10. Recommended Approach ◄

Das Mission Statement beschreibt die Zielsetzung der Anwendung in dem relevanten Marktumfeld und wie das Unternehmen sich mit der Anwendung bzw. KI-Applikation positionieren möchte. In diesem Fall kann das Unternehmen der Applikations-Erzeuger oder auch der Applikations-Anwender darstellen. Der Umfang eines Mission Statements sollte eine halbe bis maximal eine ganze Seite betragen.

▶ **Definition** Ein Mission Statement ist die Erklärung einer Organisation über ihre Positionierung im Marktumfeld, wie sich die Organisation selbst sieht und wie die App dazu beitragen kann, die Organisationsziele zu erreichen.

▶ Das Mission Statement für die KI-Applikation Check Verbrauchssignaturen für die Energiewirtschaft „e-consign" lautet wie folgt:

"Wir werden als erfahrenes Beratungs- und Lösungshaus für die Branche Energiewirtschaft angesehen. Die Applikation e-consign stellt die qualitative Referenz im Anwendungsfall Erzeugung qualifizierter Accounts aus der KI-basierten Überprüfung der Verbrauchssignaturen dar."

Die Applikations-Beschreibung wird als Extrakt aus dem Project Charter entwickelt und enthält grundsätzliche Aussagen zu der Zielsetzung, der Funktionalität der Anwendung, dem Lieferumfang, den Sales Channels, der Vermarktungsstrategie und zu den wichtigsten Meilensteinen bzw. Terminen. Idealerweise kann die Applikations-Beschreibung auf einer Seite erfolgen, das Maximum von zwei Seiten sollte nicht überschritten werden.

> **Beispiel**
>
> Für die Applikation e-consign entspricht die Beschreibung des Business Case dem (reduzierten) Project Charter aus Abb. 1.50. ◄

Das Marktpotenzial umfasst alle möglichen Kunden in einer definierten Region für die KI-Applikation. Zumeist werden Wahrscheinlichkeiten, mit der Kunden aus dem gegebenen gesamten Potenzial gewonnen werden können für die weiteren Berechnungsschritte angenommen. Hierbei sollte eher ein konservativer Ansatz gewählt werden. Ggf. werden unter Zuhilfenahme von verschiedenen Szenarien pessimistische, konservative und optimistisch-progressive Ansätze für die Entscheidungsträger dargestellt. Entscheidend für die Höhe der Wahrscheinlichkeit ist zum einen, ob der Zielmarkt sich im B2B oder B2C-Segment befindet und zum anderen die Wettbewerbssituation und die Aktualität der Applikation insbesondere in Hinsicht auf die potenzielle Nachfrage. Weitere Parameter, die berücksichtigt werden müssen, sind die vorhandenen oder notwendigen Vertriebskanäle, die Marktpenetrierungsmöglichkeiten und –strategien, die vorhandenen Finanzmittel, die verbundenen Partner(unternehmen) und ggf. vorhandene Benchmarks aus historischen Business Cases anderer Anwendungen, die zur Verifizierung und Validierung herangezogen werden können.

> **Beispiel**
>
> Für die KI-Applikation „e-consign" kommt als wesentlicher Markt die Energievertriebsunternehmen des Stadtwerkeverbunds infrage. Die IT- und Servicegesellschaft hat durch IT-Projekte und permanente Service- und IT-Dienstleistungen in den Stadtwerken des Verbunds einen direkten Zugriff auf die Unternehmen. ◄

> **Beispiel**
>
> Das Chart Marktpotenzial e-consign in Abb. 3.11 besteht aus einem qualitativen und einem quantitativen Teil. In dem qualitativen Teil werden die Parameter zur Findung der Kennzahlen für die quantitative Analyse angeführt. Der gesamte Markt besteht

e-consign Marktpotential

- über **100 kleine und mittlere Stadtwerke im Verbund**,
- Über 1000 Stadtwerke in Region DACH (Nichtbeteiligungen)
- Priorität Region Deutschland
- mit weiterem Potential unverbundene Stadtwerke und Region ACH (A/Austria = Österreich, CH/ lateinisch Confoederatio Helvetica = Schweiz)

Wahrschein- lichkeit	Anzahl Versorger			Anzahl Kunden / Zähler		
	Gesamt	Verbund	Nicht- beteiligung	Gesamt	Verbund	Nicht- beteiligung
Hoch	35	30	5	1.400.000	1.200.000	200.000
Mittel	40	30	10	1.600.000	1.200.000	400.000
Niedrig	60	40	20	2.400.000	1.600.000	800.000
in Bearbeitung	5	5	0	200.000	200.000	0

Abb. 3.11 Marktpotenzial e-consign

aus ca. 1000 Stadtwerken und reinen Energievertrieben. Durch bisherige Projekte und damit verbundenen Referenzen besteht auf einen Teil dieser Unternehmen ein besserer Zugang. Neben dem deutschen Markt gibt es noch den österreichischen und schweizerischen Markt, der nicht näher quantifiziert wird (Regio ACH; A für Österreich, Austria; CH für Schweiz, lat. Confoederatio Helvetica), da die dortige Einführung dynamischer und komplexer Produkte erst zu späteren Zeiträumen geplant ist. Für den quantitativen Teil wurde von dem Strategiedefinitions-Team die Wahrscheinlichkeiten in Hoch, Mittel und Gering unterschieden und die entsprechenden Anzahlen an Unternehmen geschätzt. Potenzielle Kunden, zu denen schon Kontakt besteht und die sich in der Akquisitionsphase befinden, finden sich in der Zeile „In Bearbeitung" wieder. Da in dem Energiesektor die Anzahl der (Strom)Zähler ein entscheidender Indikator für die Größe der Unternehmen bzw. das Kundenvolumen der Unternehmen ist und ggf. der Zähler als Abrechnungsfaktor eine Rolle spielen könnte, wird in einem weiteren Segment der Tabelle die entsprechende Umrechnung der Unternehmenszahl in Zähler ausgewiesen (Annahme Durchschnittswert je Stadtwerk 40.000 Zähler). Aus den Zeilen Wahrscheinlichkeit „Hoch" und „In Bearbeitung" werden in einem nächsten Schritt die geplanten Absatzzahlen abgeleitet. ◄

▶ Die Berechnung des Business Cases wird am besten in einem passenden Programm (Kalkulationssoftware oder Tabellenkalkulation) durchgeführt. Dafür werden die quantifizierten Marktpotenziale als Berechnungsbasis erfasst.

Aus dem Marktpotenzial werden die Vertriebsziele mit konkreten Absatzzahlen abgeleitet. Die Vertriebsziele beinhalten eine Vertriebs- oder Vermarktungsstrategie mit einer Aufzählung qualitativer Maßnahmen zur Erreichung der Absatzzahlen. Als Übersichtspunkt wird der gesamte Absatz in dem geplanten Absatzzeitraum angeführt. In einer tabellarischen Form werden dann die Absatzzahlen pro Periode des Planzeitraums aufgezeigt.

> **Beispiel**
>
> Die Vermarktungsstrategie der Applikation e-consign betrifft die Region DACH (Deutschland, Österreich/A, Schweiz/CH) mit einem primären Fokus auf Deutschland. Die wichtigsten Vertriebskanäle sind über das Internet (KI-Repositories, eigene KI-Plattform u. a.), über bestehende Kunden und über den Stadtwerkeverbund und punktuell der direkte Vertrieb insbesondere im Zusammenhang mit IT- und Beratungsprojekten. Das Absatzziel sind 90 Kunden in den nächsten fünf Jahren und davon die Gewinnung von 2 Referenzkunden in dem ersten Absatzjahr. Die 90 Kunden sind dabei auf den Absatzzeitraum von 5 Jahren in einem einjährigen Raster aufgeteilt (siehe Abb. 3.12). ◄

Zur Berechnung der Erlöse und Kosten des Business Case müssen Parameter bzw. Grundannahmen definiert werden (siehe Abb. 3.13). Mit der in definierten und

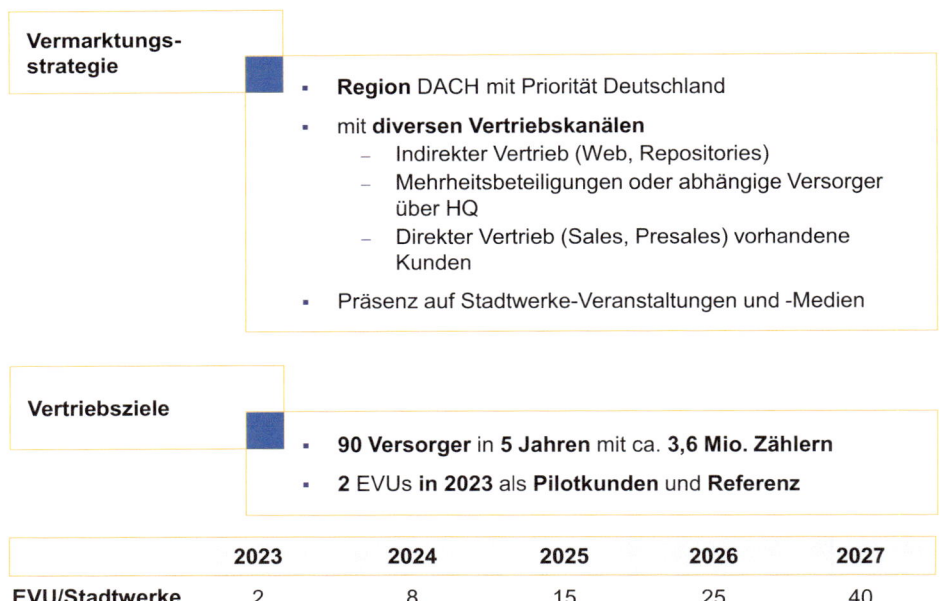

Abb. 3.12 Vertriebsziele e-consign

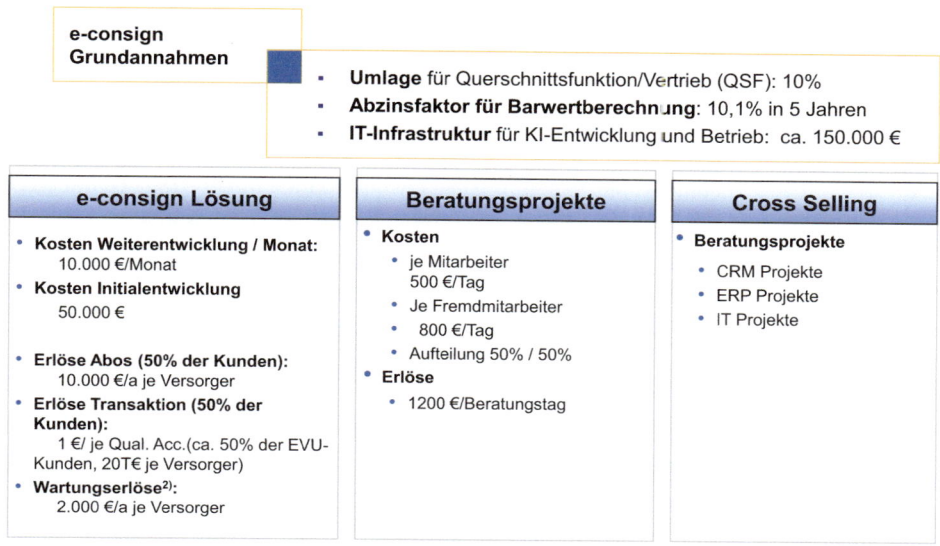

Abb. 3.13 Grundannahmen e-consign

verifizierbaren Intervallen möglichen Änderung der Parameter ist auch eine Variation der Ergebnisse realisierbar.

Beispiel

Die Grundannahmen für den Business Case e-consign sind (siehe Abb. 3.13):

- Die indirekten Kosten für die notwendigen Querschnittfunktionen (QSF) wie Administration und Vertrieb betragen 10 % der direkten Kosten für Entwicklung und Betrieb der KI-Applikation.
- Der Abzinsfaktor für die Barwertberechnung beträgt 10,1 %. Der Barwert zeigt den Wert einer Investition zum Startzeitpunkt. Erreicht wird das durch die Abzinsung der zukünftigen Ein- und Auszahlungen.
- Die einmaligen Investitionskosten für die IT-Infrastruktur (Soft-, Net- und Hardware, insbesondere KI-Server mit CPU und GPU) für die KI-Entwicklung und den zukünftigen Betrieb der Plattform betragen 150 T€. Für einen performanten KI-Server werden mehrere CPUs (Central Processing Unit) und GPUs (Grapical Processing Units) benötigt. Moderne an die Anforderungen der algorithmischen Berechnung in Künstlichen Neuronalen Netzen angepasste Graphikprozessoren (GPU) beschleunigen den KI-Anwendungsprozess signifikant.

Für die eigentliche Applikation „e-consign" fallen folgende Kosten und Erlöse an:

- Die gesamten Initialentwicklungskosten werden mit 50 T€ geschätzt. Die Kosten für die weiteren Entwicklungsstufen und den Betrieb der KI-Plattform sind 10 T€ je Monat.
- 50 % der KI-Kunden entscheiden sich für ein Abo-Modell. Im Abonnement können die Kunden beliebig oft die KI-Algorithmen anwenden und haben Zugang zu e-Learning-Inhalten, Tutorials, Beispielberechnungen, Blogs, Foren und Chatbereichen (insbesondere Question & Answer (Q&A) mit den KI-Experten der IT- und Servicegesellschaft). Die Erlöse je Abo werden mit 10 T€ definiert. Das Abomodell ist mit einer Wartungsgebühr gekoppelt. Diese beträgt 20 % des Abonnementbetrags, das sind 2 T€ je Abokunde.
- 50 % der KI-Kunden entscheiden sich für eine einmalige Transaktionsbasierte Abrechnung. Bei jeder Anwendung der KI werden die Kunden nach möglicher Qualifizierung für eine weitere Bearbeitung/Akquisitionstätigkeit verifiziert. Diese Qualified Accounts können dann nach bestimmten Merkmalen gruppiert werden und für die interne oder externe Weiterbearbeitung durch das EVU oder Partnerunternehmen des EVUs verwendet werden. Die EVUs werden durch eine Vorsegmentierung ihrer Kunden nicht den gesamten Kundenstamm für die KI-Anwendung zur Verfügung stellen (Annahme 50 %). Je Kunde werden für die KI-Anwendung 1 € für die Transaktionskosten und die Datenaufbereitung fällig. Dadurch ergibt sich ein Transaktionserlös von 20 T€ je Auftrag.
- Durch das Marketing, den Vertrieb und Projekte der KI-Anwendung werden weitere Beratungsprojekte generiert. Dies sind zum einen individuelle KI-Beratungen und zum anderen Cross Selling-Projekte in den Bereichen CRM, ERP und weitere IT-Anwendungen.
- Die Annahmen dafür sind:
- Die Kosten je Mitarbeiter betragen 500 € pro Tag. Die Kosten je Fremdmitarbeiter betragen 800 € pro Tag. Die Aufteilung innerhalb der Beratungsprojekte wird mit 50 % eigene Mitarbeiter und 50 % Fremdmitarbeiter angenommen.
- Die durchschnittlichen Erlöse in Beratungsprojekten werden mit 1200 € je Beratertag definiert. ◄

Der Business Case kann in verschiedene, potenziell mögliche Szenarien aufgeteilt werden. Diese Varianten können auf unterschiedlichen Geschäftsmodellen oder unterschiedlicher Ausprägung der Berechnungsparameter beruhen. So können zum Beispiel auf Basis pessimistisch oder optimistisch angenommener Absatzzahlen die folgenden Szenarien erstellt werden:

- Worst-Case Ansatz (pessimistische Absatzzahlen)
- Normal-Case Ansatz (Mittelwert)
- Best-Case Ansatz (optimistische Absatzzahlen)

Entsprechend unterschiedliche Varianten des Business Case können auch auf unterschiedlich eingeschätzten Erlöszahlen beruhen. Auch auf Basis der entsprechenden Kombination der unterschiedlichen Annahmen mehrerer Parameter können die Szenarien generiert werden.

Die Darstellung des Business Case bzw. eines Business Case Szenario erfolgt idealerweise auf einer Seite. Die grundsätzlichen Annahmen (Geschäftsmodell und Parameter) des Business Case werden noch einmal in der Übersicht dargestellt (ggf. nur skizziert). Die Darstellung des eigentlichen Business Case erfolgt in tabellarischer Form. Die Angabe der zugrunde gelegten Absatzzahlen erfolgt im Kopf der Tabelle. In dem Mittelteil werden die Umsätze und Kosten detailliert je Betrachtungsperiode aufgelistet. Daraus ergeben sich die Ergebnisse. In dem Fußteil werden die verwendeten Kennzahlen oder Key Performance Measures (KPI) angeführt. Diese können zum Beispiel sein:

- Der Return on Invest (ROI): Der ROI ist eine Spitzenkennzahl (rechentechnisch verknüpftes Kennzahlensystem) zur Ermittlung des Erfolgs eines Unternehmens ermittelt am Gewinn im Verhältnis zum eingesetzten Kapital.
- Der Kapital- oder Barwert (englisch: Net Present Value/NPV): Der Kapitalwert zeigt den Wert einer Investition zum Startzeitpunkt. Erreicht wird das durch die Abzinsung der zukünftigen Ein- und Auszahlungen.
- Die Internal Rate of Return (IRR, deutsch: Interne Zinsfuß-Methode): Dynamische Investitionsrechnung zur Ermittlung der jährlichen Rendite bei variierenden Erträgen.

Beispiel

Der Business Case der Applikation e-consign ist in Abb. 3.14 dargestellt. ◄

Beispiel

In dem oberen Teil der Abbildung sind die grundlegenden Annahmen bzw. Parameter überblicksartig aufgelistet. Die Absatzzahlen sind unterteilt in die Anzahl Stadtwerke im Abo-Modell und die Anzahl Stadtwerke im Transaktionsmodell. Entsprechend den angenommen Vertriebszielen (siehe Abb. 3.12) werden die 90 Stadtwerke je Geschäftsjahr paritätisch aufgeteilt. Bei ungeraden Absatzzahlen erfolgt die Aufteilung in ganzen Zahlen einmal zugunsten auf das eine Modell (in 2025 7 Stadtwerke Abo und 8 Stadtwerke Transaktion) und einmal zugunsten des anderen Modells (in 2026 13 Stadtwerke im Abo-Modell und 12 Stadtwerke im Transaktions-Modell). Durch Cross-Selling Effekte werden KI-Beratungsprojekte und Beratungsprojekte in den Bereichen ERP, CRM und weitere IT-Projekte (als Cross Selling-Beratungsprojekte bezeichnet) akquiriert. Die Anzahl Stadtwerke KI-Projekte wird mit 52 angenommen und in einer progressiven Verteilung auf die fünf im Business Case betrachteten Geschäftsjahre aufgeteilt. Die Anzahl Cross Selling-Projekte wird mit 27 definiert und entsprechend verteilt.

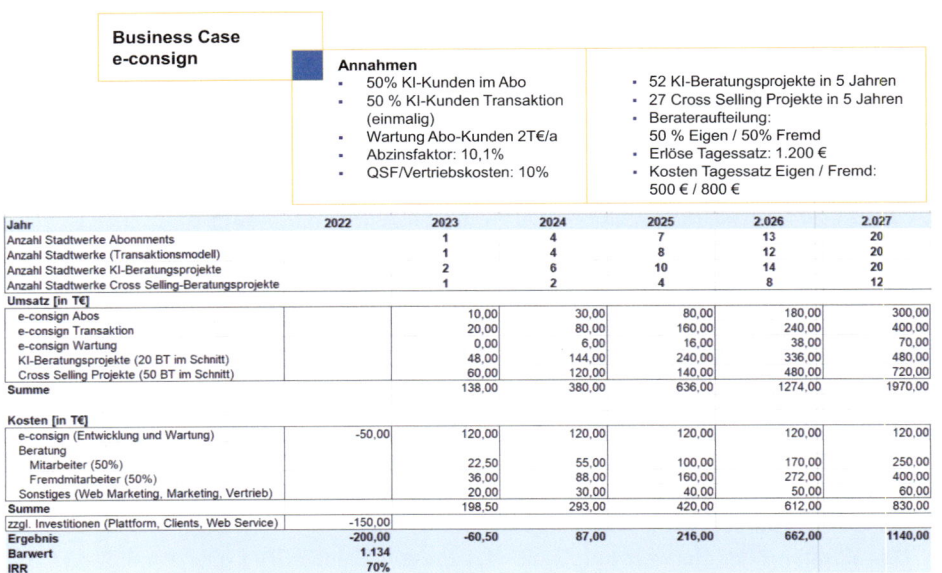

Abb. 3.14 Business Case e-consign

Die Berechnung des Business Case ist in der Tabelle enthalten. In dem ersten Jahr fallen nur die Entwicklungskosten und die Investitionen insbesondere in die IT-Infrastruktur an.

In den Projektjahren fallen Weiterentwicklungskosten, Wartungskosten, beratungsbezogene Mitarbeiterkosten für interne und externe Mitarbeiter (in Korrelation zu den Beratungsprojekterlösen) sowie sonstige Kosten, z. B. für Marketing und Vertrieb) an.

Aus den Umsätzen und Kosten ergeben sich für das erste Entwicklungsjahr und die folgenden fünf Projektjahre die jeweiligen Ergebnisse. Als KPIs ergeben sich der Barwert mit 1134 T€ und der IRR mit 70 %. ◂

Die quantitative Betrachtungsweise des Business Case berücksichtigt nicht die qualitativen Faktoren. Ein optimaler Indikator oder Key Performance Measure enthält keine Aussage über die verbundenen Risiken und Chancen, wobei die Quantifizierung dieser Risiken oft sehr subjektiver Natur ist. Eine Möglichkeit diese Punkte zumindest ins Kalkül zu ziehen, ist die rein qualitative Auseinandersetzung mit der Thematik. Geeignete Methoden hierfür sind die Chancen-Risiken-Analyse oder die SWOT-Analyse (engl.: Strengths – Weaknesses – Opportunities – Threats/deutsch: Stärken – Schwächen – Möglichkeiten – Drohungen).

▸ Die Chancen-Risiken Analyse untersucht die Chancen und Risiken der externen Einflüsse auf ein Geschäftsmodells. Die Darstellung erfolgt in tabellarischer Form durch Gegenüberstellung der Chancen mit den Risiken (siehe Abb. 3.15).

Chancen	Risiko
1. Kundenbindung 2. Erschließen neuer Marktpotentiale 3. Realisierung von Zusatzerlösen aus Dienstleistungen 4. Zukunftssicherheit	1. Projektrisiken 2. Organisatorische Risiken 3. Technische Risiken 4. Partner Risiken 5. Geschäftsrisiken

Abb. 3.15 Chancen-Risiko Analyse

▶ **Definition** Die SWOT-Analyse stellt die ermittelten Chancen und Risiken externer Einflüsse in Bezug zu den Stärken und Schwächen, die in einer internen Analyse ermittelt werden. Durch diese Synthese sollen die Fragestellungen geklärt werden:

- Wie können wir unsere Stärken bei den gegebenen Chancen optimal einsetzen?
- Wie können wir durch unsere Stärken die Risiken minimieren oder vermeiden?
- Wie können wir bei den gegebenen Chancen unsere Schwächen in Stärken umwandeln?
- Wie können wir bei unseren Schwächen und den gegebenen Risiken die Gefahr eines Scheiterns reduzieren bzw. vermeiden?

Die Darstellung der SWOT-Analyse erfolgt in Matrix-Form (siehe Abb. 3.16).

		Strenghts	Weaknesses
		S1 S2 S3 S4 S5	W1 W2 W3 W4 ......
Opportunities		**OS**	**OW**
O1 O2 O3		O1-S2 O2-S3 O3-S4	O1-W1 O1-W2 O2-W1 O3-W4
Threats		**TS**	**TW**
T1 T2		T1-S2 T2-S2	T1-W3 T2-W4

Abb. 3.16 SWOT Analyse

Beispiel

In Abb. 3.17 ist die SWOT-Analyse für die Applikation e-consign dargestellt. Einigen der externen Chancen und Drohungen sind mehrere Stärken und Schwächen zugeordnet. ◄

▶ **Tipp** Die SWOT-Analyse ergibt dann optimale Ergebnisse, wenn jeder Chance und jeder Drohung der externen Analyse in jedem Matrixfeld (Chancen-Stärken, Chancen-Schwächen, Drohungen-Stärken und Drohungen-Schwächen) mindestens eine passende Strategie zugeordnet ist (Abb. 3.17). Für das Matrixfeld Drohungen-Schwächen ist hierbei auch der Aspekt, wie die Schwäche für diese Drohung ggf. in eine Stärke gewandelt werden kann von existentieller Bedeutung.

Beispielhaft sind der Chance **C1: Markt fordert KI-Lösungen** im Matrixfeld Opportunities-Strenghts (Chancen-Stärken) die Stärken **S. 1: Branchen Know-how, S. 2: Markt Know-how** und **S. 6: Beratungs Know-how** zugeordnet. Die passende Strategie ist **Partnerschaften mit KI-Unternehmen** einzugehen.

Der Chance **C2: Vorhandene Datenpools** ist im Matrixfeld Opportunities-Weknesses (Chancen-Schwächen) die Schwäche **W2: Fehlendes KI Know-how** zugeordnet. Eine adäquate Strategie ist hier die **Integration externer KI-Experten.**

Der Drohung **T1: Keine Mitarbeiter am Markt verfügbar** ist im Matrixfeld Threats-Strengths (Drohungen-Stärken) die Stärke **S. 3: Reputation des Unternehmens** zugeordnet. Daraus ergibt sich die Strategie **Abwerbung von Experten.**

	Strenghts	**Weaknesses**
	S1: Branchen Know-how S2: Markt Know-how S3: Reputation des Unternehmens S4: Wettbewerbsvorteil im EVU Umfeld S5: Methoden Know-how S6: Beratungs Know-how	W1: Ressourcen- und Expertenmangel W2: Fehlendes KI Know-how W3: Zeitdruck W4: Fehlende Organisation W5: Lokaler Start W6: Unzureichende finanzielle Ausstattung
Opportunities	**OS**	**OW**
C1: Markt fordert KI-Lösungen	C1-S1-S2-S6: Partnerschaft mit KI-Unternehmen	C1-W1-W3-W4: Externe KI-Unterstützung zukaufen
C2: Vorhanden Datenpools	C2-S5: Vorteil für KI-Anwendung nutzen	C2-W2: Externe KI-Experten integrieren
C3: IT und Beratungspartner gesucht	C3-S1-S2-S3-S4-S5-S6: proaktiv Partnerschaft anbieten	C3-W1: Partnerschaften eingehen
C4: Hype Thema	C4-S3: Public Relation und Marketing auf KI ausrichten	C4-W2-W4: Thema mit vorhanden Resourcen priorisieren, geeignete Mitarbeiter qualifizieren
Threats	**TS**	**TW**
T1: Keine Mitarbeiter am Markt verfügbar	T1-S3: Abwerbung von Experten	T1-W1-W3-W4: Eigene Mitarbeiter qualifizieren
T2: Marktreife erst in einigen Jahren	T2-S3-S4: Einsatz der Marktmacht und des Zugangs zum Verbund	T2-W5: Testmarkt aufbauen
T3: Angst der EVUs vor Innovation	T3-S1-S2-S3-S4: Marketing, Konferenzen, Road-Shows, Direct Sales	T3-W2-W5: EVU, vorhandene Kunden aus dem Verbund überzeugen
T4: Aufkommen von Nachahmern	T4-S1-S2: Innovationsschnelligkeit erhöhen	T4-W1-W2-W3-W4-W6: Vorteil Verbund nutzen

Abb. 3.17 SWOT-Analyse e-consign

Der Drohung **T4**: Aufkommen von Nachahmern sind im Threats-Weaknesses Matrixfeld (Drohungen-Schwächen) die Schwächen **W1: Ressourcen- und Expertenmangel**, **W2: Fehlendes KI Know-how**, **W3: Zeitdruck**, **W4: Fehlende Organisation** und **W6: Unzureichende finanzielle Ausstattung** zugeordnet. Die Strategie aus der Drohung und den Schwächen eine Stärke zu generieren ist den **Vorteil des Stadtwerkeverbunds** zu nutzen und die Gesellschafter, d. h. die verbundenen Stadtwerke als KI-Kunden zu gewinnen.

Für den Business Case können optional noch das aktuelle Produkt- und Service Portfolio und die Auflistung der bestehenden Partnerschaften in den Bereichen Produkt und Services angeführt werden.

> **Beispiel**
>
> Das neben der geplanten Anwendung e-consign vorhandene Produkt und Service Portfolio ist in der Abb. 3.18 und die vorhandenen Partner sind in Abb. 3.19 aufgelistet. ◄

Konkret auf die KI-Anwendung bezogene schon durchgeführte bzw. geplante Aktivitäten und deren Ergebnisse werden abschließend dargestellt.

KI Product and Service Offerings

- KI Plattform für Abo- und Transaktionskunden
- KI Lernplattform
- KI Tutorials
- Business Consulting und IT Infrastruktur Definition für KI- und IT Projekte
- Consulting und Project Management für KI-Projekte
- Cross Selling Beratungsprojekte, insbesondere für CRM, ERP und IT-Projekte
- Optional: KI-Strategie Workshops
- Optional: Seminare, Trainings

Abb. 3.18 Produkt und Service Portfolio KI

Partner

- Potential Solution Partners
  - **KI-Unternehmen 1**
  - **KI-Unternehmens 2**
- Roll-Out Partners
  - **EVU1**
  - **EVU2**
- Public Partners and Associations
  - **Regulation Authority, Berlin**
  - **BNE (Bundesverband Neuer Energieanbieter)**

Abb. 3.19 Partner

Beispiel

Für die KI-Anwendung e-consign wurden gemeinsam mit Energieversorgungsunternehmen (EVU) und anderen potenziellen Anwendern/Kunden schon erste Workshops durchgeführt bzw. befinden sich in Planung (siehe Abb. 3.20). ◄

Das Strategiedefinitions-Team erstellt auf Grundlage des Business Cases eine Entscheidungsgrundlage, die den potenziellen Sponsoren ein oder mehrere Alternativen offeriert. Ziel sollte es sein, dass in dem Workshop mit der finalen Präsentation des Business Cases eine Entscheidung gefällt wird oder zumindest das weitere Vorgehen definiert wird.

Beispiel

Den Entscheidungsträgern des Unternehmens IT- und Servicegesellschaft wurde auf Basis des erstellten Business Cases ein Investment in die KI-Plattform empfohlen (siehe Abb. 3.21). Dadurch wird die Marktpositionierung in der Energiewirtschaft entscheidend gestärkt und Cross Selling-Projekte in den Bereichen CRM (Customer Relationship Management), ERP (Enterprise Resource Planning) und AMM (Advanced Metering Infrastructure) ermöglicht.[6] ◄

---

[6] Smart Meter Reading ist ein Begriff für sämtliche Produkte und Prozesse im Bereich elektronischer Stromzähler (Smart Meter). Advanced Metering Infrastructure beinhaltet die Informations- und Kommunikationsinfrastruktur für den Betrieb von Smart Metern. Näheres zu der Thematik in: Aichele, Smart Energy, Springer-Vieweg und Aichele/Doleski, Smart Meter Rollout, Springer-Vieweg (2013).

3 Vorgehensweise zur Anwendung Digitaler Geschäftsprozesse auf … 107

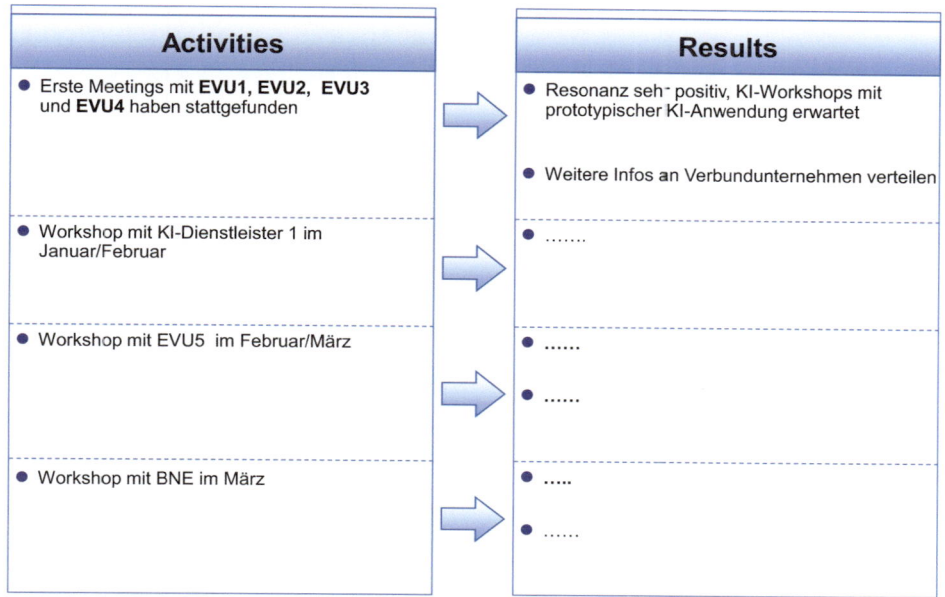

Abb. 3.20 Aktivitäten und Ergebnisse

Abb. 3.21 Entscheidungsempfehlung

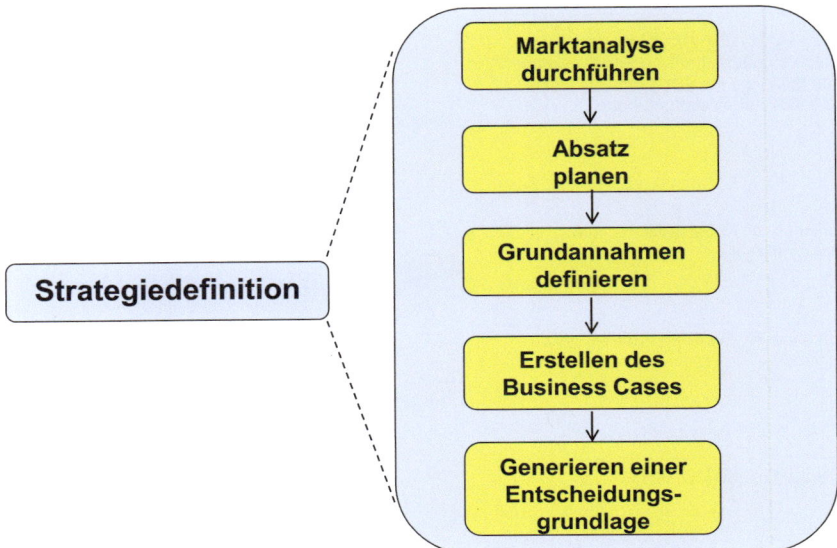

Abb. 3.22 Einzelschritte in der Phase Strategiedefinition

Damit besteht die Phase der Strategiedefinition aus den Schritten (siehe Abb. 3.22):

1. Der Analyse des Marktes
2. Der Planung der Absatzzahlen
3. Der Definition der Grundannahmen
4. Der Erstellung des Business Cases
5. Der Generierung einer Entscheidungsgrundlage
6. Entscheidung für oder gegen die Fortführung des Projekts (Decision Gate Strategiedefinition)

3.2.2 Strategieumsetzung

Aufgaben der Strategieumsetzung sind die detaillierte Entwicklungsplanung, die Festlegung des zu präferierenden Geschäftsmodells, die Definition der Projektmanagement-Methode und die Planung der Kosten, des Budgets und der Ressourcen.

Die Entwicklungsplanung beinhaltet die Konzeption der Applikation mit allen notwendigen Modellen und Erläuterungen zu den Modellen.

▶ Modelle repräsentieren ein vereinfachtes Abbild der betriebswirtschaftlichen Realität. Modelle sind zugänglicher, leichter manipulierbar, billiger, bekannter, vertrauter oder den jeweiligen Absichten des Modellsubjekts dienlicher und förderlicher als das Original.[7]

Als Modellierungsmethoden für das Fachkonzept einer Softwareentwicklungsprojekts sind folgende Methoden geeignet[8]:

- Darstellung von Geschäftsprozessen durch die Erweiterte Ereignisgesteuerte Prozesskette (eEPK) auf Basis der Informationssystemarchitektur ARIS (Architektur integrierter Informationssysteme)
- Darstellung von Geschäftsprozessen mit Business Process Model and Notation (BPMN), sogenannte BPMN-Prozesse
- Darstellung von Geschäftsprozessen durch Aktivitätsdiagramme auf Basis der Informationssystemarchitektur UML (Unified Modelling Language)
- Darstellung der Informationsflüsse durch Sequenzdiagramme auf Basis von UML
- Darstellung der Datenstruktur mit Entity-Relationship-Modellen (ERM)
- Darstellung der Systemstruktur durch Klassendiagramme und Anwendungsfalldiagramme auf Basis Informationssystemarchitektur UML

▶ Modellierungsmethoden ermöglichen eine problembezogene und eine grafische Darstellung der Realität in Form von Modellen. Sie enthalten die wesentlichen Beschreibungsobjekte zur Darstellung betriebswirtschaftlicher Zusammenhänge.[9]

▶ **Definition** Eine Informationssystemarchitektur bezeichnet die Konzeption und Definition der Struktur eines Informationssystems (sehr oft ein IT-System), sowie der für den Nutzer des Systems möglichen Interaktionen und schließlich der An- und Zuordnung sowie die Benennung der in dem System enthaltenen Informationseinheiten und Funktionen.

Eine mehr technische Sichtweise der Definition beschreibt Informationsarchitektur als eine spezielle Form der IT eines Unternehmens, die zur Erreichung ausgewählter Ziele oder Funktionen entworfen wurde.[10]

Je nachdem, ob die Erstellung der Anwendung ausschließlich mit internen Ressourcen oder auch mit externen Ressourcen durchgeführt wird, spricht man eher von einem

---

[7] Siehe Aichele (2012a, b, S. 79).
[8] Details zu den Modellierungsmethoden siehe Aichele (2012a, b, S. 79–114), Oestereich (2001), Allweyer (2009), Stevens und Pooley (2003) und weitere Literatur.
[9] Siehe Aichele, C. (2012b, S. 78).
[10] vgl. Laudon und Schoder (2010, S. 61).

Fachkonzept oder einem Pflichtenheft. In einem Pflichtenheft werden die Aufgabenbestandteile externer Dienstleister detailliert definiert. Das Pflichtenheft ist auch oft Grundlage eines Dienstleistungsvertrags. Bei einer ausschließlichen Inhouse-Entwicklung werden die Rahmenbedingungen, die Vorgaben und Detailanforderungen typischerweise in dem Fachkonzept vorgegeben. Aber auch hier können als Synonyme die Begriffe Pflichtenheft, Conceptual Design, Sollkonzept oder Feinkonzept Anwendung finden.

Die Hauptbestandteile eines Fachkonzepts sind:

- Ziel- und Aufgabenstellung der KI-Anwendung, Abgrenzung
- Vorgehensmodell, Projektmanagement-Methode
- Geschäftsprozesse bzw. Abläufe der Applikation (UML-Aktivitätendiagramm, BPMN, eEPK oder Ablaufdiagramme[11])
- Geschäfts- und Anwendungsvorfälle der Anwendung (UML-Anwendungsdiagramm)
- Art der Anwendung (Webservice, Cloud-Anwendungen, Proprietäre Anwendungen), Betriebssystem (Operation System, OS)
- Schnittstellen, Integration von Sensoren und Aktoren (UML-Sequenzdiagramm)
- Objekte, Module und Methoden des Systems (UML-Klassendiagramm)
- Zusammenspiel und Integration der einzelnen Komponenten

Beispiel

Für die Erstellung der Anwendung e-consign wurde das Vorgehensmodell des „Experimentellen Prototyping" ausgewählt. Ziel des Experimentellen Prototyping ist das schnelle Erstellen eines lauffähigen Prototyps auf dessen Basis Erfahrungen in Pilotprojekten gesammelt werden können. Diese Erfahrungen durch die potenziellen Endnutzer soll dann zu detaillierteren Systemspezifikationen führen. Als Projektmanagementmethode wurde eine Kombination von SCRUM und Extreme Programming verwendet. Scrum, eine agile Projektmanagement-Methode (wird auch als Vorgehensmodell der Systementwicklung bezeichnet), hat das Ziel schnell, kostengünstig und qualitativ hochwertig Softwareapplikationen zu entwickeln. Dabei werden die geforderten Funktionen aus Anwendersicht formuliert und die Realisierung erfolgt in kurzen Intervallen (sogenannten Sprints). Extreme Programming (XP) stellt das Lösen einer Programmieraufgabe in den Vordergrund und nähert sich dabei den Anforderungen des Kunden (der potenziellen Anwender) in kleinen Schritten. Die Modellierung der Abläufe erfolgte mit der Business Process Model and Notation, der Datenstrukturen mit der Entity Relationship Methode und der einzelnen Module/Funktionalitäten mit dem UML-Klassendiagramm. Zur Konzeption der Schnittstellen wurde das UML-Sequenzdiagramm genutzt. Die verbale

---

[11] z. Bsp. Programmablaufpläne nach DIN 66001, siehe https://de.wikipedia.org/wiki/Programmablaufplan, Abruf am 29.01.2021.

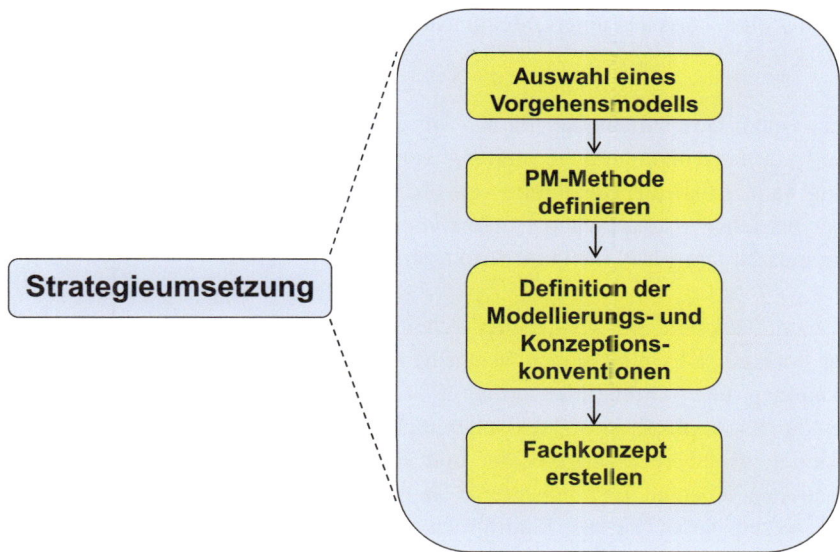

Abb. 3.23 Einzelschritte in der Phase Strategieumsetzung

Beschreibung wurde mithilfe von Stichwortprotokollen der einzelnen Workshops und Meetings auf das Notwendigste reduziert. Der Work-in-Progress (WiP) wurde mithilfe von Kanban-Boards visualisiert. In der Phase der Konzeption fanden mehrfach wöchentlich Teammeetings statt. ◄

Damit besteht die Phase der Strategieumsetzung aus den Schritten (siehe Abb. 3.23):

1. Auswahl des Vorgehensmodells
2. Definition der Projektmanagement-Methode
3. Erarbeitung und Definition der Konventionen für die Modellierung und für das Fachkonzept
4. Erstellung des Fachkonzepts
5. Entscheidung für oder gegen die Fortführung des Projekts (Decision Gate Strategieumsetzung)

3.3 Geschäftsmodelle für KI

Das KI-Geschäftsmodell beschreibt die Art und Weise wie mit der KI-Anwendung ein Nachfragemarkt bedient werden soll. Dabei müssen nicht allein der Umsatz und Gewinn im Fokus stehen. Auch das kostenlose Überlassen der KI-Anwendung in Form von Open

Source Modellen kann aus unterschiedlichsten Beweggründen die Basis eines Geschäftsmodells sein.

▶ Unter einem Geschäftsmodell für KI-Anwendungen wird die Zielsetzung einer Vereinigung zur Erstellung und Verbreitung von KI-Applikationen verstanden. Die Vereinigung kann dabei die Bandbreite von einer losen, temporären Zusammenarbeit bis zu einer betriebswirtschaftlichen Unternehmung annehmen. Zur Erfüllung dieser Zielsetzung müssen Organisationen und Strukturen definiert werden.

Das Geschäftsmodell im KI-Bereich scheint relativ simpel zu sein. Ein KI-Entwickler oder ein KI-Unternehmen bieten dem Verbraucher oder Endkonsumenten KI-Applikationen über Online-Plattformen (Cloud Computing) an. Der Endkonsument wendet die KI-Applikation als ein- oder mehrmalige Transaktion an oder ist für ein zeitbasiertes Abonnement angemeldet und kann die auf der Plattform vorhandenen Applikationen jederzeit und unbegrenzt anwenden. Das Unternehmen oder der Entwickler setzen dabei eigene Plattformen ein oder bieten ihre Applikationen auf etablierten Online-Plattformen an. Im zweiten Fall werden je nach den vertraglich geregelten Nutzungsbedingungen erlösabhängig Kosten fällig.

Diese B2C/B2B Geschäftsmodelle werden als ***B2C/B2B-Transaktionsmodell*** oder ***B2C/B2B-Abomodell*** definiert.

Aber neben den kostenpflichtigen Anwendungen gibt es noch kostenlose Applikationen. Einige der kostenlosen Applikationen stellen limitierte Versionen der kostenpflichtigen Anwendungen dar und sind damit Appetizer bzw. Werbeträger für die Vollversion ***(B2C/B2B-Presales-Modell).***

Andere Applikationen haben die Zielsetzung Werbebotschaften an den Anwender zu übertragen ***(B2C/B2B-Advertising-Modell).*** Durch Sammeln des Anwendernutzungsverhaltens wird versucht diese Werbung zu individualisieren und damit den Erfolg der Werbung zu erhöhen. Nach Einverständnis des Users kann sich die Datensammlung der Nutzung auf die eigentliche Applikation beschränken oder ggf. auf den gesamten Device erstrecken. Hier sind dem Anbieter unter Berücksichtigung des Datenschutzes (DSGVO, Datenschutz-Grundverordnung) große Einschränkungen auferlegt. Je nachdem wo der KI-Anbieter oder die KI-Plattform lokalisiert ist, greift der nationale Datenschutz oder ggf. nicht. Auch durch das Einverständnis des Users beim Abgreifen attraktiver Add-Ons kann dieser gewünschte Datenschutz jeweils wieder umgangen werden. Die Anbieter nutzen diese Daten zur kommerziellen Weitergabe an Dritte. Diese Drittunternehmen haben damit die Möglichkeit die Daten zur Weitervermarktung und Weiterverwendung auch außerhalb der Werbemöglichkeiten zu nutzen. Dieses Modell wird mit ***B2C/B2B-Data Gathering Modell*** bezeichnet.

Die kostenlose Zurverfügungstellung von Applikationen aus moralisch-ethischen, sozialen und anderen Gründen wird ***B2C/B2B-Open Source Modell*** genannt. Dabei können die Anbieter öffentliche Organisationen, Unternehmen und Privatpersonen sein. Für

Unternehmen und auch Privatpersonen eröffnet sich dadurch die Möglichkeit die eigene Reputation und Bekanntheit zu steigern und zu einem späteren Zeitpunkt in ein anderes B2C oder B2B Modell überzugehen. Öffentliche Organisationen nutzen solche Applikationen zur Informationsbereitstellung, für die Bildung und ggf. zur mobilen Unterstützung der öffentlich-rechtlichen Geschäftsprozesse (Datensammlung über mobile Formulare).

Natürlich sind die Modelle zum Teil auch binär oder mehrfach miteinander kombinierbar. So kann es durchaus Sinn machen ein B2C/B2B-Abomodell mit dem B2C/B2B-Advertising-Modell zu kombinieren, ggf. zu einem reduzierten Abopreis.

Die B2C/B2B-Geschäftsmodelle sind mittlerweile mehr oder weniger etabliert und ausgereift, da sich der gesamte Plattform-Markt in diesem Segment entwickelt hat. Erfolgreiche Online-Plattformen müssen genügend attraktiv sein, um den Konsumenten auch längerfristig zu binden. Dazu sollten sie nicht nur dem Spieltrieb und dem Informationsbedürfnis gewidmet sein, sondern auch Mehrwerte für die digitale und analoge Welt liefern.

Die Verwendung von KI-Applikationen für die organisatorischen Anforderungen von Unternehmen hat mit Nachdruck begonnen. Den Unternehmen fehlt es insbesondere an einer vollständigen und nachhaltigen Strategie für die Integration von KI-Anwendungen in die Geschäftsprozesse.

Definierte Prozessschritte können durch die Verwendung von KI-Komponenten digitalisiert werden. Dadurch werden die Geschäftsprozesse beschleunigt bzw. die Akkuratesse und Validität der Prozessschritte wird optimiert. Diese Substitution wird als Geschäftsmodell **B2B-AI Support in Business Processes** definiert.

Interessanter sind aber die Anwendungsfälle, die bestehende Geschäftsprozesse durch den Einsatz von KI verändern und dadurch optimieren. Die Geschäftsprozesse werden durch den KI-Einsatz bereichert und erweitert. Das Geschäftsmodell **B2B-Business Process Enrichment and Enlargement** erfordert im ersten Schritt das Erkennen der Potenziale. Dieser Ansatz erfordert das Reengineering der Prozesse und ist mit einem Business Process Reengineering für den Einsatz von KI-Anwendungen vergleichbar.

Business Reengineering oder **Business Process Reengineering (BPR)** bedeutet fundamentales Überdenken und radikales Redesign von Geschäftsprozessen. Das Ergebnis sind Verbesserungen in entscheidenden und messbaren Leistungsgrößen in den Bereichen Kosten, Qualität, Service und Zeit[12].

Kernstück des Business Reengineering ist diskontinuierliches Denken, das überkommene Regeln und fundamentale Annahmen erkennt, die den heutigen betrieblichen Abläufen bzw. Geschäftsprozessen zugrunde liegen, und sich von ihnen abwendet[13]. Das Reengineering bzw. die Neukonzeption von Geschäftsprozessen werden durch folgende Methoden erreicht:

---

[12] vgl. Hammer und Champy (1994, S. 48).
[13] vgl. Hammer und Champy (1994, S. 13).

- Zusammenfassen mehrerer Aufgaben bzw. Aktivitäten,
- Delegation der Entscheidungsbefugnisse auf die Mitarbeiterebene bzw. die Ebene der Prozessausführenden,
- Gestalten der Prozesse im Hinblick auf Ereignisse und Ergebnisse,
- Gestaltung von Prozessvarianten,
- Durchführen der Aktivitäten am Ort ihres Auftretens,
- Reduktion des Überwachungs- und Kontrollaufwandes, und damit Konzentration auf die wertschöpfenden Aktivitäten,
- Reduktion des Abstimmungsaufwandes durch Limitierung der Prozessschnittstellen,
- Umfassende organisatorische Kundenorientierung und
- Integration der Vorteile der Dezentralisierung und der Zentralisierung in den Prozessen.[14,15]

Übertragen auf den Einsatz von KI-Anwendungen ist das folgende Vorgehensmodell adäquat:

1. Ist-Analyse und Modellierung der Geschäftsprozesse (z. B. mit der Business Process Model and Notation)
2. Erkennen der Optimierungspotenziale und Eingrenzung auf die Potenziale für den Einsatz von KI
3. Konzeption der KI-Anwendung(en)
4. Realisierung der KI-Anwendung(en)
5. Organisatorische Integration der KI in die Geschäftsprozesse

Ggf. sind durch dieses Vorgehen nur Optimierungen im Sinne von Kaizen oder Continuous Process Improvement möglich. Besser ist es vorgeschaltet oder parallel die Schritte

- Analyse der Unternehmensstrategie, Unternehmenszielsetzung und des Geschäftsmodells (z. B. mit Business Object Management; BOM)[16]
- Erkennen der KI-Potenziale im Umfeld des eigenen Geschäftsmodells (hier ist der Einsatz von Kreativitätstechniken wie Brainstroming, Mind Maps oder das Vorgehensmodell des Design Thinking sinnvoll)
- Konzeption der KI-basierten Geschäftsprozesse

---

[14] vgl. Hammer und Champy (1994, S. 71–89).
[15] Siehe zu BPR auch Aichele (2012a, b, S. 24–35).
[16] Details zu BOM siehe Aichele (2006, S. 201–215).

Eingebunden in das oben angeführte Vorgehensmodell gestaltet sich die adaptierte Version wie folgt:

1. Analyse der Unternehmensstrategie, Unternehmenszielsetzung und des Geschäftsmodells
2. Erkennen der KI-Potenziale im Umfeld des eigenen Geschäftsmodells
3. Ist-Analyse und Modellierung der Geschäftsprozesse (z. B. mit der Business Process Model and Notation)
4. Erkennen der Optimierungspotenziale und Eingrenzung auf die Potenziale für den Einsatz von KI
5. Konzeption der KI-basierten Geschäftsprozesse
6. Konzeption der KI-Applikationen
7. Realisierung der KI-Applikationen
8. Organisatorische Integration der KI-Applikationen in die Geschäftsprozesse

Im Geschäftsprozess Qualitätsmanagement werden in nahezu allen Branchen die Fertigprodukte auf ihre einwandfreie Qualität geprüft. Dazu gehören oft auch Sichtprüfungen. Hier können Sensoren (z. B. Kameras, Infrarotsensoren, Lasersensoren u. a.) Merkmale aufnehmen und diese werden mit den trainierten Merkmalsausprägungen Künstlicher Neuronaler Netze überprüft. Bei einem Überschreiten definierter Grenzwerte werden die Fertigprodukte zur Nacharbeit oder Verschrottung weitergeleitet. Diese sehr oft von Mitarbeitern durchgeführten Tätigkeiten werden durch die KI sicherer, validierter und schneller durchgeführt. Dadurch wird der Geschäftsprozess Qualitätsmanagement effektiver und effizienter.

3.4 KI-Projekte und Projektmanagement

Die Gestaltung der Projekte und des Projektmanagements zur Entwicklung der KI-Applikationen sind abhängig von dem verfolgten Geschäftsmodell (B2B, B2C, Online-Plattformanbieter u. a.).

„Projekte zeichnen sich durch bestimmte Merkmale aus und sind mit gewissen Risiken und Erfolgsfaktoren verbunden. Sie sind einmalige Vorhaben, die von der Tagesroutine abheben und sich nicht ständig wiederholen. Außerdem ist ein Projekt zeitlich begrenzt durch definierte Start- und Endtermine. Ein Projekt hat klar definierte Ziele. Es muss genau festgelegt sein, was erreicht werden soll und wie dies zu geschehen hat. Des Weiteren handelt es sich bei Projekten um komplexe Vorhaben, die unterschiedliche Techniken und Methoden zur erfolgreichen Durchführung erfordern. Es sind zum Teil neuartige und unbekannte Probleme zu lösen und Projekte haben daher ein besonderes

Risiko. Ferner steht Projekten ein bestimmtes Budget zur Verfügung, das nicht überschritten werden darf."[17]

KI-Entwicklungsprojekte sind eher kurzfristige, weniger Struktur erfordernde Softwaregenerierungsvorhaben und von immaterieller Natur. Insofern sind weniger die strukturierten Softwareentwicklung-Vorgehensmodelle wie das Wasserfallmodell, das Spiralmodell oder das V-Modell geeignet, sondern eher aktivitätsorientierte und kurzfristig adaptierbare Vorgehensmodelle wie SCRUM oder Extreme Programming. Diese führen auch zur schnellen Erstellung von Prototypen und der iterativen Weiterentwicklung.

Software wird nie ganz fertig. Es bleibt immer noch etwas zu ändern, zu verbessern. Und wenn Änderungen nicht zwingend notwendig sind, bleiben sie oft trotzdem wünschenswert – so lange, bis die Software wieder aus dem Verkehr gezogen wird. Eine Vielzahl von Änderungen bewirkt natürlich, dass sich das Programm immer mehr vom ursprünglichen Konzept entfernt. Gerade wenn die Applikation erfolgreich ist und deswegen ständig weiterentwickelt wird, besteht diese Gefahr.

Aus diesen Gründen ist es sinnvoll, sich nach geeigneten Methoden umzusehen, die die Komplexität beherrschbar machen, den Zerfallsprozess verzögern und trotz strukturzersetzender Änderungen und Weiterentwicklungen dabei helfen, die Qualität und Zuverlässigkeit der Software aufrechtzuerhalten.[18]

„Projekte zum Bau eines fossil befeuerten Kraftwerks und zur Realisierung eines Softwaresystems haben vieles gemeinsam. Beide erfordern Input, benötigen Menschen, die das Projekt realisieren und haben ein definiertes Ziel. Beide werden in spezifizierten, diskreten Schritten, die teilweise parallel und oft auch sequentiell durchgeführt werden müssen, realisiert. Die Methoden und Tools des Projektmanagements sind grundsätzlich die Gleichen. Der wesentliche Unterschied liegt in der Einmaligkeit und Immaterialität des Softwareprojektes. Während Kraftwerke in gleicher oder ähnlicher Form schon seit Langem gebaut und konstruiert werden, der Fortschritt visuell und auch sensorisch von der Haptik nachvollzogen werden kann, entzieht sich die Software weitgehend einer einfachen Kontrollierbarkeit. Insofern müssen die Methoden zum erfolgreichen Projektmanagement von IT- Projekten mehr Parameter und Einflüsse berücksichtigen. Ohne weiteres können diese Methoden aber für Projekte in anderen Bereichen eingesetzt werden. Umgekehrt gilt das in der Regel nicht."[19]

▶ **Definition der DIN 69901** Projekte sind Vorhaben, die im Wesentlichen durch Einmaligkeit der Bedingungen in ihrer Gesamtheit gekennzeichnet sind, wie z. B. Zielvorgabe, zeitliche, personelle oder andere Begrenzungen, Abgrenzung gegenüber anderen Vorhaben und eine projektspezifische Organisation.[20]

---

[17] Siehe Aichele (2006, S. 25).
[18] Siehe Oestereich (2001, S. 17).
[19] Siehe Aichele (2006, S. 23).
[20] Siehe DIN 69901, Projektmanagement.

Die Eigenschaften von Projekten sind:[21]

- Besondere Bedeutung
- Quantitative und qualitative Zielvereinbarung
- Komplexität
- Umfang
- Interdisziplinarität, Bereichsübergreifende Zusammenarbeit
- Einmaligkeit
- Endlichkeit, Zeitliche Befristung
- Abgrenzung gegenüber anderen Vorhaben
- Komplexität
- Neuartigkeit
- Einmaligkeit
- Unsicherheit
- Begrenzte Ressourcen
- Projektspezifische Organisation
- Risiko.

Zusammenfassend kann ein Projekt als ein Vorhaben bezeichnet werden, dessen Ablauf (zumindest weitgehend) einmalig ist, dessen Struktur eine gewisse Komplexität aufweist und dessen festgelegte Zielsetzung in vorgegebener Zeit und in einer definierten Qualität mit gegebenen Ressourcen zu erreichen ist.[22]

Der Begriff Management besitzt viele unterschiedliche Definitionen[23]. Im Wesentlichen beinhaltet der Begriff jedoch einen Realisierungsprozess, der über die Phasen

- Planung,
- Organisation,
- Durchführung,
- Verfolgung und Steuerung

mit dem Einsatz von Menschen (institutionalisierte Führung) zur Formulierung und Erreichung von Zielen führt.

Eine adäquate Projektorganisation und ein performantes Projektmanagement sind in KI-Entwicklungsprojekten von immenser Bedeutung. Dabei reicht es nicht aus, die Methoden, Techniken und Tools für das Projektmanagement anwenden zu können.

---

[21] Der Begriff Projekt ist aus dem lateinischen „pro-jacere = nach vorne" abgeleitet.
[22] Vgl. Aichele (2006, S. 29–30).
[23] Der Begriff Management ist aus dem litalienischen „menaggiare = handhaben, bewerkstelligen" abgeleitet.

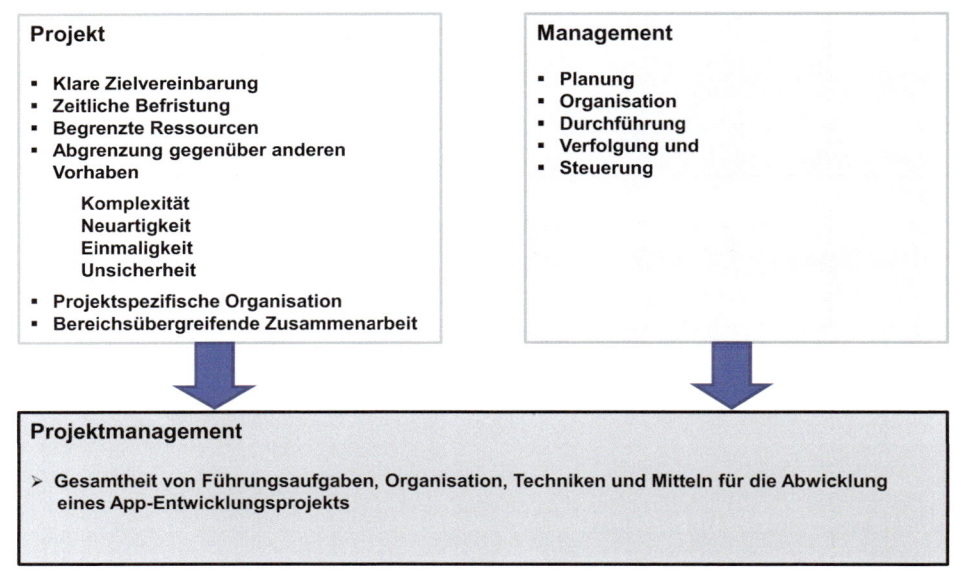

Abb. 3.24 Projektmanagement

Wesentlich bedeutender ist ein intelligentes Projektmanagement, d. h. die Projektziele kommunizieren zu können, die Unternehmens- und Projektmitarbeiter überzeugen und führen zu können, rechtzeitig und prospektiv Entwicklungstendenzen des Projekts zu erkennen, diese Tendenzen hinsichtlich der Projektziele permanent anzupassen, empathisch mit dem Projektsponsor und den Projektmitarbeiter umgehen zu können und natürlich die Projektziele unter den gegebenen Rahmenbedingungen zu erreichen.

Das Projektmanagement ist ein Leitungs- und Organisationskonzept, mit dem die vielen sich teilweise gegenseitig beeinflussenden Projektelemente und das Projektgeschehen nicht dem Zufall oder der Genialität einzelner Personen überlassen werden, sondern gezielt zu einem festen Zeitpunkt herbeigeführt werden (Etwas entwerfen und geplant nach vorne bringen, etwas unternehmen um zielgerichtet ein Vorhaben zu erreichen). Es beinhaltet die Gesamtheit von Führungsaufgaben, Organisation, Techniken und Mitteln für die Abwicklung eines Projektes. Hierzu wird im Regelfall eine temporäre Institution zur Wahrnehmung der Aufgaben implementiert (siehe Abb. 3.24).[24]

Die Projektleitung bzw. das Projektmanagement ist der entscheidende Faktor für einen Projekterfolg („Decisive Factor"). Das Projektmanagement muss neben dem erforderlichen Wissen über Vorgehensweisen, Methoden und Tools im Bereich KI-Applikationen auch die richtige Kombination von menschlichen Eigenschaften verfügen.

---

[24] Vgl. Aichele (2006, S. 30–31).

3 Vorgehensweise zur Anwendung Digitaler Geschäftsprozesse auf …   119

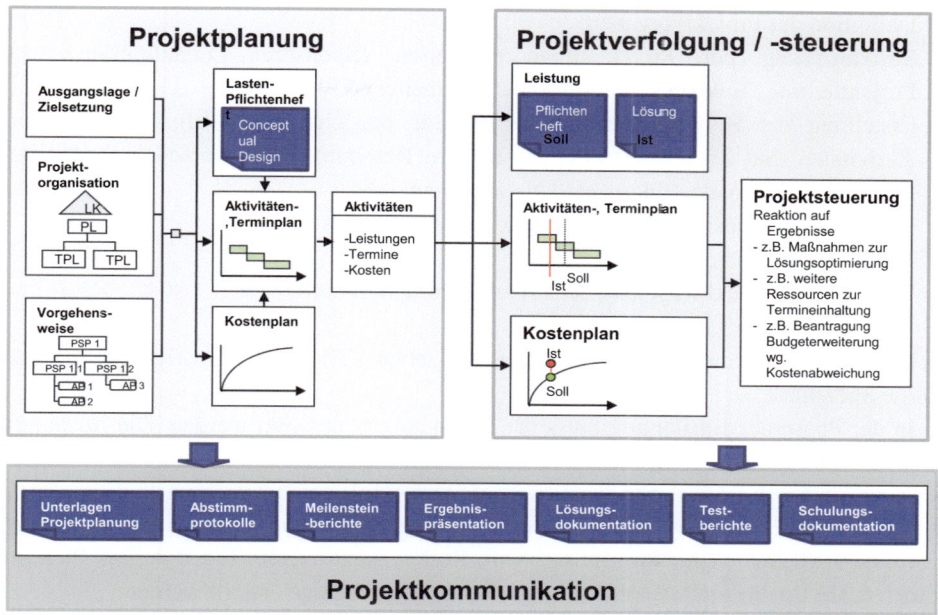

Abb. 3.25 Projektorganisation

Das Projektmanagement sollte motivierend und integrativ sein, ausgleichend und antreibend, kommunikativ aber informativ, freundlich aber bestimmt, demokratisch aber mit der für den Projekterfolg notwendigen Autorität versehen sein. Die Projektleitung muss die richtigen Mitarbeiter mit den notwendigen Qualifikationen und menschlichen Eigenschaften auswählen und die richtigen Maßnahmen für die Teambildung ergreifen. Das Projektmanagement muss die Mitarbeiter führen können aber auch Arbeiten delegieren können und damit den Mitarbeitern die entsprechend notwendigen Freiräume zugestehen.[25]

Projekte müssen organisiert werden, damit die Komplexität in realisierbare Teilprojekte bzw. Aufgabenpakete zerlegt wird (siehe Abb. 3.25). Zur Projektorganisation gehören die folgenden Aufgaben:

- Definition des Projekts (verbale Beschreibung)
- Benennung des Projektziels
- Qualifizierung des Projektziels (eventuell in Form eines Business Plans)
- Quantifizierung des Projektziels und der Projektunterziele (Business Case und/oder Kennzahlen)

---

[25] Siehe Aichele (2006, S. 144).

- Definition der Projektvorgaben
- Strukturierung der Projektaufbauorganisation (Sponsoren, Lenkungsausschuss, Projektleitung, Teilprojektleiter, Projektmitarbeiter)
- Erstellung der Projektplanung, d. h. Planung der einzelnen Aufgabenpakete und Aktivitäten und Zuweisung der einsetzbaren Ressourcen wie Personal, Sachmittel, Finanzmittel (Projektstruktur- und Netzplanung)
- Vorgabe der Projektmethoden, -techniken und -tools
- Definition der Projektdokumentation
- Formalisierung und Regelung der Projektkommunikation[26]

Neben diesen allgemeingültigen Prinzipien ergeben sich für KI-Entwicklungsprojekte einige Spezifika.

In der Phase der **Initiierung** muss der Projektansatz definiert werden. Die Ausgangssituation (adäquate Datenpools, IT-Environment, Kundenstruktur, vorhandene eigene Ressourcen, Erfahrungen) muss realistisch und objektiv bewertet werden. In dieser Phase ist ggf. die Einbeziehung von externen Erfahrungsträgern und KI-Experten notwendig. Die unterschiedlichen Akteure müssen ihre Rollen spezifizieren. Ein Business Plan mit integriertem Business Case sollte als Entscheidungsgrundlage erstellt werden.

Die Phase der **Planung** beinhalten neben den Projektmanagementstandards wie die Projektstrukturplanung (PSP), Netzplanung, Ressourcen-, Kosten- und Budgetplanungen auch die Definition der technischen Spezifikationen (Geräte, Hardware, Systeme, Kommunikation) und die Planung der IT/TK-Infrastruktur (KI-Server, Online-Plattformen, Cloud Computing).

In der Phase der **Umsetzung bzw. Realisierung** muss neben dem Projektcontrolling ein technisches Störfallmanagement (Incident Management) vorhanden sein.

Literatur

Aichele, C. (2006). *Intelligentes Projektmanagement*. Kohlhammer.
Aichele, C. (2012a). *Kennzahlenbasierte Geschäftsprozessoptimierung* (2. Aufl.). Gabler.
Aichele, C. (2012b). *Smart Energy – Von der reaktiven Kundenverwaltung zum proaktiven Kundenmanagement*. Springer Vieweg.
Aichele, C., & Schönberger, M. (2014). Strategien und Geschäftsmodelle für mobile Applikationen. In C. Aichele & M. Schönberger (Hrsg.), *App4U. Mehrwerte durch Apps im B2B und B2C* (S. 133–215). Springer Vieweg.
Aichele, C., & Doleski, O. (Hrsg.). (2013). *Smart Meter Rollout – Praxisleitfaden zur Ausbringung intelligenter Zähler*. Springer. Vieweg.
Allweyer, T. (2009). *Business Process Model and Notation: Einführung in den Standard für die Geschäftsprozessmodellierung, Books on Demand,* Norderstedt (2. Aufl).

---

[26]Vgl. Aichele (2006, S. 31–32).

Datenschutzgrundverordnung in https://eur-lex.europa.eu/eli/reg/2016/679/oj?locale=de. Zugegriffen: 23. Sept. 2020.

Design Thinking. (2021). https://www.hpi.uni-potsdam.de/d_school/designthinking.html. Zugegriffen: 29. Jan. 2021.

Hammer, M., & Champy, J. (1994). *Business reengineering*. Campus.

Laudon, K., Laudon, J., & Schoder, D. (2010). *Wirtschaftsinformatik: Eine Einführung* (2. Aufl.). Pearson Studium.

Oestereich, B. (2001). *Objektorientierte Softwareentwicklung. Analyse und Design mit der Unified Modeling Language (5. Aufl.)*. Oldenbourg Wissenschaftsverlag.

Programmablaufpläne nach DIN 66001. (2021). siehe https://de.wikipedia.org/wiki/Programmablaufplan. Zugegriffen: 29. Jan. 2021.

Stevens, P., & Pooley, R. (2003). *Software engineering with objects and components*. Addison-Wesley Verlag.

Digitale Transformation im Mittelstand

4

Lars Müller

Entwicklung und strukturierte Realisierung einer ganzheitlichen Digitalstrategie.

Zusammenfassung

Die Herausforderungen der digitalen Transformation sind seit geraumer Zeit bekannt, allerdings legt der klassische Mittelständler nicht selten den falschen Fokus. Es fehlt an einem „Fahrplan für die Digitalisierung" bzw. konkreten Hilfestellungen, um sich der Thematik und der damit verbundenen Entwicklung der Digitalstrategie sowie deren konsequenter Umsetzung zu nähern. Der vorliegende Beitrag, welcher als Masterthesis in Kooperation mit der Hochschule Kaiserslautern und der proALPHA Consulting GmbH entstanden ist, dient in seinem Ergebnis als Ratgeber für mittelständische Unternehmen im Umgang mit der digitalen Transformation.

4.1 Status Quo der Digitalisierung

Die Themen „Digitalisierung" sowie „digitale Transformation" sind aktuell in aller Munde und beeinflussen so stark wie nie zuvor den privaten Bereich als auch den geschäftlichen Alltag. Die Auswirkungen dieser Umgestaltung sind bereits seit mehreren Jahren spürbar in der Mitte der Gesellschaft angekommen in Form von neuartigen Apps, Geschäftsmodellen und digitalen Lösungen. Insbesondere der private Sektor ist schon

L. Müller (✉)
proAlpha AG, Martinshöhe, Deutschland
E-Mail: Lars.Mueller@proalpha.de

auf Augenhöhe mit den realisierbaren technischen Möglichkeiten, welche die „digitale Revolution" mit sich bringt.[1]

Wendet man den Blick allerdings auf die Seite der Unternehmen, mit besonderer Betrachtung des deutschen Mittelstandes, so wird schnell sichtbar, dass hier noch großer Handlungsbedarf besteht. Die Thematik „Digitalisierung" ist dort zwar hinlänglich bekannt, die nachhaltige, vollumfassende Implementierung und Realisierung wird in aller Regel aber eher stiefmütterlich behandelt. Die Erfahrungen im Mittelstand zeigen, dass es zwar Digitalisierungsprojekte gibt, diese allerdings vom Umfang und von der Bedeutung für das Unternehmen eher als Randprojekte eingestuft werden. Oftmals erfüllen diese Projekte eher eine „Alibi-Funktion", um mehr nach außen als nach innen hin zu zeigen, dass das Unternehmen seinen Beitrag zu den Themen Digitalisierung und digitale Transformation leistet. Zusammenfassend lässt sich hier also festhalten, dass diese Themen gemeinsam mit dem starken Fokus auf die Industrie 4.0 seit der Hannover Messe 2015 zwar umfassend bekannt sind, die operativen und strategischen Konsequenzen allerdings als nicht zwingend relevant erkannt werden. Diese Ausführungen betreffen selbstverständlich nicht alle mittelständischen Unternehmen, es gibt bereits vereinzelt digitale Vorreiter. Aber auch bei den tendenziell innovativeren Großunternehmen gibt es noch deutlichen Handlungsbedarf.[2]

Die Ergebnisse aktueller Studien und Umfragen bestätigen diesen Stand der Digitalisierung bei den deutschen Unternehmen bzw. im deutschen Mittelstand. So hat der Digitalverband Bitkom im letzten Jahr über 500 Unternehmen ab 20 Mitarbeitern zu den Themen Digitalisierung und Digitalstrategie befragt und dabei ernüchternde Ergebnisse erhalten.[3] Die Mehrheit der Unternehmen sieht sich selbst als Nachzügler, wobei die positiven Ergebnisse (Vorreiter) mit der Unternehmensgröße korrelieren, was wiederum den Mittelstand und die kleineren Unternehmen ins Hintertreffen bringt.

Der Bitkom Präsident Achim Berg hat sich zu diesen Themen mit folgenden Worten geäußert: „Der innovative Mittelstand hat über Jahrzehnte die deutsche Wirtschaft geprägt und hatte maßgeblichen Anteil an Wachstum und Wohlstand. Erfolg ist aber kein Naturgesetz, künftig funktioniert er nur noch digital!"[4]

Damit zukünftiger digitaler Erfolg, abseits einiger punktueller Zufallstreffer, überhaupt für den Großteil der Unternehmen möglich ist, benötigen die Unternehmen eine umfangreiche Digitalstrategie, welche weit oben in der Unternehmenshierarchie verankert ist und es dadurch ermöglicht, anstehende Digitalisierungsprojekte zielführend und erfolgreich umzusetzen. Auch zu diesem Thema hat Bitkom die Unternehmen

---

[1] Siehe Schulte und Reinhardt (2018, S. 6 f.).
[2] Vgl. Terpitz (2019).
[3] Siehe Streim (2020).
[4] Siehe Streim (2020).

befragt und ähnlich frustrierende Ergebnisse erhalten. Hier gaben knapp 23 % der Unternehmen an, über keine übergreifende Digitalstrategie zu verfügen, wobei auch hier die kleineren und mittleren Unternehmen die Mehrheit bildeten. Allerdings stellt auch eine Strategie in Unternehmensbereichen (37 %) keine umfassende Digitalstrategie dar, hier handelt es sich höchstwahrscheinlich vielmehr um einen Sammelbegriff für losgelöste Projekte in Unternehmensbereichen, welche oftmals eine „digitale Scheinsicherheit" erzeugen.[5] Die tatsächliche Zahl der Unternehmen, welche somit keine „echte" Digitalstrategie vorweisen können, fällt also bei näherer Betrachtung deutlich höher aus.

Eine fehlende Strategie für den Umgang mit der digitalen Transformation spiegelt sich auch in den Investitionsausgaben der mittelständischen Unternehmen wider. Im KFW Digitalisierungsbericht 2018 wurden knapp 10.000 Unternehmen hinsichtlich ihrer Investitionsvorhaben befragt. Hierbei ergab sich, dass nur bei 38 % der Unternehmen der Ausbau der Digitalisierung als Grund für die Ausweitung der Investitionen genannt wurde, neben einem Anteil von 40 % für die Einführung neuer Produkte und Dienstleistungen.[6]

Betrachtet man beide Ergebnisse etwas detaillierter, so erkennt man recht schnell, dass zwar in neue Produkte und Dienstleistungen nicht unerheblich investiert wird, allerdings nicht in gleichem Maße in deren Digitalisierung. Gerade in einer Zeit, in der die Themen „Smart Products and Services" sowie „IoT" immer mehr an Bedeutung gewinnen, dürfen diese Erfolgsfaktoren nicht außer Acht gelassen werden.

Zwar gibt es für die Unternehmen auch vielzählige Beratungsstellen in Form von Verbänden oder Institutionen, allerdings sind diese häufig nur sehr punktuell und ohne ganzheitlichen Fokus auf das Unternehmen und dessen spezifische Digitalisierungsvorhaben ausgerichtet. Der Schwerpunkt der Beratung liegt hierbei eher bei der Automatisierung von Produktionsprozessen und/oder Arbeitsabläufen und weniger auf den Potenzialen durch digitale Produkte, Dienstleistungen, Geschäftsmodelle oder Plattformen. Durch diese Einseitigkeit ist bei den mittelständischen Unternehmen sehr wohl in den letzten Jahren eine Digitalisierungswelle im Zusammenhang mit dem Schlagwort „Industrie 4.0" spürbar geworden, allerdings wurden die Themen nicht richtig verstanden bzw. vermittelt, was sich aktuell in einer sehr produktionslastigen digitalen Transformation widerspiegelt. Der Fokus liegt dadurch weniger auf den verwaltenden Prozessen und der Supply Chain, noch geringer auf der Realisierung digitaler Produkte und Services, neuer digitaler Geschäftsmodelle und der Plattformökonomie.

Dabei ist der Grenznutzen in der Produktion deutlich geringer als das Potenzial in den o.a. Bereichen. Diesen Sachverhalt bringt das nachfolgende Zitat auf den Punkt: „Was wir bislang unter Industrie 4.0 bekommen haben ist bestenfalls Automatisierung 2.0!"[7]

---

[5] Siehe Streim (2020).
[6] Siehe Zimmermann (2019, S. 5).
[7] Siehe Kremnitzer (2017).

Die Gründe dafür sind vielschichtig, insbesondere die fehlende zentrale Digitalstrategie in Verbindung mit einer zögerlichen Herangehensweise sind hauptursächlich für dieses Ungleichgewicht.

Der VDMA hat die Softwarehäuser in einer aktuellen Umfrage während der Corona-Krise zu den Digitalisierungsherausforderungen bei den Unternehmen befragt. Bei dieser Umfrage wurde wiederholt deutlich, dass die fehlende Digitalisierungsstrategie sowie die Verschiebung/Streichung von Digitalisierungs-Projekten die größten Hemmnisse darstellen. Zusätzliche Herausforderungen ergeben sich durch unzureichende Kommunikations- und Kollaborationstools sowie die fehlende digitale Durchgängigkeit von Wertschöpfungsketten. Allerdings zeigt sich auch hier wieder der Fokus der Unternehmen auf die produktionsnahe Digitalisierung, wie Prof. Claus Oetter, Geschäftsführer VDMA Software und Digitalisierung treffend formulierte: „…beispielsweise bei der Vernetzung innerhalb der Produktion sowie die Einbindung von Sensorik zur Optimierung der Produktion sind die Unternehmen zum Teil bestens aufgestellt."[8]

Durch die Ergebnisse dieser vorangestellten Studien und Beiträge stellt sich nun die Frage, wie die Themen Digitalisierung und digitale Transformation, insbesondere im Mittelstand, zielführend und ganzheitlich angegangen werden können. Damit dies möglich ist, brauchen die Unternehmen eine umfassende Digitalstrategie, welche konsequent verfolgt und letztendlich im Unternehmen „gelebt" wird.

Nachstehend werden die wichtigsten Begriffe, welche im vorliegenden Beitrag verwendet werden, vorab definiert, um mögliche Verständnisprobleme zu verhindern und für die notwendige Trennschärfe zu sorgen:

▶ **Begriffsbestimmungen**

DigitalisierunG
Die Digitalisierung im Kontext der Unternehmen bedeutet, dass mittels digitaler Technologien die internen Prozesse optimiert werden und durch digitale Modifikationen neue Produkte, Dienstleistungen oder Geschäftsmodelle entstehen bzw. entwickelt werden.[9]

Digitale Transformation/Digitaler Wandel
Der Begriff der digitalen Transformationen bzw. des digitalen Wandels wird als fortlaufender Veränderungsprozess verstanden, welcher durch die stetige Entwicklung und den Einsatz digitaler Technologien begründet wird und teilweise erhebliche Veränderungen und Auswirkungen im Unternehmen zur Folge hat.[10]

---

[8] Siehe Oetter (2020).
[9] Siehe Bendel (2018).
[10] Siehe Gründerszene Lexikon (2019).

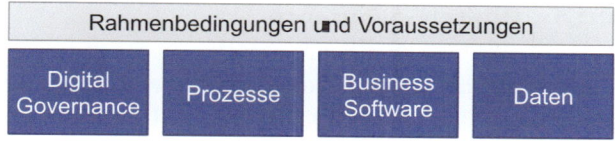

Abb. 4.1 Übersicht: Rahmenbedingungen und Voraussetzungen

Industrie 4.0

Hierunter wird die vierte industrielle Revolution verstanden, welche sich durch die intelligente Vernetzung von Maschinen und Abläufen mit Hilfe von Informations- und Kommunikationstechnologie kennzeichnet.[11]

Mittelstand

Der Mittelstandsbegriff wird qualitativ verstanden und betrachtet, d. h. er ist gekennzeichnet durch die Einheit von Eigentum, Leitung, Haftung und Risiko sowie durch die verantwortliche Mitwirkung der Geschäftsführung an allen unternehmenspolitisch relevanten strategischen und operativen Entscheidungen.[12]

4.2 Voraussetzungen für die Digitale Transformation

Die mittelständischen Unternehmensstrukturen bringen zum einen sehr gute Voraussetzungen und Erfolgsfaktoren, wie z. B. Flexibilität, kurze Entscheidungswege, hohe Fertigungstiefen und starken Kundenkontakt für die digitale Transformation mit. Zum anderen hemmen allerdings Faktoren wie personelle und finanzielle Ressourcen, festgefahrene und intransparente Geschäftsprozesse, eine falsche Fokussierung sowie eine gewisse Plan- bzw. Hilflosigkeit in diesem Thema den Fortschritt. Damit die digitale Transformation trotzdem erfolgreich bewältigt werden kann, ist es zwingend notwendig, dass die Unternehmen bestimmte Rahmenbedingungen und Voraussetzungen erfüllen. Die wichtigsten dieser Voraussetzungen werden nachfolgend aufgeführt und erläutert, jedoch haben diese nicht den Anspruch, in voller Gänze gemeistert und etabliert zu werden. Vielmehr ergibt sich für jedes Unternehmen eine individuelle Mischung an Maßnahmen für den Umgang mit der digitalen Transformation, welche sich aus den jeweiligen Geschäftsprozessen, Herausforderungen, Produkt- und Unternehmensstrukturen ergibt und abhängig vom Digitalisierungsvorhaben bestimmt wird (siehe Abb. 4.1).

---

[11] Siehe BMWi (2020).
[12] Siehe Wolter und Hauser (2001, S. 33).

4.2.1 Digital Governance

Für den Begriff „Digital Governance" gibt es in der Literatur keine allgemein gültige Definition. Eine in der Praxis übliche Umschreibung besagt, dass ausgehend vom Management des Unternehmens die Leitlinien, Rahmenbedingungen und Koordinationsmechanismen im Umgang mit der digitalen Transformation, welche für jedes Unternehmen und dessen Geschäftsmodell individuell festgelegt werden müssen, als „Digital Governance" bezeichnet werden.[13]

Dadurch werden aber auch die „digitalen" Rollen und Verantwortlichkeiten im Unternehmen definiert. Konkret bedeutet dies, dass eine eindeutige Zuständigkeitsregelung für die Implementierung und Koordination der Digitalisierungsprojekte erforderlich ist. Die klare Zuordnung dieser Aufgaben und Kompetenzen ist in der Praxis von vielen Faktoren abhängig, von der IT-Abteilung über die Rechtsabteilung bis hin zum dedizierten „Digital Leader" ist alles denkbar.[14]

Die Führungsebene und das Unternehmen als Ganzes sollten zuallererst eruieren, welche Auswirkungen die Digitalisierung auf ihr Geschäftsmodell haben wird und welche Maßnahmen im Unternehmen zu treffen sind, um auch zukünftig einen nachhaltigen Mehrwert für das Unternehmen zu generieren und sicherzustellen.[15]

Nach der Definition von Deloitte und Heads! umfasst die digitale Transformation vier Phasen mit jeweils einer Kernfrage, mit welcher sich die CEOs befassen sollten:[16]

- **Phase 1:** Wo stehen meine Branche und mein Unternehmen aktuell?
- **Phase 2:** Vor welche Herausforderungen wird die Digitalisierung mein Unternehmen stellen?
- **Phase 3:** Ist meine Organisation in der Lage, die digitale Transformation erfolgreich umzusetzen?
- **Phase 4:** Wie können wir konstanten Wandel und Innovation im Unternehmen sicherstellen?

Nach der intensiven Beschäftigung mit diesen Fragen ist es, wie bereits erwähnt, notwendig, neue Rollen, Verantwortlichkeiten und Kompetenzen für die Steuerung der Digitalisierungsprojekte im Unternehmen zu etablieren und in der Organisationsstruktur zu verankern, um einen erfolgreichen digitalen Wandel sicherzustellen. Übergeordnetes Ziel ist es hierbei, durch die Anpassungen in der Struktur, Organisation und Kultur des Unternehmens sämtliche Digitalisierungsprozesse und Projekte in einer zentralen Digitalstrategie und -vision zu bündeln.

---

[13] Siehe Hautli (2019).
[14] Vgl. Theiselmann (2018).
[15] Siehe Harting (2015, S. 6).
[16] Siehe Harting (2015, S. 6).

Es werden also ein Ordnungsrahmen sowie unternehmensübergreifende Strukturen benötigt, welche dabei helfen die Digitalisierung erfolgreich umzusetzen, um damit einen effizienten Wandel im Unternehmen voranzutreiben. Hier gilt es auch, bereits etablierte Strukturen etc. zu nutzen und diese ggf. zielgerichtet zu erweitern, sodass daraus weitere Erfolgsfaktoren abgeleitet werden können.

Doch was bedeutet Digital Governance in der Praxis für die Unternehmen? Idealtypisch wird durch die Geschäftsführung ein Manager mit umfassenden Kompetenzen und dem notwendigen Handlungs- und Budgetspielraum bestellt, um den digitalen Wandel im Unternehmen aktiv zu steuern und voranzutreiben. Diese „digitalen Leader" sind zum einen dafür verantwortlich, eine Vision für die digitale Transformation des jeweiligen Unternehmens zu etablieren und zum anderen mit den ihnen zugeordneten Kompetenzen der Organisation eine klare Richtung vorzugeben. Dabei ist es selbstredend, dass die einzelnen Akteure aktiv angesprochen, überzeugt und in den Transformationsprozess integriert werden. Darüber hinaus benötigt ein erfolgreicher Digital Leader auch ein fundiertes fachliches Markt-, Produkt- und Prozess- bzw. Digitalisierungsverständnis. Für diese neue Rolle im Unternehmen bzw. das damit einhergehende neue Führungsmodell haben sich in den letzten Jahren im geschäftlichen Sprachgebrauch die Bezeichnungen Digitalisierungs-Manager bzw. Chief Digital Officer (CDO) etabliert.[17]

Gerade im Hinblick auf mittelständische Unternehmen kann aufgrund der Größe und Ressourcen diese Rolle ggf. auch in Personalunion von einem Mitglied der Geschäftsführung übernommen werden. Laut Deloitte ist jedoch aufgrund der nachfolgend aufgeführten organisatorischen Bedingungen im Unternehmen die Schaffung einer dedizierten Stelle angeraten:[18]

- Mangel an bereichsübergreifender Zusammenarbeit, um digitale Ressourcen und Lösungen zu schaffen
- Klare und strikte Trennung von Funktionen ohne überlappende Verantwortlichkeiten
- Fragmentierte Kundenerlebnisse, Produkte und Kanäle
- Silo-Denken und das Fehlen einer einheitlichen Vision und Mission für das Unternehmen

Bei näherer Betrachtung des deutschen Mittelstandes wird allerdings deutlich, dass dort spezifische Digitalisierungs-Manager kaum anzutreffen sind. Selbst wenn die Unternehmensführung sich der Aufgaben und Kompetenzen einer solchen Position bewusst ist, wird diese oftmals in der mittelständischen Praxis der IT-Leitung übertragen bzw. zugeordnet. Die Rolle und Aufgaben des CDO sind von der IT-Leitung aber ganz klar abzugrenzen, da in der Realität hier zwei ungleiche Mindsets aufeinandertreffen: Auf der

---

[17] Siehe Theil (2019, S. 18).
[18] Siehe Harting (2015, S. 6).

einen Seite stehen die „Bewahrer der gefestigten IT-Infrastruktur" und auf der anderen Seite die „Vorreiter und Treiber der digitalen Transformation".[19]

Diese Abgrenzung wird auch im interdisziplinären Aufgabenfeld und den daraus abzuleitenden Voraussetzungen eines CDO ersichtlich, hierzu gehören z. B. Entwicklung der Digitalstrategie, digitale Unternehmensentwicklung, Aufbau und Weiterentwicklung digitaler Produkte und Services bis hin zu Plattformen und Geschäftsmodellen, selbstverständlich alles in enger Abstimmung und Zusammenarbeit mit der Unternehmensleitung. Weiterhin führt er moderne und agile Werkzeuge ein und moderiert den mit der Transformation einhergehenden Change Prozess, um das Unternehmen durch diesen Wandel umfassend zu begleiten.[20]

Kernkompetenzen die ein CDO mitbringen sollte, sind unter anderem ein breites digitales Fachwissen und Prozessverständnis, gutes Markt- und Produktwissen, ein Gespür für neue Technologien, eine ganzheitliche Herangehensweise bei der Konzeption der Digitalstrategie sowie sehr gute kommunikative Fähigkeiten, da sehr starke Veränderungen auf die bisherigen Strukturen im Unternehmen zukommen.

Nicht nur die Ebene der Unternehmensstrategie und der Unternehmensführung muss auf die digitale Transformation ausgerichtet werden, sondern auch die gesamte bestehende Struktur und vor allem die Kultur im Unternehmen. Hier geht es darum, ein Bewusstsein für die Thematik zu schaffen, um das Überleben des Unternehmens sicherzustellen und gleichzeitig einen „digitalen Nährboden" zu etablieren, um langfristig digitale Innovationen und damit zukünftigen Erfolg zu generieren. Neben diesen Startvoraussetzungen ist es aber für das Unternehmen unabdingbar, Rahmenbedingungen zu schaffen, welche die eintretenden konstanten Veränderungen meistern, die mit der Realisierung der Digitalstrategie einhergehen.

4.2.2 Prozesse

Neben der Führungskultur und den Strukturen im Unternehmen sind auch digitalisierungsfähige Prozesse eine weitere Voraussetzung für eine erfolgreiche digitale Transformation. Ein schlechter analoger Prozess bleibt auch nach der Digitalisierung ein schlechter aber meist teurerer Prozess. Hier braucht es also einiges an Vorarbeit, um die häufigsten „Anfängerfehler" zu vermeiden. Das heißt, ohne erfolgreiche analoge Prozessoptimierung entsteht in der Regel auch kein darauf aufbauender digitaler Mehrwert im Unternehmen.[21] Welche Möglichkeiten es gibt, die Geschäftsprozesse grundlegend für die Digitalisierung „fit zu machen", soll nachfolgend anhand ausgewählter Bereiche erläutert werden.

---

[19] Siehe Borgardt (2020).
[20] Siehe Theil (2019, S. 18).
[21] Siehe Rösch (2017).

4.2.2.1 Business Process Management

Unter dem Business Process Management (BPM) bzw. Geschäftsprozessmanagement versteht man das systematische Planen, Steuern, Kontrollieren und Verbessern von Geschäftsprozessen.[22] Hierfür ist es zu Beginn und auch im weiteren Verlauf notwendig, sämtliche Kern- und Hilfsprozesse in einer zentralen Prozesslandkarte zu bündeln, damit ein übergreifendes Verständnis für die Prozesse im Unternehmen modellhaft visualisiert und somit stets ein Gesamtüberblick gewährleistet wird.[23]

Nach einer Ist-Analyse der Prozesse werden diese inklusive grafischer Darstellung, Ablaufbeschreibungen und Zuweisung der Verantwortlichkeiten und Schnittstellen zu weiteren Systemen und Abteilungen im Unternehmen modelliert. Es werden auch die vor- und nachgelagerten Prozesse verknüpft sowie sämtliche In- und Outputs entlang der Prozesse aufgezeigt. Gesetztes Ziel ist es, den Gesamtprozess in seiner Gänze aufnehmen, damit er anschließend jederzeit analytisch zerlegt und hinterfragt werden kann.[24] Für das BPM und die Prozessmodellierung haben sich seit einigen Jahren feste Standards bzw. Spezifikationssprachen etabliert, wie z. B. das weitverbreitete Business Process Model and Notation (BPMN).

Die Erfahrungen von proALPHA haben wiederholt gezeigt, dass oftmals erst unmittelbar vor einer ERP-Einführung mit dem Unternehmen zusammen eine Detailanalyse der Prozesse und deren Abläufe im Unternehmen erfolgt. Dabei werden nicht selten Verbesserungspotenziale aufgedeckt, welche das Unternehmen allerdings auch abseits einer ERP-Einführung in Eigenregie entdeckt hätte, wenn es sich mehr auf sein Geschäftsprozessmanagement fokussiert hätte. Für eine solche Systemeinführung ist es von zentraler Bedeutung, dass die Geschäftsprozesse des Unternehmens im ERP abgebildet bzw. das Unternehmen auf den „Best Practice Prozess" im System abgestimmt wird. In der Phase der Prozessanalyse fällt des Öfteren seitens der Berater der leicht ironische Satz: „Wir erklären bei der ERP-Einführung der Geschäftsführung und den Abteilungen wie ihr eigenes Unternehmen im Detail arbeitet."

Eine weitere Erfahrung aus der Praxis bei proALPHA zeigt, je kleiner das Unternehmen, desto seltener sind definierte Prozesse inklusive Beschreibungen und Verantwortlichkeiten anzutreffen, wobei auch hier Ausnahmen die Regel bestätigen. Das Geschäftsprozessmanagement obliegt in der Regel dem Qualitätsmanagement (QM), da sich die Anforderungen an die Prozessbeschreibungen oftmals mit Voraussetzungen für ISO-Zertifizierungen etc. decken. Allerdings sollten nicht die daraus resultierenden Prozessoptimierungsmöglichkeiten alleine der QM-Abteilung zugetragen werden, hier erfordert es abteilungsübergreifende Teams, um auf Ebene des End-to-End Prozesses einzusteigen.

---

[22] Siehe Gabriel und Lux (2020).
[23] Vgl. Dethloff (2017, S. 24).
[24] Vgl. Dethloff (2017, S. 25 f.).

Folgende Prozess-Schwachstellen können damit häufig aufgedeckt werden:[25]

- **Unstimmigkeiten in den Abläufen:** Unterschiedliche Mitarbeiter haben verschiedene Meinungen über den genauen Ablauf der Prozesse und dessen Schritte.
- **Doppelarbeiten:** Einzelne Prozessschritte werden an unterschiedlichen Stellen im Prozess mehrfach durchgeführt.
- **Fehlende Standards:** Es werden mehrere Varianten eines Prozesses durch verschiedene Mitarbeiter gelebt bzw. ähnliche Prozesse in verschiedenen Abteilungen unterscheiden sich stark.
- **Undurchsichtiges Regelwerk:** Mangelnde Transparenz für den Prozessablauf hinsichtlich Verantwortlichkeiten, Freigabe- und Vertretungs- sowie Fehlerhandling.
- **Hohe Abstimmungsbedarfe:** Aufdecken von „Ping-Pong"-Situationen im Prozess zwischen unterschiedlichen Abteilungen und Systemen und daraus resultierenden unnötig langen Laufzeiten.

Wenn es eine implementierte systematische Herangehensweise für Prozesse im Unternehmen dergestalt noch nicht gibt, können bereits mit einem vereinfachten BPM deutliche Verbesserungen realisiert werden. Stabile Prozesse bilden die Grundlage für Prozesskennzahlen und die Digitalisierung dieser Geschäftsprozesse, getreu dem Motto „Erst der Prozess, dann das System."[26]

Ein weiterer Ansatz um die Prozesse zu optimieren bzw. für die Digitalisierung aufzubereiten, insb. im produzierenden Gewerbe, ist das Lean Management mit seinen Denkprinzipien und Methoden, welches im nachfolgenden Abschnitt im Rahmen der Digitalisierungsvorbereitung auszugsweise erläutert wird.

4.2.2.2 Lean Management

Damit die Prozesse im Unternehmen optimal auf die digitale Transformation vorbereitet werden können, also schlank (engl. „lean") und solide mit IT unterlegt, bieten sich die Prinzipien, Methoden und Tools des Lean Management hervorragend an. Hier können die Unternehmen bereits mit überschaubarem Aufwand kleinere erfolgsversprechende Lean-Projekte realisieren, um diese anschließend digital weiterzuentwickeln.[27]

Unter Lean Management versteht man die Gesamtheit der Denkprinzipien, Methoden und Verfahrensweisen zur effizienten Gestaltung der gesamten Wertschöpfungskette industrieller Güter und der Unternehmensorganisation. Hierbei wird unternehmensintern sowie unternehmensübergreifend das Ziel verfolgt, eine stärkere Kundenorientierung bei konsequenter Kostensenkung für das gesamte Unternehmen herbeizuführen.[28]

---

[25] Siehe proALPHA (2018).
[26] Siehe proALPHA (2018).
[27] Siehe Ladi (o.D.).
[28] Siehe Voigt (2018).

Dies wird u. a. dadurch erreicht, indem alle Aktivitäten, welche für die Wertschöpfung relevant sind, optimal aufeinander abgestimmt und überflüssige Tätigkeiten (Verschwendung, japanisch „Muda") vermieden bzw. eliminiert werden. Resultierend daraus entstehen stabile, abgestimmte und verschwendungsfreie Prozesse mit einer hohen Effizienz. Damit gehen, wie bereits erwähnt, genaue Prozessdefinitionen, Schnittstellenbeschreibungen, klare Verantwortlichkeiten, frühes Reagieren auf Fehler und einfache Organisationsmethoden einher.[29]

Der Lean-Gedanke umfasst selbstverständlich noch weitere Kernprinzipien, wie bspw. Stabilisierung, Fluss, Takt, Pull und Perfektion. Lean ist dabei aber mehr als nur eine Ansammlung von Methoden, Tools und Prinzipien, sondern betrifft vielmehr die Strategie und Kultur des Unternehmens.[30]

Im Rahmen dieses Beitrages soll allerdings der Fokus auf den verschwendungsfreien Prozessgedanken gelegt werden, um hieraus nachfolgend die Relevanz für die digitale Transformation zu begründen und stichhaltige Beweise dafür zu liefern, inwiefern hier Synergieeffekte entstehen können.

Das Beratungsunternehmen BearingPoint hat in seiner Studie „Lean 4.0 – Schlank durch Digitalisierung" den Zusammenhang zwischen der Umsetzung von Lean Management und der Implementierung von Industrie 4.0 untersucht, da sich beide Themen gegenseitig positiv beeinflussen. Es ist klar ersichtlich, dass der Reifegrad des Lean Management und der Digitalisierungsgrad korrelieren. Die befragten Unternehmen bestätigten das Potenzial, durch die Digitalisierung ihre Geschäftsprozesse noch weiter verschlanken zu wollen. Allerdings befinden sich die Unternehmen bei der Realisierung der Methoden noch überwiegend in der Anfangs- und Lernphase, da sie noch mit Hindernissen wie unflexiblen Prozessen, veralteten Strukturen und Unternehmensstrategien sowie limitierten finanziellen Ressourcen kämpfen.[31]

Abschließend lässt sich hier feststellen, dass durch die Einhaltung der Lean-Prinzipien und der Etablierung des Lean-Gedankens in der Strategie und Kultur des Unternehmens enorme Verbesserungspotenziale in den Prozessen ausgeschöpft werden können. Stabile, verschwendungsfreie Prozesse sind Grundvoraussetzung um diese zu digitalisieren bzw. im Rahmen der digitalen Transformation auszubauen. Nach einer umfassenden Analyse und Bewertung der Geschäftsprozesse wird festgelegt, welche schon schlank organisiert sind und bei welchen Prozessen noch Handlungsbedarf besteht. Ziel ist es, die Prozesse mit dem größten Optimierungspotenzial zu identifizieren, harmonisieren und standardisieren. Der Fokus sollte hierbei auf den Kernprozessen liegen, welche die meisten Ressourcen binden, da in diesen in der Regel das

---

[29] Vgl. Bertagnolli (2018, S. 26).
[30] Vgl. Bertagnolli (2018, S. 6).
[31] Siehe Ketteler und König (2017, S. 5).

meiste Potenzial innewohnt. Anschließend können diese optimierten Prozesse gezielt mit der Einführung neuer digitaler Technologien weiter verschlankt werden.[32]

4.2.2.3 Business Software

In der Phase der digitalen Transformation ist die „richtige" Business Software und hier insb. das ERP-System für die Unternehmen wichtiger denn je zuvor, weil sie als zentraler Daten- und Prozess-Hub („Single Source of Truth") fungiert, in dem fast alle Themen, Geschäftsbereiche und Prozesse integriert sind. Die IT-Systeme sind integraler Bestandteil jedes Unternehmens und werden nicht selten als Rückgrat der Digitalisierung bezeichnet, wobei allerdings besonders zu beachten ist, dass die Unternehmen die Systeme richtig strukturieren und einsetzen und neue Anforderungen an die Funktionalitäten der Softwarelösungen formulieren.[33] Umso wichtiger ist es daher, für eine integrierte Systemlandschaft zu sorgen, damit weitestgehend alle klassischen Problemstellen, wie Insellösungen, doppelte Stammdatenhaltung, mangelnde Systemtransparenz etc. beseitigt werden können.[34]

In den nachfolgenden Unterkapiteln soll auf die Relevanz und den zielgerichteten Einsatz der Business Software, insb. der ERP-Systeme durch die Unternehmen eingegangen und aufgezeigt werden, welche Anforderungen durch die Digitalisierung an die Funktionalitäten eines solchen Systems gestellt werden.

4.2.2.4 ERP im Mittelpunkt

Die ERP-Systeme sind zwar weitestgehend flächendeckend im Mittelstand vorhanden, werden aber nicht selten nur rudimentär eingesetzt bzw. es erfolgt keine weiterführende Integration der IT-Systemlandschaft im Unternehmen, sodass oftmals nur grundlegende Geschäftsprozesse mit dem System abgebildet werden. Nicht selten findet man in der betrieblichen Praxis ERP-Systeme vor, welche als „bessere Schreibmaschine" fungieren und somit der digitale Prozess in der Software parallel noch vom analogen Vorgang mit Stift und Papier begleitet wird, sodass in Summe eine Doppelarbeit stattfindet.[35]

Solche Situationen entstehen oftmals durch alteingesessene Prozesse, welche nach dem Motto „So haben wir das immer schon gemacht!" abgewickelt werden oder durch mangelnde Schulungen bzw. fehlendes Verständnis der Mitarbeiter dem System gegenüber sowie einem begleitenden Misstrauen, welches den parallelen analogen Prozess als eine Art Absicherung hervorruft. Das Ganze wird natürlich nochmals verstärkt, wenn eine ERP-Einführung bzw. -Optimierung den einzelnen Fachabteilungen komplett selbst überlassen wird, die Möglichkeiten und Funktionen des Systems nicht

---

[32] Vgl. Ketteler und König (2017, S. 15 f.).
[33] Siehe Zieblo (2017).
[34] Siehe proALPHA (2020).
[35] Vgl. Hertfelder und Futterknecht (2019).

ausgeschöpft werden, zentrale Anweisungen bzw. Regelungen fehlen, wie der Ablauf von Geschäftsprozessen zukünftig systemgestützt abgebildet werden soll und welche analogen Tätigkeiten ersatzlos wegfallen.[36]

Das ERP-System soll im Unternehmen als zentrales Prozess- und Steuerungselement eingesetzt werden und als Entscheidungsgrundlage entlang der gesamten Wertschöpfungskette dienen. Im Jahr 2018 hat proALPHA in der PAC-Studie zur Industrie 4.0 auch die Business Software bzw. ERP-Systeme der mittelständischen Unternehmen genauer durchleuchtet und dabei die nachfolgenden Ergebnisse erhalten. Bei den Antworten der Mittelständler wird deutlich, dass sie sich dem Erfolgsfaktor „Business Software/ERP" sehr wohl bewusst sind, allerdings mit eher veralteter und unflexibler Software kämpfen müssen. Insbesondere deshalb hat auch ein Großteil der befragten Unternehmen eine umfassende Modernisierung der Systemlandschaft zeitnah geplant. Diese Antworten finden ihre Bestätigung auch hinsichtlich der genannten Herausforderungen im Bereich der IT. Hier wurde von rund zwei Dritteln der befragten Unternehmen Handlungsbedarf bei der Integration vieler vorhandener Systeme und Daten sowie bei der durchgängigen Digitalisierung der Prozesse identifiziert.[37] Damit die Erfolgsfaktoren einer integrierten Systemlandschaft umfassend ausgeschöpft werden können, ist es also unabdingbar, die bestehenden System- und Datensilos abzuschaffen und die Systeme so flexibel zu gestalten, dass die Prozesse umfassend und ohne Schnittstellenverluste digital abgebildet werden können.

4.2.2.5 Cloud und Datensicherheit

Ein weiterer Trend, welcher in den letzten Jahren zu beobachten ist, ist das Thema Cloud bzw. Cloud-Dienste. Ein Großteil der Business Software wird mittlerweile als Software as a Service (SaaS) für die Unternehmen angeboten und immer stärker nachgefragt. Die Vorteile liegen hierbei klar auf der Hand: Flexible Skalierbarkeit der IT-Leistungen, gesteigerte organisatorische Flexibilität, reduzierter IT-Administrationsaufwand, keine Investitionskosten für Server-Hardware, unabhängiger Zugriff auf die Dienste und Daten, i. d. R. eine bessere Performance und schnelle, günstige Implementierung neuer Anwendungen aufgrund der geringen Integrationshürden solcher Anwendungen. Das Cloud-Computing bietet vor allem mittelständischen Unternehmen die Chance, ggü. den investitionsstarken Großunternehmen im Bereich der IT-Systemlandschaft Schritt zu halten, indem sie ohne größere Startinvestitionen und umfangreiche Implementierungen auf skalierbare Cloud-Dienste setzen können und somit agil und flexibel auf die veränderten Markt- und Softwareanforderungen reagieren können.[38]

---

[36] Vgl. Hertfelder und Futterknecht (2019).
[37] Siehe Donatelli und Niemann (2018, S. 26 f.).
[38] Siehe Brehme (2019).

Eine Thematik, welche hierbei im Zusammenhang immer wieder erwähnt wird, ist die Datensicherheit. Dieses Thema genießt sowohl bei den bestehenden als auch bei den potenziellen Cloud-Nutzern eine sehr hohe Priorität und ruft regelmäßig Misstrauen hervor, sodass die Unternehmen zögern, überhaupt erste Schritte einzuleiten bzw. umfassendere Daten für Cloud-Dienste bereitzustellen. Insbesondere die eher traditionell geprägten mittelständischen Unternehmen haben Angst, hierbei wichtige Unternehmensdaten preiszugeben und ggf. Wettbewerbsvorteile durch Datensicherheitslücken einzubüßen. Neben der allgemeinen Datensicherheit sind auch die fehlende Kontrolle über die Daten sowie die Abhängigkeit von Fremdfirmen weitere Nachteile des Cloud-Computing in den Augen der Unternehmen. Doch diese Bedenken hinsichtlich der Datensicherheit und dem damit einhergehenden Nutzungsverhalten von SaaS-Angeboten muss jedes Unternehmen für sich selbst abwägen und entscheiden, hier gibt es leider keine allgemein gültige Regel bzw. Versicherung für den Schutz der Unternehmensdaten.[39]

4.2.3 Daten

Abschließend wird in diesem Unterkapitel auf die wachsende Bedeutung des Themas „Daten" eingegangen. Diese werden in der heutigen Zeit auch als das „Gold des digitalen Zeitalters" bezeichnet. Damit die digitale Verzahnung von Prozessen und die Entwicklung von digitalen Produkten und Services überhaupt möglich ist, benötigt man den Zugriff auf die hierzu relevanten Datenquellen. Die Anforderungen an die Daten als Wertschöpfungsfaktor sind jedoch sehr komplex und der Mittelstand konnte bislang diesen Aufgaben noch nicht umfassend und durchgängig gerecht werden.[40]

Anfang der 1970er Jahre wurden die Daten noch weitestgehend unterstützend eingesetzt als begleitender In- und Output im Geschäftsprozess, heute hat sich jedoch daraus eine eigene umfangreiche und anspruchsvolle Informationslogistik entwickelt, bis hin zu erfolgreichen datenbasierten Produkten und Geschäftsmodellen.[41] Welche Anforderungen damit für die Unternehmen und deren Daten einhergehen und wie dieser Prozess aktiv gestaltet werden kann, soll nachfolgend beschrieben werden.

Für die Unternehmen, insbesondere die Mittelständler, ist es also zwingend notwendig, die Daten als relevanten Wert zu erkennen und als zentrales Handelsgut innerhalb und außerhalb des Unternehmens zu nutzen. Hierbei ist es wichtig, nicht zu sehr protektionistisch mit den Daten umzugehen, ausgenommen sind hierbei selbstverständlich schützenswerte personen- und produktbezogene Daten. Die Unternehmen sollten

---

[39] Siehe Vehlow und Golkowsky (2011, S. 23 f.).
[40] Siehe Baumhaus (2016).
[41] Vgl. Möller et al. (2017, S. 1).

über ein funktionierendes Datenmanagement verfügen, welches die zielgerichtete Datenerhebung und Datennutzung umfasst. Oftmals sind die vorhandenen Datenmengen sehr schnell veraltet oder anlassbezogene „Einmalerhebungen". Hier ist es allerdings notwendig, insofern diese Daten aktiv in die Geschäftsprozesse eingebunden werden sollen, eine hohe Aktualität zu erreichen, bis hin zur Echtzeitdatenerhebung und -anbindung. Zusammenfassend lässt sich die bedarfsgerechte Kombination aus Verfügbarkeit, Erhebung und Nutzung der Daten als eine zentrale Aufgabe für ein Unternehmen definieren.[42]

Sopra Steria Consulting hat 2018 in einer Studie festgehalten, dass fast jedes zweite Unternehmen in der DACH-Region ein Datenproblem hat. Es wurden 314 Unternehmen unterschiedlicher Branchen und Größen befragt, hier gaben nur acht Prozent der Unternehmen an, unternehmensweit unterschiedlichste Datenquellen für die Entscheidungsfindung zu nutzen. Weitere 44 % der Unternehmen erklärten, dass sie für diese datengestützte Entscheidungsfindung nicht alle verfügbaren Datenquellen im erforderlichen Umfang einfließen ließen. Im Ergebnis seien die Unternehmen mit der systematischen Einbindung der Daten unterschiedlicher Herkunft überfordert und beriefen sich auf fachliche Defizite, um aus Daten Wissen und Erkenntnisse abzuleiten sowie daraus Mehrwerte für das Unternehmen zu generieren.[43]

Knapp 27 % der Unternehmen sehen selbst erheblichen Nachholbedarf bei der zielgerichteten Erhebung und Integration der Datenmengen. Lars Schlömer, Leiter BI und Analytics bei Sopra Steria Consulting hat folgendes Fazit im Hinblick auf die gewonnenen Erkenntnisse abgegeben: „Es geht nicht darum, Weltmeister im Anzapfen möglichst vieler Datenquellen zu werden. Nicht Datenmenge und -qualität entscheiden über die Güte datengetriebener Geschäftsmodelle, sondern das fachliche sowie analytische Know-how, mit den Daten etwas wertschöpfendes anzustellen. Es kommt darauf an, qualifizierte Teams aus Data Scientists und Fachspezialisten zusammenzubringen, die in einer agilen Arbeitsumgebung systematisch Anwendungsfälle identifizieren und erschließen und die die Frage nach den tatsächlichen benötigten Daten mitbeantworten."[44]

Die Digitalisierung dreht sich naturgemäß um die richtige Erhebung und Nutzung von Daten, sodass Wettbewerbsvorteile zum Teil darin liegen, wer die relevanten Daten am schnellsten verwalten und in die Prozesse integrieren kann. Von den mittelständischen Unternehmen und insbesondere deren Datenverständnis wird also abverlangt, die Daten und die damit einhergehenden Aufgaben nicht nur als Beiwerk für die Digitalisierung zu betrachten, sondern als zentrales Element und Erfolgsfaktor zu bewerten. Der Rückgriff auf externe Unterstützung sollte hierbei kein Tabu sein.

---

[42] Siehe Theil (2019, S. 43).
[43] Siehe Schlömer (2018).
[44] Schlömer (2018).

Abb. 4.2 Übersicht: Entwicklung der Digitalstrategie

4.3 Entwicklung und Realisierung der Digitalstrategie

Die eigentliche Entwicklung der Digitalstrategie für den erfolgreichen Transformationsprozess erfolgt, wie bereits erwähnt, in mehreren Handlungsschritten bzw. Stufen, und zwar unabhängig vom Unternehmen oder dem Umfang der Digitalisierungsprojekte mit der jeweiligen Standort- und Zielbestimmung. Nach dieser anfänglichen Analyse und dem Offenlegen des Ist-Zustandes werden die einzelnen Gestaltungsfelder bearbeitet. Hier werden ausgehend von der internen Optimierung, über Smart Products and Services, digitale Geschäftsmodelle bis zur Plattformökonomie die relevanten Fragestellungen und Potenziale ausgearbeitet und in die Digitalstrategie aufgenommen. Nachdem die Digitalisierungsziele bekannt sind, ist es unabdingbar, für die Realisierung eine Roadmap für die Planung der Teilprojekte und Steuerung der Verantwortlichkeiten zu erarbeiten.[45] Die folgende Grafik soll den Prozess der Strategieentwicklung und Realisierung nochmals verdeutlichen (siehe Abb. 4.2).

4.3.1 Standort- und Zielbestimmung

Bevor im Rahmen der Strategieentwicklung die einzelnen Gestaltungsfelder durch das Unternehmen bearbeitet werden, ist es unerlässlich, eine umfassende Ist-Analyse im gesamten Unternehmen bzw. in allen Bereichen und Geschäftsprozessen durchzuführen.

Diese strukturierte Bestandsaufnahme und Vorgehensweise im Vorfeld dient dazu, die Technologien und Kompetenzen in den einzelnen Fachbereichen des Unternehmens zu identifizieren, um im Anschluss an die Bearbeitung der Gestaltungsfelder eine Roadmap für den Transformationsprozess auf der Grundlage umfassender Nutzenanalysen im Bereich der Digitalisierung zu entwickeln. Ziel ist es, den Status Quo im Unternehmen aufzudecken und diesen als Basis für die strukturierte Gestaltung der Digitalstrategie zu verwenden.

---

[45] Vgl. UNITY AG (2020a).

Für diese digitale Analyse gibt es bereits seit geraumer Zeit etablierte Angebote bzw. Werkzeuge auf dem Beratungsmarkt, auf welche die Unternehmen, insbesondere der Mittelstand, zurückgreifen kann, dies sind z. B.:

- Industrie 4.0 Maturity Index (acatech)[46]
- Readiness Check Digitalisierung (UNITY AG)[47]
- Quick Check Industrie 4.0 (Fraunhofer/Inlumia)[48]

Allerdings gilt auch hier, dass diese Checks nicht immer ganzheitlich sind. Mitunter wird die Sicht auf den Markt und dessen Entwicklung nicht ausreichend behandelt bzw. sogar komplett weggelassen. Diese „weißen Flecken" sollten dann im Anschluss bzw. währenddessen ergänzt und entsprechend ausgearbeitet werden.

Allen gemeinsam ist die Absicht, die Unternehmen mit solchen Werkzeugen effektiv dabei zu unterstützen, den eigenen Digitalisierungsprozess zu bewältigen und von Beginn an in der Transformation eine ganzheitliche Betrachtungsweise der Thematik sicherzustellen. Diese Werkzeuge sollen außerdem dazu benutzt werden, im Anschluss an die Standort- und Zielbestimmung im Detail die Gestaltungsfelder der Digitalisierungsstrategie zu bearbeiten und eine individuelle digitale Roadmap für das gesamte Unternehmen zu entwickeln.[49]

4.3.2 Relevante Gestaltungsfelder der Digitalstrategie

Bei der Beantwortung der grundlegenden Frage „Wo möchte ich in der digitalen Transformation hin?" muss sich ausnahmslos jedes Unternehmen zu Beginn mit folgenden Themen auseinandersetzen, um daraus eine Digitalstrategie abzuleiten:[50]

- **Smart Factory und interne Optimierung:** Wie kann ich meine Wertschöpfungsketten digitalisieren?
- **Smart Products and Services:** Welche Produkte und Services müssen digitalisiert werden?
- **Digitale Geschäftsmodelle:** Welche neuen Geschäftsmodelle kann ich meinen Kunden anbieten?
- **Plattformökonomie:** Welche Rolle will ich spielen und wie werden meine Produkte und Services plattformkompatibel?

---

[46] Siehe Schuh et al. (2017).
[47] Siehe UNITY AG (2020b).
[48] Siehe Fraunhofer IEM (2020).
[49] Siehe Schuh et al. (2017, S. 53).
[50] Siehe Koch et al. (2014, S. 11 f.).

Diese Fragen betreffen die grundlegenden Gestaltungsfelder der Digitalstrategie, welche je nach Unternehmen unterschiedlich stark ausgeprägt bzw. relevant für einen erfolgreichen digitalen Wandel sind. Die einzelnen Gestaltungsfelder werden so behandelt, dass diese von ihren Anforderungen und Voraussetzungen weitestgehend aufeinander aufbauen, sodass somit bereits deren Bearbeitung als Prozess im Rahmen der Strategieentwicklung und Realisierung verstanden werden kann.

4.3.2.1 Smart Factory und interne Optimierung

Das erste Gestaltungsfeld für die Digitalstrategie befasst sich mit der internen Optimierung, also der Digitalisierung der Produktions-, Logistik- und Steuerungsprozesse hin zur sog. „Smart Factory". Diese intelligente Fabrik steht im Mittelpunkt der Industrie 4.0 und beschreibt eine Produktionsumgebung, welche sich selbstständig ohne menschlichen Eingriff, aufgrund des hohen Grades der Vernetzung sowie den Fertigungsanlagen und Logistiksystemen organisiert. Ausgehend vom Produkt bzw. der kundenindividuellen Konfiguration werden dem Produktions- und Logistikbereich alle relevanten Daten prozessbegleitend bis hin zur Auslieferung des gewünschten Endproduktes übermittelt. In einer solchen Umgebung befindet sich der Mensch allerdings weiterhin in einer zentralen Rolle, denn er übernimmt die Aufgaben für die Kontrolle und Optimierung der Abläufe, ebenso wie die Implementierung neuer Schnittstellen zu externen Systemen oder anderen smarten Fabriken. Eine solche Smart Factory bietet im Vergleich zu traditionellen Fertigungsanlagen deutliche Vorteile wie z. B.:[51]

- Schlanke, automatisierte und optimierte Fertigungs- und Logistikprozesse
- Kürzere Durchlaufzeiten
- Transparente Liefer- und Versorgungsketten
- Höhere Flexibilität (Individualprodukte und Konfigurationen)
- Verbrauchsgesteuerte Versorgung der Produktion

In der betrieblichen Praxis, insbesondere im Mittelstand, gibt es allerdings einige Herausforderungen bei der Entwicklung hin zur Smart Factory. Hier stellen die Kompatibilität und der technische Stand der Maschinen die größten Probleme dar, denn in den gewachsenen Produktionshallen werden nicht selten alte und neue Maschinen gemischt eingesetzt, sodass bereits bei der Grundlagenarbeit, also der Datenerhebung bei den Maschinen, stark unterschiedliche Voraussetzungen gegeben sind, insbesondere hinsichtlich Datenmenge und -qualität. Zwar lassen sich die alten Maschinen mit Mess- und Sensortechnik aufrüsten, aber auch nur in begrenztem Maße und immer mit dem Blick auf finanzielle Sinnhaftigkeit.[52]

---

[51] Siehe Luber und Litzel (2017).
[52] Siehe Frick (2016).

Gesetztes Ziel sollte es stets sein, die physischen und digitalen Prozesse miteinander zu synchronisieren, zu automatisieren und anschließend kontinuierlich zu optimieren, damit das Unternehmen bzw. die Produktion und Logistik die Möglichkeit haben, in Echtzeit auf Abweichungen im Prozessablauf zu reagieren. Wie bereits in der Einleitung des vorliegenden Beitrages angesprochen, sollte allerdings nicht ausschließlich der Fokus auf die Produktion und Smart Factory gelegt werden, gerade die weiteren Gestaltungsfelder und deren Erfolgspotenziale verdienen besondere Beachtung.

4.3.2.2 Smart Products and Services

In einem weiteren Gestaltungsfeld sollen sich die Unternehmen der Frage stellen: „Welche Produkte und Services müssen digitalisiert werden?" Hier geht es konkret um die Digitalisierung des Produkt- und Dienstleistungsportfolios, mit dem Ziel ein überzeugendes, individuelles und „unwiderstehliches" Kundenerlebnis anzubieten. Unabhängig von der Branche können im Prinzip jegliche Produkte vernetzt werden, damit aus den daraus generierten Daten wiederum neue Services und Kundenerkenntnisse gewonnen werden können.[53]

Damit dies erreicht werden kann, ist es notwendig, die bestehenden Produkte und Services anzupassen bzw. digital zu erweitern oder sogar ganz neue zu entwickeln. Es wird zwingend notwendig sein, das eigene Portfolio für die digitale Transformation fit zu machen, um somit den Markt- und Kundenerwartungen gerecht zu werden. Praktische Beispiele für diese sog. Smart Products and Services sind u. a. Apps, sensor-, softwareund datenbasierte Produkte oder auch vernetzte bzw. intelligente Produkte. Weiterhin gibt es die Möglichkeit, im Zusammenspiel mit diesen digitalen Produkten auch passende datenbasierte Services anzubieten, welche dem Kunden einen weiteren Mehrwert bieten und in Form von Subscription-Modellen für einen kontinuierlichen Cashflow sowie Kundenbindung sorgen.[54]

Für das bessere Verständnis sollen zunächst die Begriffe noch einmal definiert und abgegrenzt werden. Smart Products lassen sich in zwei Kategorien einteilen, zum einen in autonome und zum anderen in vernetzte Smart Products. Autonome intelligente Produkte sind z. B. mit Sensorik ausgestattet und können selbstständig Daten und Informationen aus der Umwelt aufnehmen und gezielt weitergeben. Beispielhaft hierfür ist eine Bohrmaschine, ausgestattet mit einem Lage- und Beschleunigungssensor, welche dem Nutzer Hilfestellungen bzw. ein optimales „Bohrerlebnis" bietet. Vernetze Produkte sind mit einem Informationssystem verknüpft und werden erst dadurch „smart" wie z. B. ein Heizungsthermostat, welches über das Internet mit dem Wetterbericht verknüpft ist und sich somit passenderweise immer selbst reguliert. Smart Services entstehen aus dem

---

[53] Vgl. Haselbauer et al. (2018, S. 38 f.).
[54] Siehe Mittelstand-Digital (BMWi) (2020, S. 6 f.).

Zusammenspiel von intelligenten Produkten sowie den daraus gewonnenen und gezielt extrahierten Datenmengen.[55]

Im VDMA-Report „IT und Automation 2018" wurden die Mitglieder zum Umsatzanteil ihrer digitalisierten produktbegleitenden Services befragt und dabei folgende Ergebnisse festgehalten: Es ist zu erwähnen, dass der Umsatz noch relativ gering ausfällt, allerdings bei den Unternehmen in Zukunft mit einer deutlichen Steigerung gerechnet wird. Die Verteilung und Planung dieses Umsatzwachstums mit digitalisierten Produkten sieht nach Einschätzung der VDMA-Mitglieder wie folgt aus: Hier fällt vor allem der stärkere Ausbau der Cloud-Dienste und der Maschinen mit der Fähigkeit zum automatischen Datenaustausch ins Gewicht. Im Bereich der Maschinendatenerfassung sowie Apps und mobilen Geräte sind die Unternehmen bereits ordentlich aufgestellt, möchten aber auch in diesem Bereich zukünftig noch erweitern. Schlusslichter der Befragung sind aktuell Softwarelösungen zur Modellierung und Simulation der Produktionsprozesse (bspw. „digitale Zwillinge") sowie interaktive Schnittstellen zum Mitarbeiter. Zum Angebot digitalisierter produktbegleitender Services konnten folgende Umfrageergebnisse festgehalten werden: Auf den Themen Predictive Maintenance, Condition Monitoring sowie Dienstleistungen auf Basis von Machine Learning und Big Data liegt zukünftig ein sehr starker Fokus der Maschinen- und Anlagenbauer. Hier sehen die Unternehmen offensichtlich das größte Potenzial, um den Kundenmehrwert und dadurch auch den Umsatz zukünftig zu steigern.[56] Durch die Digitalisierung des Produktportfolios und dem gewährleisteten Datenzugriff durch den Kunden auf die Produkte haben sich innovative und lukrative Service-Modelle entwickelt, welche zum Großteil im bestehenden Kerngeschäft eine „Kannibalisierung" hervorgerufen haben.[57]

4.3.2.3 Digitale Geschäftsmodelle

Das dritte Gestaltungsfeld der Digitalstrategie befasst sich mit den digitalen Geschäftsmodellen bis hin zur Disruption etablierter Wirtschaftszweige. Die Unternehmen müssen sich der Frage stellen: „Welche neuen Geschäftsmodelle kann ich meinen Kunden anbieten?" Hierbei ist es zwingend notwendig, einen Kundennutzen bzw. Mehrwert auf Basis digitaler Technologien zu entwickeln. Die Ergänzung des bestehenden analogen Geschäftsmodells bzw. Portfolios um digitale Komponenten (siehe Smart Products and Services) stellt allerdings noch kein eigenständiges digitales Geschäftsmodell dar. Diese Geschäftsmodelle sind durch digitale Innovationen geprägt und beruhen auf ihrer Vorstufe, den Services und Dienstleistungen, welche in der Regel eine Marktneuheit

---

[55] Siehe Mittelstand-Digital (BMWi) (2020, S. 6 f.).
[56] Siehe Reimann (2018, S. 8 ff.).
[57] Vgl. Burkert (2016).

darstellen. Die eigenständige Wertschöpfung bzw. die Monetisierung des Kundennutzens sind ein weiteres wichtiges Merkmal digitaler Geschäftsmodelle.[58]

Die digitale Innovation, welche mit einem solchen Geschäftsmodell einhergeht, kann in kurzer Zeit solch starke Veränderungen im jeweiligen Wirtschaftszweig hervorrufen, dass die bestehenden Unternehmen am Markt quasi über Nacht komplett verdrängt werden. Durch diese innovativ disruptiven Geschäftsmodelle erfolgt keine kalkulierbare digitale Weiterentwicklung des Marktes, sondern eine komplette Umstrukturierung bzw. Zerschlagung des bestehenden Marktmodells.[59]

Bei der Frage danach, wie man am besten digitale Geschäftsmodelle entwickelt, haben sich mittlerweile verschiedene Methoden bzw. Tools etabliert, doch alle fangen mit der zentralen Frage „Welchen Kundennutzen bietet meine Geschäftsidee?" an. Das eigene Angebot muss also in erster Linie die Probleme des Kunden lösen und diesem einen Mehrwert bzw. Nutzen stiften.

Betrachtet man in diesem Gestaltungsfeld die mittelständischen Unternehmen, so bieten sich durch digitale Geschäftsmodelle nicht nur Wachstumsperspektiven an, flankierend dienen diese auch dem Erhalt des Unternehmens. In den Zeiten des digitalen Wandels werden Veränderungen am bestehenden „analogen" Geschäftsmodell notwendig, welche durch ein hohes Innovationstempo geprägt sind.

Vom Bundesministerium für Wirtschaft und Energie (BMWi) wurden die drei wesentlichen Erfolgsfaktoren für neue digitale Geschäftsmodelle ausgearbeitet:[60]

- Stärker mit Kunden und Partnern vernetzen
- Lösungen und Systeme statt Produkte anbieten
- Service-Leistungen mit Nutzen für Kunden ausbauen

Die Erfahrungen digitaler Vorreiterunternehmen haben hierbei gezeigt, dass ein wichtiges Werkzeug bzw. der Schlüssel zu digitalem Erfolg die Anpassungs- und Lernfähigkeiten der Unternehmen sind. Der permanente Dialog mit Mitarbeitern, Partnern und Kunden ist der relevante Impulsgeber für das digitale Geschäftsmodell bzw. dessen Justierungen.

Das Institut für Mittelstandsforschung (IfM) Bonn hat im Jahr 2018 die Herausforderungen für eine Verbreitung digitaler Geschäftsmodelle im Mittelstand wie folgt dargestellt:[61]

Herausforderung 1 – Wirtschaftliche und technische Umsetzung: Damit von den Chancen digitaler Technologien im Unternehmen profitiert werden kann, ist es

---

[58] Vgl. Innolytics (2020).
[59] Siehe Bijedić und Hoffmann (2018, S. 2).
[60] Siehe Mittelstand-Digital (BMWi) (2017, S. 6).
[61] Siehe Bijedić und Hoffmann (2018, S. 11 ff.).

notwendig, die jeweiligen Entwicklungen zu beobachten und zu verstehen, welche Technologien und Standards für das eigene Unternehmen überhaupt und zukünftig infrage kommen. Vom Mittelstand wird die Fähigkeit abverlangt, in digitalen Zusammenhängen zu denken und die bestehenden Geschäftsstrategien auf ihre digitale Tauglichkeit zu prüfen und ggf. komplett neu zu überdenken. Es wurde auch ein Zusammenhang zwischen dem Digitalisierungsgrad des Unternehmens und der Wahrnehmung der digitalen Konkurrenz bestätigt. Es ist also entscheidend, ob man als Unternehmen reaktiv (wegen der Konkurrenzentwicklung auf die digitalen Veränderungen am Markt) oder proaktiv (um frühzeitig Potenziale auszuschöpfen) handelt.

Herausforderung 2 – Verfügbarkeit informationstechnischer Kompetenzen: Durch die digitale Ausrichtung des Geschäftsmodells entsteht ein ungewohnter Bedarf an informationstechnischer Kompetenz im Unternehmen, der gedeckt werden muss. Die kleineren Mittelständler beschäftigen oftmals keine eigenen Fachkräfte aufgrund der finanziellen Belastungen oder eingeschränkter Verfügbarkeit auf dem Arbeitsmarkt, sondern greifen auf externe Dienstleister zurück, wodurch allerdings ein Teil der Innovationsfähigkeit ausgelagert wird und somit nur bedingt in das Unternehmen eingebracht werden kann.

Herausforderung 3 – Rechtliche Unsicherheiten: Durch die neuen Technologien, mit welchen digitale Geschäftsmodelle realisiert werden können, entstehen allerdings auch Gefahren für die Datensicherheit und erhöhen somit die Sicherheitsbedenken im Unternehmen. Dadurch fällt es der Geschäftsführung oftmals nicht leicht, die rechtlichen Folgen abzuschätzen, was zu einer großen digitalen Unsicherheit führt. Allerdings ist es in der praktischen Anwendung oftmals so, dass die rechtliche Ausgestaltung zum Großteil erst nach der technischen Umsetzung erfolgt und sich aus dem tatsächlichen operativen Geschehen ableitet.

4.3.2.4 Plattformökonomie

Das abschließende Gestaltungsfeld stellt die Plattformen dar, welche rasend schnell wachsen und heutzutage ganze Wirtschaftszweige dominieren. Dabei benötigen diese „neuen Unternehmen" nicht einmal Unmengen an physischem Eigenkapital oder eine Unzahl an Mitarbeitern und weltweiten Standorten, sondern, plakativ formuliert, nur einen PC und einen Internetanschluss.

So besitzt Alibaba als der weltweit wertvollste Einzelhändler kein eigenes Inventar und Airbnb als größter Unterkunftsanbieter keine eigenen Immobilien sowie Uber als größtes Taxi-Unternehmen keine eigenen Taxen.[62]

Daher stellt sich die Frage: „Was kann Europa bzw. können die Unternehmen in Deutschland tun, um das Thema Plattformökonomie zielführend zu bearbeiten?" In

---

[62] Vgl. Fugmann (2016).

den letzten Jahren hat sich hier schon einiges getan, allerdings fehlt es noch am weltweiten Durchbruch. Bevor jedoch auf die Chancen und Potenziale für den Mittelstand eingegangen wird und einige Beispiele digitaler Vorreiter vorgestellt werden, soll nachfolgend zuerst die Frage „Was sind digitale Plattformen?" beantwortet werden.

Digitale Plattformen können als sog. Intermediäre definiert werden, welche mithilfe von digitaler Technologie mindestens zwei Marktteilnehmer über die Plattform verbinden und deren Interaktion vereinfachen.[63]

Inwiefern digitale Plattformen als Chance für den Mittelstand gesehen werden können, wurde durch Mittelstand-Digital, gefördert vom Bundesministerium für Wirtschaft und Energie, im letzten Jahr durch eine Expertenumfrage analysiert und aufbereitet. Hierbei wurden die Experten auch zu den Hemmnissen der Anwendung digitaler Plattformen im Mittelstand befragt und die Antworten ähnelten sehr stark denen, die sich auch bei diversen anderen Befragungen rund um die Digitalisierung herauskristallisiert haben.[64] Der Fokus liegt hierbei wieder auf der Know-how-Problematik, dem mangelnden digitalen Reifegrad im Unternehmen, Datensicherheitsbedenken, der Akzeptanz sowie den begrenzten finanziellen Ressourcen. Das Risiko der Abhängigkeit vom Betreiber einer zentralen Plattform wurde ebenfalls sehr stark eingeschätzt. In Summe wird in den Antworten die wiederkehrende Unsicherheit der Mittelständler gegenüber den Themen deutlich, welche mit der digitalen Transformation in Verbindung stehen sowie dem Misstrauen, sich auf diese Neuerungen einzulassen und der Erkenntnis, diese als zwingend relevant für das eigene Wirtschaften einzustufen. Hier besteht aber eindeutig die Gefahr, diese Thematik auszusitzen und die Vorteile erst dann zu erkennen, wenn es ggf. schon zu spät ist.

Der Wert von Plattformen wird einfach unterschätzt, dabei ermöglichen sie es, datengetriebene Produkte, Services und Geschäftsmodelle umzusetzen und Geschäftsprozesse effizienter zu gestalten.

Im Vergleich zu den mittelständischen Maschinen- und Anlagenbauern bzw. Fertigungsunternehmen ist die Thematik und Relevanz der IoT-Plattformen in anderen Wirtschaftszweigen teilweise bereits deutlich weiter bzw. tiefer implementiert, allerdings ist die Industrie auch schwieriger zu transferieren und wird dementsprechend im Ergebnis anders aussehen als bspw. der Handel.

Digitale Plattformen werden in den nächsten Jahren in fast allen Bereichen nicht mehr wegzudenken sein und sie werden auch den Mittelstand nicht verschonen. Deshalb sollten bei der Gestaltung der Digitalstrategie zwingend die folgenden Fragen seitens der Unternehmen beantwortet werden: „Welche Rolle will ich auf Plattformen spielen?" und „Wie werden meine Produkte und Services plattformkompatibel?"

---

[63] Siehe Rauen et al. (2018, S. 3).
[64] Siehe Mittelstand-Digital (BMWi) (2019a, S. 12).

4.4 Digitalisierungsroadmap

Nachdem nunmehr alle transformationsrelevanten Abschnitte betrachtet und bewertet wurden, gilt es nun, den Prozess der digitalen Transformation konsequent umzusetzen. Um zu vermeiden, dass der Digitalisierungsgedanke wie eine intransparente diffuse Wolke im Unternehmen „herumschwebt", ist es unabdingbar, durch klare und sauber abgegrenzte Aufgabenzuordnungen, Verantwortlichkeiten und Zeitlinien konkrete Vorgaben für die Implementierung zu schaffen. Ansonsten besteht die Gefahr, dass sich diese Wolke in der täglichen betrieblichen Routine auflöst und ein an sich sehr sinnvolles Projekt scheitert bevor es überhaupt richtig begonnen hat.

Durch die Verwendung einer Roadmap für die Realisierung der Digitalstrategie wird gewährleistet, dass durch konkrete und geeignete Umsetzungspläne die effektive Implementierung der Veränderungen, welche im Rahmen der digitalen Transformation auf das jeweilige Unternehmen zukommen, sichergestellt wird.

Roadmapping wird hierbei als strategischer Prozess des Planens von Handlungsschritten und Ressourcen verstanden, welche benötigt werden, um definierte Veränderungen, abgeleitet aus der übergeordneten Strategie, zu realisieren. Ein passendes Zitat von Abraham Lincoln (1809–1865) hierzu lautet: „Give me six hours to chop down a tree and I will spend the first four sharpening the axe!"[65]

Der Erfolg einer Transformation im Unternehmen (unabhängig von der Art der Veränderungen) hängt im Wesentlichen von der Planung der effektiven Realisierung in Form eines geeigneten Roadmapping-Prozesses ab. Die Roadmap dient als Instrument sowohl für das Management, als auch für das gesamte Unternehmen und ermöglicht die „Navigation" durch das Transformationsvorhaben.[66]

Im Rahmen der digitalen Transformation dient die Roadmap als Möglichkeit der Strukturierung und Visualisierung komplexer Sachverhalte. Dies bedeutet, dass dadurch ein gemeinsamer Blick auf die Vorgehensweise entsteht, welcher die definierten Gestaltungsfelder der Digitalstrategie auf einzelne relevante Bausteine und Ebenen reduziert und diese zeitlich einordnet.[67]

4.5 Relevanz einer ganzheitlichen Digitalstrategie

Aufgrund der weitreichenden Veränderungen und Auswirkungen, welche die digitale Transformation auf die Unternehmen und deren Geschäftsmodelle hat bzw. in Zukunft haben wird, ist es unabdingbar, aus Sicht der Unternehmen eine umfassende

---

[65] Siehe Conrad (2019, S. 6).
[66] Siehe Conrad (2019, S. 7).
[67] Siehe Conrad (2019, S. 12).

Digitalstrategie zu entwickeln und konsequent zu realisieren. Zwar sind die Auswirkungen dieser Transformation je nach Branche und Geschäftsmodell unterschiedlich stark ausgeprägt, allerdings wird es früher oder später alle Unternehmen betreffen, sodass man sich spätestens heute schon mit der Frage „Wie wird mein zukünftiges Unternehmen bzw. Geschäftsmodell aussehen?" beschäftigen und daraus für das eigene Unternehmen eine ganzheitliche Digitalstrategie ableiten sollte. Durch die Digitalisierung entstehen oftmals bislang ungeahnte Chancen und Potenziale für das Unternehmen, welches diese frühzeitig erkennen und ausschöpfen sollte, um auch das zukünftige Bestehen und die Konkurrenzfähigkeit des Unternehmens abzusichern.

Eine der Grundvoraussetzungen für diesen digitalen Umschwung ist die Innovationsfähigkeit des Unternehmens bzw. der Mitarbeiter. Das digitale Kompetenzzentrum in Kiel hat hierzu folgendes Statement abgegeben: „Unabhängig davon, welchen Weg das Unternehmen einschlägt, ist die Innovationsfähigkeit von Bedeutung. Der erste Schritt zur Veränderung von Prozessen und Geschäftsmodellen besteht darin, die aktuelle Situation und Fähigkeiten einzuschätzen, insbesondere die eigene Innovationsfähigkeit."[68]

Bevor die eigene Digitalstrategie konkret erarbeitet wird, ist es zwingend notwendig, die passenden Voraussetzungen und Rahmenbedingungen im Unternehmen zu schaffen, um die Veränderungen, welche mit der digitalen Transformation einhergehen, im Unternehmen erfolgreich zu bewältigen.

Diese Vorarbeit schafft einen digitalen „Nährboden" auf dem anschließend eine ganzheitliche Digitalstrategie, resultierend aus den einzelnen Gestaltungsfeldern, gepflanzt werden kann, welche mittels einer Roadmap zielführend realisiert wird.

Die Digitalisierung erfordert die richtige Haltung des Unternehmens, das hat der Digitalverband Bitkom in einem aktuellen Positionspapier anlässlich der weltweiten Coronakrise, welche die Bedeutung digitaler Lösungen, Prozesse und Daten für die Wirtschaft, Verwaltung und Gesellschaft vor Augen führt, veröffentlicht. In einer Umfrage wurde erneut festgehalten, dass zwar 90 % der Unternehmen die digitale Transformation als Chance sehen, allerdings nur 24 % der deutschen Unternehmen im Jahr 2020 in die Digitalisierung investieren wollen.[69] Um allerdings das volle Potenzial auszuschöpfen, bedarf es mehr als nur das Elektrifizieren analoger Vorbilder. Die Produkte, Dienstleistungen und Geschäftsmodelle müssen völlig neu gedacht und erfunden werden und bedürfen einer entsprechenden Haltung und Herangehensweise des Unternehmens.

Die fünf wichtigsten Punkte für diese neue Haltung der Unternehmen lauten:[70]

---

[68] Siehe Mittelstand-Digital (BMWi) (2019b, S. 9).
[69] Siehe Termer (2020, S. 1).
[70] Siehe Termer (2020, S. 2 ff.).

- Digitalisierung ohne Mehrwert ist keine Digitalisierung
- Elektrifizieren ist Digitalisieren mit angezogener Handbremse
- Innovative Digitalisierung kann nur in Spannungsfeldern entstehen
- Digitalisierung braucht Mut zur Kollaboration und Transparenz
- Investition in Verständnis und Köpfe ist der Schlüssel

Für Unternehmen bedeutet dies, dass Digitalisierung nur funktioniert und erfolgreich ist, wenn sie ganzheitlich verstanden und umgesetzt wird, und zwar mit „Herz und Hirn". Diese Ausgewogenheit ist unbedingt notwendig, ansonsten droht bei halbherzigen Versuchen die digitale Transformation zu bewältigen, die Gefahr der Ressourcenverschwendung bis hin zum Untergang des gesamten Unternehmens.

4.6 Handlungsempfehlungen für den Mittelstand

Die Situation in den mittelständischen Unternehmen wurde bereits in den einzelnen Kapiteln des Beitrages kurz erläutert und ausgearbeitet. Angefangen bei der Ausgangssituation und den Rahmenbedingungen über die Gestaltungsfelder und die Realisierung der Digitalstrategie gibt es noch deutlichen Handlungsbedarf.

Allerdings gibt es auch digitale Vorreiter unter den betroffenen Unternehmen, welche den Umgang mit der digitalen Transformation erfolgreich meistern und deren Projekte und Erfahrungen auch als „Leuchttürme" für die restlichen Mittelständler dienen. Hier ist ein großer Teil der Arbeit bereits damit getan, sich mit dem Thema als Unternehmen vertraut zu machen und aus den Erfahrungen, Fehlern und Erfolgen der anderen Unternehmen zu lernen und daraus den Weg für das eigene Unternehmen abzuleiten.

Der vorliegende Beitrag dient insbesondere den mittelständischen Unternehmen, welche sich bisher noch gar nicht oder nur rudimentär mit der digitalen Transformation beschäftigt haben, als Leitfaden, um eine ganzheitliche Digitalstrategie, von der Vorarbeit bis zur Realisierung, zu entwickeln. Der Appell an die Unternehmen lautet hier: „Bitte vermeidet das Ping-Pong-Spiel zwischen „Man müsste mal!" und „Haben wir immer schon so gemacht!", traut euch den ersten Schritt auf dem erfolgreichen Weg durch die digitale Transformation zu gehen."

Dem Autor ist bewusst, dass der typische Mittelständler vorsichtig, traditionsbewusst und Neuerungen gegenüber grundsätzlich misstrauisch ist. Im Hinblick auf das globale Marktgeschehen, welches ohne Digitalisierung nicht denkbar wäre, ist allerdings festzustellen, dass die erfolgreichen Unternehmen diejenigen sind, welche agieren und nicht die, die lediglich reagieren und damit wertvolle Zeit und Marktanteile verlieren.

Denjenigen, die letztendlich immer noch zögerlich sind, sei folgendes Zitat von Georg Christoph Lichtenberg (1742–1799) mit auf den Weg gegeben: „Ich weiß nicht, ob es besser wird, wenn es anders wird. Aber es muss anders werden, wenn es besser werden soll."

Literatur

Baumhaus, M. (2016). WirtschaftsWoche – Das Gold der post-industriellen Gesellschaft. https://www.wiwo.de/unternehmen/it/daten-das-gold-der-post-industriellen-gesellschaft-/12844090-all.html. Zugegriffen: 11. Dez. 2020.

Bendel, O. (2018). Gabler Wirtschaftslexikon – Definition: Was ist „Digitalisierung"?. https://wirtschaftslexikon.gabler.de/definition/digitalisierung-54195/version-277247. Zugegriffen: 11. Dez. 2020.

Bertagnolli, F. (2018). *Lean management*. Springer Gabler.

Bijedić, T., & Hoffmann, M. (2018). Digitale Geschäftsmodelle – Chancen und Herausforderungen für den Mittelstand. IfM Bonn. https://www.ifm-bonn.org/fileadmin/data/redaktion/publikationen/denkpapiere/dokumente/Denkpapier_Digitale_Geschaeftsmodelle-2018.pdf. Zugegriffen: 11. Dez. 2020.

Borgardt, J. (2020). Wieso der Mittelstand einen Chief Digital Officer braucht. https://www.b4bschwaben.de/b4b-wissen/expertenwissen_artikel,-wieso-der-mittelstand-einen-chief-digital-officer-braucht-_arid,260772.html. Zugegriffen: 11. Dez. 2020.

Brehme, S. (2019). Welchen Mehrwert Cloud Computing für den Mittelstand schafft. https://www.computerweekly.com/de/meinung/Welchen-Mehrwert-Cloud-Computing-fuer-den-Mittelstand-schafft. Zugegriffen: 11. Dez. 2020.

Burkert, A. (2016). Die Digitalisierung wird die Produktwelt gänzlich umkrempeln. https://www.springerprofessional.de/automobilproduktion/informationssysteme/die-digitalisierung-wird-die-produktwelt-gaenzlich-umkrempeln/7455006. Zugegriffen: 11. Dez. 2020.

Conrad, R. (2019). *Roadmapping – Den Masterplan für die Transformation entwickeln, Risiken abschätzen, Programme definieren*. FIR e.V. an der RWTH Aachen.

Dethloff, A. (2017). Prozessarchitekturen: Anforderungen, Konzepte, Fallbeispiele. Universität Ulm – Fakultät für Ingenieurwissenschaften, Informatik und Psychologie. https://dbis.eprints.uni-ulm.de/1477/. Zugegriffen: 11. Dez. 2020.

Donatelli, S., & Niemann, F. (2018). Digitalisierung im deutschen Mittelstand: Echte Chance oder nur fiktiver Hype?. PAC Deutschland (im Auftrag von proALPHA). https://web.proalpha.com/pac-studie-digitalisierung-im-mittelstand-some. Zugegriffen: 11. Dez. 2020.

Fraunhofer IEM. (2020). Bereit für Industrie 4.0?. https://inlumia.de/. Zugegriffen: 11. Dez. 2020.

Frick, T. (2016). Smart Factory. https://industrie-wegweiser.de/smart-factory-info/. Zugegriffen: 11. Dez. 2020.

Fugmann, M. (2016). Plattformkapitalismus: Über Uber, Facebook, Alibaba und Airbnb. https://finanzmarktwelt.de/plattformkapitalismus-ueber-uber-facebook-alibaba-und-airbnb-49531/. Zugegriffen: 11. Dez. 2020.

Gabriel, R., & Lux, T. (2020). Gabler Banklexikon – Business Process Management. https://www.gabler-banklexikon.de/definition/business-process-management-70709/version-377663. Zugegriffen: 11. Dez. 2020.

Gründerszene Lexikon. (2019). Digitale Transformation. https://www.gruenderszene.de/lexikon/begriffe/digitale-transformation. Zugegriffen: 11. Dez. 2020.

Harting, A. (2015). Überlebensstrategie „Digital Leadership". Deloitte Digital GmbH & Heads! Executive Consultancy. https://www2.deloitte.com/de/de/pages/technology/articles/survival-through-digital-leadership.html. Zugegriffen: 11. Dez. 2020.

Haselbauer, B., Schnittker, A., Fuhrich, A., Bartlett-Mattis, M., Kieschnick, T., Haselbauer, D. (2018). Smart products und smart services. Handbuch IoT. https://www.handbuch-iot.de/digital-lesen/final/. Zugegriffen: 11. Dez. 2020.

Hautli, S. (2019). Digital Governance: Chancen, Herausforderungen und Handlungsempfehlungen. https://diligent.com/de/blog/digital-governance/. Zugegriffen: 11. Dez. 2020.

Hertfelder, T., & Futterknecht, P. (2019). Der ERP-Irrglaube im Mittelstand – Wie sie als Entscheider das Thema ERP zum Erfolg führen. https://www.erp.de/news/der-erp-irrglaube-im-mittelstand. Zugegriffen: 11. Dez. 2020.

Innolytics. (2020). Was sind digitale Geschäftsmodelle?. https://www.innolytics.de/digitale-geschaeftsmodelle/. Zugegriffen: 11. Dez. 2020.

Ketteler, D., & König, C. (2017). Lean 4.0 – Schlank durch Digitalisierung. BearingPoint. https://www.bearingpoint.com/de-de/unser-erfolg/insights/lean-40-schlank-durch-digitalisierung/. Zugegriffen: 11. Dez. 2020.

Koch, V., Kuge, S., Geissbauer, R., & Schrauf, S. (2014). Industrie 4.0 – Chancen und Herausforderungen der vierten industriellen Revolution. Strategy& – PricewaterhouseCoopers. https://www.strategyand.pwc.com/de/de/studien/2014/industrie-4-0-chancen/industrie-4-0.pdf. Zugegriffen: 11. Dez. 2020.

Kremnitzer, R. (2017). Warum Industrie 4.0 seine Versprechen nicht hielt. https://factorynet.at/a/warum-industrie-4-0-seine-versprechen-nicht-hielt. Zugegriffen: 11. Dez. 2020.

Ladi, M. (o.D.). Praxistauglich: Lean Management im Mittelstand. https://www.ingenieur.de/karriere/arbeitsleben/fuehrung/praxistauglich-lean-management-im-mittelstand/#:~:Text=Praxistauglich%3A%20Lean%20Management%20im%20Mittelstand,und%20%C3%BCberfl%C3%BCssige%20T%C3%A4tigkeiten%20zu%20vermeiden. Zugegriffen: 11. Dez. 2020.

Luber, S., & Litzel, N. (2017). Was ist eine Smart Factory?. https://www.bigdata-insider.de/was-ist-eine-smart-factory-a-643838/. Zugegriffen: 11. Dez. 2020.

Mittelstand-Digital (BMWi). (2020). Was ist Industrie 4.0?. https://www.plattform-i40.de/PI40/Navigation/DE/Industrie40/WasIndustrie40/was-ist-industrie-40.html. Zugegriffen: 11. Dez. 2020.

Mittelstand-Digital (BMWi). (2017). Digitale Geschäftsmodelle: Erfolgsfaktoren und Praxisbeispiele. Begleitforschung Mittelstand-Digital WIK GmbH. https://www.mittelstand-digital.de/MD/Redaktion/DE/Publikationen/digitale-geschaeftsmodelle-publikation%20-magazin8:%20Digitale%20Gesch%C3%A4ftsmodelle:%20Erfolgsfaktoren%20und%20Praxisbeispiele.html. Zugegriffen: 11. Dez. 2020.

Mittelstand-Digital (BMWi). (2019a). Digitale Plattformen als Chance für den Mittelstand. Begleitforschung Mittelstand-Digital WIK GmbH. https://www.mittelstand-digital.de/MD/Redaktion/DE/Publikationen/digitale-plattformen-als-chance.html. Zugegriffen: 11. Dez. 2020.

Mittelstand-Digital (BMWi). (2019b). Entwicklung einer digitalen Roadmap. Mittelstand 4.0-Kompetenzzentrum Textil vernetzt. https://www.kompetenzzentrum-textil-vernetzt.digital/erfolgsgeschichten/digitale-roadmap.html. Zugegriffen: 11. Dez. 2020.

Möller, F., Spiekermann, M., Burmann, A., Pettenpohl, H., & Wenzel, S. (2017). Bedeutung von Daten im Zeitalter der Digitalisierung. Fraunhofer IML. https://www.iml.fraunhofer.de/content/dam/iml/de/documents/101/04_Whitepaper_Perspektive_Daten_WEB.pdf. Zugegriffen: 11. Dez. 2020.

Oetter, C. (2020). VDMA-Blitzumfrage: Digitalisierung gerade in der Krise vorantreiben. https://sud.vdma.org/viewer/-/v2article/render/48792978. Zugegriffen: 11. Dez. 2020.

proALPHA. (2018). Prozessmanagement: Typische Schwächen im Mittelstand. https://web.proalpha.com/trends/prozessmanagement-typische-schwaechen-im-mittelstand. Zugegriffen: 11. Dez. 2020.

proALPHA. (2020). Welche Vorteile bringt ein ERP-System dem Mittelstand?. https://www.proalpha.com/deutsch/erp-system-mittelstand/. Zugegriffen: 11. Dez. 2020.

Rauen, H., Glatz, R., Schnittler, V., Peters, K., Schorak, M. H., Zollenkop, M., Lüers, M., & Becker, L. (2018). Plattformökonomie im Maschinenbau: Herausforderungen – Chancen – Handlungsoptionen. VDMA e. V. / Roland Berger GmbH. https://www.vdma.org/documents/

15012668/26471342/RB_PUB_18_009_VDMA_Plattform%C3%B6konomie-06_1530513808561.pdf/f4412be3-e5ba-e549-7251-43ee17ec29d3. Zugegriffen: 11. Dez. 2020.

Reimann, G. (2018). Report: IT und Automation. VDMA. https://sud.vdma.org/documents/15012668/26591412/2018-07_VDMA-Report_ITundAutomation_2018_Summary_1532609059466.pdf/06e9c547-c756-6934-8655-c10e99704903. Zugegriffen: 11. Dez. 2020.

Rösch, P. (2017). Digitalisierung will gute Prozesse. Trovarit/Rösch Unternehmensberatung. https://www.trovarit.com/wp-content/uploads/Digitalisierung-will-gute-Prozesse.pdf. Zugegriffen: 11. Dez. 2020.

Schlömer, L. (2018). Sopra Steria: BiMA-Studie 2017/2018. https://www.all-about-security.de/security-artikel/management-und-strategie/single/studie-unternehmen-mit-vielen-datenquellen-ueberfordert. Zugegriffen: 11. Dez. 2020.

Schuh, G., Anderl, R., Gausemeier, J., ten Hompel, M., & Wahlster, W. (2017). *Industrie 4.0 Maturity Index. Die digitale Transformation von Unternehmen gestalten.* Utz.

Schulte, M., & Reinhardt, M. (2018). Gesellschaft 5.0 – Implikationen der Digitalisierung für ausgewählte Lebensfelder. Capgemini. https://www.capgemini.com/de-de/wp-content/uploads/sites/5/2018/03/gesellschaft-5-01.pdf. Zugegriffen: 11. Dez. 2020.

Streim, A. (2020). Bitkom e. V. – Deutsche Wirtschaft läuft der Digitalisierung weiter hinterher. https://www.bitkom.org/Presse/Presseinformation/Deutsche-Wirtschaft-laeuft-der-Digitalisierung-weiter-hinterher#:~:Text=Berlin%2C%2003.&text=Nur%20-und%20jedes%20dritte%20Unternehmen,im%20Auftrag%20des%20Digitalverbands%20Bitkom. Zugegriffen: 11. Dez. 2020.

Termer, F. (2020). Digitalisierung erfordert Haltung!. Bitkom. https://www.bitkom.org/sites/default/files/2020-07/200701_pp_digitalisierung-erfordert-haltung.pdf. Zugegriffen: 11. Dez. 2020.

Terpitz, K. (2019). Handelsblatt – Warum Digitalisierung im Mittelstand so oft scheitert. https://www.handelsblatt.com/unternehmen/mittelstand/flickenteppich-an-projekten-warum-digitalisierung-im-mittelstand-so-oft-scheitert/24160354.html?ticket=ST-11108781-yfbsmmOfUx1hoa7Hfjzh-ap4. Zugegriffen: 11. Dez. 2020.

Theil, D. (2019). Digitalisierungsstrategie entwickeln und umsetzen. Amazon.

Theiselmann, R. (2018). Warum es eine Digital Governance braucht. https://diligent.com/de/blog/digitale-corporate-governance/. Zugegriffen: 11. Dez. 2020.

UNITY AG. (2020a). In 4 Schritten durch die Digitalisierung. https://www.unity.de/de/news/news-details/news/in-4-schritten-durch-die-digitalisierung/. Zugegriffen: 11. Dez. 2020.

UNITY AG. (2020b). Readiness Check Digitalisierung: https://www.unity.de/de/leistungen/digital-readiness-check/. Zugegriffen: 11. Dez. 2020.

Vehlow, M., & Golkowsky, C. (2011). Cloud Computing im Mittelstand: Erfahrungen, Nutzen und Herausforderungen. PriceWaterhouseCoopers AG. https://www.pwc.de/de/mittelstand/assets/cloud_computing_mittelstand.pdf. Zugegriffen: 11. Dez. 2020.

Voigt, K.-I. (2018). Gabler Wirtschaftslexikon – Lean Management. https://wirtschaftslexikon.gabler.de/definition/lean-management-37747/version-261178. Zugegriffen: 11. Dez. 2020.

Wolter, H.-J., & Hauser, H.-E. (2001). *Die Bedeutung des Eigentümerunternehmens in Deutschland – Eine Auseinandersetzung mit der qualitativen und quantitativen Definition des Mittelstands.* Deutscher Universitätsverlag.

Zieblo, K. (2017). Digitalisierung braucht moderne ERP-Systeme. https://www.it-zoom.de/sn/sap/e/digitalisierung-braucht-moderne-erp-systeme-17392/. Zugegriffen: 11. Dez. 2020.

Zimmermann, V. (2019). KfW-Digitalisierungsbericht 2018. KfW Bankengruppe. https://www.kfw.de/PDF/Download-Center/Konzernthemen/Research/PDF-Dokumente-Digitalisierungsbericht-Mittelstand/KfW-Digitalisierungsbericht-2018.pdf. Zugegriffen: 11. Dez. 2020.

Teil II
Anwendungsbeispiele der Digitalisierung auf Basis von KI

KI-Technologien für Utility-Unternehmen

5

Christian Aichele

KI-Technologien: Ein Produkt und Service Enrichment für neue Geschäftsmodelle?

Zusammenfassung

KI-Technologien sind seit geraumer Zeit ein Hype-Thema der IT und bilden auch die Basis für neue, digitale Geschäftsmodelle. Dieses Kapitel zeigt Möglichkeiten für neue Geschäftsmodelle in der Energiewirtschaft auf Basis von künstlicher Intelligenz. KI kann Energieversorgern die Differenzierung von Produkten und Dienstleistungen ermöglichen und aufgrund von neuen Tarifierungsmöglichkeiten auch für eine Win-Win-Situation mit den Kunden bzw. Prosumern sorgen.

5.1 KI-Geschäftsmodelle für Energieversorgungsunternehmen

Energieversorgungsunternehmen haben es trotz vielfältiger, erfolgsversprechender Konzepte, wie zum Beispiel dynamischer Tarife in einem Smart Market[1] nicht geschafft ihre Produkte und Dienstleistungen gewinnbringend zu differenzieren. Die primären

---

[1] Zu Details siehe Aichele, C., Doleski, O. (2014, S. 3–51).

Siehe Aichele, C., Doleski, O. (Hrsg.), (2019).

C. Aichele (✉)
Hochschule Kaiserslautern, Ketsch, Deutschland
E-Mail: christian.aichele@hs-kl.de

Produkte wie Strom und Gas werden nur über den Preis vertrieben. Ein konkurrenzfähiger Preis ermöglicht eine Absatz- und Umsatzsteigerung. Aber sobald die Preise wieder kostenkorrelierend angepasst werden und/oder andere Versorger ihrerseits günstigere Preise anbieten, gehen Absatz und Umsatz wieder zurück. Besondere Serviceangebote können diesem Trend nur marginal entgegenwirken. An diesem Szenario wird sich auch in Zukunft nur wenig ändern. Strom und Gas sind Commodity-Produkte, d. h. die Unterscheidbarkeit der Produkte von verschiedenen Anbietern ist gering, eigentlich nicht vorhanden. Nur die Art der Energiegewinnung kann ggf. differenzierende Merkmale beinhalten. Aber auch hier ist das Angebot von allen Anbietern nahezu gleich. Grundsätzlich gibt es auch wenige Möglichkeiten günstige Preise zu realisieren. Der bisherige Ansatz Kosten zu sparen, ist bei vielen Versorgern ausgereizt. Ein weiterer Ansatz wäre die Quersubventionierung durch neue Produkte und Dienstleistungen, die profitabler als die Commodity-Produkte sind. Ideal wäre die Kombination günstige Tarife für die Commodity-Produkte Strom und Gas und korrelierender Wachstum des Profits der neuen Produkte. Genau hier können die KI-Technologien für disruptive Geschäftsmodelle sorgen.

Im Folgenden werden drei Szenarien für den Einsatz von *KI-Technologien* in Energieversorgungsunternehmen näher betrachtet. Zwei der Ansätze zielen eher in Richtung Kosteneinsparung, ein Ansatz ist die Basis für ein Geschäftsmodell, das für disruptive Änderungen in Energieversorgungsunternehmen sorgen könnte.

5.1.1 Intelligente Chatbots

Chatbots sind IT-Systeme, die reaktiv und auch aktiv die Kundenkommunikation übernehmen können. Mittlerweile besitzen die automatisierten Sprachsteuerungen eine ausreichende Reife, um einen Großteil der Kundenkommunikation bewältigen zu können. Moderne Systeme besitzen neben einem Dialogsystem basierend auf Textsuchfunktionalitäten auch eine Lernfähigkeit. Diese KI-Funktionalität lernt auf Basis historischer Dialoge die Antworten auf unterschiedlichste Fragestellungen zu optimieren. Der Unterhaltsamkeitswert moderner Chatbot-Systeme steht in vielen Fällen einer Mensch-Mensch-Kommunikation kaum nach und der Großteil der Fragen kann dadurch gelöst werden. Für komplexe oder ggf. auch neue Fragestellungen muss ein (menschlicher) Experte vorhanden sein, der im Bedarfsfall ein Gespräch übernehmen kann. Je größer die Datenbasis wird und je länger das Chatbot-System lernen kann, um so seltener werden die Experten eingreifen müssen. Diese intelligenten Chatbots senken die Kosten für (zumeist externe) Call-Center und verbessern die Servicequalität der Kundenkommunikation. Externe Call-Center haben zumeist das Problem nur auf Standardfragen qualitativ ausreichende Antworten geben zu können und bei komplexen Fragen auch auf Experten des Energieversorgers zurückgreifen zu müssen. Neben sprachlichen Dialogen übernehmen Chatbots auch textbasierte Dialoge. Neben der reinen Reaktion auf text- oder sprachbasierte Anfragen können Chatbots auch aktiv auf Kunden zugehen

KI-Technologien für Utility-Unternehmen   157

und Services und Produkte anbieten. Basis dafür sind performante CRM-Systeme, die potenzielle Kunden qualitativ hochwertig vorschlagen. Undifferenzierte Anrufe würden in einer Reduktion der Qualität der Kundenkommunikation resultieren. Hier sollte dem Kommunikationspartner aber transparent sein, dass er mit einem automatisierten System kommuniziert. Moderne Systeme haben durchaus das Potenzial einen Menschen vorzutäuschen.[2]

5.1.2 Expertensysteme

Expertensysteme stellen automatisierte Problemlösungsstrategien in dedizierten Fachgebieten zur Verfügung. In der Regel entsteht die Wissensbasis dieser Systeme durch die Eingabe des Fachwissens von Experten. Das intelligente Verhalten der Expertensysteme wird durch das selbstständige Ableiten neuen Wissens oder neuer Regeln durch die Kombinatorik von in der Wissensbasis vorhandener Regeln bzw. Wissens erreicht. Die Expertise dieser Systeme bedarf aufgrund ggf. vorhandener Unvollständigkeit oder neuer Entwicklungen und wissenschaftlicher Erkenntnisse permanenter Verfeinerungen und Modifikationen. Expertensysteme werden zumeist für relative spezialisierte Fachbereiche entwickelt. Zu den größten Schwierigkeiten gehören das Fehlen der Fähigkeit Relationen oder Kombinationen zu unbekannten Problembereichen zu extrapolieren, d. h. auf Grundprinzipien zurückgreifen zu können und die fehlende Verifizierung der Korrektheit der ausgewiesenen Problemlösungen.[3]

Im Bereich der Energiewirtschaft können Expertensysteme für unterschiedliche Aufgabenstellungen Verwendung finden:

- Für **technische Anwendungen** insbesondere Reparaturen, Wartungen und Services für bestehende Anlagen können Expertensysteme Unterstützung bei seltenen Komplikationen und Problemen gewährleisten. Für oft wiederkehrende Anwendungsfälle lohnt sich ggf. der Aufwand der Erstellung solcher Expertensysteme nicht. Erfahrene Mitarbeiter müssen im Vergleich zu neuen Mitarbeitern auch nicht auf diese Systeme zurückgreifen, für das einzelne EVU ist es aber wichtig, dass gerade diese erfahrenen Mitarbeiter ihr Expertenwissen transparent und nachvollziehbar in die Wissensbasis einpflegen. Dadurch wird auch ein kürzerer Einarbeitungsaufwand für neue Mitarbeiter ermöglicht. Gegenüber einer reinen Wissensbasis haben Expertensysteme den Vorteil auch eigenständig Vorschläge aufgrund einer Problembeschreibung extrahieren zu können. Die Expertensysteme können mithilfe von Augmented Reality und der Nutzung von Datenbrillen auch direkt vor Ort

---

[2] Siehe Norvig, R. (2012, S. 1177).
[3] Siehe Luger, G. (2012, S. 42–43).

den technischen Mitarbeitern proaktiv Hilfestellung leisten und korrelierend zu den Anlagen und Maschinen Inhalte und Informationen einblenden.
- In der **Kundenkommunikation** können Expertensysteme aufgrund von Standardparametern (im B2C, Tarifkundenbereich) oder individueller Parameter (im B2C/SVK-Bereich oder im B2B) Vorschläge für Produkte und Services in den Bereichen Energiemanagement, Smart Home und EE-Investitionen erbringen. Dadurch haben auch Vertriebsmitarbeiter Zugriff auf das Expertenwissen für hochspezialisierte Angebote. Im Idealfall können die Chatbot-Systeme auf die Expertensysteme für ihre Kommunikation zugreifen (Abschn. 5.1.1).

5.1.3 Big Data und Machine Learning

Das größte, zumeist ungenutzte Asset von Energieversorgungsunternehmen sind die Daten der Kunden. Insbesondere bei der Nutzung digitaler Strom- und Gaszähler entstehen immense Datenvolumen (bei 4 Mio. Zähler und einer Messfrequenz von 15 min ca. 34 Terabyte pro Jahr).[4,5] Diesen Daten geben über das Verbrauchsverhalten der Konsumenten Auskunft und aus den Leistungsabgaben und Verbrauch lassen sich anhand von Statistiken auch die eingesetzten Verbraucher (Haushaltsgeräte, Elektronische Geräte, Mediageräte, E-Mobility, Wärmepumpen, Wärmetauscher, Saunen, Infrarotkabinen und vieles mehr) erkennen. Setzt man diese Daten in Bezug zu den Verbrauchsdaten einzelner Gerätetypen lassen sich Ersatzbedarfe extrapolieren. Damit wird aus einem Kunden ein qualifizierter Kandidat für eine zielgerichtete Akquisition (qualified account). Diese Daten zu monetarisieren würde das Geschäftsmodell arriviter Energieversorgungsunternehmen erweitern bzw. zu disruptiven Änderungen der Unternehmensstrategie führen. Nicht der Verkauf von Energie steht im Mittelpunkt sondern der Erwerb und die Aufbereitung von Daten. Auch Nicht-EVUs wie die großen Tech-Konzerne haben den Wert dieser Daten erkannt und Ansätze realisiert die Kunden und damit die Daten an sich zu binden. Der große Vorteil der arrivierten Energieversorgungsunternehmen ist zum einen die vorhandene Expertise über die energiewirtschaftlichen Zusammenhänge und zum anderen die Nähe zu den Kunden und das damit verbundene Kundenvertrauen. In anderen Bereichen haben die Tech-Konzerne längst über günstige Produkte und Services Kunden für sich gewonnen und verwerten erfolgreich die Daten für zielgerichtete Kundenkommunikation und Akquisitionen. Das Problem der Eruierung adäquater Informationen aus dem enormen Datenvolumen und den komplexen Relationen der Daten haben diese Tech-Konzerne gelöst. Auf Basis von KI-Technologien werden automatisiert Empfehlungen für eine zielgerichtete Kundenansprache abgeleitet. Nur so besteht überhaupt die Möglichkeit aus den Datenmassen *(Big Data)*

---

[4]Vgl. Aichele, C. (2012a, S. 60).
[5]Vgl. Aichele, C. (2012b, S. 312–313).

sinnvoll Informationen und Handlungsempfehlungen zu erkennen. *Künstliche neuronale Netze* (KNN) und automatisiertes Lernen aus den eingegebenen Daten (*Maschinelles Lernen* oder *Machine Learning* oder ML) auf Basis performanter Algorithmen sind die Instrumente für die erfolgreiche Datenaufbereitung.

Aber warum funktioniert das auch in den großen Tech-Konzernen erst seit wenigen Jahren?

Die Rahmenbedingungen zur Nutzung der KI-Technologien haben sich radikal entwickelt.[6]

- Big Data aus den unterschiedlichsten Anwendungsbereichen ist in einer enormen Menge verfügbar. Erst damit lassen sich die Korrelationen aus den Verbrauchs- und Leistungsdaten zu den eingesetzten Geräten lernen und erkennen.
- Die Leistungen moderner IT-Systeme haben sich explosionsartig entwickelt und sind auch günstig einzusetzen (Cloud Computing), insbesondere über offene und auch geschlossene Cloud-Plattformen mit KI-Modulen nahezu aller Tech-Konzerne.
- Die Performanz und Qualität der Algorithmen für das maschinelle Lernen haben sich weiterentwickelt. Diese Algorithmen ermöglichen das selbstständige Lernen in Künstlichen Neuronalen Netzen und haben mittlerweile eine Qualität, die in zahlreichen Anwendungsfällen besser ist als die Qualität menschlicher kognitiver Leistungen.

Im folgenden Kapitel Abschn. 5.2 wird aufgezeigt welche Voraussetzungen ein solches Geschäftsmodell haben muss und wie es erfolgreich sein kann.

Die Abb. 5.1 zeigt die vorgestellten Anwendungsmöglichkeiten von Künstlicher Intelligenz für Energieversorgungsunternehmen auf. Im Mittelpunkt steht das EVU, im äußeren Ring ist der Markt dargestellt mit den Abgrenzungen Business-to-Consumer (B2C) und Business-to-Business (B2B). Im Teil B2C sind die Tarifkunden und die kleineren und mittleren Sondervertragskunden angesiedelt. Im Teil B2B Industriekunden, Lieferanten und Datenkunden. Die „Qualified Accounts" können insbesondere an diese Datenkunden offeriert werden (Tech-Unternehmen, Konsumgüterunternehmen u. a.). Das erste KI-Szenario stellt der Einsatz von Expertensystemen (oder reinen Wissensbasen oder Entscheidungsunterstützungssystemen[7]) für Anwendungen in den Bereichen Energiemanagement, Smart Home, EE-Investitionen und Technik dar. Das zweite KI-Szenario sind Chatbot-Systeme im Bereich Kundenkontaktmanagement, die reaktiv und auch aktiv Kunden beraten, Serviceanfragen beantworten und Produkte und Services offerieren. Das dritte KI-Szenario ist die Extraktion von "Qualified Accounts" auf Basis der Leistungs- und Verbrauchsdaten von Kunden aus den Bereichen B2C und

---

[6] Vgl. Buxmann, P., Schmidt, H. (2019, S. 7–8).
[7] Entscheidungsunterstützungssysteme oder EUS unterstützen interaktiv Anwender in Entscheidungsprozessen und basieren auf Entscheidungsbäumen. Expertensysteme basieren auf Wissens- oder Regelbasen und extrapolieren teilweise automatisiert neues Wissen.

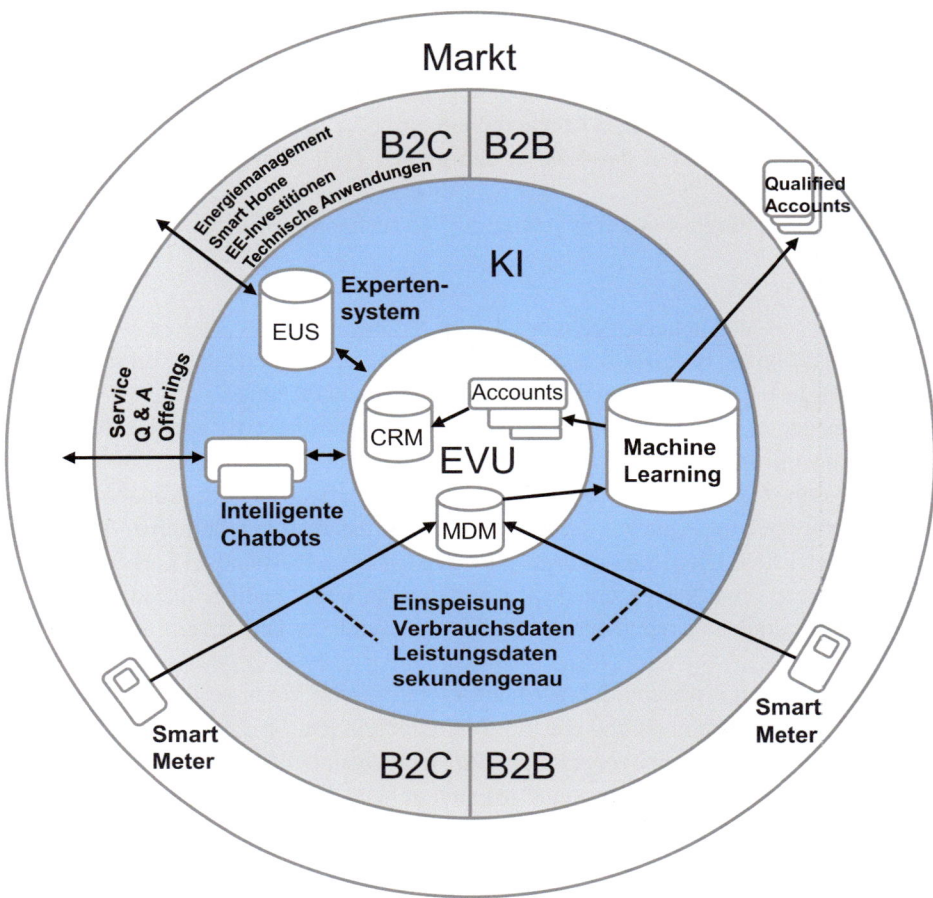

Abb. 5.1 Einsatzpotenziale von KI in EVUs

B2B, wobei im ersten Schritt aufgrund der vorhandenen und notwendigen Quantitäten der Fokus auf B2C liegen wird. Voraussetzung dafür sind ausreichende Datenmengen, der Einsatz digitaler Zähler mit einer ausreichenden Messfrequenz und die Speicherung der Daten in einem geeigneten System (Datenbank: Meter Data Management oder MDM). Diese Daten werden teilweise (regionaler oder Kundengruppenbezug) oder vollständig in Künstliche Neuronale Netze überführt. Die *Deep Learning Algorithmen* extrahieren aus den Daten individuelle Informationen und Handlungsempfehlungen und generieren so die „Qualified Accounts". Diese werden in eigenen CRM-Systemen zur systematischen kundenbezogenen Kontaktbearbeitung übergeben oder gruppiert oder vollständig an Drittunternehmen (die Datenkunden) verkauft. Voraussetzung dafür ist das Einverständnis der Kunden zur Weiterbearbeitung und Weitergabe der Daten und Informationen. Dieses Einverständnis wird durch ein entsprechendes Tarifangebot gefördert („günstige Datentarife für Strom und Gas").

5.2 Geschäftsmodell Account Generierung mit Machine Learning

Arrivierte Energieversorgungsunternehmen haben natürlich die Option ihr bisheriges Geschäftsmodell beizubehalten und allein auf die Energieherstellung, den Energievertrieb und -den Energieverkauf zu fokussieren. Damit verlieren sie aber die Möglichkeit die Marktstrukturen zu gestalten und werden Getriebene der Innovatoren.[8] Die langfristige Profitabilität dieser Strategie ist unsicher bzw. sehr fraglich. Bzgl. der Verwendung der Kundendaten stehen mehrere grundsätzliche Möglichkeiten zur Verfügung:

- **Geschäftsmodell 1:** Das EVU stellt die Datensicherheit in den Vordergrund und wirbt mit Tarifen, deren Daten nur zu Abrechnungszwecken verwendet werden. Dies entspricht mehr oder weniger dem bisherigen Geschäftsmodell, dem Kunden gegenüber wird die Datensicherheit proaktiv als Vorteil der Tarife dargestellt. Dieses Verhalten ist risikoavers im Bezug zur Digitalen Transformation.
- **Geschäftsmodell 2:** Das EVU erwirbt bei den Kunden durch spezielle Datentarife das Recht die Daten anonym oder nicht anonym an Dritte weitergeben zu dürfen. Das EVU selbst verwendet die Daten nur zu Abrechnungszwecken. Die eigentliche Wertschöpfung durch die Bearbeitung der Daten findet bei Dritten statt. Damit hat das EVU nur einen geringen zusätzlichen Beitrag zum Umsatz und Gewinn. Ein Aufbau der Expertise in Bezug auf Datenaufbereitung, auf den Einsatz von KI-Technologien und der Aufbau neuer digitaler Geschäftsmodelle findet nicht statt. Das EVU ist reiner Lieferant für die Innovatoren dieser Geschäftsmodelle.
- **Geschäftsmodell 3:** Das EVU erwirbt bei den Kunden durch spezielle Datentarife das Recht die Daten anonym oder nicht anonym selbst verwenden zu dürfen. Das EVU verwendet die Daten zum einen für Abrechnungszwecke und zum anderen zur Aufbereitung mittels KI-Technologien zum Auffinden von qualifizierten Accounts. Diese werden durch den Vertrieb persönlich oder durch automatisierte Chatbot-Systeme angesprochen. Hier macht es Sinn das Produktspektrum zu erweitern bzw. den Vertrieb für Produkte Dritter zu erweitern.
- **Geschäftsmodell 4:** Das EVU erwirbt bei den Kunden durch spezielle Datentarife das Recht die Daten anonym oder nicht anonym an Dritte weiter vertreiben zu dürfen. Das EVU selbst verwendet die Daten zum einen für Abrechnungszwecke und zum anderen zur Aufbereitung mittels KI-Technologien zum Auffinden von qualifizierten Accounts für eigene Produkte und Services. In Abstimmung mit den Datenkunden (Abnehmer der Qualified Accounts) werden Daten zur Qualifizierung mittels KI-Technologien aufbereitet. In diesem neuen digitalen Geschäftsmodell ist die zu erreichende Wertschöpfung am größten. Neben der Möglichkeit die Qualified Accounts zu monetarisieren ergibt sich zusätzlich auch das Angebot an weitere EVUs

---

[8] vgl. Doleski, O. (2017, S. 7–10).

zur Nutzung der vorhandenen KI-Technologie für deren Daten. Damit kann sich eine Verschiebung des Fokus der Unternehmensstrategie ergeben und eine disruptive Änderung des Geschäftsmodells wird erreicht.

Das Vorgehen zum Aufbau der Infrastruktur der KI-Technologie wird in dem folgenden Abschn. 5.2.1 skizziert.

5.2.1 Die KI-Technologie

Die Verbrauchs- und Leistungsdaten der Kunden werden in einem Meter Data Management System (MDM) gespeichert. Dabei handelt es sich zumeist um ein herkömmliches Relational Database Management System (RDBMS). Die Daten werden bei dem Kunden durch ein digitales Messsystem (Smart Meter) sekundengenau oder in einer hohen Taktfrequenz (alle 15 s) ermittelt und über Middleware (Datenkonzentratoren, Datenunifikations- und Datensynchronisationssysteme, Enterprise Application Integration Syteme (EAI)) an die MDM-Systeme weitergeleitet. Grundlage zur Aufbereitung mittels KI-Technologie der im MDM-System vorhandenen Daten sind Künstliche Neuronale Netze (KNN). Diese sind der Struktur menschlicher Gehirne aus Neuronen und Synapsen nachempfunden. Ein Neuron ist eine IT-Verarbeitungseinheit, die einen oder mehrere Eingangsparameter per Verarbeitungsregel (Algorithmus) in einen oder mehrere (in der Regel wertgleiche) Ausgangsparameter überführen. Diese Neuronen oder Knoten können als ein Prozessor auf einer Hardwareeinheit oder als eine Softwaresimulation in einem Programm implementiert sein.[9] Aufgrund der gestiegenen Leistungsfähigkeit moderner Hardwareeinheiten werden KNN in der Regel als Softwaresimulationen auf performanten Computersystemen ausgeführt. Die Synapsen stellen die Verbindungen (Kanten) zwischen den Neuronen dar. Die Ausgangssignale sind wieder Eingangssignale folgender Neuronen und besitzen Gewichte. Die Gewichte bestimmen die Erhöhung oder Reduktion des Werts des Ausgangssignal zum Wert des Eingangssignal. Vereinfacht dargestellt ergeben sich folgende Berechnungen. Der Input eines Neurons j ist die gewichtete Summe der Ausgangssignale der Vorgängerneuronen. Der Output eines Neurons j ergibt sich aus der Anwendung des Algorithmus a bzw. der Verarbeitungsregel oder Funktion a auf den Inputwert[10].

$$\textbf{Input}_j = \sum\nolimits_{i=1}^{j-1} \left(Output_i * w_{ij} \right)$$

$$\textbf{Output}_j = \textbf{a}(\textbf{Input}_j)$$

---

[9] Siehe Callan, R. (2003, S. 16–18).
[10] Vgl. Norvig, R. (2012, S. 845–848).

Ein mehrschichtiges Feedforward-Netz (eine mögliche Ausprägung eines KNN, das für die Generierung von Qualified Accounts geeignet ist) besteht zumindest aus einem Eingangslayer (Eingangsneuronen, die die Daten empfangen), einer verborgenen Zwischenschicht (Zwischenlayer) und einem Ausgangslayer (Ausgangsneuronen, die die Ergebnisse senden). Die Zwischenschichten sind trainierbar, d. h. sie können lernen. Je mehr Zwischenschichten, desto geringer ist die Fehleranfälligkeit des KNN und desto größer und tiefer gehender ist die Lernfähigkeit und Abstraktionsfähigkeit des KNN *(Deep Learning)*. In einem neuronalen *Feedforward-Netz* werden die Eingangsdaten über den Eingangslayer (Eingangsschicht) und mehrere Zwischenschichten an den Ausgangslayer (Ausgangsschicht) weiterverarbeitet. In jeder der Zwischenschichten kann der Fokus auf der Verarbeitung bestimmter Merkmale oder Eigenschaften liegen. Je mehr Zwischenschichten desto mehr Merkmale können geprüft werden. So könnte zum Beispiel ein Merkmal die Anwesenheit der Kunden darstellen, ein anderes Merkmal die Nutzung spezifizierter elektronischer Geräte.

Der Nachteil einer großen Anzahl an Zwischenschichten liegt in der benötigten Rechenleistung. Die Größe eines KNN korreliert mit dem Bedarf an leistungsfähiger Hardware. Durch den Einsatz von Convolutional Neural Networks (CNN) können durch die Techniken Faltung und Pooling die Anzahl der Neuronen limitiert werden und das ohne Reduktion der Leistungsfähigkeit des Netzes. In Abb. 5.2 ist ein KNN bestehend aus drei Eingangsneuronen x_1 bis x_3 (Eingangslayer), mehreren versteckten Zwischenlayern (l_1 bis l_n) und zwei Ausgangsneuronen y_1 und y_2 (Ausgangslayer) skizziert.

Der Vorgang des maschinellen Lernens (Machine Learning) bezeichnet die Fähigkeit des KNN auf Basis der erfolgreichen und nicht erfolgreichen Ergebnisse zu lernen.

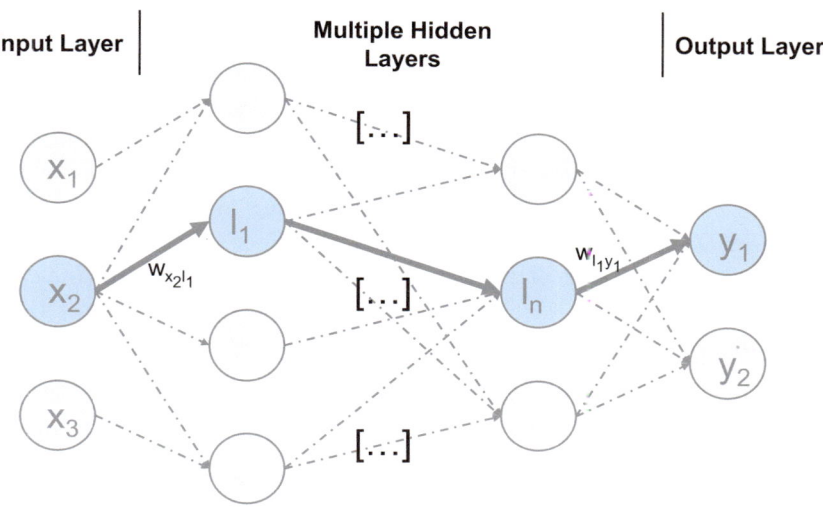

Abb. 5.2 KNN mit mehreren Zwischenschichten

Eine Möglichkeit stellt das ***Backpropagation-Lernverfahren*** dar.[11] Maschinelles Lernen kann nicht nur auf KNN durchgeführt werden, sondern z. B. auch auf Basis von Entscheidungsbäumen (Decision Trees), wobei sich in den letzten Jahren eindeutig maschinelles Lernen auf Basis Neuronaler Netze durchgesetzt hat.

Ein menschlicher Experte entscheidet über die Richtigkeit der Ergebnisse der Ausgabeschicht. Der **Backpropagation-Algorithmus** propagiert die erkannten Fehler von der Ausgabeschicht rückwärts durch die verborgenen Schichten und führt eine Anpassung der Kantengewichte der Verbindungen zwischen den Neuronen durch. Nachteil dieser Methode ist die Notwendigkeit von Experten und dadurch verursacht das ggf. zeitaufwendige Anlernen des KNN.

Mit dem ***Reinforcement-Lernverfahren*** (bestärkendes Lernen) kann dieser Vorgang automatisiert werden. Intelligente Agenten aktivieren das Lernen in KNN auf Basis aktivierender Schwellenwerte. Diese Schwellenwerte können z. B. durch Vorgaben eines CRM-Systems (Prozentwert der Kundenbeziehungs-Intensität oder Verkaufserfolg) oder Sensoren (Internet of Things) ausgelöst werden. Intelligente Agenten werden durch Agentenprogramme implementiert. Aufgrund positiver Handlungsempfehlungen (Ausgabeschicht des KNN) belohnt der Agent die erfolgreiche Herleitung bzw. Strategie der Empfehlung durch eine Verstärkung der Gewichte auf den Kanten des neuronalen Netzes (z. B. Weg $x_2 ->l_1->..->l_n->y_1$ in Abb. 5.2). Agenten können unterschiedlich ausgestaltet werden, z. B. als nutzenbasierter Agent, der Nutzenfunktionen für Zustände lernt und Aktionen auswählt, die den erwarteten Ergebnisnutzen maximiert.[12] Zur Erlernung der Strategie dieser nutzenbasierten Agenten eignen sich Monte-Carlo-Algorithmen, die auf Basis statistischer Verfahren eine Reduktion der Fehlerwahrscheinlichkeiten erreichen.

5.2.2 Die Konzeption des KI-Geschäftsmodells

Das KI-Geschäftsmodell greift nur für die in Abschn. 5.2 angeführten Geschäftsmodelle 3 und 4. Das Geschäftsmodell 1 beinhaltet das unveränderte Produktportfolio ggf. mit der Erweiterung durch eine Data Security Zusicherung/Komponenten. Geschäftsmodell 2 erweitert das Produktportfolio durch die Monetarisierung der Daten. Die Erlaubnis der Weitergabe der Daten wird durch spezielle Datentarife (Energietarife mit Preisreduktion, dafür Erlaubnis zur Nutzung und Weitergabe der Daten, ggf. in der Differenzierung anonym und nicht anonym). Weitere Voraussetzungen zur Realisierung der Geschäftsmodelle 3 und 4 sind:

---

[11] Siehe Luger, G. (2012, S. 474–476).
[12] Siehe Norvig, R. (2012, S. 960–961 und 60–89).

- Der zur Nutzung der KI-Technologie vorhandene Datenpool (Grundgesamtheit der Anzahl Datentarife) ist groß genug. Kleinere und Mittlere EVUs erreichen eine ausreichend große Grundgesamtheit durch Verbundunternehmen (Shared Services, Stadtwerkeverbund, IT-Verbund, spezieller Datenverbund). Agnostische Lernverfahren ermöglichen das Anlernen neuronaler Netze durch Näherungsmethoden und reduzieren dadurch die Anzahl benötigter Trainingsbeispiele.[13]
- Das EVU sollte über (eigene) IT- und KI-Experten verfügen.
- Die Energiedaten (Verbrauch und Leistung) müssen in einer ausreichenden Frequenz durch digitale Energiezähler (Smart Meter) automatisiert an ein Meter Data Management System (MDM) weitergeleitet werden.
- Automatisiertes Trainieren des Neuronalen Netzes (Reinforcement-Lernen) wird durch ein vorhandenes CRM-System erleichtert.

Erster Schritt in der Generierung einer KI-Technologie ist die Definition der Strategie. Aufbauend auf der Strategie wird das KI-Geschäftsmodell konzipiert und die Projektumsetzung geplant.[14] Über die Phasen Strategieplanung, Strategiedefinition und Strategieumsetzung werden u. a. der Business Case und die Projektdefinition und -planung erstellt.[15] Zur Entwicklung des Neuronalen Netzes und der Machine Learning Verfahren und Algorithmen werden IT-Vorgehensmodelle verwendet.[16] Die typischen Phasen der Entwicklung sind dabei:

- Projektbegründung basierend auf der Projektdefinition und -planung der Strategiephase
- Ist-Analyse
- Sollkonzept
- System- und Programmentwurf
- Programmierung und Test
- Einführung

Diese Phasen können grundsätzlich sequentiell durchlaufen werden, in der Systementwicklung sind iterative und rekursive Schritte der Normalfall.

Zur Realisierung des KNN wird nach der Einführung noch die iterativen Phasen Training und Verifizierung/Validierung ergänzt. Die endgültige Nutzung für die operativen Daten erfolgt nach Erreichen eines definierten Schwellenwertes, z. B. Genauigkeit von 95 %.

---

[13] Siehe Hoppe, T. (2018).
[14] Siehe Aichele, C. (2014, S. 35).
[15] Details siehe Aichele, C. (2014, S. 36–73).
[16] Siehe Schönberger, M. (2014, S. 136).

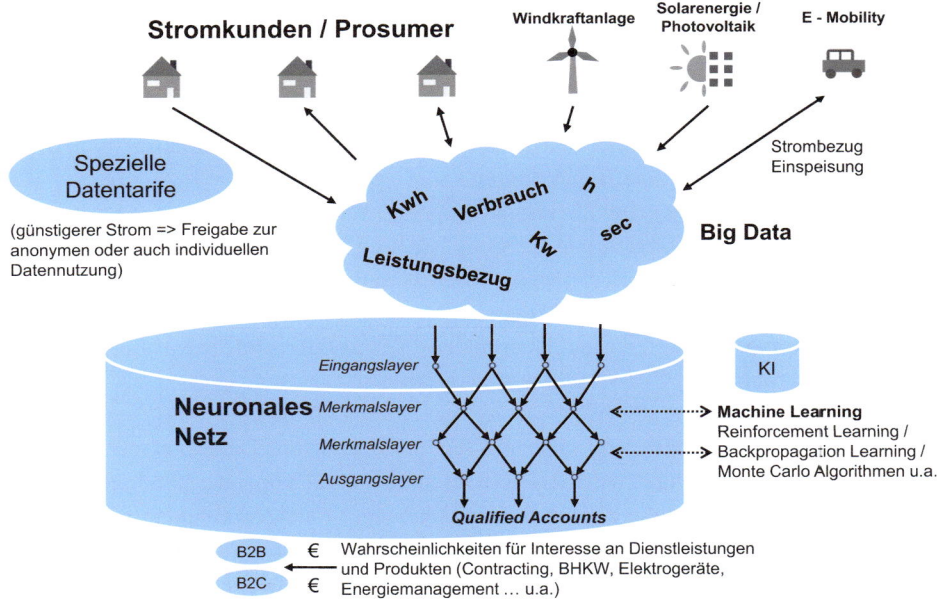

Abb. 5.3 KI-Geschäftsmodell EVU

Der Vorteil agiler Vorgehensmodelle besteht aus der Reduktion der Entwurfsphase auf ein Minimum und die Erzeugung früh ausführbarer Prototypen.[17] Agile Vorgehensmodelle sind für die Entwicklung von KNN und Machine Learning sehr gut geeignet.

Das KI-Geschäftsmodell ist in Abb. 5.3 skizziert.

Durch attraktive Datentarife erreicht das EVU eine ausreichende Grundgesamtheit an Kunden, deren Daten weiterverwendet werden können (Stromkunden, Prosumer, Erzeuger wie Windkraftanlagen/Photovoltaik, E-Mobility-Kunden u. a.). Deren Daten (im Idealfall Big Data, durch spezielle Lernverfahren auch z. T. Small Data verwendbar) werden in einem Neuronalen Netz durch Verwendung von Machine Learning Algorithmen zu qualifizierten Accounts weiterverarbeitet. Die Merkmalslayer des Neuronalen Netzes können kundenspezifisch angepasst werden (ein Versicherungsunternehmen benötigt andere Merkmale als ein Elektronikhändler), als Datenkunde wird hier der Abnehmer der "Qualified Accounts" verstanden. Der Gesamtumsatz und der Gesamtprofit aus Datentarife und Verkauf der qualifizierten Daten übersteigt Umsatz und Profit der Standardtarife signifikant.

---

[17] Siehe Schönberger, M. (2014, S. 146–150).

Literatur

Aichele, C. (2012a). Architektur und Modelle des AMI für den Smart Meter Rollout. In O. Doleski & C. Aichele (Hrsg.), *Smart Meter Rollout, Praxisleitfaden zur Ausbringung intelligenter Zähler* (S. 312–313). Springer Vieweg.

Aichele, C. (2012b). *Smart energy* (S. 3–51). Springer Vieweg.

Aichele, C. (2014). Strategien und Geschäftsmodelle für mobile Applikationen. In C. Aichele & M. Schönberger (Hrsg.), *App4U, Mehrwerte durch Apps im B2B und B2C* (S. 35, 36–73). Springer Vieweg.

Aichele, C. (2019). KI-Technologien für Utility-Unternehmen. In O. Doleski (Hrsg.), *Realisierung Utility 4.0* (S. 97–110). Springer Vieweg.

Buxmann, P., & Schmidt, H. (2019). Grundlagen der künstlichen Intelligenz und des maschinellen Lernens. In P. Buxmann & H. Schmidt (Hrsg.), *Künstliche Intelligenz, Mit Algorithmen zum wirtschaftlichen Erfolg* (S. 7–8). Springer Gabler.

Callan, R. (2003). *Neuronale Netze* (S. 16–18). Pearson Studium.

Doleski, O. (2017). Die Energiebranche am Beginn der digitalen Transformation. In O. Doleski (Hrsg.), *Herausforderung Utility 4.0, Wie sich die Energiewirtschaft im Zeitalter der Digitalisierung ändert* (S. 7–8). Springer Vieweg.

Doleski, O., & Aichele, C. (2014). Idee des intelligenten Energiemarktkonzepts. In O. Doleski & C. Aichele (Hrsg.), *Smart Market, Vom Smart Grid zum intelligenten Energiemarkt* (S. 3–51). Springer Vieweg.

Hoppe, T. (2018). Wieviele Trainingsbeispiele benötigen Lernverfahren? https://data-science-blog.com/blog/2018/04/16/wieviele-trainingsbeispiele-benotigen-lernverfahren-1-2/. Zugegriffen: 7. Jan. 2019.

Luger, G. F. (2012). *Künstliche Intelligenz Strategien zur Lösung komplexer Probleme* (S. 42–43, 474–476). Pearson Studium.

Russell, S., & Norvig, P. (2012). *Künstliche Intelligenz* (S. 60–89, 845–848, 960–961, 1177). Pearson Studium.

Schönberger, M. (2014). Mit Struktur und Methode in die projektindividuelle App-Entwicklung. In C. Aichele & M. Schönberger (Hrsg.), *App4U, Mehrwerte durch Apps im B2B und B2C* (S. 137, 146–150). Springer Vieweg.

Aktuelle Einsatzbereiche der KI innerhalb des Finanzdienstleistungssektors

Thorsten Rink

Standards oder Exklusivität der künstlichen Intelligenz in der Finanzdienstleistungsbranche?

Zusammenfassung

Die künstliche Intelligenz und deren Technologien haben bereits und werden auf viele Branchen und Bereiche Einfluss ausüben. Die Finanzdienstleistungsbranche stellt hierbei keine Ausnahme dar. In diesem Kapitel werden einige der Einsatzbereiche der künstlichen Intelligenz im Sektor der Finanzdienstleistungen aufgezeigt und kurzweilig die Adaptionsmöglichkeit bzw. die Exklusivität betrachtet.

6.1 Ausgangssituation

Die künstliche Intelligenz (KI), gleichgültig in starker oder schwacher Ausprägung, stellt einen wichtigen Faktor im Geschäftsumfeld etablierter Unternehmen dar. Im Besonderen lässt die stetig wachsende Verbreitung der KI, die Vielfältigkeit der Anwendungsmöglichkeiten sowie die Notwendigkeit von Änderungen im Bereich von Kosten- und Angebotsstrukturen die Popularität der KI wachsen. Erfolgt unter diesen Aspekten eine Betrachtung der Finanzdienstleistungsbranche, wird nach allgemeingültiger Einschätzung, eine mindestens gleichwertige Notwendigkeit der Nutzung von KI-Technologien angeführt. Maus von der Unternehmensberatung Roland Berger GmbH beschreibt

T. Rink (✉)
Hochschule Kaiserslautern, Obersimten, Deutschland
E-Mail: thorsten.rink@hs-kl.de

© Springer Fachmedien Wiesbaden GmbH, ein Teil von Springer Nature 2022
C. Aichele und J. Herrmann (Hrsg.), *Betriebswirtschaftliche KI-Anwendungen*,
https://doi.org/10.1007/978-3-658-40099-6_6

die KI demnach als ein strategisches Asset, welches im Besonderen nicht von Finanzdienstleistungsunternehmen vernachlässigt werden darf.[1]

Werden als Grundlage der adäquaten Nutzung von KI die Anforderungen von großen Datenmengen, sowie weiterführend ein erhöhter Digitalisierungsstand von den Unternehmen gefordert, erhebt dies weitere Anforderungen an traditionelle Kreditinstitute und Versicherer. Hierbei bestehen bei Direktbanken und Direktversicherern bessere Ausgangsvoraussetzungen, bevorzugt stellen jedoch die in und mit der Digitalisierung entstandenen FinTechs und InsureTechs Leader dieses Bereiches dar.[2] Eine gesonderte Differenzierung dieser „Tech"-Unternehmen von klassischen Finanzdienstleistungsunternehmen erfolgt in der folgenden Darstellung nicht. Durch diese aktuellen Gegebenheiten werden Fragestellungen aufgeworfen wie: In welchem Umfeld werden KI-Systeme bereits im Finanzdienstleistungssektor genutzt? Wie können KI-Technologien in diesem Umfeld Veränderungen hervorrufen? In welchen Zukunftsszenarien ist eine Nutzung künstlicher Intelligenzen möglich und praktikabel?

6.2 Überblick der Anwendungsbereiche

Im Allgemeinen unterliegen viele Anwendungsbereiche der künstlichen Intelligenz keiner Branchenspezifikation. Werden jedoch zur eigentlichen Nutzung, insbesondere bei erhöhter Anforderung an die Aussagekraft, hohe Datenmengen als Voraussetzung betrachtet, stellt sich die Finanzdienstleistungsbranche als hierfür sehr geeignet dar. Vorangestellt dadurch, da allgemein in der Finanzdienstleistungsbranche eine sehr hohe Menge an Daten anfällt und gespeichert wird. Dies stellt mitunter keinen Mehraufwand dar, da viele dieser Daten durch die Regularien der BaFin[3] von den Banken und Versicherungsunternehmen erhoben werden müssen. Neben allgemeinen Regularien zu Sicherheitsbeständen werden hier insbesondere standardisierte Kundenprüfungen über „Know Your Customer"-Prüfungen[4] hervorgehoben.

So sind beispielsweise auszuwertende Transaktionsdaten, Buchungspositionen, Einzelgeschäftsabschlüsse oder legitimierte Kunden- und Personendaten als Beispiel

---

[1] Vgl. Maus, S. (2019, S. 4).

[2] FinTechs und InsurTechs sind Unternehmen, welche Geschäftsmodelle auf Basis von digitalen Technologien entwerfen und betreiben. Sie bilden nach Möglichkeit an Finanzdienstleistungsmärkten den digitalen State of the Art ab bzw. kommen dieser Umsetzung am nächsten.

[3] BaFin ist die Bundesanstalt für Finanzdienstleistungsaufsicht und stellt Regularien und Regelwerke für Finanz- und Kreditinstitute sowie für die Versicherungsbranche bereit.

[4] Know Your Customer stellen Legitimationsprüfungen von Kunden dar, welche beispielsweise Personen- und Berufsangaben bei Privatpersonen oder Geschäftsdaten wie Tätigkeiten, Mitarbeitern Besitzverhältnisse oder Firmenstruktur bei juristischen Personen.

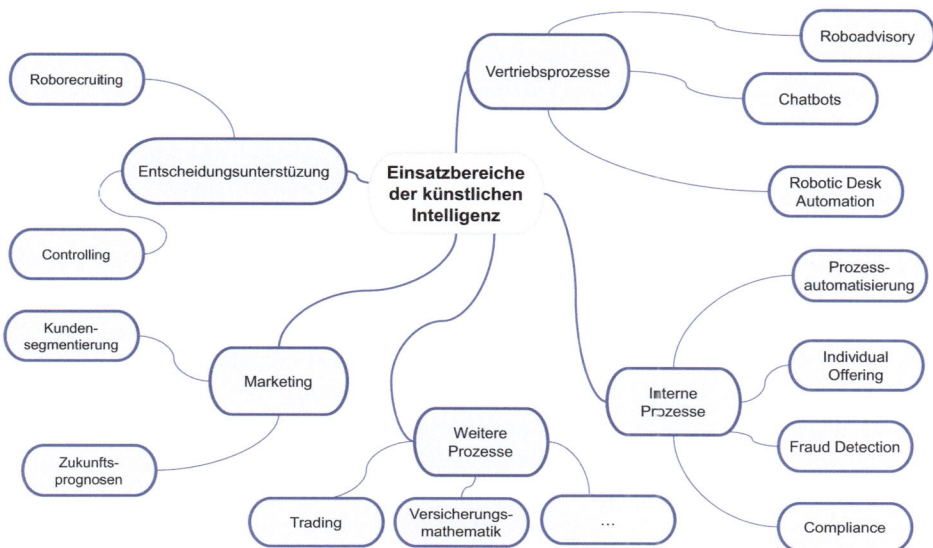

Abb. 6.1 Dargestellte Einsatzbereiche der künstlichen Intelligenz in der Finanzdienstleistungsbranche

für bereits existente Daten in der Bankenbranche zu nennen.[5] Zu beachten ist hierbei ebenfalls, dass es sich demnach um sinngemäß „brauchbare" Daten handelt. Aufgrund dieser Gegebenheiten von bestehenden nutzbaren Daten, welche keinem externen Beschaffungsaufwand unterliegen, ist die Auswertung besonders praktikabel und kann einen entsprechenden Kostenvorteil gegenüber anderen Branchen darstellen. In der Abb. 6.1 sind die in der folgenden Abhandlung behandelten Einsatzgebiete im Finanzdienstleistungssektor dargestellt. Diese dargestellten Einsatzbereiche stellen jedoch keinen Anspruch auf Vollständigkeit dar und unterliegen aufgrund der ganzheitlichen Betrachtung der Finanzdienstleistungsbranche weder einem klassischen Banken- noch einem Versicherungsprozessmodell und beziehen sich primär auf den deutschen bzw. europäischen Markt.

6.3 Entscheidungsunterstützung der internen Prozesse

Im internen Bereich der Finanzdienstleister befinden sich einige der Einsatzgebiete in der Funktion der Entscheidungsunterstützung. So werden beispielsweise im Bereich der Banken die Unternehmensfelder der Personalauswahl und -entwicklung, des Finanzcontrollings und der Finanzplanung, als auch die Evaluierung neuer Geschäftsfelder

---

[5]Vgl. Arnold, J. (2018, S. 271).

anhand KI gestützter Software unterstützt.⁶ Insbesondere hierbei sind die umfangreichen Datenbestände aus dem Zahlungsverkehr sowie Wettbewerber und volkswirtschaftliche Daten von sehr hoher Bedeutung. Hierbei hervorzuheben ist, dass der aktuelle Stand bereits detaillierte und konkrete Vorschläge und Handlungsempfehlungen in diesen Bereichen bieten kann. Jedoch darf hierbei angemerkt werden, dass diese Use Cases oftmals in der Telekommunikations- und Finanzdienstleistungsbranche hervorgehoben werden, jedoch in vielen anderen Bereichen ebenfalls eingesetzt werden und somit keine Exklusivität vorliegt. Beispielsweise in der Personalauswahl, generell im gänzlichen Bereich des Recruitings, wird maschinelles Lernen branchenunabhängig eingesetzt. Als Exempel wird in diesem Bereich des Öfteren die Begrifflichkeit des Robo Recruiting oder Recruiting 4.0 genannt. Dieses beinhaltet neben der automatisierten Auswertung von Bewerbungsunterlagen (CV-Parsing) und dem Matching von Bewerbern auch die Auswertung der Bewerber anhand von Jobinterviews via Videokonferenz.[7,8]

Im Bereich des Controllings werden hier ebenso branchenübergreifend via künstlicher Intelligenz Anomalien in Datenbeständen erfasst und entsprechende Handlungsempfehlungen mit höherer Sicherheit vorgegeben. Weiter ist neben der automatisierten Analyse auch die Analyse größerer Datenbestände (wie sie im Bereich der Finanzdienstleistung anfallen) möglich.[9]

Das Einsatzgebiet der RPA (Robotic Process Automation) und RDA (Ressource Description and Access), welches in dem Bereich des Controllings ebenso Einzug hält bzw. einer Nutzung unterliegt, wird im Abschn. 6.5 genauer betrachtet.

In einer zukünftigen Ausrichtung, bezogen auf den Bereich des Robo-Recruitings und die Nutzung der künstlichen Intelligenz, kann neben einer erweiterten und funktionssicheren Sentimentanalyse eine verbesserte Auswertung von Bewerberdaten erfolgen. Es können beispielsweise eigene Mitarbeiter analysiert werden und Abgleiche zu neuen Bewerbern stattfinden. Während aktuell nur standardisierte Daten und Informationen in Bewerberunterlagen abgeglichen werden, könnte das Erkennen von neuen Clustern (welche aktuell noch nicht genutzt werden) gleichermaßen ein nicht abwegiges Einsatzfeld darstellen. Somit können eventuell (automatisiert) anhand von Social Media Profilen, Nutzerdaten oder weiteren Personendaten Muster bei Bewerbern und Mitarbeitern ausfindig gemacht und zur Einstellung genutzt werden.

Im Finanzbereich (und -controlling) sind im Allgemeinen, nicht ausgenommen der Finanzdienstleistungsbranche, ebenso eine steigende Automatisierung durch KI zu erwarten, welche in der Untergliederung des Rechnungswesens am deutlichsten

---

[6] Vgl. Peters, A. et al. (2019, S. 42).
[7] Vgl. Verhoeven, T. (2020, S. 13).
[8] Vgl. Petry, T. und Jäger, W. (2018, S. 219–223).
[9] Vgl. Lubos, G. (2020, S. 45–47).

stattfinden könnte. Die eigene Auswertung des Unternehmens und der Kundendaten nach noch nicht erkannten Korrelationen werden ebenso Einzug halten.

6.4 Entwicklungen im Bereich der Leistungsprozesse im Marketing

Wird der KI-Einsatz unter dem Aspekt des Marketings in der Bankenbranche betrachtet, stellt die Auswertung der entsprechenden Daten einen der Kernaspekte dar. Die Priorisierung kann hierbei auf die Auswertung der Daten hinsichtlich der Marktsituation und der Kundensegmentierung festgesetzt werden. Im Bereich der Marktanalyse werden sowohl historische Daten genutzt um die Historie selbst abzubilden als auch um Zukunftsprognosen anhand der KI-gestützten Methodik der Predicitve Analytics durchzuführen. Ein KI gestütztes Clustering, dynamische oder personalisierte Angebote bzw. Angebotsvorschläge, stellen ebenso bereits im „Low Level" einen Standard in der Banken- und Versicherungsbranche dar.[10]

Hierbei ist, auch unter Beachtung der in Abschn. 6.2 erwähnten Datenbestände, eine relativ identische Situation bei den Versicherungsunternehmen zu vermerken. So wird die KI gleichermaßen zur Auswertung der bereits bestehenden Datenbestände genutzt, um die Customer Journey zu verbessern. Dies erfolgt beispielsweise dadurch, dass die entsprechenden Muster erfolgreicher Kundeninteraktionen zur Auswertung herangezogen werden können und zukünftige (automatisierte) Interaktionen besser vonstattengehen können. Auch stellt die ganzheitliche Analyse von Kundendaten in Bezug auf die Maximierung der Konvertierungsrate[11] einen durch Big Data und KI ermöglichten Aspekt dar.[12]

An dieser Stelle sollte erneut darauf verwiesen werden, dass viele der Systematiken, Systeme und Daten bereichsübergreifende Anwendung finden und nicht spezifisch zu einem internen Bereich des Unternehmens zugeordnet werden können. In einer zukünftigen Betrachtungsweise ist entsprechend anderer Branchen eine verstärkte Einbindung von Social Media in die Marketingprozesse zu erwarten. Die Auswertung der Datensätze, sowie die einzelnen Verknüpfungen und das Erkennen von bestehenden, sowie das Entwickeln neuer Verbindungen, werden diesbezüglich den Bereich des Marketings prägen. Die personalisierte Angebotserstellung wird genauer im Abschn. 6.6.2 erläutert.

---

[10] Vgl. Arnold, J. (2018, S. 271).

[11] Die Begrifflichkeit der Konvertierung bzw. der Konvertierungsrate wird in diesem Kontext nicht für eine Umwandlung einer Versicherungspolice bzw. Vertragsmodalität genutzt. In diesem Kontext bedeutet die Konvertierungsrate das Aktionspotenzial von Nutzern, welche beispielsweise nach/bei Besuch einer Homepage eine Versicherungsanfrage an das Unternehmen haben.

[12] Vgl. Becks, A. (2020).

6.5 Vertriebsprozesse

Im Bereich des Vertriebs werden in der Finanzdienstleistungsbranche eine erhebliche Anzahl an Produkten, Techniken und Software genutzt, welche zu Teilen einer KI zugrunde liegen. So werden im Bereich des Direktvertriebs mit Roboadvisorn oder auch zu Teilen mit Chatbots, ähnlich dem in Abschn. 6.4 erläuterten Bereichs des Marketings, Angebotsvorschläge, jedoch auch die vorherige Beratung übernommen. Weiter werden auch eher in den kundennahen Bereich des „Back Office" einzuordnende Unterstützungen durch KI basierte Software vorgenommen. Zu dieser Gruppierung zählen beispielsweise Unterstützungssysteme, welche auf Basis der Robotic Desk Automation in der Kundenberatung genutzt werden. Verfahren wie Sentimentanalysen werden hinweg über sämtliche Bereiche der Vertriebsprozesse genutzt. Hierbei kann sowohl text- als auch videobasierter Einsatz der Sentimentanalysen angewandt werden.

6.5.1 Roboadvisory

Die Begrifflichkeit der Roboadvisor hat bereits seit längerem Einzug in die Finanzwelt, mit Schwerpunkt der Anlageberatung, gehalten. Unter einem RoboadvisorRoboadvisor versteht man ein intelligentes System (Software), welches unter dem Einsatz von Algorithmen, eine regelmäßige Anlageberatung ohne ein menschliches Zutuen vornimmt. Gleichermaßen der Sinnhaftigkeit einer menschlichen Beratung sollte die Optimierung des Portfolios nach Kundenkriterien erreicht werden.[13]

Der Roboadvisor verfolgt unter optimalen Bedingungen das Ziel, den Anlageberater des Finanzinstitutes gänzlich zu ersetzen. Hierbei unterliegt das Unternehmen, welches den Roboadvisor nutzt, gleichermaßen den Regularien für die analoge Beratung durch die BaFIN. Ebenso werden Erlaubnispflichten zur Nutzung von Roboadvisorn, wie beispielsweise nach § 32 KWG, gefordert.[14]

Primär können Roboadvisor in Half-Service (passiv) und Full-Service (aktiv) Systeme unterteilt werden. Während die Half-Service Systeme eine Empfehlung der Anlage aussprechen und der Nutzer die Anlage selbst tätigen bzw. beauftragen muss, übernehmen Full-Service Systeme die gänzliche Depotverwaltung. Eine weitere Unterteilung erfolgt ebenso über das Spektrum der Anlagemöglichkeiten. So beinhalten viele Roboadvisor lediglich Anlageformen und Anlageinstrumente, welche von ihrem Unternehmen selbst oder bei Partnern abgeschlossen werden können. Hierbei wird i. d. R.

---

[13] Vgl. Mitschele, A. (2020).
[14] Siehe Bundesanstalt für Finanzdienstleistungsaufsicht (2016).

bei den meisten Anbietern von Roboadvice als Standardlösung empfohlen, einen hohen Investitionsteil des „rikisikobehafteteren" Portfolios in ETF's[15] anzulegen.[16]

Das Einsatzgebiet, in welchem die KI einer Nutzung unterliegt, ist bei der Entwicklung der Algorithmen positioniert. Während in noch klassischen und gängigen Roboadvisorn Algorithmen nach einem „If this than that" Muster entwickelt und festgeschrieben sind, bieten neuere Ansätze (wie beispielsweise von Smavesto beworben) bereits flexiblere und selbstlernende Algorithmen an. Diesbezüglich besteht der gravierende Unterschied darin, dass ein System, welches auf starren Algorithmen basiert, Aktionen (zumindest temporär) nur auf der gleichen Basis durchführen kann. Die Auswahl des Portfolios besteht dahin gehend primär aus dem Attribut der Risikoaversität und der dadurch resultierenden Renditeerwartung, welche anhand klassischer Assetmanagement-Prinzipien durchgeführt wird. Der klassische Roboadvisor weist somit den Wissensstand der analogen Beratung zum Zeitpunkt der Erstellung bzw. Entwicklung auf, welche in Bruchteilen in die Software implementiert wird.

Im Bereich der Nutzung der künstlichen Intelligenz werden diese Basisstrukturen in Echtzeit veränderbar, flexibel und das System „lernt" aus positiven oder negativen Transaktionen insbesondere in Bezug auf deren Herleitung. Es könnten beispielsweise hierdurch vermehrt direkte Investments in Unternehmen (auch nichtbörslicher Natur) vorgeschlagen und vorgenommen werden, je nachdem um welche Art des Roboadvisors es sich handelt. Diese erweiterten Fähigkeiten bzw. Funktionen basieren auf der erhöhten bzw. der andersartigen Informationsbeschaffung und Auswertung. So beziehen moderne Roboadvisor Informationen, welche dem Nutzer nicht oder nur schwer zugänglich sind. Hierunter zählen beispielsweise bereits Echtzeitauswertungen von Personen an Flughäfen oder Einkaufszentren, welche eine realgetriebene Prognose von Umsätzen erwarten lassen oder eine Auswertung von Stimmungslagen von Vorständen im Bereich der Sentimentanalyse. In diesem Bereich kann die künstliche Intelligenz ebenso helfen, eine Auswertung der Investitionshaltung (der aktuellen Nachfrage) an einzelnen Aktientiteln oder Branchen und Bereichen zu tätigen.[17] Hierbei liegt jedoch die Besonderheit der künstlichen Intelligenz darin, selbstständig die Generierung, Clusterung und Musterbildung der Daten vorzunehmen und dadurch Informationen zu entwickeln, sowie diese gezielt einzusetzen. Technologien, welche hierbei bereits eingesetzt werden sind sogenannte Web Crawler oder Natural Language Processing (NLP). Hierbei kann erwähnt werden, dass diese Technologien bereits eingesetzt werden, jedoch durch die Integration der künstlichen Intelligenz einen deutlich erfolgreicheren bzw. effizienteren Einsatz ermöglichen.

---

[15] Exchange Traded Funds (ETF) sind Publikumsfonds, die an einer Börse gehandelt werden. Sie stellen i. d. R. eine Abbildung bereits bestehender Indizes dar.
[16] Vgl. Kaya, O. (2017).
[17] Vgl. Estably Vermögensverwaltung AG.

Mit der Weiterentwicklung bestehender Technologien (in Bezug auf künstliche Intelligenz) in diesen Bereichen besteht in einer nicht zu futuristischen Betrachtung die Möglichkeit, eine sehr hohe Anzahl der Einflüsse, welche auf den Finanzmarkt einwirken, zu erfassen und auszuwerten. Hierbei könnte sich der Fokus sehr stark in die Investorenstimmung richten und weniger in Bereiche der fundamentalen Analyse. Der aktuelle Stand, welcher ein Training bzw. ein noch immer vorgegebenes Resultat auf eine bestimmte Aktion (Kauf, Verkauf, allgemeines Investment, Umschichtung des Portfolios) verlangt, könnte sich sehr stark ändern. Durch eine intelligente Clusterung von Daten können noch nicht erfasste Einflussfaktoren oder Indikatoren ermittelt werden und dahin gehend einen erheblichen Vorteil einer Echtzeitberatung und vor allem der Verwaltung durch einen Roboadvisor statt eines analogen Beraters vorziehen, gerade dann, wenn der Einfluss aus einer langen Verkettung von Ereignissen besteht. Der Gedanke an ein vollautomatisiertes System, welches nach „optimiertem" menschlichem Handeln in Echtzeit Wertpapierkäufe und -verkäufe vornimmt, stellt jedoch auch in einer futuristischen Betrachtung noch eine sehr gewagte Aussage dar. Ebenso sind bei solchen Systemen Gedanken einer Marktmanipulation vorherrschend. So könne ein solches System (welches ein Echtzeitwissen aufweist) durch gezielte Käufe und Verkäufe eine Marktmanipulation vornehmen und die Preise und Kurse selbst beeinflussen. Ein solches System würde demnach von einer Regulierungsbehörde nach aktuellem Stand keine Zulassung bekommen und folglich die Grenze des zukünftig Möglichen darstellen.

Welche Erwartungshaltung jedoch in Zukunft an eine digitalisierte (Robo-)Beratung gestellt werden kann, befindet sich in einem subjektiveren Angebot bzw. einer Auswahlmöglichkeit. Während die bereits erläuterte erweiterte Informationsbeschaffung für Unternehmen und Marktsituationen bereits zu Teilen etabliert ist, kann jene auf den Bereich des „zu Beratenden" übertragen werden. So könnte hierbei die KI helfen, benutzerbezogene Daten auszuwerten und zielgerichtet in die Investitionsabsicht miteinzugliedern, beispielsweise durch Auswertung von Profilen in sozialen Netzwerken, IOT-Geräten oder Smartphones. Neben einer Renditeabsicht können hierdurch weitere subjektive Einflüsse des Kunden, welche für ihn selbst unter Umständen noch gar nicht wahrgenommen wurden, eingesetzt werden. Lässt beispielsweise die Auswertung erkennen, dass der Nutzer einen nachhaltigen Lebensstil priorisiert, Autoliebhaber ist oder ein sonstiges Wunschverhalten aufweist, können gezielte Investments in Unternehmen dieser Bereiche stattfinden. In der praktikabelsten Art kann diese Auswertung dem Kunden mit gezielten Investmentvorschlägen ohne menschliches Zutuen erfolgen.

Die Abb. 6.2 stellt einen vergleichenden Überblick zu möglichen Einflussfaktoren bzw. Inputs und möglichen Realisationen des daraus resultierenden Portfolios dar.

In der Versicherungsbranche herrscht gleichermaßen ein Wechsel zur digitalen und automatisierten Beratung vor. Jedoch ist dieser Wandel sehr stark an die eigentliche Beratung gekoppelt, welche via Chatbots und Sprachdialogsysteme durchgeführt wird. Dahin gehend erfolgt eine Betrachtung im nachfolgenden Kapitel.

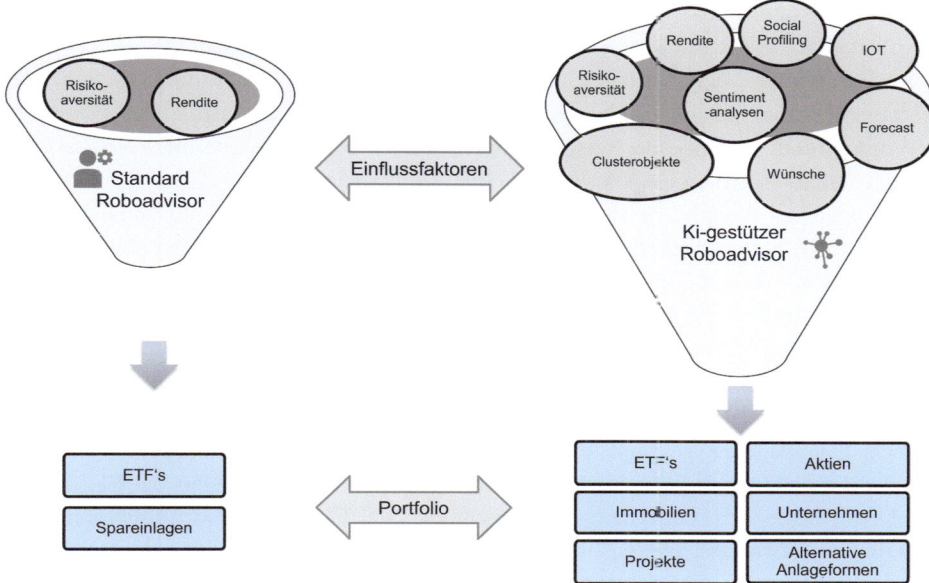

Abb. 6.2 Wie künstliche Intelligenz die Roboadvisory verändern kann

6.5.2 Chatbot und Sprachdialogsysteme (Interactive Voice Response)

Chatbots und Sprachdialogsysteme (im weiteren Verlauf nicht unterschieden) stellen eine Software dar, welche sowohl textuell als auch auditiv natürlichsprachliche Fähigkeiten aufweist. Sie interagiert mit dem Kunden um Anfragen beantworten und verarbeiten zu können.[18]

Im Best Case-Szenario ist es dem Kunden hierbei nicht möglich zu erkennen, ob er bei einem Mitarbeiter der Versicherung oder aber einem Chatbot sein Anliegen hervorbringt. Dieses hochentwickelte Stadium der Chatbots besteht seit Längerem (2013 wurde bei einem Wettbewerb ein Chatbot entwickelt, welcher bereits 33 % der Anwender einen menschlichen Gegenpart vortäuschen konnte). Seitdem ist sowohl die Verbesserung der Chatbots als auch die Verbreitung jener kontinuierlich gestiegen. Dies ist auf die immer größer werdenden Datenbestände, auf die verbesserten Trainingsmethoden und die stetig besser werdenden Technologien, wie das bereits erwähnte NLP, zurückzuführen. Hierbei greifen die Chatbots auf bestehende und stetig wachsende Datenbanken zurück, welche mithilfe von KI- und Big Data-Technologien deutlich ausgeweitet werden können und

---

[18] Vgl. Bendel, O. (2018).

sowohl über personalisierte als auch standardisierte Daten verfügen. Somit kann die Steigerung der „erfolgreichen" Konversationen deutlich erhöht werden.[19]

Im Bereich der Versicherungen finden Chatbots eine hohe Verbreitung. Es steht hierbei unter anderem die ständige Verfügbarkeit des Bots und die Entlastung der Mitarbeiter im Vordergrund. Interessante Beispiele hierfür bieten beispielsweise die Versicherungsgesellschaften der Allianz, AXA, Helvetia oder Lemonade.[20]

Ein weiteres Beispiel in der Versicherungsbranche stellt die Inter Versicherungsgruppe bereit. Sie nutzt den Chatbot EVA, welcher auf der künstlichen Intelligenz von IBM (Watson) basiert. Er ist im Bereich der Zahnzusatzversicherung eingesetzt und soll außerordentlich hohe Erfolge in Form von Steigerung der Neuabschlüsse verbuchen. Nicht vollständig, jedoch zu 70 %, wurden die Abschlüsse im Testzeitraum ohne menschliches Zutuen verbucht.[21]

In dem Bereich der Chatbot Nutzung ist, wie eingangs bereits erwähnt, vermehrt von Fintech Unternehmen geprägt. Hierzu kommt im Bereich der Finanzdienstleistungsbranche, besonders jedoch in dem Bereich der Versicherungen, vermehrt die Gegebenheit des Direktvertriebs[22] zum Tragen. Unternehmen, welche den Direktvertrieb ihrer Versicherungen vorwiegend über das Internet anbieten, haben diesbezüglich einen ganz anderen Anreiz Technologien dieser Art zu nutzen. Wird beispielsweise das Versicherungsunternehmen Lemonade betrachtet (welches nach eingänglicher Betrachtung als FinTechstandard gewertet werden kann), wird der technische Stand dieser (KI) Chat-bots ersichtlich. Der Chatbot Maya führt den Nutzer von der Beratung bis zum Abschluss des Vertrages vollautomatisiert durch die einzelnen Schritte bis zum Abschluss der Versicherungspolice. Der Nutzer erhält hierbei jedoch nur nach Abfrage eines Fragebogens eine Versicherungspolice aus dem bestehenden Portfolio zugeordnet. Der Individualisierungscharakter einer solchen Police wird aus strukturellen Gründen im Abschn. 6.6.2 aufgefasst.

Im Bereich der Banken stoßen die Ideen, Chatbots zu nutzen, gleichermaßen auf großen Anklang. Auch wenn jener noch spärlich genutzt scheint, kann der Bedarf, intelligente Chatbots zu nutzen, dennoch vermerkt werden. Als ein Praxisbeispiel ist hierbei die Sparkasse mit dem Chatbot der App KWITT zu nennen, welcher „auf einer niedrigen Stufe" agiert und in der Kundeninteraktion einzelne Dienstleistungen wie Geldanfragen oder Moneypools unterstützt.[23,24] Der umfänglich bekannte Chatbot Mia

---

[19] Vgl. Gentsch, P. (2019, S. 97–102).

[20] Vgl. Barel, Y. (2019).

[21] Vgl. Brandao, I. (2019).

[22] Der Vertriebsweg des Direktvertriebs in der Finanzdienstleistungsbranche stellt den ausschließlichen Vertrieb über alternative Vertriebswege wie Telefon, Internet oder „anderweitige Maklerportale" dar. Dies bedeutet, dass das Unternehmen keine stationären Filialen oder Verkaufs- und Beratungsstellen einsetzt.

[23] Vgl. Brandao, I. (2019).

[24] Vgl. Peters, A. et al. (2019, S. 43).

wird ebenfalls bei vielen verschiedenen Banken und Kreditinstituten eingesetzt um beispielsweise (noch) standardmäßige „FAQ" Fragen zu beantworten.[25] Das Cognitive Banking, also die bessere, bis hin zur völlig personalisierten Customerexperience anhand selbstlernender Systeme (KI-Systeme), wird hierbei als nahendes Zukunftsziel angegeben.[26]

Da es sich in der Bank und der Versicherungsbranche zum einen um kritische Produkte im Sinne von Personen betreffend und zum anderen der Aspekt der Dienstleistungsbranche einen wichtigen Standpunkt einnimmt, muss hier ein hoher Standard erreicht werden. Andernfalls könnten bei Kunden durch eine schlechte Funktion Unzufriedenheit und Verärgerung hervorgehoben werden. Gängige Sprachassistenten wie Siri, Alexa und Co. sollten hierbei den Mindeststandard aufwerfen.

In einer zukünftigen Betrachtung könnten ebenda solche Sprachassistenten in Kombination mit weiteren Geräten, welche eine Mensch-Maschine Interaktion aufweisen, zur Optimierung der eingesetzten Chatbots genutzt werden. Es wäre demnach ein enormes Aufkommen an Daten, Informationen und Wissen vorhanden, welches anhand von Big Data und künstlicher Intelligenz zu einer sehr hohen Funktionalität der Chatbots und Sprachdialogsysteme führen könnte. Ebenso denkbar wäre eine monopolistische oder oligopolistische Marktsituation im Bereich der Chatbots. Somit könnte sich das „beste System" (an die Branche bzw. den Nutzen angepasst) etablieren und durch den höheren Durchfluss, dem höherrangigen Training (mittels KI) einer exponentiellen Verbesserung unterliegen.

6.5.3 Robotic Desk Automation (RDA)

Ein weiterer Einsatz von Chatbots in der Finanzdienstleistungsbranche ist jedoch nicht nur in der Betrachtungsweise der Maschine zu Kunde Interaktion, sondern ebenso auch in der Maschine zu Mitarbeiter/Berater Interaktion. Diese stellen somit, ähnlich der „Kundenversion", Hilfestellungen zu angeforderten Fragen und Lösungsoptionen bereit. Weiterhin muss dieses jedoch nicht in der klassischen Sprach- oder „Chat"-Version, sondern auch in direkter Angebotsunterstützung (Stichwort: „Next best offer") bzw. direkten Handlungsempfehlungen erfolgen. So können beispielsweise aus mehreren Programmen und Datenbanken passende Informationen für den Berater zur Verfügung gestellt werden, um diesem eine noch personalisiertere Angebotserstellung in Echtzeit zu ermöglichen. Dies können beispielsweise alte Transaktionsdaten oder andere Personendaten des Kunden sein. Weitere „Low-Level"-Systeme können hierbei ebenso Tätigkeiten wie simple „Auto fill in's" tätigen.[27]

---

[25] Siehe Volksbank Vetcha; Oberbank und weitere Institute.
[26] Vgl. Brandao, I. (2019).
[27] Vgl. Barel, Y. (2019).

Interessant stellt sich hierbei die Zukunftserwartung für Systeme dieser Art heraus. Während hierbei Gedanken einer Optimierung solcher Systeme in Betracht gezogen werden könnten, ist ebenso der überwiegende Wechsel in chatbotgestützten Selfservice möglich. So kann durch einen voll umfänglich funktionierenden Chatbot der Berater ersetzt werden und Entwicklungen in diesem Bereich zum Erliegen bringen. Da hier ein Trend zum chatbotgestützten Selfservice erkennbar ist bzw. im Bereich des Backoffice eine vollständige Automatisierung von Prozessen vgl. RPA Abschn. 6.6.1 angestrebt wird, ist mit einer solchen Entwicklung zu rechnen.

6.6 Interne Prozesse der Finanzdienstleistungsbranche

Sowohl bei den internen Prozessen von Banken als auch von Versicherungen besteht für die künstliche Intelligenz ein enormes Potenzial zur Nutzung. Einen diesbezüglich sehr hohen Stellenwert nimmt unter anderem die Automatisierung bestehender Prozesse ein, welche respektive unter der Technologie der Robotic Process Automation beschrieben wird. Ein weiterer Aspekt, in welchem die künstliche Intelligenz eingesetzt werden kann, befindet sich in der Individualisierung der Verträge und Policen der Kunden. Durch weitere Technologien wie Big Data, das Internet der Dinge (IoT), Analysen von Social Media oder Onlinehändlern besteht ein enormes Aufkommen an personalisierten Daten der Kunden und potenziellen Kunden, welche für die vertragliche Gestaltung einen hohen Mehrwert bieten können. Einen weiteren Bereich, welcher den internen Prozessen zuordenbar ist und in dem die KI einen enormen Mehrwert bieten kann, ist die Betrugs- und Fehlererkennung. Durch jene werden gänzlich neue sowie automatisierte Formen und Systematiken ermöglicht und angepasst. Einen weiteren Bereich, welcher der internen Prozesslandschaft zugeordnet werden kann, ist der jener der Regulatorik. Gerade in der Finanzdienstleistungsbranche herrscht diesbezüglich ein hoher externer Zwang und interner Drang zum Reporting und der Risikobewältigung. Insbesondere das Credit Scoring und Credit Rating bilden hierbei interessante Ansatzpunkte bezüglich der Technologie der künstlichen Intelligenz.

6.6.1 Prozessautomatisierung anhand von Robotic Process Automation

Wie bereits mehrmals erwähnt, findet der Einsatz der Robotic Process Automation (RPA) ebenso in der Finanzdienstleistungsbranche statt. Bei der RPA handelt es sich um Softwaretechnolgie, welche sowohl Back-Office als auch Front-Office Prozesse automatisiert durchführen kann. Oftmals werden sie auch als Softwareroboter oder auch nur als „Bots" bezeichnet. Einer der Benefits dieser (nicht physischen) Roboter liegt darin, dass sie nicht in eine bereits bestehende Softwarelandschaft eingegliedert werden müssen, sondern die menschliche Eingabe imitieren.[28]

Der Softwareroboter lernt demnach die Vorgehensweisen des Prozesses durch Beobachtung (Welche Eingaben tätigt der Sachbearbeiter? Welche Felder werden wann angeklickt? Wie wird eine ankommende Email verarbeitet?) und führt jene nach dem Erlernen und Anpassen durch den Mitarbeiter selbstständig durch. Im aktuellen Einsatz sind diese Softwareroboter für weniger komplexe und repetitive Tätigkeiten eingesetzt. Wenn hierbei einige der internen Prozesse der Banken und Versicherungen betrachtet werden, stellen diese ein optimales Einsatzgebiet diesbezüglich dar. So stellen bei Banken beispielsweise Kreditkartenabrechnungen, Kontoeröffnungen, Pfändungseingänge, Hypothekenkreditvergaben, Bonitätsprüfungen, Kündigungsbearbeitungen usw. einen hohen repetitiven und weniger komplexen Anteil der Tätigkeiten dar.[29,30]

Wird nun die Versicherungsbranche betrachtet, fallen spezifisch die Beispielprozesse der standardisierten Bearbeitung von Versicherungsschäden, die Anpassung von Policen, Konvertierung von Brokermeldungen (des Versicherungsmarktes), der Abschluss von Neuverträgen sowie die Bearbeitung zur Kündigung an.[31,32]

Ebenso sind sowohl in den Banken, als auch in der Versicherungsbranche standardisierte Prozesse im Bereich des Meldewesens an regulierende Behörden im Tagesgeschäft verankert, welche dementsprechend ebenso einer Nutzung unterliegen können.

Unter diesem Aspekt ist Nutzung von Technologien des Spektrums der künstlichen Intelligenz im Standardprozess als weniger notwendig zu erachten. Erfolgt jedoch die Betrachtung von Abweichungen des Standardprozesses oder Standardformen, bietet der Einsatz der künstlichen Intelligenz in der Kombination bzw. innerhalb der RPA-Tools einen erheblichen Vorteil. So kann die künstliche Intelligenz beispielsweise helfen, unstrukturierte Texte und Dateien zu strukturieren und in das „Schema F" zu bringen. Hierdurch können somit Prozesse mit einem höheren Komplexitäts- und Individualitätsgrad mittels RPA durchgeführt werden.[33]

Da hierbei gerade für die Versicherungsbranche in vielen Bereichen (wie bspw. Schadenmeldungen, Bescheinigungen, Abgleich von Angaben usw.) Prozesse vorherrschen, welche einen hohen Anteil an wiederholenden Tätigkeiten, jedoch auch vereinzelten Individualcharakter aufweisen, bietet sich der Einsatz der Technologien der KI auch hier an.[34]

---

[28] Vgl. Bartscher, T. (2019).
[29] Vgl. Allweyer, T. (2016, S. 4).
[30] Vgl. Hess, N. (2017).
[31] Vgl. Safar, M. (2018).
[32] Vgl. Allweyer, T (2016, S. 4).
[33] Vgl. Hess, N. (2017).
[34] Vgl. Versicherungswirtschaft-heute (2020).

In der Abb. 6.3 wird eine Veränderung des Einsatzes der Robotic Process Automation dargestellt, welche durch die Einbindung der künstlichen Intelligenz ermöglicht werden kann.

In dieser Zukunftsbetrachtung wird diesbezüglich, auch in der Literatur verankert, die Frage aufgeworfen, ob es sich demnach noch um RPA handelt oder die kognitiven Fähigkeiten eine Betitelung dieser Technologie als Cognitive Automation als passender befunden wird.[35],[36] In dieser Ausführung wird dies jedoch nicht weiter betrachtet. Generell kann jedoch gerade im Finanzdienstleistungssektor, welcher in der jüngsten Vergangenheit einem hohen Personalabbau unterlag (und weiterer nicht abwegig scheint), die Zukunft von solchen Technologien bestimmt werden. FinTechs und Unternehmen mit Direktvertrieb sind hierbei als Vorreiter anzusehen und üben einen enormen Kostendruck auf die traditionellen und wenig digitalisierten Kompetitoren aus. Mit dem Einsatz der KI in Verbindung zur RPA besteht die Möglichkeit einer weiteren merklichen Personaleinsparung und diesbezüglicher Kosteneinsparung für die Unternehmen, welche es unter Umständen zu nutzen gilt.

6.6.2 Individualisierte und personalisierte Vertragsgestaltung

In einer allgemeinen Betrachtung des kommerziellen Handels von Waren und Dienstleistungen wurden durch den technologischen Fortschritt, insbesondere durch den Zweig des E-Commerce, Erwartungshaltungen und Maßstäbe der Kunden neu definiert. Personalisierte Angebote, Empfehlungen und Hilfestellungen, wie sie beispielsweise bei Onlinehändlern oder Streamingdiensten bereits etabliert sind, stellen somit auch in anderen Bereichen den gewünschten Status Quo dar. Der Kunde, gleichgültig der Banken- oder Versicherungsbranche, wünscht sich ebenso eine personalisierte „Behandlung". Während die bereits beschriebenen Chatbots (in der „KI" gestützten Variante) eine personalisierte Kommunikation erfüllen können, muss das Angebot selbst ebenso einen individualen Charakter aufweisen. Die Schlüsselkomponente hierfür liegt in der Auswertung der Kundendaten.[37]

Hierbei kann in einer ersten Betrachtung (wie anfänglich erläutert) die sehr große Datenmenge, welche durch eigene Transaktionen und Kundendaten (nach „Erlaubnis des Kunden") bereits erhoben wurde, genutzt werden. So können Banken beispielsweise die Transaktionsdaten (insbesondere die Kontobewegungen bei Banken) nutzen um Crossselling-Angebote zu generieren oder personalisierte Kredite anzubieten (individualer Zins).[38] Um jedoch eine Vielzahl dieser Daten erheben und optimal

---

[35] Vgl. Allweyer, T. (2016, S. 8).
[36] Vgl. Safar, M. (2019).
[37] Vgl. Brackert, T. (2018).
[38] Vgl. Brackert, T. (2018).

Aktuelle Einsatzbereiche der KI innerhalb des Finanzdienstleistungssektors

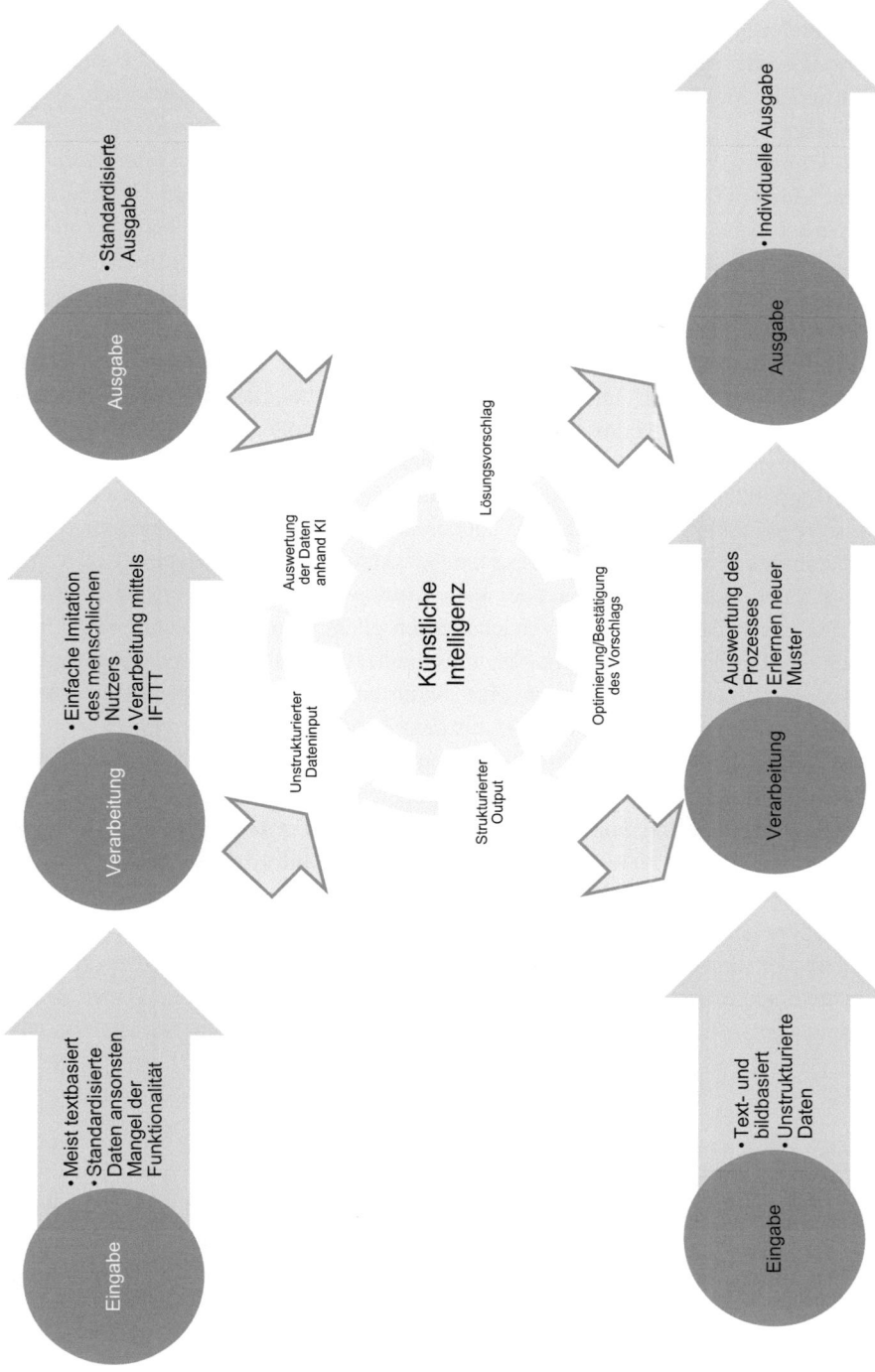

Abb. 6.3 Einfluss der KI auf die Robotic Process Automation

auswerten zu können, werden die entsprechenden Technologien der künstlichen Intelligenz und Big Data benötigt. Durch Machine- und Deep-Learning, insbesondere jedoch im Bereich von bekannten Informationen durch Technologien der Big Data, können Kundenwünsche und Kundenanliegen identifiziert und angemessen darauf reagiert werden.

Weiter können jedoch auch externe Daten, sofern sie Personen oder „äußerst" granularen Kundengruppen zugeordnet werden, hierzu genutzt werden. Datenquellen können hierbei beispielsweise auch Smartphones oder IOT Geräte sein. So besteht unter anderem ein Potenzial in der Auswertung von Bewegungsprofilen, Surfverhalten, Appnutzung, Einkaufsprofilen bei Onlinehändlern, Social Media oder Fitnessinformationen (von Wearables).[39]

Diese Daten können aufgrund des größeren Angebotportfolios, insbesondere bei Versicherungen, genutzt werden. Interessant gestaltet sich hierbei, dass sowohl die Nutzung von Fitnesstrackern bei Lebensversicherungen als auch sogenannte Telematiktarife[40] bereits bei Versicherungen diskutiert und eingesetzt werden.[41] Hierbei besteht zum einen die Möglichkeit dem Kunden eine individualisierte Police zu ermöglichen für beispielsweise regelmäßige Bewegung oder „angemessenes" Fahren. Zum anderen werden weitere Daten bei den Unternehmen gesammelt, welche wiederum ausgewertet werden können, um individualisierte Policen oder auch Verträge in anderen Bereichen zu ermöglichen. Wird nun bedacht, dass die Versicherungen einen enormen Dateninput zu ihren bereits bestehenden Datensätzen erhalten, muss nahezu zwangsläufig eine Auswertung mit KI vorgenommen werden. Durch eine Sammlung dieser gesamten Datenmenge können ebenso völlig andere Erkenntnisse aus dem Kunden gezogen werden.[42]

In einer zukünftigen Betrachtung könnten somit sämtliche Datenströme dem Kunden zugeordnet und in einer zentralen Datenbank gespeichert werden. Anfänglich sind hierbei beispielsweise logische und weniger „spektakuläre" Formen möglich. So könnte zum Beispiel durch den Fitnesstracker des Kunden die Information genutzt werden, dass er beispielsweise zwar sehr sportlich ist (hoher Bewegungsanteil), jedoch anhand seines örtlichen Bewegungsprofils auch sehr oft in einer Trinklokalität verweilt. Weiter wird anhand des Bewegungsprofils des Nutzers der Versicherung die Bewegung zum Zigarettenautomat oder zum Fastfood Restaurant zugänglich gemacht. Diese ermöglicht beispielsweise bereits in „wenig umfangreicher Weise" eine personalisierte Versicherungspolice.

---

[39] Vgl. Kruse Brandão, T. und Wolfram, G. (2018, S. 7 f. und 27–38).

[40] Bei Telematiktarifen (oft auch Pay-How-You-Drive genannt) handelt es sich um KFZ-Versicherungstarife, welche dem Versicherungsunternehmen die Möglichkeit bieten, das Fahrverhalten der Nutzer zu analysieren (als Hardware werden hierbei GPS Sensorik im KFZ verbaut). Der Versicherung wird es hierbei ermöglicht, die Prämien an das Fahrverhalten des Fahrers anzupassen.

[41] Vgl. Koida, A. und Weber, R. (2020).

[42] Vgl. Kruse Brandão, T. und Wolfram, G. (2018, S. 485–487).

In Verbindung mit der künstlichen Intelligenz, insbesondere im Bereich der Clusteranalysen, können hierbei zwischen Kunden vorher ungeahnte Relationen und Korrelationen ausfindig gemacht werden, welche der Versicherungsgesellschaft helfen, dem Kunden personalisiert oder ebenda in einem gewissen Cluster individualisierte Angebote zu erstellen. Wird hierbei sogar die Möglichkeit einer zentralisierten Datensammlung von Personendaten, welche von mehreren Unternehmen gespeist werden könnte, betrachtet, könnten noch individualisiertere und personalisiertere Angebote und Dienstleistungen in mehreren Bereichen angeboten werden. Hierbei sollten die bereits vorherrschenden Bedenken von „Verschlechterungen" zur kollektiven Preisgestaltung jedoch erneut hervorgehoben werden.

6.6.3 Betrugserkennung (Fraud Detection) und Fehlerkorrekturen

Einen weiteren Bereich in welchem die künstliche Intelligenz bereits Einzug gehalten hat, liegt in der Betrugserkennung. Die künstliche Intelligenz kann in der Finanzdienstleistungsbranche beispielsweise bei Kreditkartenbetrug oder bei Versicherungsbetrug eingesetzt werden.

Wird der Versicherungsfall hier als solcher betrachtet, wird die Popularität des Einsatzes intelligenter Technologien hierfür stark ersichtlich. Viele Schadensfälle von Versicherungen und Schadensdatenbanken weisen Daten in unstrukturierter Form auf (zu Teilen jedoch auch strukturierte Daten, für welche sich die Technologie der RPA eignet, siehe Abschn. 6.6.1). Oft werden jedoch auch bei dem strukturierten Teil der Schadensmeldung Felder ausgelassen oder auch Freitextfelder von Bearbeitern und Kunden genutzt. Weiterhin befinden sich zwangsläufig unterschiedliche Bilder und (graphische) Darstellungen des Schadens im „Versicherungsfall". Ebenso ist sowohl eine ungleiche Rate an Betrugs- und Nichtbetrugsfällen vorhanden sowie eine hohe Anzahl an Bestätigungen von Betrugsfällen. Dies erschwert es Systemen ohne Nutzung von künstlicher Intelligenz und statistischen Modellierungsmethoden Trainings durchzuführen.[43]

Einflussfaktoren und bereits eingesetzte Systematiken sind beispielsweise das Setzen von Identifizierungsmerkmalen von beschädigten Teilen und Elementen auf Bildern von Schadensmeldungen (analog eines Fingerabdrucks). Eine optische Belegprüfung um gefälschte Dokumente und Belege zu identifizieren können solche Methoden ergänzen.[44]

Wird hierbei der Bereich von Betrugserkennung bei Kreditkartenbetrug und Geldwäsche (Stichwort „Know-your-Customer") betrachtet, können beispielsweise ebenso verschiedene Korrelationen und Relationen von Zahlungsanweisungen schnell Systeme ohne künstliche Intelligenz überfordern. Das Erkennen von Mustern und Verbindungen

---

[43] Vgl. Kögel, H. und Spindler, M. (2020, S. 4–6).
[44] Vgl. Dokter, N. (2018).

kann hierbei den exklusiven Mehrwert generieren, den ein weniger intelligentes System nicht bieten kann.

So könnte ein System exemplarisch die Korrelation feststellen:

> „Wenn von einer Kreditkarte eines deutschen Kunden, ohne dass diese anwesend ist, im Ausland und nach 18:00 Uhr eine Transaktion durchgeführt wird, handelt es sich zu 80 Prozent um einen Betrugsfall."

In diesem Beispiel sind entsprechende Überprüfungen von Login Verhalten, Zahlungsmodalitäten oder persönlichen Daten entsprechende Komponenten, welche hierzu ausgewertet werden müssen. Wird diesbezüglich ein Transfer von einer Betrugserkennung zu einer Betrugsprävention geschaffen, wird dementsprechend der Bedarf der Echtzeitfähigkeit aufgeworfen.[45]

Selbstverständlich muss hierfür ein erhöhter Durchlauf an Trainings durchgeführt werden um eine entsprechende Sicherheit und Treffgenauigkeit zu erhalten. Ebenso müssen die bestehenden Systeme zur Optimierung des bestehenden Prozesses ständig durch neue Variablen erweitert werden.[46] So muss beispielsweise besonders im Bereich der Geldwäsche eine hohe Anzahl an Variablen und Einflussfaktoren vorliegen um Verbindungen von Überweisendem und Empfangendem zu erhalten. Hierbei sind dementsprechend auch die besondere Betrachtung von Personendaten möglich und nötig, welche beispielsweise auch durch Tracking im Web oder Social Media Profilen generiert werden können.

Bei dem Einsatz solcher Software können jedoch auch aus Kundenperspektive Ansprüche erhoben werden. So kann bei Nutzung solcher Software, insbesondere bei Echtzeitsystemen, eine Erwartungshaltung vorliegen, dass keine Einschränkungen für den Kunden vorherrschen. Der Kernaspekt der Customer Experience liegt in der Performance[47], auch wenn im Finanzdienstleistungsbereich für Sicherheitsmaßen vermutlich eine höhere Bereitschaft zu Abstrichen diesbezüglich gemacht werden kann (vgl. Nutzung von Zwei-Faktor-Authentifizierungsmethoden). Allgemein betrachtet könnte sich jedoch der digitale User stark eingeschränkt fühlen, wenn er Wartezeit zur Betrugsüberprüfung oder gar eine Betrugsmeldung bei einer regulären Transaktion erhält. Dies erhebt ebenso die Bedeutsamkeit der Trefferwahrscheinlichkeit der internen Systeme.

Werden Systeme zur Fehlerkorrektur betrachtet, ergeben sich gleiche Systematiken und Methoden wie bei jenen der Betrugserkennung. Der Logik nach erkennt ein System, welches die Befähigung besitzt einen Vorsatz zu erkennen, auch versehentliche Eingaben oder Transaktionen. Folglich wird in dieser Betrachtung keine gesonderte Darstellung angegeben. Hierbei ist jedoch zu erwähnen, dass der praktikablere Bereich der Fehlererkennung ebenso in der Automatisierung der Korrektur vorherrscht und dahin

---

[45] Vgl. Dokter, N. (2018).
[46] Vgl. Kögel, H. und Spindler, M. (2020, S. 7).
[47] Vgl. Kreuzer, R. (2018, S. 97–99).

gehend ebenso in den Anwendungsbereich der RPA eingegliedert werden kann (siehe Abschn. 6.6.1).

In einer zukünftigen Betrachtung ist hierbei ebenso mit einer enormen Verbesserung der Prozesse durch die weitere Einbindung von künstlicher Intelligenz in bereits bestehende, als auch die Entwicklung neuer Systeme zu erwarten.

6.6.4 Einsatz KI in der internen und externen Regulatorik (Compliance)

Gerade in der Finanzdienstleistungsbranche herrscht durch die verschiedenen Auflagen der BaFin, des Basler Ausschusses für Bankenaufsicht (aktuell Basel III und IV), der EZB oder EU (Solvency II) eine hohe Regulatorik, insbesondere im Bereich des Risikomanagements. Es werden hierbei unter anderem maximale Risiken und Kapitalausgleiche (Eigenkapitalhaltung) der Banken- und Versicherungen gefordert. Hierbei ist im Bereich der Banken besonders die Vergabe von Krediten im B2C aber auch im B2B, also Privat- und Unternehmenskredite, betroffen. Die Banken sind hierbei verpflichtet, neben den standardisierten „Know-Your-Customer" Abfragen, weitere „Credit Scorings" oder „Credit Ratings" durchzuführen.[48] Hervorzuheben sind hierbei jedoch nicht alleinig die externen regulatorischen Anforderungen, sondern auch die internen Anforderungen an den Kunden, welche ein komplettes Abdecken des Bereichs der Compliance darstellt.

Zwar sind die Verfahren von den einzelnen Banken und Versicherungsunternehmen individuell gestaltbar, stellen jedoch oftmals überwiegend standardisierte Verfahren dar. Ebenso ist das Scoring des Kunden auch aus externer Quelle (wie bspw. der Schufa) möglich.

Neben diesen regulatorischen Anforderungen sollte bei der Kreditvergabe bedacht werden, dass ein Kreditausfall i. d. R. mit einem Verlust für das Kreditinstitut einhergeht und somit ein gutes Scoring nicht zuletzt als eigenes Interesse zu werten ist.

Hierbei stellen sich mehrere der bereits erwähnten Technologien als interessante Ergänzungen oder Neuentwicklungen der bestehenden Verfahren heraus. So können beispielsweise durch Big Data und (selbstlernende) künstliche Intelligenz die Bereiche der Überwachung und Implementierung neuer Anforderungen sowie die Kundensegmentierung integriert werden.[49] Der entscheidende Faktor wird dementsprechend als „Kennen des Kunden auf dem Globalen Markt" bezeichnet. So sind, wie bereits bei vielen anderen erläuterten Einsatzbereichen, Social Media Seiten, Browseranalysen,

---

[48] Credit Scorings und Credit Ratings sind Bewertungsmethoden und Bewertungsverfahren um Kreditrisiken (Ausfallrisiko) bei Privatpersonen oder Unternehmen anhand verschiedener Kriterien zu bestimmen.
[49] Vgl. Deloitte GmbH (2019, S. 20–28).

Zahlungs- oder Kaufverhalten, Datenquellen, welche für das Scoring genutzt werden können.[50]

Aus diesen Datenquellen können sowohl bestehende Muster der Kundensegmentierung optimiert, als auch neue Muster entdeckt werden. Somit kann als Nebeneffekt für die Banken ebenso eine individuellere Preisanpassung (Zins) erfolgen (vgl. Abschn. 6.6.2). Eine ähnliche Anwendung kann ebenso im Bereich der Bewertung der Kreditwürdigkeit von Unternehmen erfolgen, wobei hierbei der primäre Fokus im Bereich der Automatisierung des Prozesses (vgl. Abschn. 6.6.1), zumindest in nahender Zukunft, realisierbarer scheint. Wird hierbei die externe Pflicht zum Reporting (monatliche und jährliche Risikoeinschätzung) hinzugezogen, wird sowohl die Bedeutsamkeit der genaueren Informationen als auch der Verbesserung der Systeme bewusst. Für das digitalisierte (und technologiegestützte) Reporting wird, wenn auch noch in unspezifischer Definition der Funktionsweise, die Begrifflichkeit RegTech genutzt, um Unternehmen, welche Software in diesem Bereich anbieten, zu bezeichnen.[51]

Wenn man andere Unternehmen der Finanzdienstleistungsbranche wie beispielsweise Factoring-Unternehmen oder Zahlungsdienstleister betrachtet, stellt sich ebenso für diese eine hohe Relevanz dieser Thematik hervor, da deren kritischen Prozesse gleichermaßen von Kreditwürdigkeit und dem Ausfallrisiko der Konsumenten (Kunden) betroffen sind.

Im Bereich der Versicherungsunternehmen können analoge Gestaltungen und Einsatzgebiete im Bereich der Durchführung und Einhaltung von Compliance Richtlinien erfolgen.

In einer zukünftigen Betrachtung stellt dieser Bereich einen mindestens paritätischen Einflussfaktor zu den anderen Einsatzgebieten der künstlichen Intelligenz in der Finanzdienstleistungsbranche dar. Die Kombination der intelligenten und auch automatisierten Durchführung im Bereich des Reportings und der regulatorischen Anforderungen werden die Finanzdienstleistungsbranche zu einer enormen Kosteneinsparung verhelfen können bzw. es allgemein überhaupt ermöglichen, die stetig steigenden Anforderungen in diesem Bereich zu erfüllen.

6.7 Weitere Optionen für KI gestützte Prozesse in der Finanzdienstleistungsbranche

In einer allgemeinen Betrachtung lässt sich nahezu sämtliche Softwaresysteme, mit welchem ein Mensch interagiert, mit künstlicher (kognitiver Intelligenz) automatisieren. So liegt beispielsweise ein weiteres Anwendungsgebiet der Bankenbranche

---

[50] Vgl. Engel, C. (2017).
[51] Bundesanstalt für Finanzdienstleistungsaufsicht.

im Wertpapierhandel in der Form des Sekundentradings[52] vor. Da in dieser Strategie der Trader schnelle Informationen benötigt und mehrere Käufe und Verkäufe (auch Leerverkäufe) vornehmen muss, eignet sich hierbei ebenso die Automatisierung anhand künstlicher Intelligenz. Da Banken und Broker generell einen hohen und „ad hoc" Informationsstand bezüglich börsengehandelter Wertpapiere aufweisen (i. d. R. höher und schneller als der „Privattrader"), bietet sich ein bankgesteuertes Produkt an. Ein KI System könnte demnach schneller als ein Trader und deutlich profitabler agieren als ein menschliches Lebewesen. Hierbei können jedoch die Probleme der Marktmanipulation durch solch gesteuerte Systeme, wie sie bereits beim Bereich der Roboadvisory (Abschn. 6.5.1) thematisiert wurden, entstehen. Ein mögliches Angebot seitens des Banken-/(FinTech-)marktes wäre hierbei eine Software, welche KI-gestützte Auswertung von Daten vornimmt und dem Nutzer in Echtzeit Informationen zu möglichen Marktbewegungen geben könnte.[53]

Ein weiteres Einsatzgebiet der KI im Bankensektor kann in einer eventgesteuerten Auslösung von Transaktions- oder Authentifizierungsverfahren anhand biometrischer Merkmale ausfindig gemacht werden. Weiterer potenzieller Einsatz wird in der Auswertung von Log-Daten (im Sinne des KI gestützten Process Minings) angegeben.[54] Diese Prozesse weisen jedoch eine ausgiebige Analogie zu anderen Branchen auf und sind bereits weit verbreitet. Eine dahin gehende Erläuterung findet diesen Gegebenheiten nach, nicht statt.

Weitere Prozesse in der Versicherungsbranche liegen in der Berechnung von Eintrittswahrscheinlichkeiten von Ereignissen. Dieser Bereich der Versicherungswirtschaft, welcher stark von der Versicherungsmathematik und Statistik geprägt ist, bietet durch Einbindung der künstlichen Intelligenz ein hohes Potenzial. Hierbei besteht zum einen das Einsatzgebiet der Überprüfung bereits bestehender Modelle, zum anderen der Entwicklung neuer statistischer und insbesondere stochastischer Modelle zur Erhebung von Wahrscheinlichkeiten.[55]

In diesen Prozessen wird ebenso die Problematik des Verständnisses und der Analyse der Ergebnisse von KI-basierten Systemen deutlich. So sind beispielsweise Cluster, die durch die KI erkannt werden, einer Korrelation zugeordnet, jedoch weisen sie eventuell keine Kausalität auf.[56]

---

[52] Das Sekundentrading, auch Scalping genannt, ist eine Börsenstrategie, welche den sehr schnellen Handel mit Wertpapieren umfasst. Hierbei werden kleinste Kursbewegungen sowie der Spread zwischen Bid und Ask Kurs ausgenutzt. (In diesem Zusammenhang wird sich nicht auf die weitere Nutzung der Begrifflichkeit im Sinne der Marktmanipulation bezogen.)

[53] Vgl. Peters, A. et al. (2019, S. 44–45).

[54] Vgl. Peters, A. et al. (2019, S. 45).

[55] Vgl. Deutsche Aktuarvereinigung e. V. (2020, S. 7–9).

[56] Vgl. Deutsche Aktuarvereinigung e. V. (2020, S. 9–14).

Annahme: Die Auswertung anhand der künstlichen Intelligenz würde Folgendes erkennen:

„Personen, welche ihr leuchtgrünes (RAL6038) Auto der Kompaktklasse im November zugelassen haben, verursachen zu 70 Prozent keine Unfälle."

Nun wäre hier zu prüfen, ob tatsächlich eine Kausalität zwischen Zulassungsmonat und Farbe des Autos zu der Anzahl der Unfälle besteht. (Also ob die Farbe meines Autos oder der Monat der Zulassung eine Auswirkung auf weitere Einflussfaktoren (wie bspw. Fahrweise, übliche Fahrzeit, bessere Sichtbarkeit [Farbe] usw.) hat, welche die Unfallquote beeinflussen.) Ebenso können andere, nicht entdeckte Faktoren oder Muster, beispielsweise das Alter der Kunden, welche ein leuchtgrünes Auto fahren, oder auch gänzlich nicht entdeckte/bedachte Faktoren wie Bildungsstand, Beruf oder Schuhgröße der Versicherungsnehmer usw. ursächlich sein. Die Schlussfolgerung, Fahrer eines im November zugelassenen, leuchtgrünen Autos verursachen weniger Unfälle könnte demnach falsch sein (Zufallsbetrachtung).

Hierbei setzt auch der weitere genannte Zweig der künstlichen Intelligenz (kognitive KI) an, welche solche Berechnungen und Ergebnisse entsprechend deuten kann.

In einer zukünftigen Betrachtung werden hierbei auch bei weiteren, in dieser Betrachtung nicht erfassten Prozessen, Einbindungen der künstlichen Intelligenz stattfinden. Ebenso denkbar ist, wie bereits in anderen Kapiteln beschrieben, die Entwicklung gänzlich neuer Geschäftszweige.

6.8 Abschließende Einschätzung zum Themenbereich

In dieser Erläuterung wurden bereits viele Ansätze und Bereiche der künstlichen Intelligenz erläutert, jedoch sollte auch die Fragestellung der Exklusivität und Praktikabilität der Nutzung von künstlicher Intelligenz behandelt werden. Ebenso muss eines der Augenmerke auf die zukünftige Ausrichtung der Technologie für Use Cases in der Finanzdienstleistungsbranche gesetzt werden.

6.8.1 Zusammenfassung und Einblick in die Exklusivität

Einer der mitunter interessantesten Betrachtungsweisen kann in der Exklusivität des Einsatzes der künstlichen Intelligenz im Bereich der Finanzdienstleistungen bzw. in einzelnen Anwendungsformen liegen. Wenn nun eine Betrachtung der Entscheidungsunterstützungsprozesse, insbesondere unter dem Aspekt des Controllings und des Recruitings erfolgt, wird hierbei sehr deutlich, dass sowohl die Bereiche als auch die Software (zumindest im HR-Bereich) sehr adaptiv und sogar standardisiert eingesetzt werden kann. In besonderem Maße wird dies an der Technologie bzw. der Software des CV-Parasing deutlich, welche branchenunabhängig eingesetzt werden kann. Die Prozesse des Controllings sowie des Rechnungswesens haben in vielen Bereichen ebenso einen Standardisierungscharakter, welcher jedoch zur jenen der Banken- und Versicherungsbranche etwaige Unterschiede aufweist.

Die Prozesse des Marketings weisen hierbei viele Einsatzbereiche auf, welche eine Adaptierbarkeit zu anderen Branchen besitzen bzw. von anderen Branchen adaptiert wurden. Hierzu zählen ebenda Forecastingmaßnahmen oder Marktanalysen. Ebenso wird im Bereich des Marketings der Kernaspekt der aufgeführten Bereiche und Einsatzgebiete ersichtlich. Der Kunde muss aus Sicht der Unternehmen optimal ausgewertet werden können. Der „gläserne Kunde" stellt für viele der weiteren Einsatzbereiche gleichermaßen die Grundlage bzw. das Resultat der Anwendung von künstlicher Intelligenz dar. Werden diesbezüglich die Vertriebsprozesse mit den Ansätzen der Roboadvisory, den Chatbots und Sprachdialogsystemen betrachtet, stellt sowohl das Know-How über den Kunden als auch die Fähigkeit, benefitär und kognitiv für und mit dem Kunden zu agieren, das Ziel der künstlichen Intelligenz dar. Im Bereich der Robotic Desk Automation und Robotic Process Automation, bezieht sich der *Schwerpunkt* auf die Automatisierung. Künstliche Intelligenz hilft hierbei zum einen Daten besser zu analysieren, als auch das Handling mit unstrukturierten Daten zu ermöglichen. Wird hierbei die Exklusivität betrachtet, kann zwar der bankenspezifische Bezug der Roboadvisory kenntlich werden, jedoch in der grundlegenden Anschauung des Inputs von Personendaten und dem Output von Empfehlung (gleichermaßen der RDA) adaptiert werden. Die Prozessautomatisierung durch Softwareroboter, welche in der Telekommunikationsbranche erste „Footprints" hinterlassen hat, ist ebenso bei vielen Mensch-Computer Interaktionen nutzbar. (Mit der Einbindung der KI entsprechend auch bei komplexeren Tätigkeiten.).

Die individualisierte und personalisierte Vertragsgestaltung priorisiert erneut das Wissen über den Kunden. Hierbei kann die KI ebenso im Bereich der Datengewinnung und Clusterung eingesetzt werden, jedoch gleichermaßen in den Bereichen der Angebotserstellung. Die Finanzdienstleistungsbranche ist hierbei noch stark unterentwickelt, so können beispielsweise Onlinehändler mit dynamischen Preissystemen deutlich als Vorreiter dieses Bereiches angesehen werden. Es sollten diesbezüglich jedoch gleichermaßen der Risiken auch Gründe dieses langsamen Voranschreitens bedacht werden. So können durch die Individualisierung zum einen Verschlechterungen für Vertragspartner (also den Kunden) entstehen, zum anderen jedoch im Bereich der Versicherung der Kernaspekt des „Ausgleichs der Risiken im Kollektiv" stark beeinflusst werden.

Sowohl in den Bereichen der Betrugserkennung, der Fehlerkorrektur als auch in der Regulatorik können gleiche Maßstäbe und Technologien zu den vorherigen Prozessen herangezogen werden. Sie weisen Einsatzgebiete wie Betrugserkennung anhand von Korrelationen sowie Scorings und Ratings von Personen und Unternehmen auf.

Generell können viele Bereiche und Prozesse der Finanzdienstleistungsbranche von der künstlichen Intelligenz optimiert, ersetzt oder neu entwickelt werden. Der durchweg höchste Einsatzbereich wird der Auswertung des Kunden, den Transfer zu Systemen und der Automatisierung zugeschrieben. Grundlegend sind viele der Technologien wie NLP oder Web Crawler und deren Systeme in sämtlichen Branchen einsetzbar und adaptierbar. Eine tatsächliche Exklusivität von KI-Software oder Services kann der Finanzdienstleistungsbranche nur bedingt zugeschrieben werden.

6.8.2 Zukunftsausblick

Wenn der Einsatz und die Technologie in einer allgemeinen Zukunftserwartung beäugt werden, können hierbei verschiedene Aspekte auf diese einwirken. In einer Studie von Accenture, wird die Finanzdienstleistungsbranche in zukünftiger Betrachtung als eine der potenziell am stärksten profitierenden Branchen unter dem Einsatz von KI angesehen.[57]

Durch andere Technologien und Vorgehensweisen ist in einer futuristischen Betrachtung eine immer höher werdende Datenmenge zu erwarten. Dies bedeutet mehr personenbezogene Daten zur genaueren Profilsetzung von Kunden bzw. die Clusterung von Kundengruppen oder Personas, als auch mehr Trainingsdaten für andere Bereiche (Wobei hierbei auch Gefahren in der gesetzlichen Regulatorik und des Datenschutzes aufkommen könnten). Gleiches Gefahrenpotenzial liegt im Bereich der Akzeptanz der künstlichen Intelligenz, welche in Zukunft zwar steigen wird, jedoch auch mit Fehlern von KI-basierten Systemen sehr volatil werden kann. Die künstliche Intelligenz sollte hierbei mit Vorsicht an die Unternehmen herangeführt werden und vor dem tatsächlichen Einsatz bis eine sehr hohe Treffersicherheit (Funktionsweise) vorliegt, ständig überwacht werden. Das supervised Learning könnte hierbei in der näheren Zukunftsbetrachtung, das unsupervised Learning zu einem späteren Zeitpunkt Popularität in der Anwendung finden. Ebenso scheint eine noch engere Verknüpfung von bestehenden Technologien in Verbindung mit der künstlichen Intelligenz möglich und dahin gehend ist eine Erweiterung deren Funktionsumfangs denkbar.

Für die Finanzdienstleistungsbranche könnte die Priorisierung in näher betrachteter Zukunft auf der vollständigen Datenauswertung des Kunden (nicht zuletzt aufgrund der bereits vorhanden Daten) in Verbindung mit Chatbots festgesetzt werden. Als sicher stellt sich jedoch dar, dass die Banken und Versicherungen die künstliche Intelligenz als Teil der Digitalisierung integrieren muss, um die Wettbewerbsfähigkeit gegenüber neuen Unternehmensformen zu gewährleisten.

---

[57] Accenture GmbH (2017).

Literatur

Accenture GmbH. (Hrsg.). (2017). Künstliche Intelligenz beflügelt Unternehmenserträge. https://www.accenture.com/de-de/company-news-release-ai-boosts-corporate-earnings. Zugegriffen: 5. Dez. 2020.

Allweyer, T. (2016). *Robotic Process Automation. Neue Perspektiven für die Prozessautomatisierung*. Zweibrücken.

Arnold, J. (2018). Das Kapitalmarktgeschäft in der Digitalisierung. In V. Brühl & J. Dorschel (Hrsg.), *Praxishandbuch Digital Banking*. Springer Fachmedien.

Barel, Y. (2019). Chatbots krempeln die Versicherungsbranche um. In Springerprofessional.de, 16.12.2019. https://www.springerprofessional.de/kuenstliche-intelligenz/vertriebskanaele/chatbots-krempeln-die-versicherungsbranche-um/17485304. Zugegriffen: 8. Dez. 2020.

Bartscher, T. (2019). Definition: Digitalisierung und Arbeit 4.0. In Springer Fachmedien Wiesbaden GmbH, 21.08.2019. https://wirtschaftslexikon.gabler.de/definition/digitalisierung-und-arbeit-40-121321. Zugegriffen: 6. Dez. 2020.

Becks, A. (2020). Zukunft der Versicherung: KI wird die Spielregeln grundlegend verändern Hrsg. v. Versicherungswirtschaft Heute. https://versicherungswirtschaft-heute.de/koepfe-und-positionen/2020-04-14/zukunft-von-versicherung-ki-wird-die-spielregeln-grundlegend-veraendern/. Zugegriffen: 18. Nov. 2020.

Brackert, T. (2018). Bankkunden wollen personalisierte Dienstleistungen. Schlüssel zu Kundenbindung, Ertragswachstum und Kostensenkung Hrsg. v. Der Bank Blog. https://www.der-bank-blog.de/bankkunden-wollen-personalisierte-dienstleistungen/retail-banking/37428/. Zugegriffen: 12. Nov. 2020.

Brandao, I. (2019). Bots beflügeln den Bank-Service. In Springerprofessional.de, 15.02.2019. https://www.springerprofessional.de/bank-it/mobile-payment/bots-befluegeln-den-banken-service-/16463072#:~:Text=Immer%20h%C3%A4ufiger%20setzen%20Finanzdienstleister%20Chatbots,optimieren%20und%20bergen%20zudem%20Einsparpotenziale.&text=Im%20Gegensatz%20zu%20menschlichen%20Beratern%20sind%20Chatbots%20rund%20um%20die%20Uhr%20verf%C3%BCgbar. Zugegriffen: 8. Dez. 2020.

Bundesanstalt für Finanzdienstleistungsaufsicht. (2016). Automatisierte Anlageberatung. https://www.bafin.de/DE/Aufsicht/FinTech/Anlageberatung/anlageberatung_node.html. Zugegriffen: 25. Nov. 2020.

Deloitte GmbH. (Hrsg.). (2019). Künstliche Intelligenz im Compliance-Umfeld von Banken & Co. https://www2.deloitte.com/content/dam/Deloitte/de/Documents/risk/Whitepaper-K%C3%BCnstliche-Intelligenz-im-Compliance-Umfeld-von-Banken-und-Co.pdf. Zugegriffen: 15. Nov. 2020.

Deutsche Aktuarvereinigung e. V. (Hrsg.). (2020). Anwendung von Künstlicher Intelligenz in der Versicherungswirtschaft. https://aktuar.de/unsere-themen/fachgrundsaetze-oeffentlich/2020-02-14_Ergebnisbericht_Anwendungen_KI_Versicherungswirtschaft.pdf. Zugegriffen: 10. Nov. 2020.

Dokter, N. (2018). KI-Einsatz gegen Versicherungsbetrug. Diese Start-ups sollte man im Auge behalten Hrsg. v. Versicherungsforen Leipzig. https://blog.versicherungsforen.net/2018/08/ki-einsatz-gegen-versicherungsbetrug-diese-player-sollte-man-im-auge-behalten/. Zugegriffen: 9. Dez. 2020.

Engel, C. (2017). Künstliche Intelligenz (KI) in der Bankbranche: Herausforderungen und Möglichkeiten (Teil 2). https://blogs.sas.com/content/sasdach/2017/10/30/kunstliche-intelligenz-ki-in-der-bankbranche-herausforderungen-und-moglichkeiten-teil-2/. Zugegriffen: 9. Okt. 2020.

Gentsch, P. (2019). *Künstliche Intelligenz für Sales, Marketing und Service*. Springer Fachmedien Wiesbaden.

Hess, N. (2017). Das Zusammenspiel von RPA und KI. 2017. https://www.roboyo.de/blog/das-zusammenspiel-von-rpa-und-ki/. Zugegriffen: 23. Okt. 2020.

Kaya, O. (2017). Robo-Advice – Eine echte Innovation in der Vermögensverwaltung. Deutsche Bank. https://www.dbresearch.de/servlet/reweb2.ReWEB?rwsite=RPS_DE-PROD&rwobj=ReDisplay.Start.class&document=PROD0000000000449769. Zugegriffen: 8. Dez. 2020.

Kögel, H., & Spindler, M. (2020). Erkennung von Versicherungsbetrug mit künstlicher Intelligenz. Hg. v. Bundesverband Informationswirtschaft, Telekommunikation und neue Medien e. V. https://www.bitkom.org/sites/default/files/2020-08/200817_sof9_versicherungsbetrug.pdf.

Koida, A., & Weber, R. (2020). Verbessern persönliche Daten aus Fitness-Trackern den Versicherungsschutz? Hrsg. v. Gesamtvervand der Deutschen Versicherungswirtschaft e. V. https://www.gdv.de/de/themen/positionen-magazin/verbessern-persoenliche-daten-aus-fitness-trackern-den-versicherungsschutz-42236. Zugegriffen: 8. Dez. 2020.

Kreuzer, R. (2018). Customer Experience Management. Wie man Kunden begeistern kann. In A. Rusnjak & D. R. A. Schallmo (Hrsg.), *Customer Experience im Zeitalter des Kunden*. Springer Fachmedien Wiesbaden.

Kruse Brandão, T., & Wolfram, G. (2018). *Digital Connection*. Springer Fachmedien Wiesbaden.

Lubos, G. (2020). Künstliche Intelligenz im Controlling. *Controller Magazin, 1*, 45–49.

Maus, S. (2019). *Wie Banken und Versicherungen den radikalen Wandel für ihren Erfolg nutzen können* Hrsg. v. Roland Berger GmbH.

Mitschele, A. (2020). Definition: Robo-Advisor. In Springer Fachmedien Wiesbaden GmbH, 25.05.2020. https://wirtschaftslexikon.gabler.de/definition/robo-advisor-54214/version-379056. Zugegriffen: 8. Dez. 2020.

Peters, A., Weber, S., & Zacherl, V. (2019). *Einsatzfelder Künstlicher Intelligenz in der Finanzdienstleistung. Status quo und Ausblick*. Regensburg: Ibi research an der Universität Regensburg (ibi Research Report).

Petry, T., & Jäger, W. (Hrsg.). (2018). *Digital HR Smarte und agile Systeme, Prozesse und Strukturen im Personalmanagement Haufe-Lexware GmbH & Co. KG* (1. Aufl.). Haufe Group (Haufe Fachbuch, v.14054).

Prof. Dr. Oliver Bendel. (2018). Definition: Was ist ein Chatbot. https://wirtschaftslexikon.gabler.de/definition/chatbot-54248. Zugegriffen: 23. Nov. 2020.

Safar, M. (2018). Wie Versicherungen von Robotic Process Automation profitieren können. Hrsg. v. Weissenberg Solutions. https://weissenberg-solutions.de/wie-versicherungen-von-robotic-process-automation-profitieren-koennen/. Zugegriffen: 8. Dez. 2020.

Safar, M. (2019). Cognitive Process Automation als Automatisierungsansatz für komplexe Prozesse. Hrsg. v. Weissenberg Solutions. https://weissenberg-solutions.de/was-ist-cognitive-process-automation/. Zugegriffen: 8. Dez. 2020.

Verhoeven, T. (2020). *Digitalisierung im Recruiting. Wie sich Recruiting durch künstliche Intelligenz, Algorithmen und Bots verändert*. Springer Gabler Verlag Wiesbaden

Versicherungswirtschaft-heute. (2020). Zukunft der Versicherung: KI wird die Spielregeln grundlegend verändern – Versicherungswirtschaft-heute. https://versicherungswirtschaft-heute.de/koepfe-und-positionen/2020-04-14/zukunft-von-versicherung-ki-wird-die-spielregeln-grundlegend-veraendern/. Zugegriffen: 9. Dez. 2020.

Künstliche Intelligenz im ERP Umfeld

Viktor Abich

KI als Werkzeug für optimierte Geschäftsprozesse im Enterprise Ressource Planning Kontext?

Zusammenfassung

Jede Unternehmung besitzt softwaregestützte Werkzeuge zur Abbildung analoger und digitaler Prozesse. Dabei helfen diese Prozesse gezielt die Komplexität aus den einzelnen Sachverhalten zu vereinfachen und in einem entsprechenden Format wiederzugeben. Ein digitales Abbild eines Unternehmens entsteht. Allerdings kann dieses Format nur nach festgelegten Schemata die unterschiedlichen Datensätze klassifizieren, verifizieren und ausgeben und ist für weiterführende Ausprägungen technisch restriktiv zu behandeln. Um dieses Problem zukünftig zu überwinden wird der Ansatz derKI (Künstliche Intelligenz) als mögliches Werkzeug für Optimierungen angesehen. Mithilfe der KI kann die aktuelle Flut an Daten bestmöglich umgesetzt und zur Nutzung freigegeben werden. Diese Ausarbeitung stellt den Nutzen Anhand des führenden ERP Anbieters SAP vor und zeigt geeignete Beispiele mit Hinblick auf die konkrete Nutzung und Ausprägung im Echtbetrieb. Dabei sollen nicht nur die Potenziale dieser Technologie aufgezeigt werden, vielmehr sollen konkrete Vorbereitungsmaßnahmen und Indikatoren zur Veranschaulichung der aktuellen Möglichkeiten dienen. Diese Ausarbeitung wird unter den Gesichtspunkten der betriebswirtschaftlichen Kennzahlen ausgegeben und es wird nur vereinzelt auf technische Spezifikationen eingegangen.

V. Abich (✉)
Scheer GmbH, Zweibrücken, Deutschland
E-Mail: Viktor.Abich@scheer-group.com

© Springer Fachmedien Wiesbaden GmbH, ein Teil von Springer Nature 2022
C. Aichele und J. Herrmann (Hrsg.), *Betriebswirtschaftliche KI-Anwendungen*,
https://doi.org/10.1007/978-3-658-40099-6_7

7.1 ERP Systeme als Informationsbasis

ERP Systeme stellen die zentrale Datenbasis bei einer Vielzahl von Unternehmen dar. Sie verwalten, archivieren und steuern Eingangs-, sowie Ausgangssignale unter der Prämisse, alle betriebsrelevanten Informationen bereitzustellen und zweckgebunden nach gesetzlichen, sowie fachlichen Vorgaben einzusetzen. Dabei ähnelt die modulare Bauweise von ERP Systemen derer in der Praxis vorzufindenden Unternehmensstrukturen. Zu den Kernmodulen Finanzen, Rechnungswesen, Vertrieb, Materialwirtschaft und Personalführung gliedern sich ergänzende Module, wie Marketing, CRM oder branchenspezifischen Erweiterungen bzw. Ausprägungen. Der Durchdringungsgrad dieser Systeme in der weltweiten Wirtschaft wurde vom Statistischen Bundesamt auf 77 % geschätzt[1] und sagt deutlich aus, dass der Großteil der in einem Unternehmen erzeugten Informationen ganz oder teilweise in ERP Systemen abgebildet sind. Dies führt zu der zentralen Aussage, dass ein ERP System die wichtigste Datenquelle für Unternehmen darstellt und somit die zentrale Verantwortung für deren Qualität übernimmt. Im Kontext Qualität steht die Ablage, der Zugriff und die Ausprägungsformen inkl. Redundanzen dieser Datensätze. Daher kann eine Optimierung des ERP Systems sowohl interne, als auch externe Synergien erzeugen und die Profitabilität langfristig erhöhen. Diesbezüglich gehen wir in diesem Kapitel auf die einzelnen Module und Funktionen eines ERP Systems ein und erklären Anhand der Praxisbeispiele die Notwendigkeit zur Optimierung bestehender Prozesse. Im nächsten Schritt werden die aktuellen Schwachstellen aufgezeigt und aufgeführt. Im letzten Abschnitt werden die Grundlagen der Automatisierung im ERP Umfeld angesprochen und deren Voraussetzung für die KI. Die Ausarbeitung der Themenbereiche, sowie der Detailgrad einzelner Ausprägungen beruhen auf praxisorientiertem Vorgehen und zeigen mögliche Ansätze einer Wahrnehmung der KI im Kontext ERP. Das Wissen, sowie die Ansätze wurden projektspezifisch gesammelt und dokumentiert. Eine generalisierte Vorgehensweise ist in diesem Sektor leider nicht möglich und muss von Kunde zu Kunde individuell angepasst werden. Solche Bewertungsstrategien sind nicht im Fokus dieser Ausarbeitung.

7.1.1 Digital Core und Digital Innovation

Der „Digital Core", sowie die „Digital Innovation" bezeichnen die SAP-seitige Ausprägung der Systemlandschaft auf zukünftige Herausforderung[2]. Diese zwei Ebenen sind die wichtigsten Marktstrategien seitens SAP und verfolgen das Ziel der gesamtheitlichen Adaption von Zwischenprodukten zu einer übergeordneten Suite mit besonderer technischer Spezifikation. Konkret werden die ERP spezifischen Produkte modifiziert

---

[1] Siehe Statistisches Bundesamt: Tabelle 52911.
[2] Siehe Elsner, M. (2017, S. 54–55).

(Digital Core), während neue Produkte mit moderner Technologie harmonisiert und der ERP Landschaft angepasst zur Verfügung gestellt werden (Digital Innovation)[3]. Die Stärken seitens SAP bestehen darin die unterschiedlichen Ausprägungen der Produkte und deren Interaktion an die aktuellen Industrieanforderungen anzupassen und Fortschritte in Sachen betriebswirtschaftlicher Zusammenhänge und technologischen Fortschritt bereitzustellen. Dabei stehen KI, Big Data, Internet of Things (kurz IoT) als prägende Kennzeichen der Digital Innovation Strategie, die interaktiv zu den Digital Core Produkten angeboten werden.[4] Um allerdings diese Produkte anbieten zu können werden Katalysatoren in Form von leicht integrierbaren Plattformen benötigt. Hierbei sei SAP Leonardo als gesamte Vorgehensweise, sowie die Cloud Plattform als zentrales Werkzeug der agilen Schicht zu erwähnen. Der fachspezifische Ausdruck für diese IT Lösung wird auch Bimodale IT genannt und kann mit folgendem Zitat grob beschrieben werden:

> „Bimodale IT bezeichnet die Zweiteilung einer IT-Organisation in das Management von sicheren und in ihrem Verhalten vorhersagbaren Kernsystemen auf der einen sowie von experimentellen, agilen und Kunden sowie Partnern zugewandten Applikationen auf der anderen Seite. Die grundlegende Idee einer solchen Organisationsform ist neben der traditionellen IT-Entwicklungs- und -Betriebsorganisation eine Art Überholspur für digitale Transformationsprojekte mit hoher Priorität und hohem Geschwindigkeitsanspruch zu schaffen."[5]

Im Zuge der Digitalisierung und Automatisierung müssen Produkte die aktuellen Geschwindigkeitsansprüchen der Industrie erfüllen und gleichzeitig einen hohen Grad an Sicherheit und Qualität aufweisen. Dabei ist der Anspruch an die Geschwindigkeit nicht die Hauptherausforderung. Vielmehr geht es um die punktuelle Beschleunigung, getrieben durch trendgesteuerte innovative Produkte und die damit einhergehende Anforderung den aktuellen Trends zu folgen. Dabei sind nicht alle Innovationen langlebig und zielführend. Um ein passendes Beispiel zu nennen, widmen wir uns einem aktuellen Trendthema zu. Es geht um die Thematik Cloud und der Abbildung des alten Rechenzentrums in der Neuzeit. Die Cloud verkörpert den aktuellen Treiber der trendgesteuerten Innovation. Daten können zeit- und ortsunabhängig gespeichert und aufgerufen werden. Eine ständige Verfügbarkeit, wie auch die benutzerfreundliche Handhabung durch Betreuung von Serviceanbietern ermöglichen ein nahezu perfektes Bild der modernen Architekturen. Ebenfalls sind Cloud Systeme durch besondere Schutzmechanismen gesichert und nach DSGVO Richtlinien konfiguriert, sodass auch personenbezogene Datensätze den aktuellen Anforderungen an die Sicherheit gerecht werden. Jedoch konnten sich Unternehmen

---

[3] Siehe Elsner, M. (2017, S. 54–55).
[4] Siehe Elsner, M. (2017, S. 55–56).
[5] Siehe https://www.enzyklopaedie-der-wirtschaftsinformatik.de/ (2020).

nicht rechtzeitig umrüsten, um den stetig wachsenden Erwartungen gerecht zu werden. Dementsprechend können aktuell unterschiedliche Cluster beobachtet werden, die gesamtheitlich eine grundlegende Aussage vertreten. Die Diversifikation und damit einhergehende Komplexität am Markt steigt, während der Wissensaufbau und die Marktposition in einzelnen Bereichen von Teilnehmern sich stark verändern. Der Markt wird sozusagen volatil und nur schwer einschätzbar Um diese Gefahr zur verringern und die Unternehmen bestmöglich bei der Umsetzung zu unterstützen, bietet SAP neben der bimodalen IT Strategie auch angepasste Vorgehensweisen bzw. Umsetzungsmöglichkeiten zur Implementierung innovativer und bestehender Produkte. Kurz gesagt handelt es sich um die Lösung SAP Activate. Derzeit nur für den Digital Core bestimmt können in naher Zukunft auch technologisch neue Funktionen in die bestehende Lösung leicht und zukunftsorientiert implementiert werden. Dies wird allerdings in einem späteren Kapitel genauer untersucht und näher aufgeführt.

7.1.2 Grundlagen und Schwierigkeiten eines ERP Systems und deren Schnittstellen

Eine der größten Schwierigkeiten besteht in dem Aspekt, der strukturierten und unstrukturierten Datensätzen von ERP Systemen. Historisch bedingt sind Softwaresysteme an die zeitbezogene Hardware gebunden und müssen selektiv, die wichtigsten Daten zuerst verarbeiten. Adaptive Technologien, die eine Skalierbarkeit aufzeigen sind in der Industrie neu und dementsprechend nicht in allen Branchenzweigen vertreten. Beispielsweise werden in Produktionsleitsystem, kurz MES (Manufacturing Execution System), Steuerungsparameter und Kontrollparameter gesetzt bzw. ausgeführt. Allerdings verarbeitet das System lediglich 1/5 der entstanden Daten priorisierend nach der Wichtigkeit und Struktur der Aufnahmen (Stichwort Big Data/Massedaten).[6] Zum einen liegt es am System selbst, welches nur auf einen ausgeprägten Nutzungsumfang zurückgreift und somit auch nur diesen verarbeiten kann und zum anderen an zuvor erwähnten hardwarebedingten Einschränkungen. So werden keine bis wenige Sensor- und Aktordaten verwendet, um Daten aus dem unmittelbaren Umfeld aufzunehmen, aufzuarbeiten und abzuspeichern. Diese Tatsache alleine hindert die heutigen Unternehmen an der Ausübung intelligenter Prozesse[7]. Zudem müssen nicht nur die Maschinen als solche, sondern vielmehr deren Schnittstellen betrachtet werden. Dahin gehend gilt, ein System wird am schwächsten Glied gemessen, da dieses die Performanz der gesamten Systemlandschaft negativ beeinflusst. Konkret sind In der Praxis oft unterschiedliche Systeme vorzufinden und unterschiedliche Kommunikationsformate zu erkennen. Dementsprechend sind viele Variablen vorzufinden, die eine Auswirkung auf die Performanz

---

[6] Siehe Elsner, M. (2017, S. 44–48).
[7] Siehe Elsner, M. (2017, S. 44–48).

der Systemlandschaft haben. Somit sollte der erste Ansatz ein ganzheitliches Konzept sein, worin alle Variablen, innerhalb des Unternehmens, bewertet und in Relation zueinander aufgestellt werden. Weiterhin sollten externe Datensätze aus dem unmittelbaren Umfeld einbezogen und gewichtet werden, um die Systeme zu optimieren und die Reaktionsschnelligkeit von Entscheidungen zu erhöhen. Es können auch nur Teile der bestehenden Systemlandschaft harmonisiert werden, um einen spezifischen Umfang im Unternehmen zu verbessern. Ziel sollte immer eine standardisierte Vorlage sein, um Daten im gleichen Format aus den Systemen zu akkreditieren und den Systemanwendern zur Verfügung zu stellen. Im letzten Kapitel dieser Ausarbeitung wird vermehrt auf den praxisorientierten Ansatz der vorbereitenden Maßnahmen (Harmonisierung) für KI-gestützte Programme eingegangen.

7.2 Technische Anforderungen an das ERP Umfeld

Künstliche Intelligenz ist mitunter ein Trend, sowie ein Hype unserer derzeitigen Generation. Sämtlichen Anstrengungen gehen dahin gehend zusammen, dass die Marktrelevanz der KI zwar bekannt, aber der tatsächliche Nutzen noch nicht greifbar ist. In Kap. 4 dieses Abschnitts stellen wir Ihnen die Bemühungen, seitens des größten ERP Softwareanbieters SAP vor und zeigen die konkreten Schritte, um die neuen Technologien einzuführen.

Trotz der Aktualität dieses Themas und der verstärkten Bemühungen die erforderliche Marktreife zu erlangen besitzt die Künstliche Intelligenz Ihre Anfänge in den späten 50er Jahren. Um genau zu nehmen 1955, wo McCarthy auf einer Konferenz in den USA das Themengebiet „kognitiv denkende Maschinen" vorstellen durfte.[8] Das Konzept umfasst zu der damaligen Zeit eine weitreichende Hypothese, worin Themen von künstlich neuronalen Netzen, sowie adaptiven Algorithmen als Grundkonzept vorzufinden sind. Zur damaligen Zeit, wegen Mangel an Rechnerleistung und Kapazität, als Science-Fiction abgestempelt, entwickelt sich dieses Thema rasch bei passender bzw. adäquater Systemlandschaft und Infrastruktur. Diese Tagung ist nach heutigen Gesichtspunkten leider nicht erfolgreich gewesen, zu weit war damals die Nähe zur davor genannten Science-Fiction. McCarthy konnte die Kritiker nicht überzeugen und sein Startkapital von der Rockefeller Foundation nicht erhöhen[9]. Schnell waren die anfänglichen Mittel für Forschung und Entwicklung aufgebraucht, sodass diese Themengebiet beiläufig in den letzten 50 Jahren vorangetrieben wurde. Trotz der anfänglichen Niederlage forschte McCarthy weiter und traf auf Erkenntnisse, die bis heute ihren Wert und ihre Gültigkeit

---

[8] Siehe Borchers, D. https://www.heise.de/newsticker/meldung/50-Jahre-Kuenstliche-Intelligenz-141200.html (2006).

[9] Siehe Borchers, D., https://www.heise.de/newsticker/meldung/50-Jahre-Kuenstliche-Intelligenz-141200.html (2006).

haben. Eine seiner Zitate prägt bist heute das maschinenbezogene Handeln der KI im aktuellen Umfeld:

> „Jeder Aspekt des Lernens und andere Eigenschaften von Intelligenz können im Prinzip so präzise beschrieben werden, dass eine Maschine Sie simulieren kann."[10]

Nach diesem Vorgehen haben zahlreiche Softwarehersteller Ihre Systeme neu konstruiert und die Systemarchitekturen angepasst, sodass auch moderne Technologien zukünftig Anwendung finden können. Betrachten wir diese Erkenntnisse bei dem weltweit größten ERP Anbieter „SAP". Mit der aktuellsten Datenbankarchitektur „HANA" besitzt SAP aktuell die Möglichkeit große Datenmengen in kurzer Zeit zu verarbeiten. Somit können rechenintensive Prozesse durchgeführt und parallelisiert werden. Mithilfe der InMemory Technologie werden Daten direkt auf dem flüchtigen Arbeitsspeicher verarbeitet und müssen nicht zuerst auf einer Festplatte festgehalten werden. Dadurch sind die verarbeitenden Datensätze direkt abrufbar und können in Echtzeit ausgegeben werden.[11] Durch dieses Vorgehen lassen sich wesentlich größere Datenmengen in kürzerer Zeit transportieren, verarbeiten, akkreditieren und auswerten. Insbesondere bei der Auswertung müssen keine komplexen Programme ausgeführt werden, die eine zusätzliche Beeinträchtigung der Durchlaufzeiten hervorrufen. Vielmehr können Auswertungen in Echtzeit, während des Alltags, durchgeführt werden. Dieser Beschleuniger ist essenziell für aktuelle und zukünftige Problematik in Hinsicht auf Datenlast und Kapazitätsverwaltung der Infrastruktur.

Da die Datenlast der weltweit erzeugten Daten zunimmt muss auch die Technologie, an die große Datenmenge angepasst werden. Hierzu finden sich zahlreiche Artikel zur aktuellen und zukünftigen Datenlastdiagrammen (digitale Datenmenge), wie bspw. Statista und dem Bundesnachrichtendienst. Experten vermuten eine jährliche Verdopplung der Datenmenge und befürchten Synergieeffekte, sowie externe Beschleuniger, die einen entscheidenden Einfluss auf die Wahrnehmung nehmen werden[12]. Diese Tatsache alleine verlangt performante, effiziente und stets verfügbare Systeme, um die aktuellen und zukünftigen Anforderungen gerecht zu werden. Zudem haben die meisten Systeme diverse Schnittstellen zu anderen Systemen in der Systemlandschaft, die ebenfalls an das neue Niveau angepasst werden sollten, um indifferenzen zu vermeiden. Das Problem der Datenlast wird heutzutage auch unter dem Fachbegriff der Massedaten (engl. Big Data) aufgeführt. Dahin gehend werden alle Bemühungen, innerhalb dieses Themenspektrums, auf die systemtechnische Bereitstellung, Durchführung und Archivierung dieser Massedaten konzentriert.

---

[10] Siehe McCarthy, J., https://www.informatik-aktuell.de/persoenlichkeiten-der-informatik/john-mccarthy.html (2019).
[11] Siehe Elsner, M. (2017, S. 43–44).
[12] Siehe Seagate, https://www.seagate.com/de/de/our-story/data-age-2025/.

7 Künstliche Intelligenz im ERP Umfeld

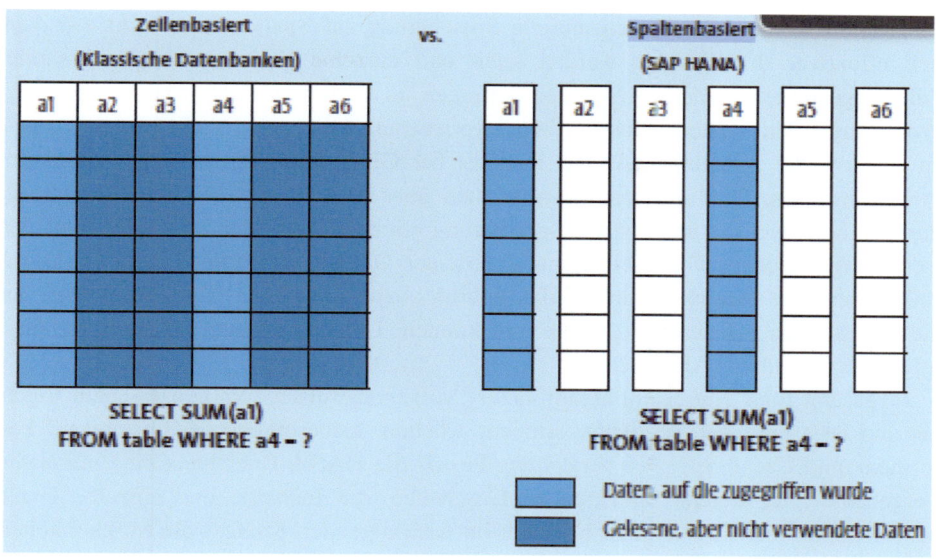

Abb. 7.1 Zeilenbasierte vs. spaltenbasierte Architektur Teil 1 (OLAP-System)

Zurückzukommen zu der neuen „HANA" Datenbank, wurde die grundsätzliche Datenbanklogik der spaltenbasierten Verwaltung neu konzipiert und erweitert. Die Grundlogik der HANA Datenbank ist weitestgehend spaltenorientiert und besitzt hybride Ansätze für unterschiedliche analytische Expansion.[13] Lediglich für vereinzelte analytische Vorgänge werden zeilenbasierende Algorithmen eingesetzt[14]. Auch Mischformen werden durch spezielle Zugriffe zugelassen. Somit wurde die alte ERP Persistenz modifiziert und erweitert. Weiterhin wurde die Speicher-, wie auch Abselogik auf technischer Ebene optimiert und zur neuen Hardwareumgebung angepasst. Die InMemory Datenbank ermöglicht den Systemaufbau, auf Basis von flüchtigen Speichern, welche durch die deutlich erhöhte Datenrate, mehr Daten in kürzerer Zeit verarbeiten können. Die Echtzeitverarbeitung, als oberstes Ziel für ERP Landschaften, wurde somit ermöglicht. Um dies grafisch genauer zu erläutern wird das folgende Schaubild betrachtet (Abb. 7.1).

Das Schaubild zeigt deutlich die unterschiedlichen Ansätze beider Technologien. Links wird die herkömmliche zeilenbasierte und rechts die spaltenbasierte Architektur aufgeführt. Dieses Beispiel zeigt deutlich die Systemlast, die durch eine Suchanfrage erzeugt wird. Die spaltenbasierte Vorgehensweise bringt hierbei deutliche Vorteile auf operationaler Ebene, wie bspw. Aggregationen. Ebenso können Daten schneller

---

[13] Siehe Bauer, A. (2018, S. 32–34).
[14] Siehe Bauer, A. (2018, S. 32–34).

gespeichert werden, da die seqeuntielle Speicherung auf Spaltenebene technisch deutlich effektiver durchgeführt werden kann und einzelne Zellen, statt der gesamten Zeile angesteuert werden. So können Anfragen an OLAP-Systeme (Online Analytical Processing), den spaltenbasierten Vorteil verwenden, um gezielt Anfragen im System zu steuern und anzugeben. Anders sieht es bei OLTP-Systemen (Online Transaction Processing) aus. Dort müssen Informationen über mehrere Ebenen zu einem Bezug durchgeführt werde, wie bspw. Speicherung eines neuen Kunden/Lieferanten. Da werden verschiedene Datenfelder innerhalb eines Objektes zur Pflege benötigt. Dieser zeilenorientierte Ansatz erfordert die hybride bzw. klassische Vorgehensweise, um die Operationen effizient durchführen zu können. Um das grafisch aufzuzeigen, dient folgendes Schaubild (Abb. 7.2):

Insgesamt führt eine Kombination beider Vorgehensweisen zum gewünschten Ergebnis und lässt das System situativ effizient arbeiten. Insbesondere in Hinsicht auf Performanz und Cache Speicher Verwaltung besitzt die HANA Datenbank eine innovative Vorgehensweise, welche im aktuellen Geschehen, die Industrie und einzelne Unternehmen optimieren wird. Auch bestehen im nachfolgenden Kontext die Möglichkeiten, um geeignete Werkzeuge anzubinden und auszuführen, sodass auch aktuell undenkbare Szenarien zukünftig abgebildet werden können.

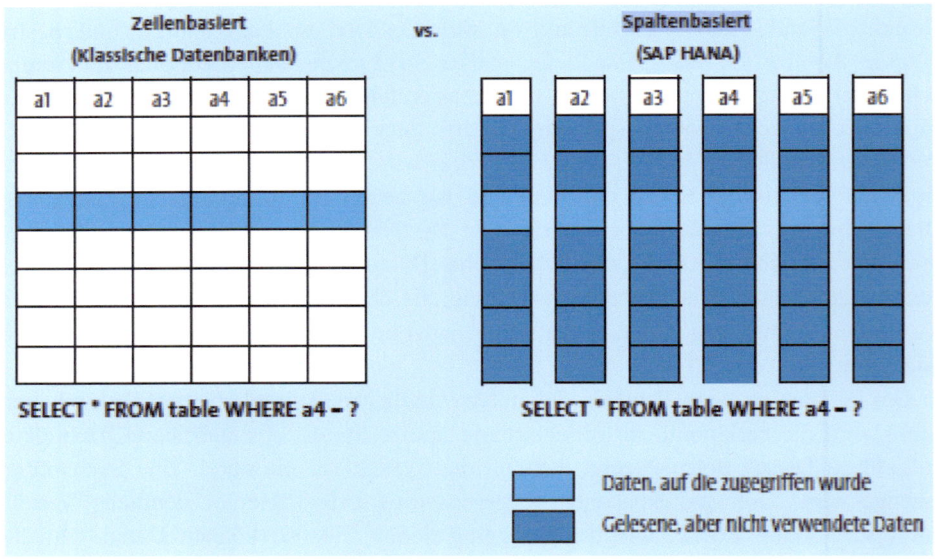

Abb. 7.2 Zeilebasierte vs. Spaltenbasierte Architektur Teil 2 (OLTP-System)

Tab. 7.1 Funktionsbausteine von SAP Leonardo

Integration	Kollaboration	User Experience	Analytics	Sicherheit
API Management	Gamification	Build	Analytics Cloud	Self Services
Business Roles	Live Link 365	Feedback Services	Insights	Cloud Authentification
Integration	Document Center	Forms by Adobe		
Connectivity	JAM	Portal		
OData Provisioning		UI Theme Designer		
RabbitMQ				
Workflow				

7.2.1 Künstliche Intelligenz als Werkzeug

In diesem Kapitel betrachten wir die KI als Werkzeug für SAP. Die neueste Softwarelösung seitens SAP verfolgt die Logik, der digitalen Innovationsplattform, um alle modernen Themen, darunter auch die künstliche Intelligenz, zu vereinen.[15] Dabei sprechen wir von SAP Leonardo. Unter SAP Leonardo werden Themen wie Big Data, KI, Internet of Things, Predictive Analytics, RBA und diverse andere Themen betrachtet.[16] Dabei stellt diese Methodik, die basierend auf der Cloud Plattform beruht, alle Schnittstellen und Funktionsbausteine zur Verfügung, um die zuvor aufgeführten Themen abzubilden und diese mit dem Business Core zu vereinen. Dadurch erhält die Industrie praktische Einsatzgebiete und kann einen neuen Grad der Automatisierung erreichen. Die Cloud Plattform dient dabei als technische Ausprägung für die Gesamtheit der Innovationsstruktur und deren Bestandteilen. Sogenannte Business Services sorgen für die intelligente Bearbeitung der Datenströme im formatunabhängigen Sinne.[17] Nachfolgend sind einige Funktionsbausteine aufgeführt, die aktuell zur Verfügung gestellt werden (Tab. 7.1).

Mithilfe dieser Basistechnologien lassen sich diverse Funktionen und Methodiken ableiten. Verschiedene Voraussetzung müssen im Vorfeld erfüllt werden, um diese Funktionsbausteine anwenden zu können. Konkret wird ein gewisser technischer Stand erwartet, um die Funktionsbausteine zu aktivieren und anzubinden. Weiterhin sind Anpassungen an der gesamten Architektur notwendig, welche in dieser Ausarbeitung nicht näher aufgeführt werden. Betrachten wir nun mögliche Anwendungsfälle mithilfe der Cloud Platform und SAP Leonardo:[18]

---

[15] Siehe Elsner, M. (2017, S. 73–74).
[16] Siehe Elsner, M. (2017, S. 77–79).
[17] Siehe Elsner, M. (2017, S. 73–74).
[18] Siehe Elsner, M. (2017, S. 73–74).

1. Erweiterung des Kerns
2. Integration
3. Innovative Apps

Bei der Erweiterung des Kerns werden Funktionen aus der klassischen Business Suite bzw. dem Digital Core erweitert. Diese Erweiterungen verändern die grundlegende Systematik und sind sehr komplex bei der Konzeptionierung und Implementierung. Bestehende Prozesse müssen genaustens untersucht und das zukünftige Vorgehen beschrieben werden, damit bei der Umsetzung und im Echtbetrieb alle gewünschten Funktionen gewährleistet sind, ohne das bestehende Prozesse beschädigt oder verändert werden.[19] Konkretes Beispiel hierbei wären Benutzeroberflächen, kurz GUI (Graphical User Interface). Dabei kann die Erweiterung der Funktion auf mobile Endgeräte möglich sein.[20] Der vereinfachte Funktionsumfang und die intuitive Bedienung führen zu einem deutlichen Anstieg der Performanz. Ein weiteres Beispiel könnten Bilderkennungsalgorithmen sein, die einen gewissen Umfang abdecken und bspw. das Qualitätsmanagement im Unternehmen verbessern.

Bei den integrativen Möglichkeiten betrachten wir explizit die Cloud Plattform. Die Cloud Plattform besitzt zahlreiche Konnektoren zu SAP und nicht SAP Produkten, was bei den sehr dynamischen Integrationsanforderung der heutigen Zeit als nützlich angesehen werden kann.[21] Dadurch können ERP- Kernsysteme mit anderen Plattformen angebunden werden. Beispielsweise sind hier SaaS (Software as a Service) bzw. PaaS (Platform as a Service) Systeme vorrangig vertreten.[22] Auch externe Datenquellen, sowie andere Technologien (Blockchain, Krypto) sind denkbar, da bestehenden Konnektoren erweitert werden und neue Konnektoren mit den zahlreichen Upgrades hinzu kommen. Hierdurch sind schnelle und effiziente Integrationsszenarien zukünftig vorstellbar.

Im letzten Punkt wird die Erstellung der innovativen Apps betrachtet. Mithilfe der unterschiedlichen Ansätze von Open Source, SAP Leonardo und weiteren mobilen Technologien, können kundenindividuelle und funktionale Apps erstellt und angeboten werden. Dabei können diese Apps als Erweiterungen zu einem bestehen Geschäftsprozess oder als alleinstehende Lösung agieren. Vorallem in der Neo- und Cloud Foundry Umgebung können HTML5, Java und Javascript Anwendungen komfortabel in der Open Source basierten Architektur realisiert werden. Initiativen wie Cloud Foundry Foundation, OpenAPI Initiative, Cloud Native Computing Foundation und Hyperledger ermöglichen zahlreiche neue Ansätze in Richtung Blockchain, Big Data, Internet of Things und Machine Learning durch spezifische internationale Gruppenbildung.

---

[19] Siehe Elsner, M. (2017, S. 94–97).
[20] Siehe Elsner, M. (2017, S. 94–97).
[21] Siehe Elsner, M. (2017, S. 96).
[22] Siehe Elsner, M. (2017, S. 96).

Besonder populär sind Erweiterungen im Umfeld des Deep Learning, welches einen Teilbereich der Künstlichen Intelligenz darstellt.

Ingesamt öffnet SAP zahlreiche Wege, um die Innovation nicht nur in der ERP Systemlandschaft voranzutreiben, sondern auch Ideen und Anregungen aus anderen Bereichen zu sammeln, zu klassifizieren und zur Verfügung zu stellen.

7.3 Ansatz nach SAP Activate: Innovation Adaption

Dieses Kapitel beschäftigt sich mit dem von SAP bevorzugten Vorgehen eines möglichen Implementierungsansatzes für die neueste SAP Software S/4HANA. Dabei werden wir in dieser Hinsicht einen Blick auf die Vorgehensweise des SAP Activate und die Empfehlungen seitens SAP zur Einführung KI gestützter Prozesse werfen. Betrachtet man die aktuelle Industrie sind das „Wie" und das „Womit" zentrale Fragestellungen der aktuellen Zeit. Es sei darauf hingewiesen, dass wir lediglich prägnante Sachverhalte aufführen, die nur einen kleinen Teilbereich des Vorgehens wiederspiegeln und keine gesamtheitliche Ansicht darstellen. Die Komplexität bleibt unberührt und es empfiehlt sich zur gesamtheitlichen Vervollständigung weiterführende Literatur von SAP Rheinwerk zu berücksichtigen.

Grundlegend werden alle modernen Themen unter dem Überbegriff Innovation Adaption betrachtet, welche die integrativen Erweiterungen zum Digital Core bereitstellen. Der Digital Core entspricht der Abbildung der unternehmensinternen Strukturen anhand der SAP üblichen modularen Bausteine. Das SAP Activate hingegen beschäftigt sich mit der Implementierungsstrategie, welche Bestandteile der empfohlenen Methodik, der Referenzprozesse und der einzelnen Werkzeuge darstellt. SAP hat 20 Jahre Implementierungserfahrung genutzt und ein Konzept erstellt, welches den Beratungshäusern, wie auch den Kunden das Implementierungsprojekt erleichtert und Hilfestellung in sämtlichen Teilbereichen eines Projektes bietet. Dieser Ansatz kann ebenfalls für die Innovation Adaption benutzt werden, indem neue Technologien an bestehende Systeme konzipiert, realisiert und implementiert werden können Anhand der von SAP empfohlenen Vorgehensweise. Um diese Thematik aufzuführen muss der Ansatz der Innovation Adaption näher betrachtet werden.

Das folgende Schaubild (Abb. 7.3) zeigt die Bereiche der Innovation Adaption, welche sowohl eine technische, als auch betriebswirtschaftliche Ausprägung besitzt.[23]

Die Aufteilungen nach SaaS, PaaS und IaaS werden in einem späteren Kapitel näher aufgeführt. Betrachten wir das Schaubild als solches, erkennen wir die Komplexität die dahinter steckt. Während im unteren Segment die technischen Landschaften der IaaS (Infrastructure as a Service) bereitgestellt werden sind im mittleren Segment die einzelnen Bereiche der PaaS (Platform as a Service) aufgeführt. Die PaaS besitzt deutlich mehr

---

[23] Siehe Elsner, M. (2017, S. 79).

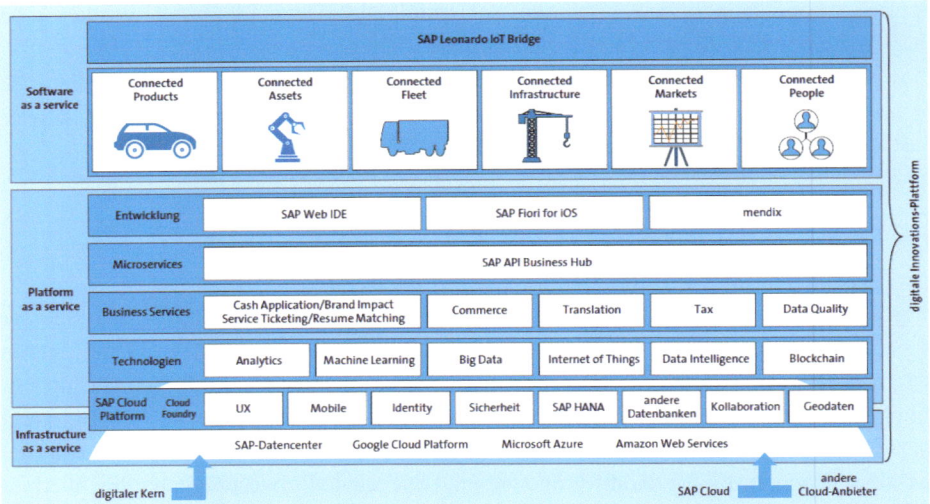

Abb. 7.3 SaaS, PaaS und IaaS bei SAP Leonardo

verwaltete Services und kann eigene Lösungen in Hinsicht auf Technologien, Business Services, Microservices und Entwicklungen präsentieren. Der Bereich der SAP Cloud Platform gliedert sich zwischen zwischen der IaaS und der PaaS. Dies ermöglicht einerseits die direkte Anbindung an die Hardware, wie auch die Nutzung der bereits vorgegebenen Schnittstellen und Services. Dadurch wird die Flexibilität innerhalb eines Implementierungsprojektes gewährleistet. Im oberen Segment finden wir die bereitgestellten Lösungen seitens SAP Leonardo IoT Bridge für diverse Einsatzgebiete in verschiedenen Ausprägungsformen. Unter den jeweiligen Segmenten können branchenspezifische, wie auch produktspezifische Lösungen angepasst und verwendet werden. Alle Lösungsformen befinden sich auf dem Konzept der digitalen Innovationsplattform und sind interaktiv und integrativ in Bezug zu anderen SAP Lösungen. Die Bridge steuert den Informationsfluss, verbessert den Durchsatz und harmonisiert die unterschiedlichen Datenströme.

Aus finanziellen Gesichtspunkten besteht die Schwierigkeit, die Balance zwischen benötigten und nützlichen Erweiterungen zu halten. Da diese Erweiterungen, im gesamten Gesehen, sehr viel Zeit, Know-How und Ressourcen benötigen sind die Implementierungskosten hoch und müssen gut konzipiert werden. Viele Services und Funktionsbausteine, die zur Verfügung gestellt werden sind verhältnismäßig klein und decken nur kleine Teilbereiche eines Geschäftsprozesses ab. Deshalb betrachten wir im nächsten Abschnitt eine der größeren Lösungen seitens SAP in Bezug auf das Machine Learning und deren Besonderheiten. Hierzu dient folgende Visualisierung zur Verdeutlichung der grundsätzlichen Funktionsweise von KI-gestützten Programmen in Bezug auf das Machine Learning (Abb. 7.4).

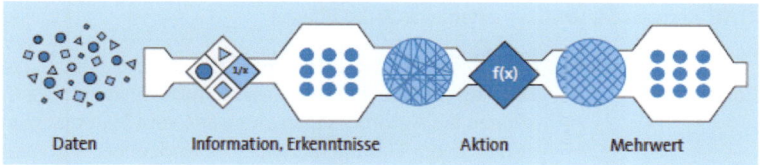

Abb. 7.4 SAP Data Network

Grundsätzlich können zwei Servicearten angeboten werden. Die eine beschäftigt sich mit einer integrierten Lösung im jeweiligen ERP System, während sich bei der zweiteren um eine uni- bzw. bidirektionale Schnittstelle handelt. Allerdings kann die Funktionsweise als gleich angesehen werden. Ausgangspunkt sind vorhandene Datensätze in unstrukturierter Form. Der Kontext der unstrukturierten Datensätze beschränkt sich nur auf das Eingangssignal für die KI-gestützten Programme, da die zugehörigen Daten meist aus unterschiedlichen Quellen stammen. Innerhalb des Programms werden diese Daten geladen und klassifiziert. Die Klassifizierung beinhaltet dabei die systemseitige Gewichtung deren Ausprägung. Anhand dieser Informationen kann das Programm Informationen und Erkenntnisse entnehmem und Sachverhalten bilden. Anschließend werden die Daten über ein künstlich neuronales Netz geladen, bewertet und aggregiert ausgegeben. Das Resultat daraus ist der Mehrwert und zugleich die Erkenntnis aus dem Ladevorgang. Das System lernt dadurch Vorgänge schnell und effizient durchzuführen und Fehler klar zu kennzeichnen, eine Routine entsteht. Ein standardisiertes Vorgehen wird dabei vorausgesetzt, welches auf gleichbleibender und konsistenter Datenqualität beruht. Dieser Baustein wird mittlerweile auch für Erweiterungen des Digital Cores verwendet. Ein konkretes Beispiel hierzu wäre das neue Cash Management. Innerhalb der verschiedenen Prüfmuster wird gezielt die Funktionalität des Machine Learnings verwendet, um Rechnungen automatisch gegen die Zahlungseingänge zu vergleichen.[24] Dabei wird das System über die Zeit immer besser und kann verschiedene Muster erkennen. Diese Muster könnten beispielsweise das Zahlungsverhalten des Kunden betreffen oder seiner Präferenzen in Hinsicht auf seinen Cash-Flow. Diese Informationen können nur sehr schwer mit regelbasierten Ansätzen erkannt und ausgewertet werden. Ein weiteres Beispiel ist die Lagerverwaltungsapp aus dem EWM (Extended Warehouse Management), die Produktverfolgungs-, und Nachhaltungslösung mithilfe des Machine Learnings bereithält. Auch sind fertige eigenständige Lösungen verfügbar, wie die Textanalysen, Bild-, Sprach- oder Audioerkennung, die als fertige Entwicklungsbausteine implementiert werden können.[25] Um diese Fülle an Lösungen geschickt an die eigene

---

[24] Siehe Elsner, M. (2017, S. 83).
[25] Siehe Elsner, M. (2017, S. 83).

Tab. 7.2 SAP Activate Methodik – unterschiedliche Phasen

Phase	Phasenbezeichnung	Beschreibung
1	Entdecken	Hier werden alle Anforderungen an das System erfasst. Dabei können die Anforderungen einerseits vom Unternehmen selbst, als auch vom Umfeld kommen. Besonders bei Automatisierungsprojekten sollten rechtliche Anforderungen betrachtet werden
2	Erkunden	Typischerweise werden bestehende Prozesse analysiert und mithilfe von End to End Szenarien abgebildet. Hierbei sollen alle Zusammenhänge der angebundenen Systeme und deren Informationsfluss näher betrachtet werden. Hier sind die Zusammenhänge zwischen der IT und dem Betrieb essenziell
3	Vorbereiten	Innerhalb von Detailworkshops werden alle Prozesse detailliert aufgezeigt und Besonderheiten herausgestellt. Hierbei sollten technische Spezifikationen, Durchlaufzeiten, Abhängigkeiten, wie auch Sicherheitsvorgaben klar definiert werden. Dieses Konzept dient als Grundlage für die spätere Realisierungsphase
4	Realisieren	Innerhalb der Realisierungsphase werden die zuvor erwähnten Besonderheiten bei der Anpassung der Programme berücksichtigt. Wichtige Datenobjekte werden vernetzt und Durchlaufzeiten angepasst. Sicherheitsvorgaben werden an die kundenindividuelle Umgebung integriert und das Programm erweitert
5	Implementieren	Der Funktionsbaustein wird in die Systemlandschaft integriert und erhält bidirektionale Datenflüsse. Dabei muss die Funktionsweise nach den zuvor erstellten Bedingungen getestet und bestätigt werden
6	Produktiv setzen	Mit der Abnahme kann das System produktiv eingesetzt werden. Danach erfolgt eine standardisierte HyperCare Phase gefolgt von einer zweiten Abnahme

SAP Activate Methodik[26]

Umgebung anzupassen, bedarf es der SAP Activate Methodik, die vor allem durch die Implementierungserfahrung seitens SAP als sehr nützlich angesehen werden kann.

Betrachten wir nun SAP Activate in diesem Kontext, so empfiehlt SAP verschiedene vorbereitende Maßnahmen vor dem Implementierungsprojekt. Diese werden im letzten Abschnitt näher betrachtet. Nachdem die vorbereitenden Maßnahmen erfolgreich durchgeführt wurden können die sechs Phasen von SAP Activate in Bezug zu der gewünschten Lösung betrachtet werden. Die folgende Tabelle dient zur Erläuterung (Tab. 7.2).

---

[26] Siehe SAP SE (2020): SAP Activate. Hg. v. SAP, https://www.sap.com/germany/products/activate-methodology.html (2020).

Innerhalb dieser Phasen finden sich klare Arbeitsanweisungen und Vorgaben, wie bspw. die Anforderungen aufgenommen und bewertet werden müssen. Klare Richtlinien bei der Integration, wie auch projektmanagementspezifische Zeit- und Kapazitätspläne werden ebenfalls klar vorgegeben. Klare Richtlinien bei der Implementierung gefolgt von klaren Abnahmekriterien werden ebenfalls zur Verfügung gestellt. Zu guter Letzte sind Schulungskonzepte und Betreuung der Funktionsbausteine Bestandteil der Vorgehensweise. Die Einbringung KI gestützter Programme zur Optimierrung von Geschäftsprozessen wird in den nächsten Jahren an Bedeutung gewinnen. Dahin gehend empfehlen sich Machbarkeitsstudien, mithilfe von SAP Activate, bereits im Vorfeld.

7.4 Marktrelevante Adaption

Neue Vorgehen, insbesondere im Kontext des technologischen Fortschritts, müssen ab einem gewissen Zeitpunkt auf die Marktreife und Marktrelevanz hin überprüft werden. Dies wird in unserem Kontext als marktrelevante Adaption bezeichnet. Wie im vorangegangenen Kapitel erwähnt, ist die Bewertung der erforderlichen bzw. nützlichen Funktionsweise relevant für den Markt und somit für den unternehmerischen Erfolg. Viele Produkte sind von der Funktionalität bereit, um essenzielle Probleme zu lösen, können angesichts der Akzeptanz und der Möglichkeiten der Industrie nicht zum heutigen Zeitpunkt betrachtet werden. Sie sind zum aktuellen Zeitpunkt nicht relevant für eine Vielzahl von Unternehmen und erreichen somit keine marktrelevante Adaption. In diesem Kapitel haben wir vier reelle Beispiele aufgeführt, die zur heutigen Zeit bei Unternehmen erfolgreich eingeführt wurden und auch weiterhin von der Industrie stark nachgefragt werden.

7.4.1 Praxisbeispiele

Alle Praxisbeispiele basieren auf den erhobenen Datensätze vergangener Projekte. Die Aussagen über getroffene Erkenntnisse und Ergebnisse werden in diesem Kapitel unter eigenen Gesichtspunkten näher aufgeführt. Dabei wird die Vorgehensweise kurz erläutert und die Besonderheiten herausgestellt. Weiterführende Informationen, technische Einstellungen und Konfigurationen sind ebenfalls außerhalb der Betrachtung.

7.4.1.1 Predictive Maintenance
Einer der größten Bereiche in denen aktuell zahlreiche KI-gestützte Softwarelösungen bereitgestellt werden ist der Bereich des „Predictive Maintenance/Prädiktive Wartung". Insbesondere bei der Wartung von kompakten Verschleißteilen mit einem hohen Wert können vorzeitige Erkenntnisse über den Zustand der Maschine helfen, diese wartungsarm in Betrieb zu halten. Dies wird auch im Umgang mit Maschinen als dynamischer Wartungsintervall bezeichnet. Folgende Beschreibung kann helfen, den Sinn hinter einer dynamisch zu bestimmenden Wartung zu erkennen.

„Jede Maschine, ob es sich nun um eine rotierende Maschine (Pumpe, Kompressor, Gas- oder Dampfturbine usw.) oder um eine nicht rotierende Maschine (Wärmetauscher, Destillationskolonne, Ventil usw.) handelt, wird irgendwann einen Punkt erreichen, an dem der Gesundheitszustand schlecht ist. Dieser Punkt ist möglicherweise nicht der eines tatsächlichen Ausfalls oder einer Abschaltung, sondern ein Punkt, an dem die Anlage nicht mehr in ihrem optimalen Zustand arbeitet. Dies deutet darauf hin, dass möglicherweise einige Wartungsarbeiten erforderlich sind, um das volle Betriebspotenzial wiederherzustellen. Vereinfacht ausgedrückt ist die Ermittlung des „Gesundheitszustands" unserer Ausrüstung die Domäne der Zustandsüberwachung."[27]

Diese dynamischen Wartungsintervalle erhöhen das Effizienzniveau von Maschinen und senken parallel die Wartungskosten. In den meisten Fällen wird eine akustische Sensortechnik verwendet, um den aktuellen Zustand der Maschine zu bewähren. Das Klangmuster ändert sich je nach Beanspruchung und Verschleiß. Zusätzliche Parameter werden von den Sensoren bestimmt und in einem verwertbaren Format an das jeweilige Cockpit übersendet. In Kombiantion mit anderen Funktionsbausteinen können so intelligente Prozesse angestoßen werden. Die installierte Lösung hierbei hat eine automatische Meldung in das Qualitätsmanagement erfasst und automatisiert, einen zuständigen Sachbearbeiter kontaktiert mit Fehlermeldung, Bezeichnung des Problems, Häufigkeit der Unregelmäßigkeiten und Vorschläge zur Behebung des Problems. Anschließend werden Serviceaufträge im Modul CS (Customer Service) eines SAP System erzeugt und zeitlich zugeordnet. Die zeitliche Zuordnung besitzt dabei drei aufeinander aufbauenden Status, die von einer Bearbeitungszeit von 24 h, 12 h und 2 h ausgehen. Nach Problemlösung und Beendigung des Serviceauftrags werden die gesammelten Informationen übermittelt und die Maschine wird neu bewertet. Bis auf wenige Handgriffe wurde der administrative Aufwand komplett automatisiert und die Fehlerhäufigkeit bei der Anlage von Serviceaufträgen reduziert.

7.4.1.2 Anomalie Detection

Anomalie Detection ist ein weitverbreiteter Begriff zur Untersuchung von Fehlern, Fehlständen oder untypischen Vorgängen. Dieses eventgesteuerte Vorgehen dient zur Identifikation von Ausreisern, sowie untypisch ausgeprägten Merkmalen. Konkret wird Anhand der Gesamtheit der zur Verfügung gestellten Datensätze, Aussagen über vereinzelnde Merkmale getroffen. Dabei können diese implizit (logischer Ansatz) oder explizit (deutliche Schlussfolgerung) auftreten. Das folgende Schaubild Abb. 7.5 verdeutlicht anhand einer zweidimensionalen Ansicht die untersuchten Datensätze grafisch.[28]

Merkmale, die aus dem Schema fallen werden am äußeren Rand der Datenwolken dargestellt. Vereinfacht in einer zweidimensionalen Form können auch

---

[27] Siehe Vegard, F. (2018).
[28] Siehe Vegard, F. (2018).

7 Künstliche Intelligenz im ERP Umfeld

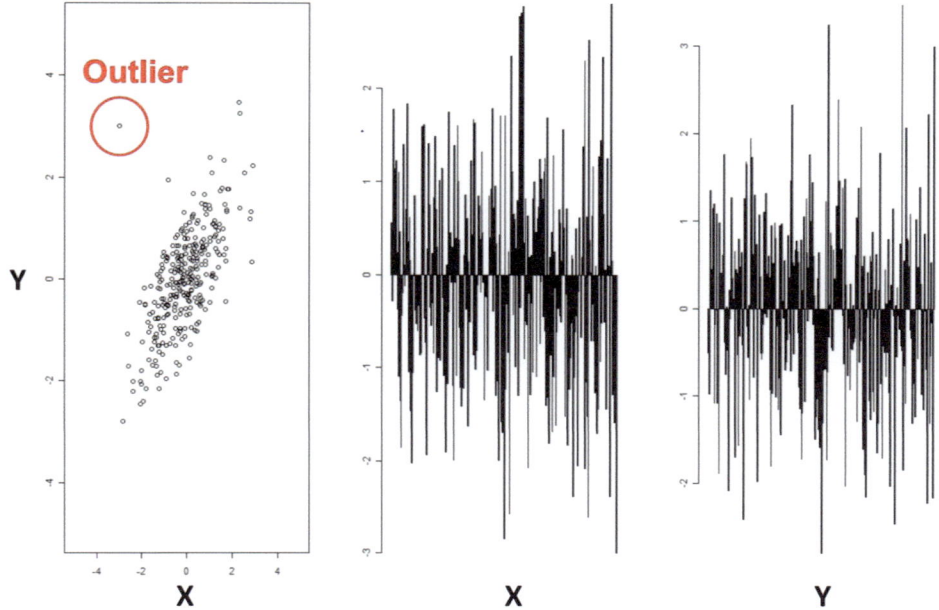

Abb. 7.5 Datenwolke einer Anomalie Detection

mehrdimensionale Auswertung durchgeführt werden, die allerdings außerhalb der logischen Schlussfolgerung liegen. Diese ausgewerteten Merkmale müssen Anhand akkreditierender Methoden in ein verständliches Modell überführt werden. Hierzu eignen sich grafische Aufbereitungen im 2D oder 3D Raum.

Betrachten wir nun den aktuellen Einsatz einer KI-gestützten Softwarelösung im Praxiseinsatz so stellen wir fest, das nur sehr wenige Lösungen den Charakter einer KI treffen, Viele Programme sind weiterhin regelbasiert oder verwenden einen hybriden Ansatz, indem nur Teilbereiche der Auswertung durch KI erfolgen (siehe Abb. 7.6). Mithilfe der Anomalie Erkennung mittels künstlich neuronaler Netze lassen sich Ausreißer effektiv bis zu einer Genauigkeit von 99,99 % erkennen. Diese Ausreiser müssen nicht zwingend auf unnatürliche Ereignisse verweisen oder gar Fehler beinhalten. Vielmehr wird eine Analyse zur bestehenden Datenbasis durchgeführt und Unregelmäßigkeiten als Fehler gekennzeichnet. Um diese Überprüfung durchführen zu können, bedarf es einer konsistenten Datenquelle. Die Datenquelle und deren Datenkonsistenz muss gleichbleibend sein, um effektiv Anomalien wahrzunehmen und aufzuzeigen. Volatile und qualitativ schlechte Datensätze werden bei der Auswertung keine genauen Aussagen treffen und somit kein aussagekräftiges Ergebnis erzeugen. Deshalb sind die Einsatzgebiete zurzeit restriktiv und stark beschränkt. Unser Praxisbeispiel beruht deshalb auf einem Bereich, der weder volatil noch unreguliert ist. Wir sprechen hierbei vom

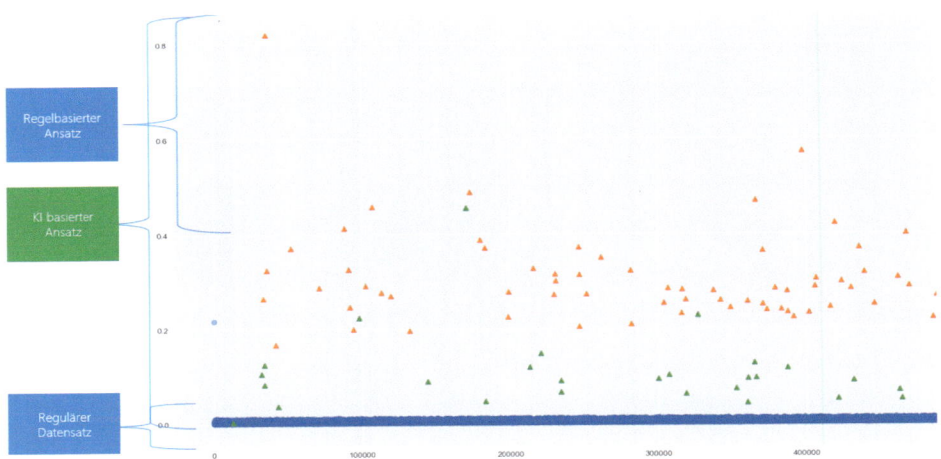

Abb. 7.6 Vergleich regelbasierter Ansatz vs. KI-gestützte Softwarelösungen

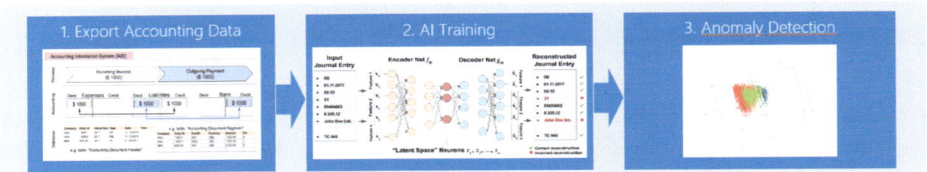

Abb. 7.7 Nutzung einer KI gestützten Software für transaktionelle Datensätze

Finanzsektor, vielmehr um das Finanzwesen. Durch strenge Richtlinien, Regularien und Kontrollen müssen die Daten stets in einem einheitlichen und gleichbleibenden Format abgelegt werden. Insbesondere bei der Fehlererkennung und -vermeidung eignet sich diese Datenquelle besonders gut, da logische Schlussfolgerung leicht erkennbar dargestellt werden können. Dabei reden wir im Kontext eines Fehlers, um eine absichtliche Veränderung des Datensatzes und somit um einen Betrugsversuch im Finanzwesen. Darunter fallen Steuerhinterziehung, Bestandsverfälschung in Hinsicht auf bewerteten und unbewerteten Bestand, Cash-Flow Management mit Tochterunternehmen und interner Rückstellung. Es gibt noch weitere Bereiche, allerdings reichen uns diese zur Veranschaulichung erstmal aus. Diese Daten befinden sich in Belegform in einem SAP System und werden dort auch transaktionelle Datensätze genannt. Diese Datensätze gilt es zu untersuchen und Aussagen über deren aktuellen qualitativen Zustand zu treffen. Dabei kann folgendes Vorgehen als universell angesehen werden (Abb. 7.7):

Im ersten Schritt werden die erforderlichen Datensätze aus dem System klassifiziert und extrahiert. Dabei können einzelne Merkmale bereits gewichtet und in Bezug zueinander gesetzt werden. So können bspw. Rückstellungen und deren Auszahlungen als besonders wichtig gekennzeichnet werden und somit eine gesonderte Rolle zugewiesen bekommen. Dabei kann pauschal festgelegt werden, dass durch Quantität der Daten auch eine höhere Aussagekraft und somit Genauigkeit erzielt werden kann. Qualität durch Quantität könnte ebenfalls zutreffend formuliert werden. Anschließend werden die extrahierten Datensätze in ein performantes Format transferiert und bereitgestellt. Formate mit einem einem möglichst geringem Speichervolumen sind bevorzugt zu verwenden, wie bspw. XML Strukturen. Amschließend können diese Dateien vom anhängenden KI-gestützten Auswertungsprogramm eingelesen, trainiert und ausgewertet werden. Das Training bildet dabei den eigentlichen Lernprozess ab und wird durch ständiges Wiederholen genauer und aussagekräftiger. Diese Trainingszyklen sind performanzlastig und müssen während der einzelnen Zyklen an dafür ausgerichtete Anlagen durchgeführt werden. Andernfalls könnten Laufzeitfehler und Abbrüche die Folge sein und die Ergebnisse der einzelnen Zyklen verfälschen. Innerhalb der Trainingszyklen wird der Datensatz durch eine mehrdimensionale Matrix geführt und mithilfe gewichteter Merkmale bewertet. Dieses Verhalten ist stark an dem menschlichen Nervenkonstrukt angelehnt und wird dementsprechend künstlich neuronales Netz genannt. Nachdem eine zufriedenstellende Anzahl an Trainingszyklen durchgeführt wurde können die Daten über das Auswertungscockpit ausgegeben werden. Dabei werden grafische und inhaltlich komprimierte Aussagen in einem verständlichen Format erstellt und in Bezug gesetzt. Derzeit sind javascript/pythonbasierte Cockpits sinnvoll, um die Homogenisierung und Vernetzung zukünftiger Anliegen zu gewährleisten und Produkte seiten SAP sinnvoll zu vernetzen.

7.4.1.3 RPA (Robotic Process Automation)

RPA ist ein aktueller Weg der Prozessautomatisierung anhand von zugewiesenen Arbeitsabläufen mit hohem Rationalisierungspotenzial.[29] Innerhalb der heutigen Funktionsbereiche eines Betriebes können Roboter zur Automatisierung verwendet werden. Die Steuerung dieser Roboter wird durch kleine Softwarekomponenten ermöglicht, die interaktiv mit den mechanischen Bauteilen interagieren. So können Roboter jederzeit Ihren Funktionsumfang erweitern, indem neue Komponenten hinzugefügt und angelernt werden. Das bekannteste Beispiel der heutigen Zeit sind die Produktionsstraßen. Dabei sind mehrere Roboter hintereinandergeschaltet, die einen kompletten Arbeitsvorgang nachbilden und durchführen. Da Roboter in der Regel 24 h in der Woche arbeiten können und bis auf kleinere Wartungsintervalle keine Ruhepause benötigen, ist die Effizienzrate gegenüber herkömmlichen Produktionsstraßen höher. Grundlegend sind Roboter in folgenden Fällen besonders effektiv:

---

[29] Siehe Scheer, A. (2019, S. 181).

„Einfache Anwendungsfälle, die sich häufig wiederholen, in großer Zahl anfallen, durch gesetzliche oder Geschäftsregeln gesteuert werden und nur wenige, unbedingt von Menschen zu bearbeitende Ausnahmen enthalten, eignen sich besonders für deren Einsatz."[30]

In diesem Aspekt werden auch ähnliche Begrifflichkeiten marktübergreifend verwendet. So werden neben ITPA (Information Technology Process Automation auch IRPA (Intelligent Robotic Process Automation) für den gleichen Anwendungsfall eingesetzt.[31] Hierbei spielen nicht nur wirtschaftliche Aspekte eine wichtige Rolle bei der Einführung von automatisierten Prozessen. Vielmehr sind kulturelle Hintergründe entscheidend für den Durchdringungsgrad innerhalb des Unternehmens. Beispielsweise sind östliche Konzerne bestrebt die besten und schnellsten auf dem Markt zu sein und sind grundsätzlich offen für neue Technologien und Prozesse, um die hochgesteckten Ziele zu erreichen. Während in der westlichen Zivilisation der Mensch als Ressource einen anderen Stellenwert zugesprochen bekommt und dementsprechend ethische und moralische Aspekte bei der Entscheidung eine wichtige Rolle spielen. Allerdings können zum heutigen Zeitpunkt die softwareverwalteten Roboter ohne die Interaktion mit Menschen nicht bestehen.[32] Genau hier wird die Relevanz von Künstlicher Intelligenz deutlich. Systeme müssen zukünftig in Ihrem Arbeitsspektrum auch eigenständige Entscheidungen treffen können. Wir Reden hierbei nicht von taktischen bzw. strategischen Entscheidungen, sondern vielmehr von operativen, im engeren Sinne. Teilaufgaben, Vorschläge und Korrekturen zählen dabei als aktive Arbeitseinweisungen für den Roboter. Diese kognitiven Lernfähigkeiten für die Entscheidungsfindung sind für Systeme mit künstlicher Intelligenz essenziell.

Betrachten wir die RPA heutzutage wird diese zwar eingesetzt, allerdings vergleichsweise in einem geringeren Umfang als die Möglichkeiten es zulassen. Anhand einer „Long-Tail" Analyse, worin der prozentuale Anteil an manuellen, halbautonomen und automatisierten Tätigkeiten im Verhältnis zueinander aufgeführt wird, kann der marktübergreifende Koeffizient ermittelt werden. Im Verhältnis zu den manuellen Tätigkeitsfeldern liegt die Automatisierungsrate bei etwa 20 %.[33] Durch aktuelle Softwarearchitekturen wird die Anzahl der zur Verfügung gestellten RPA Tools deutlich erhöht. Dahin gehend wird ein massiver Zuwachs von automatisierten Prozessen in naher Zukunft erwartet.[34] Kommen wir nun zu einem Praxisbeispiel aus einem vorangegangenen Projekt. Der Umfang des Projektes bestand darin, eine integrierte Lösung für ein älteres ERP Systems seitens SAP bereitzustellen, um Lieferantenrechnungen

---

[30] Siehe Scheer, A. (2019, S. 184).
[31] Siehe Scheer, A. (2019, S. 185).
[32] Siehe Scheer, A. (2019, S. 184–186).
[33] Siehe Scheer, A. (2019, S. 185).
[34] Siehe Scheer, A. (2019, S. 185–186).

automatisiert verarbeiten zu können. Dabei wurde ein Drei-Schritt System konzipiert und realisiert. Folgende Schritte wurden ausgeführt:

Schritt 1: Alle ankommenden Daten mussten in ein einheitliches Format umgewandelt werden. Hierbei wurde vorab ein digitales Trägermedium gewählt, worin alle ermittelten Attribute der Lieferantenrechnung abgebildet sind. Dieses Trägermedium konnte vollautomatisiert ermittelt werden, indem postalische Nachrichten eingescannt, E-Mails transformiert und telefonische Anfragen automatisiert die notwendigen Datenfelder befüllt haben. Das Trägermedium konnte anschließend vom System erkannt und bearbeitet werden.

Schritt 2: Daten müssen an das ERP System überführt und eingebucht werden. Alle erforderlichen Felder müssen gepflegt sein und entsprechend der ERP Konfiguration zugewiesen werden. Der Datensatz muss die nötigen Belege erzeugen und ordnungsgemäß verbuchen. Ein bidirektionaler Informationsaustausch zwischen dem RPA Tool und dem ERP System ist notwendig.

Schritt 3: Daten im ERP System müssen wieder ausgegeben werden. Mithilfe von digitalen Bestätigungshinweisen erhält der Lieferant den aktuellen und zeitpunktbezogenen Status der Bearbeitung. Darüber hinaus kann das Output-Management automatisiert werden, sodass der Lieferant eine E-Mail, eine digitale Signatur oder SMS bei einer Statusänderung erhält.

Diese Lösung wurde mithilfe der Cloud Plattform und einzelner Funktionsbausteine realisiert und an die Kundenstruktur angepasst. Weiterhin wurden Konnektoren zu anderen Fachbereichen wie dem Controlling ausgebildet um weitere Auswertungsmerkmale zu schaffen und die Bewertungsstrategien zu verbessern. Dadurch konnte der interne Cash-Flow, sowie die Finanzstruktur gestärkt und Personal entlastet werden.

7.4.2 Chancen und Risiken der iO Fund & Foundries

Durch einen Verbund internationaler Unternehmen innerhalb der iO Fund & Foundries werden zahlreiche neue Lösungen im Bereich der KI für SAP und deren Schnittstellen veröffentlicht, und teilweise ohne zusätzliches Lizenzmodell zur Verfügung gestellt. Besonders bei der Betrachtung der offenen Strukturen, mittels OpenSource Architekturstrategie, können Partnerunternehmen, sowie Kunden Vorschläge und Anregungen zur Optimierung alter Themen und zur Generierung neuer Themen beitragen. Den Input liefert dabei stets die Industrie und deren Teilnehmer. Die operative Ausführung solcher Themen übernehmen meist Start UPs mit technischer Spezifikation. Somit werden branchenspezifisches Wissen und aktuellste KI Technologie miteinander verknüpft und der Industrie zur Verfügung gestellt. Insbesondere bei großen Implementierungsprojekten werden Erkenntnisse mit anderen Teilnehmern geteilt und Verbesserungsvorschläge generiert. Diese Kooperationen sind weltweit ausgeprägt und liefern wertvolle Erkenntnisse in Sachen innovativer Technologien. Besonders Start-Ups profitieren dadurch, da eine Plattform geschaffen wird, um die Vernetzung der Unternehmen zu verstärken und gezielt an konkreten Problemstellungen der Industrie zu arbeiten.[35]

Grundsätzlich arbeitet die iO Fund & Foundries komplett digital und benötigt deshalb keine physische Präsenz. Allerdings wurden die Standorte Berlin und Palo Alto als besonders wichtig für die iO Fund & Foundries herausgestellt. In diesen Städten werden in einem regelmäßigen Austausch neue Produkte entwickelt, bewertet und zur Verfügung gestellt. Somit sind diese Standorte die physischen Innovationstreiber und ermöglichen den reellen Bezug zu diesen Thematiken. Daraus resultieren auch weiterführende kleinere Programme, wie bspw. SAP Startup Focus. Das große Potenzial dahinter lässt auf viele neue Ideen und Umsetzungsmöglichkeiten hoffen, um gemeinsam an komplexen Problemstellungen der Industrie zu arbeiten. Besonders erfolgreiche Umsetzungen werden in das Portfolio von SAP eingefügt und bei späteren Realisierungen berücksichtigt.

7.5 Vorbereitende Maßnahmen

Dieses Kapitel betrachtete die vorbereitenden Maßnahmen einer Implementierung von KI-gestützten ERP Systemlandschaften. Dabei werden die wichtigsten Kriterien herausgestellt und im Detail beschrieben. Besonders bei der Anwendung der SAP Activate Methodik werden diese Maßnahmen vorausgesetzt, um eine qualitativ gute Basis für die Implementierung zu besitzen. Grundsätzlich lassen sich drei Maßnahmen klassifizieren und ausprägen, die unmittelbaren Einfluss auf KI-gestützte Prozesse aufweisen. Diese wären wie folgt:

Schritt 1: Datenbereinigung (Data Cleansing)
Stammdaten bzw. Bestandsdaten im ERP Kontext sind dauerhaft verwendete Daten für Grundinformationen in Bezug auf Geschäftspartner, Material und Kondition. Deshalb werden diese Informationen auch als statisch gekennzeichnet und verbleiben meist sehr lange in einem System. Über die Jahre sammeln sich veraltete Datensätzen, die entweder bereits ersetzt oder obsolet sind. Ebenfalls existieren oftmals Redundanzen in Form von Dubletten. Um diese Redundanzen zu beseitigen bedarf es eines Data Cleansing Konzeptes mit Archivierungsfunktion für weiterführende Verwendungen. Die bestehenden Datensätze werden mithilfe von Softwarelösungen geladen, gefiltert, neu strukturiert und wieder in ein neues oder bestehendes System geladen. Die Qualität der Daten entspricht den Voraussetzungen für KI-gestützte Programme und die neuen Archivierungskonzepte sichern diesen Qualitätsanspruch für zukünftige Implementierungsprojekte.

---

[35] Siehe Elsner, M. (2017, S. 296–297).

Schritt 2: Datenzusammenführung (Data Blending)
Innerhalb der Datenzusammenführung werden veraltete Datensätze, die meist über mehrere Systeme bzw. Applikationen verstreut sind akkreditiert und zusammengeführt. Besonders bei Kunden- und Materialdatensätzen ist es erforderlich einen gleichbleibend aktuellen Stand zu gewährleisten. Die Datenzusammenführung bildet neue Datenobjekte, die standardisiert in jede Zuordnungstabelle überführt werden können. Innerhalb dieser Methodik gibt es weitere Möglichkeiten die Datenzusammenführung technisch, sowie betriebswirtschaftlich abzubilden. Besonders bei Abbildungen von wichtigen Geschäftsprozessen können Business Analysten Vorgaben an die Qualität, Ausprägung und Kennzeichnung dieser Datensätze erheben. Diese Methodik wird oft im Zusammenhang mit Big Data gebracht, um Daten geschickt in ein benötigtes Format zu transformieren. Aus technischen Gesichtspunkten werden Informationen mit zugewiesenen Speicherkapazitäten gebündelt und in ein kleineres Format bei gleichbleibender Aussagekraft gebracht. Der freiwerdende Speicher sorgt für eine Optimierung der Systemperformanz und Verringerung der punktuellen Lastentwicklung auf den Schnittstellen. Regelbasierte Ansätze, sowie kundenindividuelle fachliche Anforderungen können dadurch ebenfalls profitieren.

Schritt 3: Harmonisierte Systemlandschaft.
Die harmonisierte Systemlandschaft und die Datenzusammenführung können sowohl als Einzelmaßnahmen, als auch kooperativ durchgeführt werden Ziel ist eine modernisierte Systemlandschaft nach folgenden Kriterien:

a) Echtzeitverfügbarkeit
b) Cloud first – Ansatz
c) Automation

Auf diese drei Gesichtspunkte gehen wir nun im Detail näher darauf ein. Die Echtzeitverfügbarkeit gilt als eine der zwingenden Eigenschaft für KI-gestützte Programme und Prozesse. Meist werden Daten zeitpunktbezogen gebraucht bzw. ausgewertet. Je nach Abfrage können die aggregierten Datensätze eine hohe Last auf den jeweiligen Maschinen verursachen und das ERP System im hohen Umfang negativ beeinflussen. Immer öfter stoßen alte Technologien und veraltete Infrastruktur dabei an die Grenzen heutiger Möglichkeiten und können Leistungsspitzen nicht adäquat abfangen. In absehbarer Zeit wird dieses Problem immer deutlicher und hindert Systeme somit effizient zu arbeiten. Die Echtzeitverfügbarkeit stellt die erste Eigenschaft dar, die gewährleistet sein muss, um heutige Technologien, vor allem KI-gestützte Prozesse einführen zu können. Hinsichtlich der Möglichkeiten, empfiehlt es sich auf eine cloudbasierte Architektur mit Zugang zu interaktiven Produkten und Schnittstellen. Das Produktportfolio vieler Hersteller, bspw. Microsoft, Oracle, SAP und Amazon sichern die zeit- und ortsunabhängige Verfügbarkeit der Daten zu und ermöglichen eine systemtechnische Gewährleistung der benötigten Funktionalitäten. Der Vorteil dabei ist die Lastverteilung

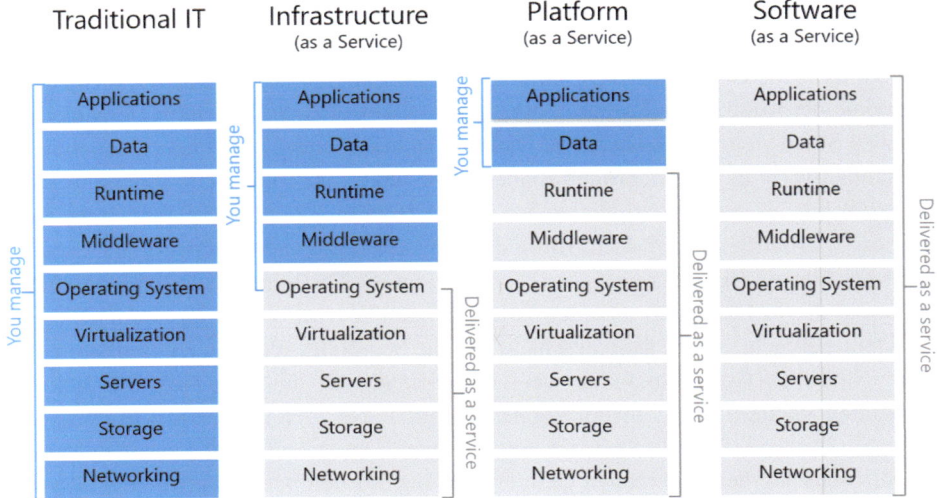

Abb. 7.8 Cloud Service Modelle (IaaS, PaaS, SaaS)

einzelner Datensätze und deren sofortige Skalierbarkeit durch Containerbauweise. Dadurch können Leistungsspitzen schnell und effektiv abgefangen und Lasten skalierbar auf mehreren Maschinen verteilt werden. Diese Unabhängigkeit ist für die reaktionsschnelle Verarbeitung einzelner Sequenzen für KI-gestützte Prozesse unabdingbar. Konkret kann das System in Echtzeit aufkommende Fehler untersuchen Probleme bzw. Problemansätze im überschaubaren zeitlichen Rahmen lösen. Dieser zeitliche Rahmen kann je nach Branche nur wenige Millisekunden betragen. Ebenfalls können Paradigmenwechsel, sowie Anomalien reaktionsschnell erfasst und ausgewertet werden. Das System lernt somit seine Umgebung optimal zu Nutzen und intelligente Lösungen sofort bereitzustellen.

Der Ansatz „Cloud first" wird oft in diesem Zusammenhang genannt und bedeutet lediglich, dass neue bzw. optimierte und weiterentwickelte Produkte zuerst auf einer cloudbasierten Umgebung umgesetzt werden sollen bzw. müssen. Dieser Umstand verdankt den aktuellen Wandel innerhalb der Digitalisierung, indem Daten vermehrt in Cloud-Architekturen übergeben werden und die Verwaltung auf eben dieser cloudbasierten Produkte erfolgt. Grundsätzlich werden in diesem Zusammenhang zwischen folgenden Architekturen unterschieden (Abb. 7.8):

a) IaaS (Infrastructure as a Service)
b) PaaS (Platform as a Service)
c) SaaS (Software as a Service)

Das Schaubild Abb. 7.8 zeigt die Unterschiede der zuvor genannten Architekturen. Die „IaaS" (Infrastructure as a Service) bezeichnet die grundlegende Hardware, die über einen Dienstleister zur Verfügung gestellt wird. Den Service übernimmt dabei der Dienstleister und verrechnet den Datendurchsatz als Servicegebühr an den Kunden. Vorteilhaft ist hierbei, dass der hardwaretechnische Service, sowie sämtliche Wartungen beim Dienstleister verbleiben und lediglich die Schnittstellen, sowie die Administration der eigenen Programme kundenseitig erfolgt. Diese Variante ist besonders geeignet für technisch affine Unternehmen mit einer eigenen IT, die kostengünstige und leicht skalierbare Lösungen bevorzugen. Insbesondere die leichte Erweiterbarkeit und die volle Kontrolle über den Durchsatz der Datensätze lässt viele Aktivitäten zu.

Innerhalb der der PaaS (Platform as a Service) dagegen werden die hardwareseitigen Komponenten und deren Schnittstellen verwaltet. Die unterschiedlichen Applikationen, sowie Erweiterungen werden von einem externen Dienstleister verwaltet. Die PaaS stellt Anwendungen und Services zur Verfügung, die alleine keine vollwertige Lösung bilden, aber als Bausteine bzw. Komponenten verwendet werden können.[36] Dadurch können Kunden eigene Entwicklungen erzeugen und verwalten und benötigen kein Fachpersonal, welche die Hardware und die Schnittstellen verwalten. Besonders als integriertes Modell eignet sich PaaS besonders, da eine Entwicklungsplattform direkt hinzugezogen werden kann mit allen erforderlichen Komponenten.

Die letzte Lösung sind die SaaS (Software as a Service) Systeme, die eine komplette Verwaltung der hardware- und softwareseitigen Komponenten ausgelagert. Die SaaS bildet die gleichen Serviceleistungen ab, wie die IaaS und ermöglicht zusätzlich die Betreuung von ausgewählten Softwarelösungen. Beispielsweise werden ERP Systeme oft von externen Dienstleistern verwaltet, um den bestmöglichen Service zu gewährleisten. Dieser Service umfasst nicht nur technische Bestandteile einer Software, sondern auch fachliche Betreuung und Führung. Besonders im Bezug auf SAP und der verschiedenen Lösungen empfiehlt es sich einen erfahrenen Partner zur Seite zu ziehen, um die Fülle an Informationen und Entwicklungen bestmöglich zu betreuen. Die Abrechnung erfolgt hierbei ebenfalls anhand des Durchsatzes und kann zusätzlich über ein bestimmtes Abonnement mit diversen Ausprägungsformen abgewickelt werden. Dadurch wirdeine Inhouse IT nicht benötigt.

Da der Markt mit Cloud Produkten von bestimmten Unternehmen sehr aktuell ist betrachten wir nun die Marktanteile der verschiedenen Cloud Anbieter aus dem ersten Quartal 2019 (siehe Abb. 7.9).[37]

Das führende System stellt Microsoft dar, welches mit Azure eine sehr leistungsstarke und performante Lösung zur Verfügung stellt hat. Besonders bei der Vernetzung mit anderen Produkten besitzt Azure sehr viele Konnektoren und Beschleuniger (Accelatoren).

---

[36] Siehe Elsner, M. (2017, S. 78).
[37] Siehe Pviswav, P. (2019).

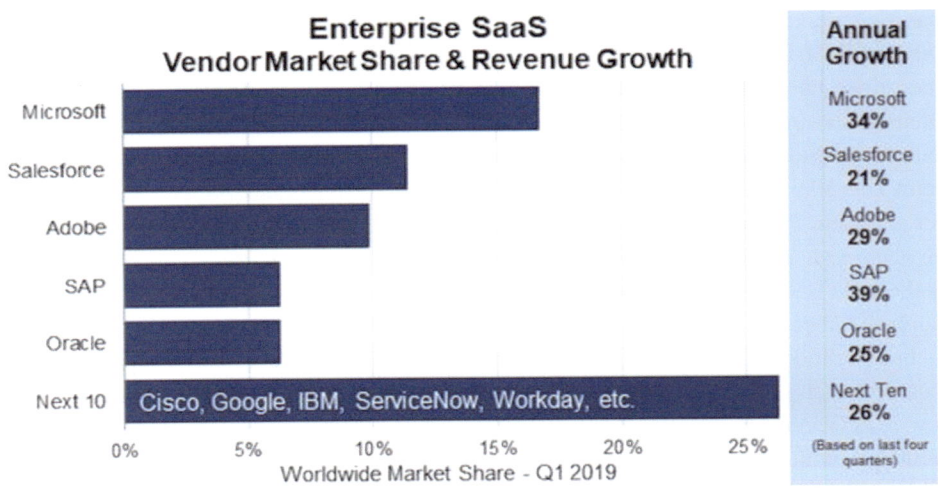

Abb. 7.9 Marktanteile der SaaS Lösungen

Besonders effektiv im Bereich CRM (Customer-Relationship-Management) und Vertrieb stellt die Salesforce dar. Dieses recht junge Unternehmen begeistert durch Benutzerfreundlichkeit, Performanz und ansprechenden Analysetools auf Basis modernster Technologie. Besonders bei der Interaktion mit ERP Systemen stellt die Salesforce sehr viele Konnektoren zur Verfügung. Weitere Anbieter im Bereich der Cloud Systeme wären Adobe, SAP und Oracle, die ebenfalls sehr performante und stabile Produkte zur Verfügung stellen. Im Vergleich zum herkömmlichen Markt ist der gesamte prozentuelle Anteil der Cloud Produkte recht gering, da nicht nur die Akzeptanz der Produkte, als auch das nötige Wissen auf der Industrieseite hierzu fehlen. Betrachten wir hierzu die tatsächlich anfallenden Kosten in Bezug auf die Implementierung und stellen die laufenden Kosten gegenüber. Der funktionale Aspekt und die Vorteile der Cloud Systeme lassen wir in dieser Abhandlung außen vor.

Der TCO zum Wechsel von eigenen Rechenzentren zu Cloud Lösungen ist Abhängig vom benötigten Funktionsumfang und der individuellen Ausprägungsform für eigene Lösungen. Darunter fallen Eigenentwicklungen, sowie kundenindividuelle Erweiterungen einer standardisierten Software. Gartner hat hierzu eine allgemein gültige Studie zur Migration zu cloudbasierten Lösungen durchgeführt und festgestellt, dass im Durchschnitt die laufenden Kosten nach der Migration um 55 % gesenkt werden könne und der TCO in Betrachtung auf einen 5 Jahres Rhythmus als sehr gering angesehen werden kann. Folgendes Schaubild verdeutlicht die Kennzahlen (Abb. 7.10).[38]

---

[38] Siehe Meinardi, M. (2018).

7 Künstliche Intelligenz im ERP Umfeld

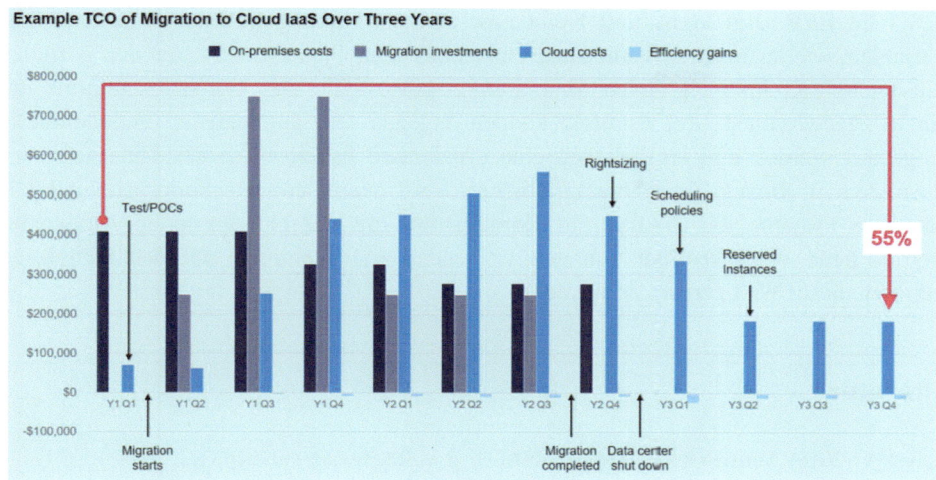

Abb. 7.10 Kosten einer Cloud Implementierung mit TCO

Nichtsdestotrotz ist die Wahl des richtigen Cloud-Anbieters entscheidend. Kostenfaktor, Integrität und Adaptivität zur aktuellen Systemlandschaft sind die wichtigsten Faktoren die bei der Berücksichtigung des richtigen Partners Einzug erhalten sollen. Im Detail sollten folgende Fragestellung bei der Auswahl des richtigen Partners eine Rolle spielen:

- Standort der Server und somit der Daten
- Die erwartete Datenmenge und der Durchsatz pro zeitliche Einheit
- Bezahlbasis der Dienstleistungen
- Vertragsgestaltung/Kapazitätszusicherungen/Gewährleistungsansprüche
- Betriebssysteme der Cloud Systemlandschaft und deren Partnerschaft
- IT Architektur in Bezug auf Datensicherheit
- Rechtsbelehrung für private Datensätze
- Die zukünftige Ausrichtung des Partnerunternehmens (Stichwort Nachhaltigkeit)
- DSGVO

Nachdem sämtlichen Faktoren berücksichtigt wurden eignen sich kleinere Prototyp Projekte, die eine erste Konzeptionierungsphase der Systemlandschaft und der bevorzugten Lösung, sowie eine erstes produktives Beispielsystem erstellen. Diese Kosten sind gut investiert, da im Vorfeld eine genaue Analyse durchgeführt werden kann, ob der Lösungsansatz passend für das Unternehmen ist und welche inhaltlichen Schwierigkeiten bei der tatsächlichen Umsetzung auftreten können. Dadurch werden die möglichen Einsatzgebiete für KI-gestützte Programme ermittelt und klassifiziert. Mögliche Produkte werden ausgewertet und passende Konzepte für die IT und den Fachbereich erzeugt.

KI im ERP Umfeld ist und bleibt eine Herausforderung in jeder Hinsicht. Viele Variablen, wie auch starke Vernetzung einzelner Datenobjekte erschweren den gezielten Einsatz der KI im integrativen Sinn. Funktionsbausteine und kleine Programme mit einem zugewiesenen Arbeitsumfeld können dagegen sehr gut realisiert und produktiv eingesetzt werden und ermöglichen eine effizientere Arbeitsweise des Unternehmens. Besonders in Bezug auf Fehleranfälligkeit, Performanz und Reaktionszeit sind KI-gestützte Systeme die Zukunft. In Kombination mit der cloudbasierten Architektur werden neue Wege eröffnet, um den steigenden Anforderungen auf den komplexen Märkten dieser Welt gerecht zu werden.

Literatur

Bauer, A. (2018). Vertrieb mit SAP S/4HANA, Hrsg. v. Rheinwerk Publishing.
Borchers, D. (2006). 50 Jahre Künstliche Intelligenz, Hrsg. v. Heise Online. https://www.heise.de/newsticker/meldung/50-Jahre-Kuenstliche-Intelligenz-141200.html. Zugegriffen: 12. Nov. 2020.
Elsner, M. (2017). SAP Leonardo, Hrsg. v. Rheinwerk Publishing.
Enzyklopädie der Wirtschaftsinformatik. (2020). Bimodale IT, Hrsg. v. Enzyklopädie der Wirtschaftsinformatik. https://www.enzyklopaedie-der-wirtschaftsinformatik.de/wi-enzyklopaedie/lexikon/is-management/Software-Projektmanagement/bimodale-it/bimodale-it/?searchterm=Bimodale%20IT. Zugegriffen: 15. Nov. 2020.
Flovik, V. (2018). How to use machine learning for anomaly detection and condition monitoring, Hrsg. v. towarddatascience. https://towardsdatascience.com/how-to-use-machine-learning-for-anomaly-detection-and-condition-monitoring-6742f82900d7. Zugegriffen: 20. Nov. 2020.
Informatik Aktuell. (2019). John McCarthy, Hrsg. v. Informatik aktuell. https://www.informatik-aktuell.de/persoenlichkeiten-der-informatik/john-mccarthy.html. Zugegriffen: 10. Nov. 2020.
Meinardi, M. (2018). Is public cloud cheaper than running your own data center? Hrsg. v. Gartner.com. https://blogs.gartner.com/marco-meinardi/2018/11/30/public-cloud-cheaper-than-running-your-data-center/. Zugegriffen: 2. Dez. 2020.
Pradeep, P. (2019). Microsoft continues to lead the enterprise SaaS market, Hrsg. v. mspoweruser. https://mspoweruser.com/microsoft-continues-to-lead-the-enterprise-saas-market/. Zugegriffen: 24. Nov. 2020.
SAP SE. (2020). SAP Activate, Hrsg. v. SAP. https://www.sap.com/germany/products/activate-methodology.html. Zugegriffen: 15. Nov. 2020.
Scheer, A.-W. (2019). *Unternehmung 4.0 – Vom disruptiven Geschäftsmodell zur Automatisierung der Geschäftsprozesse*. Hrsg. v. AWSi Publishing.
Seagate. (2020). *Data Age 2025*, Hrsg. v. Seagate. https://www.seagate.com/de/de/our-story/data-age-2025/. Zugegriffen: 12. Nov. 2020.
Statistisches Bundesamt. (2020). Tabelle 52911: IKT Indikatoren für Unternehmen, Hrsg. v. Statistisches Bundesamt. https://www-genesis.destatis.de/genesis/online?sequenz=tabellen&selectionname=52911*#abreadcrumb. Zugegriffen: 5. Nov. 2020.

KI-basierte Entscheidungsfindung für Anlageinvestitionen

Daniel Wolf

Entscheidungskonzept über eine Anlageinvestition unter Verwendung künstlicher Intelligenz.

Zusammenfassung

Künstliche Intelligenz entwickelt sich seit mehreren Jahren zu einem Mega-Trend. In diesem Kapitel soll konzeptionell dargestellt werden, wie KI eine Entscheidung über eine neue Anlageinvestition treffen kann. Als Beispiel für eine Anlage wird eine hydraulische Blechpresse verwendet. Es zeigt sich, dass unter Verwendung von Big Data, KI großes Potenzial birgt, um den Entscheidungsprozess zu automatisieren.

8.1 Entscheidung im Unternehmen

Es soll die Investitionsentscheidung einer neuen Maschine durch ein künstliches neuronales Netz dargestellt werden.

Als Maschine wird beispielhaft eine automatisierte hydraulische Blechpresse verwendet.

In der Unternehmensführung haben sich verschiedene Analysemethoden entwickelt, um eine Investition mit einer anderen zu vergleichen. Grundvoraussetzung aller Methoden ist, die Erfüllung der Effizienzaxiome (Ordnung und Transitivität). Hilfreich ist außerdem die Einteilung der Eigenschaften einer Investition in harte und weiche Faktoren. Dies ermöglicht eine strukturelle Erfassung einer Investition mit dem Ziel,

D. Wolf (✉)
Hochschule Kaiserslautern, Leonberg, Deutschland
E-Mail: daniel.sebastian.wolf@online.de

den Erfolg eines Unternehmens zu identifizieren. Zurückzuführen ist die Unterteilung auf die klassische Ökonomie und der dort angegliederten „wertmanagementorientierten Betriebswirtschaft". Dabei arbeitet die „klassische Ökonomie" auf der analysebasierten, wirtschaftstheoretischen Tradition, wohingegen beim Wertemanagement kulturelle Werte einer Organisation im Fokus stehen.[1] Unter diesen Bedingungen scheint es unmöglich, diese Bereiche miteinander zu vereinen. Es zeigt sich jedoch, dass weiche Faktoren einen großen Anteil am Betriebserfolg haben.[2]

8.1.1 Harte Faktoren

Unter *„harten Faktoren"* versteht man exakt quantifizierbare Eigenschaften, die zur Objektivierung des Sachverhalts dienen. Ziel der harten Faktoren ist es, analytisch gewonnene Handlungs- und Entscheidungsparameter zu identifizieren. Sobald ein Faktor objektivierbar ist, ist er auch erfass- und steuerbar.[3] Bei einer Maschine allgemein wird zwischen technischen und betriebswirtschaftlichen Eigenschaften unterschieden. Es gibt eine Vielzahl technischer Eigenschaften, die eine Maschine haben kann. Nahezu jede Maschine in der Produktion besitzt folgende technischen Eigenschaften:

- Stückzahlvolumen (Stück/Tag)
- Energieverbrauch (Kilowatt)
- Größe (Meter)
- Gewicht (Tonnen)
- Schallpegel (Dezibel)

Diese und viele weitere technische Eigenschaften einer Maschine sind für einen technischen Vergleich der Maschinen notwendig.

In der Betriebswirtschaftslehre wird eine Maschine vor allem unter Effizienzgesichtspunkten (Kosten-Nutzen-Analyse) betrachtet. Hierfür werden anfallende Kosten mit eingehenden Umsätzen subsummiert und im Verhältnis betrachtet.[4] Die Berechnung der Rentabilität einer Maschine soll dem Unternehmer bereits im Vorhinein Planungssicherheit geben.

Mögliche pagatorische Kosten einer Maschine sind:

- Anschaffungskosten
- Montagekosten

---

[1] Prof. Dr. Lies, J. (2018).
[2] Deloitte (2018).
[3] Prof. Dr. Lies, J. (2018).
[4] Vgl. Westermann, G. und Finger, S. (2012).

- Wartungskosten/Monat
- Stromkosten

Im Bereich der Investitionsrechnung haben sich verschiedene Rechenmodelle zur finanziellen Betrachtung eines Investments etabliert.

Auch hier wird zwischen Investitionsentscheidungen unter Sicherheit und Investitionsentscheidungen unter Unsicherheit differenziert.

Investitionsentscheidungen unter Sicherheit werden in statische und dynamische Verfahren eingeteilt.[5]

Zu den statischen Verfahren gehören die Kostenvergleichsrechnung, die Gewinnvergleichsrechnung und die Rentabilitätsvergleichsrechnung.[6] Als dynamisches Verfahren zählt die Kapitalwertmethode, die Annuitätenmethode und die Berechnung mit einem internen Zinsfuß.[7]

Unternehmerischen Entscheidungen sind nahezu immer um Entscheidungen unter Unsicherheit. Somit können diese Verfahren zwar ein Bestandteil einer Entscheidung sein, aber nicht als einziges Entscheidungskriterium verwendet werden.

Die Rechenmodelle bei Entscheidungen unter Unsicherheit spiegeln die Entscheidungssituation etwas besser wider. Dazu gehört die Amortisationsmethode, das Korrekturverfahren, die Sensitivitätsanalyse und die Dreifach-Rechnung.[8]

Alle Verfahren zur Berechnung betriebswirtschaftlicher Effizienz eint in erster Linie der Sachverhalt, dass Prämissen von Zahlenwerten angenommen werden, die auf subjektiven Schätzungen beruhen.

8.1.2 Weiche Faktoren

„Weiche Faktoren" sind Eigenschaften, welche sich in ihrer Rohform nicht objektivieren lassen. Sie sind subjektiv und analytisch nicht exakt messbar. Bei einer Investitionsentscheidung können weiche Faktoren trotzdem ausschlaggebend für eine Entscheidung sein (siehe Abb. 8.1).[9]

In Abb. 8.1 wird eine Auswahl weicher Faktoren einer Maschine dargestellt. Es kann dabei zwischen Hersteller- und Käuferseite unterschieden werden. Selbstverständlich gibt es weitaus mehr weiche Faktoren, die bei einer Maschine berücksichtigt werden sollten. Hinzuzufügen ist, dass weiche Faktoren enge Interdependenzen und Verflechtungen aufzeigen können. So hängt die Wartungsintensität aufseiten des Käufers

---

[5] Vgl. Hofmann, R. (2017).
[6] Vgl. Poggensee, K. (2011, S. 37 ff.).
[7] Vgl. Poggensee, K. (2011, S. 107 ff.).
[8] Vgl. Poggensee, K. (2011, S. 293 ff.).
[9] Prof. Dr Lies, J. (2018).

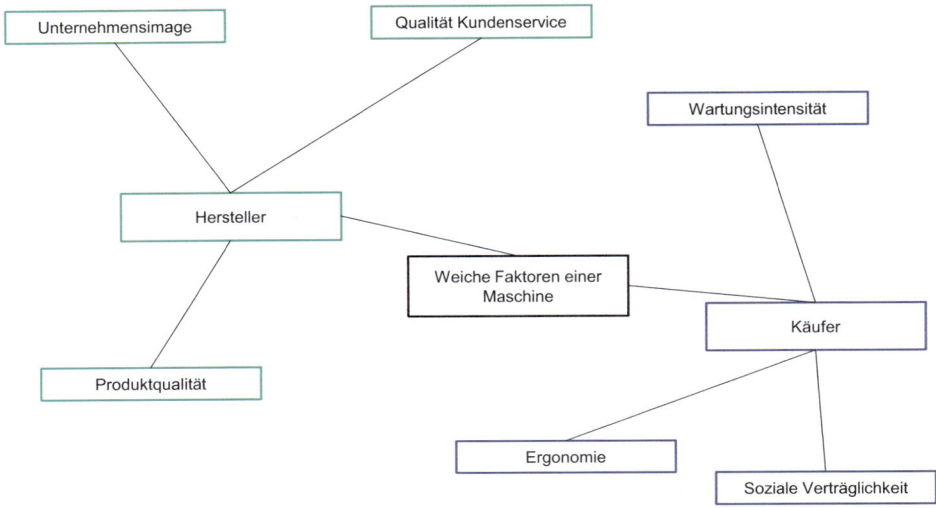

Abb. 8.1 Auswahl weicher Faktoren

zum einen von der Beanspruchung der Maschine ab, jedoch auch von der Qualität des Produktes und des Kundendienstes.

Zunächst erscheinen weiche Faktoren aufgrund ihrer Subjektivität und Erscheinungsform nicht quantifizierbar. Mit der Nutzwertanalyse, die ihre Ursprünge in der Volkswirtschaftslehre hat, ist eine Quantifizierung subjektiver Empfindungen möglich. Methodische Grundlage ist die additive und multiattributive Wertefunktion. *„Diese ordnet jeder Alternative einen Wert in Abhängigkeit von ihren Attributausprägungen zu."*[10]

Am Ende einer Nutzwertanalyse wird ein Gesamtwert für jede Alternative gebildet. Je nach Aufbau der Nutzwertanalyse ist dann der höchste oder der geringste Gesamtwert einer Alternative als Priorität zu betrachten. Nutzwertanalysen finden bei verschiedenen Entscheidungsproblemen ihre Anwendung. Demzufolge gibt es viele Varianten von Nutzwertanalysen.

8.1.3 Operationalisierung

Unter Operationalisierung versteht man die *„Auswahl von (wirtschaftspolitischen) Zielen, Mitteln und Ziel-Mittel-Zusammenhängen zur konkreten praktischen Verwendung".*[11]

---

[10] Eisenführ, F. et al. (2010).
[11] Prof. Dr. Ramb, B. (2018).

Mit der Nutzwertanalyse gelingt es dem Entscheider, „weiche Faktoren" zu quantifizieren und praktisch zu verwenden. Es darf nicht vergessen werden, dass es sich hier um subjektive Empfindungen und Einschätzungen handelt. Folglich ist es ratsam, Mitarbeiter mit vielen Erfahrungswerten die Nutzwertanalyse weicher Faktoren durchführen zu lassen.

Dem gegenüber stehen die harten Faktoren einer Investition. Die eingeschlichene Subjektivität durch die Annahme von nummerischen Prämissen bei den Verfahren ist ein einheitliches Problem.

Ein weiteres Problem ist die Vielfalt an Rechenmodellen zur Rentabilität einer Maschine. Es zeigt, dass für diese Art von Entscheidungsproblemen keine einheitliche Lösung etabliert ist.

Ebenfalls problematisch ist der unverhältnismäßig große Rechenaufwand, der mit einem realitätsnahen Entscheidungsmodell verbunden ist.

Diese Merkmale sind Eigenschaften eines Problems, die den lösungsdefekten Problemen zugeordnet werden können.[12] Bei lösungsdefekten Problemen handelt es sich um eine Unterart der „schlecht strukturierten Probleme". Diese charakterisieren sich durch den Sachverhalt, dass statistische Methoden, kombinatorische Optimierung oder andere konventionelle Verfahren nicht zu einer Lösung des Problems beitragen.[13]

Mit künstlichen neuronalen Netzen besteht die Möglichkeit, schlecht strukturierte Probleme rational und logisch durch Modellierung zu lösen.

Für schlecht strukturierte Probleme ökonomischer Natur müssen die komplexen Modelle in ihren Dimensionen erfasst werden.

Wie in Abb. 8.2 dargestellt, sind zentrale Ausprägungen eines ökonomischen Modells die Nichtlinearität und die Zahl der Variablen.[14]

Grund für die Komplexität ökonomischer Prozesse ist die Hochdimensionalität, welche durch die Wechselwirkung vieler Variablen entsteht. Für Rehkugler und Zimmermann ist außerdem „nicht zu erwarten (ist), daß die Ökonomie ihrer Natur nach, ein lineares Phänomen darstellt."[15] Dem zufolge ist die Hochdimensionalität und Nichtlinearität in ökonomischen Modellen ein zentraler Bestandteil.

Mit künstlichen neuronalen Netzen können hochdimensionale und nichtlineare Modelle erstellt und berechnet werden.

Bei der Investitionsentscheidung über den Kauf einer neuen hydraulischen Blechpresse werden, im besten Fall, alle weichen und harten Faktoren zu Parametern des künstlichen neuronalen Netzes.

---

[12] Vgl. Ananieva, M. (2020, S. 14).
[13] Vgl. Ananieva, M. (2020, S. 13).
[14] Vgl. Ananieva, M. (2020, S. 12).
[15] Vgl. Rehkugler, H. und Zimmermann, H. (1994).

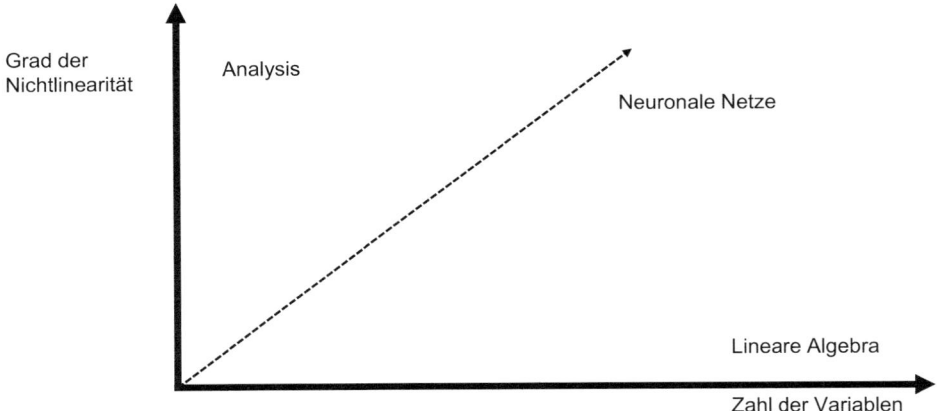

Abb. 8.2 Dimensionen der Komplexität, Modellierung wirtschaftlicher Prozesse mit neuronalen Netzen

Mögliche technische Eigenschaften:

- Energieverbrauch (hart)
- Nominal Druck (hart)
- Pressqualität (weich)
- Materialbreite (hart)
- Materialdicke (hart)
- Hubzahl/min (hart)

Mögliche betriebswirtschaftliche Eigenschaften:

- Anschaffungskosten (hart)
- Montagekosten (hart)
- Kundenservice (weich)
- Amortisationszeit (hart)

8.2 Neuronales Netz einer Anlageinvestition

Das Konzept zur KI-basierten Entscheidungsfindung soll unter Anwendung der Methodik eines künstlichen neuronalen Netzes (KNN) erstellt werden. Ziel ist es, folgendes Entscheidungsproblem zu lösen:

„Entscheidung für eine neue hydraulische Blechpresse"

8.2.1 Problemdefinition

Im Entwicklungsprozess eines KNNs muss in der ersten Phase untersucht werden, ob das ausgewählte Entscheidungsproblem grundsätzlich mit einem KNN gelöst werden kann. Hierfür ist das Entscheidungsproblem genau zu definieren.

Das hier zu untersuchende Entscheidungsproblem ist die Entscheidung für eine von drei fiktiven hydraulischen Blechpressen. Der Entscheider kann nur eine der drei Maschinen auswählen. Diese soll eine alte Blechpresse ersetzen, die im Zuge des technischen Fortschritts zu teuer geworden ist.

Es handelt sich dabei um eine Entscheidung, bei der sich der Entscheider für *eine* von mehreren Alternativen entscheiden muss. Die Beschreibung des Sachverhalts lässt darauf schließen, dass es sich um das XOR-Problem handelt.[16]

Begründer des XOR-Problems war Frank Rosenblatt. Er forschte unter anderem an den logischen Operatoren AND, OR und NOT innerhalb eines einfachen Perceptrons. Dabei stieß er beim XOR-Operator auf das Problem der linearen Separierbarkeit, welches er durch ein mehrlagiges Perceptron löste.[17]

Damit ist dieses Entscheidungsproblem für ein KNN geeignet.

Mithilfe eines KNNs soll das oben beschriebene XOR-Problem gelöst werden. Dafür muss das Netz in der Lage sein, auf der Datenbasis von drei fiktiven Blechpressen eine Blechpresse auswählen zu können.

8.2.2 Datenaquisition

In der zweiten Phase des Entwicklungsprozesses eines KNNs geht es darum, die Daten in einer adäquaten Form zu erheben und aufzubereiten.

Daten werden in nahezu jedem Arbeitsschritt einer Maschine gesammelt. Zentrale Themengebiete sind hier Data Mining und Big Data.

Dank hochsensibler Sensortechnik gelingt es den Unternehmen, eine Vielzahl von Daten zu gewinnen. Diese bilden dann die Basis für neue Entscheidungen.

Grundsätzlich wird bei einem KNN zwischen Trainings-, Testdatenbanken und unbekannten Datenbanken unterschieden. Vor allem bei Trainings- und Testdatenbanken muss darauf geachtet werden, dass die Daten den „5 Vs von Big Data" entsprechen.

Trainingsdaten werden dazu verwendet, ein KNN zu trainieren. Dabei ist es wichtig, dem Netz eine Vielzahl von Daten mit denselben Parametern mit unterschiedlichen Ausprägungen zu präsentieren, damit die Gewichte im Trainingsprozess richtig eingestellt werden. Generiert werden Trainingsdaten aus oft unterschiedlichen Quellen.[18]

---

[16] Vgl. Professor Rey, G. (2020, S. 13).
[17] Vgl. Rosenblatt, F. (2020, S. 386 ff.).
[18] Vgl. Professor Selle, S. (2018, S. 20).

Für das Beispiel der Hydraulikpresse ist zu empfehlen, historische und unternehmensinterne Daten von bereits eingesetzten Blechpressen zu verwenden. Darüber hinaus können auch Daten von Produkten, die gepresst werden sollen, ein Bestandteil der Datenbank sein, mit dem Ziel, die Mindestanforderungen der Maschine sicherzustellen.

Testdaten werden auch Validierungsdaten genannt. Sie werden zum Abschluss der Trainingsphase eingesetzt, um zu kontrollieren, ob das KNN den richtigen Output generiert.

Unter unbekannten Daten werden die Daten verstanden, mit denen das KNN neues Wissen oder Entscheidungen erzeugen soll.[19]

8.2.3 Datenpräsentation

Die dritte Phase beinhaltet das Definieren von Parametern, unter welchen die neue Blechpresse ausgewählt werden soll. Im besten Fall werden dabei alle erfassbaren Parameter verwendet.

Da es sich um ein Konzept handelt, wird aus Gründen des Umfangs darauf verzichtet, alle Faktoren zu berücksichtigen.

Als beispielhafte Parameter für das KNN wurden folgende Eigenschaften der Blechpresse ausgewählt:

1. **Nominal Druck:**
   Der Nominal Druck wird in Kilonewton (KN) angegeben. Diese Einheit gibt an, mit welchem Druck die Presse maximal auf ein Material wirken kann.[20]
2. **Materialbreite:**
   Die Materialbreite wird in Millimeter (mm) angegeben. Dieser Parameter gibt an, wie breit das Material maximal sein darf, damit es die Presse problemlos durchlaufen kann.
3. **Materialdicke:**
   Die Materialdicke wird ebenfalls in Millimeter angegeben. Sie gibt an, welche Dicke das Material maximal haben darf, damit der Pressvorgang optimal durchgeführt werden kann.
4. **Hubzahl pro Minute:**
   Die Hubzahl pro Minute gibt an, wie viele Hübe pro Minute von der Presse maximal durchgeführt werden können. Unter einem Aufwärtshub versteht man eine senkrechte

---

[19] Vgl. Professor Selle, S. (2018, S. 21).
[20] Vgl. Dolmetsch, H. et al. (2017, S. 104).

Bewegung eines Objekts von unten nach oben. Sobald ein Hub von oben nach unten durchgeführt wird, spricht man von einem Abwärtshub.[21]

5. **Amortisationszeit:**

Die Amortisationszeit beschreibt die Kapitalbindungsdauer einer Investition. Sie wird wie folgt berechnet[22]:

$$Amortisationszeit = \frac{Anschaffungskosten}{durchschnittlicher\ Rückfluss\ pro\ Zeiteinheit}$$

6. **Qualität Kundenservice:**

Die Qualität des Kundenservices ist in diesem Konzept der einzige weiche Parameter der Blechpresse. Er steht stellvertretend für alle weichen Faktoren, die berücksichtigt werden können. Der Kundenservice einer Hydraulikpresse ist ein wichtiger Bestandteil der Entscheidung. Im Regelfall sind Experten vom Hersteller selbst in den Produktionsstätten des Käufers. Sie haben die Aufgabe, die Pressen angemessen zu warten, um Standzeiten zu vermeiden. Sollte es trotz Vorkehrungsmaßnahmen zu einem Ausfall kommen, haben sie die Aufgabe, die Maschine zu reparieren. Die Qualität des Kundenservices kann durch eine Nutzwertanalyse bestimmt werden. In diesem Beispiel kann der Kundenservice bei bester Bewertung 10 Punkte erreichen.[23]

Über diese sechs Eigenschaften hinaus, gibt es weitaus mehr weiche und harte Faktoren, die bei einer solchen Entscheidung berücksichtigt werden sollten. Sobald das Konzept realisiert und programmiert wird, ist die Berücksichtigung aller erfassbaren Faktoren und Eigenschaften der Maschine notwendig, um ein möglichst exaktes Ergebnis zu erzielen.

Auf Basis der oben erläuterten Parameter wurden drei fiktive Blechpressen definiert. Eine dieser drei Pressen soll ausgewählt werden. Die Blechpressen haben folgende Eigenschaften (siehe Abb. 8.3, 8.4 und 8.5):

8.2.4 Netzmodell

Die vierte Phase ist der Kern des Entwicklungsprozesses für ein KNN. In diesem Schritt wird ein komplettes Modell eines Netzes erstellt. Unter anderem kommt es zur Wahl des geeigneten Lernverfahrens, der Topologie und weiteren konstituierenden Bestandteilen. Bei allen Bestandteilen des KNNs spielt die bereits geleistete Arbeit aus der ersten, zweiten und dritten Phase eine zentrale Rolle und muss dauerhaft berücksichtigt werden.

---

[21] Vgl. Feintool International Holding AG (2020).
[22] Vgl. Naujokat, T. (2020).
[23] Vgl. Krah, E. (2014).

Blechpresse 1	
Nominal Druck (KN)	14.500
Materialbreite (mm)	580
Materialdicke (mm)	12
Amortisationszeit (Monate)	29
Kundenservice (XX/10)	06
Hubzahl/min	27

Abb. 8.3 Blechpresse 1

Blechpresse 2	
Nominal Druck (KN)	15.500
Materialbreite (mm)	630
Materialdicke (mm)	20
Amortisationszeit (Monate)	35
Kundenservice (XX/10)	08
Hubzahl/min	35

Abb. 8.4 Blechpresse 2

Blechpresse 3	
Nominal Druck (KN)	13.500
Materialbreite (mm)	600
Materialdicke (mm)	8
Amortisationszeit (Monate)	33
Kundenservice (XX/10)	09
Hubzahl/min	31

Abb. 8.5 Blechpresse 3

8.2.4.1 Lernverfahren

Um die Frage zu beantworten, welches Lernverfahren für das bereits definierte XOR-Problem optimal ist, muss eine Datengrundlage geschaffen werden. Diese beruht auf folgender Annahme:

Im Zuge der Problemdefinition wurde erklärt, dass eine neue hydraulische Blechpresse für ein Unternehmen angeschafft werden soll. Dies lässt darauf schließen, dass bereits Daten von Blechpressen vorhanden wären, die bereits zum Einsatz gekommen sind. Darüber hinaus kann davon ausgegangen werden, dass es Produkte gibt, die mit den Blechpressen produziert wurden. Diese Produktdaten können ebenfalls wichtige Daten für die Anforderungen der Blechpresse liefern.

Unter der Annahme, dass die bereits eingesetzten Blechpressen und die zu produzierenden Produkte die gleichen Parameter wie die Blechpressen 1–3 aufzeigen, ist es möglich, Anforderungen einer Blechpresse zu definieren. Deren Ausprägungen können dann als Output-Daten für das KNN verwendet werden. So können die Anforderungen an eine Blechpresse wie folgt definiert werden:

Hierbei muss beachtet werden, dass von den Produktdaten nicht alle der in Abb. 8.6 aufgeführten Parameter für die Definition der Anforderungen hilfreich sind. Die Produktdaten können lediglich zur Definition des minimalen Drucks, der minimalen Materialbreite und -dicke beitragen.

Abb. 8.5 zeigt die identische Auswahl an Parametern wie die Blechpressen 1–3. Dabei zählen die Ausprägungen des nominalen Druckes, die Materialbreite, die Materialdicke sowie die Hubzahl/min zu den Mindestanforderungen.

Sobald ein Parameter die Mindestanforderungen unterschreitet, sollte die Blechpresse nicht in den Entscheidungsprozess einbezogen werden. Daher wurde bei der Definition der Blechpressen 1–3 darauf geachtet, dass die Mindestanforderungen von allen drei Blechpressen erfüllt werden.

Unter der Bedingung, dass dem KNN ein forcierter Output präsentiert werden kann, ist es sinnvoll, ein überwachtes Lernverfahren anzuwenden.

Benötigter Output	
Nominal Druck (KN)	13.200
Materialbreite (mm)	550
Materialdicke (mm)	4
Amortisationszeit (Monate)	36
Kundenservice (XX/10)	10
Hubzahl/min	25

Abb. 8.6 Benötigter Output

Mit einem überwachten Lernverfahren ist es möglich, einen exakten Lösungsanspruch zu definieren. Damit verbunden ist die Sicherheit, eine optimale und strukturierte Lösung für das Entscheidungsproblem zu finden.

8.2.4.2 Netztopologie

Um eine mögliche Netztopologie des KNNs darstellen zu können, ist es notwendig, erneut Bezug auf das definierte Problem zu nehmen.

Das von Rosenblatt begründete XOR-Problem löst Rosenblatt mit einem mehrschichtigen Perceptron (MLP). Dies hat zur Folge, dass innerhalb des KNNs mindestens ein Hidden-layer vorhanden sein muss.

Die in Abb. 8.7 dargestellte Topologie des KNNs hat einen vorwärts gerichteten Informationsfluss. Erkennbar ist dies an den von links nach rechts verlaufenden Pfeilen. Daher handelt es sich um ein Feed-Forward-Netz. Exakt formuliert, handelt es sich um ein Feed-Forward-Netz 1. Ordnung. Ein Netz 1. Ordnung impliziert die Tatsache, dass es nur Verbindungen in die nächsthöhere Schicht gibt. Ebenfalls in der Abbildung ersichtlich ist die Eingabeschicht, die verdeckte Schicht und die Ausgabeschicht.

In der Eingabeschicht werden dem Netz die einzelnen Varianten der Blechpressen (BP 1–3) präsentiert.

Die verdeckte Schicht sorgt dafür, das Problem der linearen Separierbarkeit zu lösen, da die Eingabedaten der Blechpressen nicht linearer Natur sind.

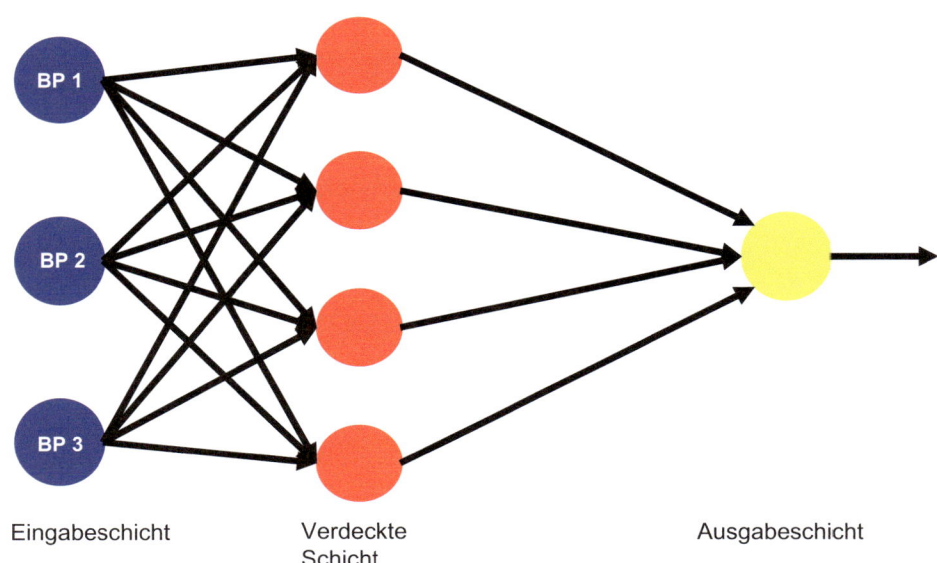

Abb. 8.7 Mögliche Topologie für das künstliche neuronale Netz

Als Ausgabeschicht wurde nur ein Neuron definiert, da nur eine der drei Blechpressen ausgewählt werden soll.

8.2.4.3 Lernregel

Als Lernregel für die Trainingsphase des KNNs ist die Backpropagation mit dem Gradientenabstiegsverfahren empfehlenswert. Dies hat folgende Gründe:

Die Backpropagation gilt als „der Standard der überwachten Lernverfahren". Mit ihr lassen sich diverse approximative Probleme, zu dem auch das XOR-Problem gehört, lösen.

Des Weiteren zeigt die Netzarchitektur aus Abb. 8.7, dass das Netz eine Hiddenlayer besitzt. Dies hat zur Folge, dass über die Gewichte der Eingabe- und Ausgabeschicht hinaus, die Gewichte der verdeckten Schicht bestimmt werden müssen. Um die Gewichte der verdeckten Schicht zu optimieren, ist die Backpropagation mit dem Gradientenabstiegsverfahren das einzige Verfahren, das dies ermöglicht. Deshalb muss für die Lösung des XOR-Problems die Backpropagation als Lernregel für dieses KNN verwendet werden.

Abb. 8.8 zeigt die Fehlerrückführung der Backpropagation in der Trainingsphase. Hier werden dem KNN die Trainingsdaten präsentiert und mit den angestrebten Output-Daten verglichen. Die Fehlerrückführung erfolgt im Anschluss.

8.2.4.4 Übertragungsfunktion

Die Übertragungsfunktion hat die Aufgabe, die eingegebenen Daten nach der Gewichtung zu summieren (siehe Abb. 8.9).

Danach gibt die Übertragungsfunktion die gewichteten Summen an die Aktivierungsfunktion weiter.[24]

Die in Abschn. 8.2.3 definierten Parameter und die damit einhergehenden Ausprägungen können als Zielgrößen einer Entscheidungsmatrix betrachtet werden. Aufgrund der Quantifizierung der Ausprägungen ist es möglich, die Input- und Output-Daten in Vektorschreibweise dem KNN zu präsentieren.

Damit entsteht für die Trainings- und Testdaten sowie für die unbekannten Daten folgende Vektorschreibweise:

$$Eingangsdaten\ x_n \begin{bmatrix} X_{x_n} \\ X_{x_n} \\ X_{x_n} \\ X_{x_n} \\ X_{x_n} \\ X_{x_n} \end{bmatrix}$$

---

[24]Vgl. Otte, R. (2019, S. 215).

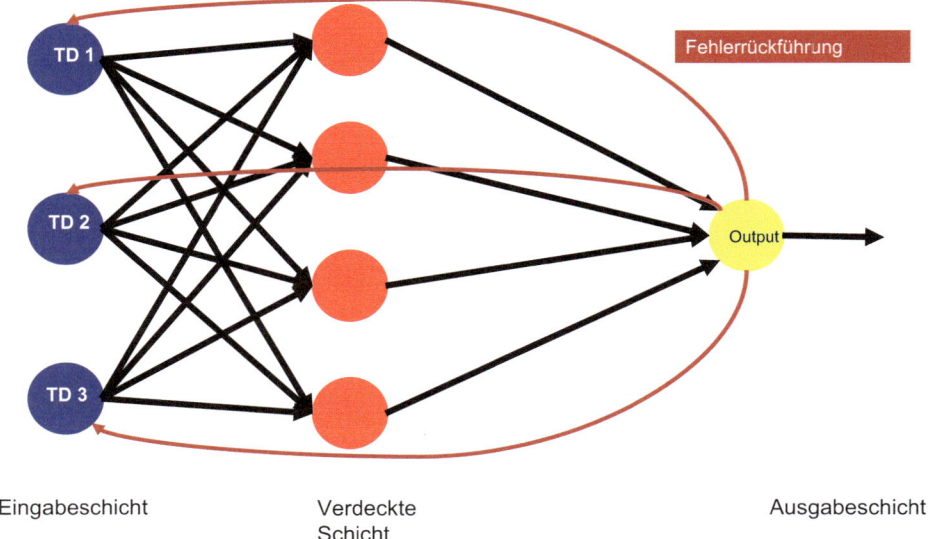

Abb. 8.8 Fehlerrückführung durch Backpropagation

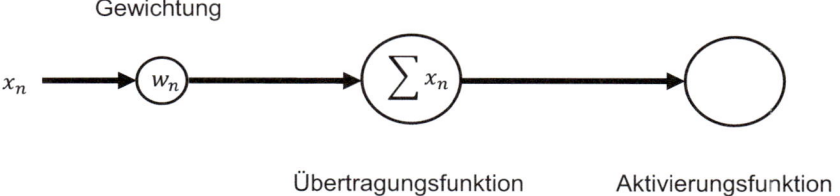

Abb. 8.9 Übertragungsprozess

Für die Output-Daten entsteht folgende Vektorschreibweise:

$$\text{Ausgabedaten } y \begin{bmatrix} X_y \\ X_y \\ X_y \\ X_y \\ X_y \\ X_y \end{bmatrix}$$

8.2.4.5 Aktivierungsfunktion

Im letzten Schritt des Konzeptionsprozesses für das KNN müssen die Aktivierungsfunktionen der einzelnen Schichten definiert werden. Sie gehören zu den wichtigsten Komponenten eines KNNs.

Als Grundlage zur Etablierung einer Aktivierungsfunktion sollten, unabhängig von der Schicht-Art, die vier Bedingungen erfüllt werden.

1. **Bedingung:**
   Für jeden eingegebenen Wert muss die Aktivierungsfunktion einen Ausgabewert berechnen können.
2. **Bedingung:**
   Der Wert einer Funktion sollte nicht die Richtung ändern. Somit ist eine geeignete Aktivierungsfunktion immer steigend oder immer fallend. Technisch betrachtet ist diese Bedingung nicht zwingend erforderlich, da nicht monotonsteigende Funktionen optimiert werden könnten.
3. **Bedingung:**
   Der Graph einer Aktivierungsfunktion sollte gekrümmt oder nichtlinear sein, da eine bedingte Korrelation erzeugt werden muss. Diese entsteht, wenn Neuronen selektiv mit den Eingabeneuronen korrelieren, sodass ein beliebig positives Signal die Eingabe eines Neurons vergrößert. Je größer die Veränderung des Wertes, desto stärker ist die Korrelation. Durch eine Krümmung der Funktion, wird dieser Prozess vereinfacht.
4. **Bedingung:**
   Die Berechnung einer Aktivierungsfunktion oder deren Ableitungen sollten sich unbestreitbar ableiten lassen, da teilweise eine Funktion mehrere Milliarden Mal aufgerufen wird und eine schnelle Berechnung notwendig ist.[25]

8.2.4.6 Verdeckte Schicht

Um, über die vier Bedingungen hinaus, die optimale Aktivierungsfunktion der verdeckten Schicht zu eruieren, sollten die Besonderheiten der Trainings- oder Output-Daten analysiert werden.

Abb. 8.6 zeigt sechs voneinander unabhängige Parameter. Dieser Sachverhalt lässt darauf schließen, dass es sich um nicht lineare Daten handelt.

Als nicht linear versteht man Folgendes: *„Wenn eine Beziehung zwischen zwei Variablen nicht linear ist, kann sich die Rate der Zunahme oder Abnahme gleichzeitig mit den Änderungen in den Werten einer Variablen ändern und zu einem gekrümmten Muster in den Daten führen."*[26]

Nach dieser Definition handelt es sich um nicht lineare Daten, da die Parameter voneinander unabhängig sind. So wird beispielsweise der Parameter „Materialbreite" nicht von der „Qualität des Kundenservices" beeinflusst.

Die Daten sind daher von nicht linearer Natur.

Über die gewählten Daten hinaus, ist es ebenfalls wichtig, Erfahrungswerte aus der Forschung und der praktischen Anwendung zu berücksichtigen.

---

[25] Vgl. Trask, A. (2019, S. 189 + 190).
[26] minitab LLC (2020).

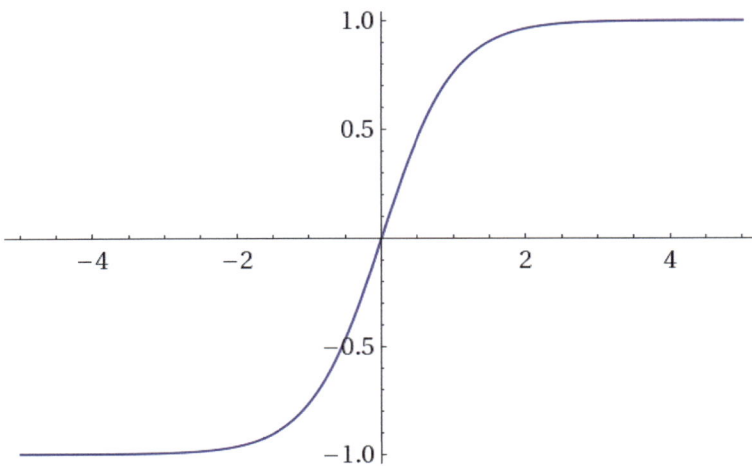

Abb. 8.10 Tangens hyperbolikus Funktion

Gerade in der Praxis konnten große Fortschritte bei Aktvierungsfunktionen gemacht werden. Die Anzahl der häufig verwendeten Aktvierungsfunktionen ist allerdings gering. Auf Basis der vier Bedingungen einer Aktivierungsfunktion zeigten sich sigmoide Funktionen als besonders praktikabel.[27]

Zu den sigmoiden Funktionen gehört auch die „Tangens hyperbolikus-Funktion" (tanh).

Die tanh-Funktion (siehe Abb. 8.10) hat als besonderes Merkmal einen Wertebereich von −1 und +1. Durch den Wertebereich ist sie in der Lage, über die positive Korrelation hinaus, auch negative Korrelationen abzubilden. Mit dieser Eigenschaft sticht sie, im Vergleich zu anderen sigmoiden Funktionen, heraus.

Negative Korrelationen können in verdeckten Schichten äußerst leistungsfähig sein und führen unter Anwendung zu einem besseren Ergebnis. Es ist daher sinnvoll, für die verdeckte Schicht, eine tanh-Funktion zu verwenden.

Da die tanh-Funktion einen Eingabebereich zwischen −1 und +1 aufweist, ist es notwendig, alle Daten für diesen Eingabebereich zu komprimieren, sodass bei der Übertragungsfunktion die bereits komprimierten Werte dem Netz präsentiert werden können.[28]

Die komprimierten Eingabedaten würden am Beispiel der Blechpresse 1 dem Netz, wie folgt, in der Vektorschreibweise präsentiert werden (siehe Abb. 8.11).

---

[27] Vgl. Trask, A. (2019, S. 191).
[28] Vgl. Trask, A. (2019, S. 191).

Blechpresse 1	
Nominal Druck (KN)	14.500
Materialbreite (mm)	580
Materialdicke (mm)	12
Amortisationszeit (Monate)	29
Kundenservice (XX/10)	06
Hubzahl/min	27

Abb. 8.11 Blechpresse 1 und zugeordnete komprimierte Daten

$$Komprimierte\ Daten \left(\frac{X}{100.000}\right) der\ Blechpresse\ 1 \begin{bmatrix} 0,145 \\ 0,0058 \\ 0,00012 \\ 0,00029 \\ 0,00006 \\ 0,00027 \end{bmatrix}$$

8.2.4.7 Ausgabeschicht

Für die Aktivierungsfunktion der Ausgabeschicht gelten ähnliche Voraussetzungen wie bei der verdeckten Schicht.

Für die Transferfunktion ist es ebenfalls wichtig, dass alle vier Bedingungen einer Aktivierungsfunktion erfüllt sind. Außerdem ist die nicht lineare Natur der Daten ein relevantes Kriterium bei der Auswahl.

Über diese Kriterien hinaus, ist es für die Aktivierungsfunktion der Ausgabeschicht relevant, welcher Lernprozess angewendet wird. Für dieses KNN wird die Backpropagation mit dem Gradientenabstiegsverfahren verwendet.

Unter Verwendung einer sigmoiden Aktivierungsfunktion, die einen Wertebereich zwischen 0 und +1 aufweist, können die Ergebnisse des KNNs als Wahrscheinlichkeit interpretiert werden.[29]

Die in Abb. 8.12 dargestellte logistische Funktion erfüllt genau die bereits aufgeführten Ansprüche. Ihr Eingabebereich definiert sich zwischen 0 und +1 und erlaubt dadurch exakt die Interpretation der Daten als Wahrscheinlichkeit.

Infolgedessen wäre das Ergebnis unter Anwendung der logistischen Aktivierungsfunktion eine Wahrscheinlichkeit, die angibt, welche der Blechpressen mit der höchsten Wahrscheinlichkeit die geringsten Fehler aufweist.

---

[29] Vgl. Trask, A. (2019, S. 192).

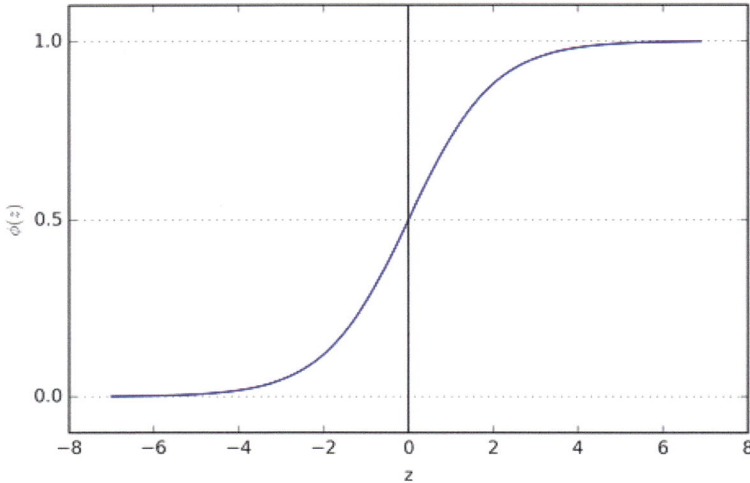

Abb. 8.12 Logistische Aktivierungsfunktion

8.3 Fazit

Für dieses Konzept wurde zunächst der praktische Prozess der Entscheidungsfindung im Unternehmen untersucht. Hierbei stellte sich heraus, dass die betriebswirtschaftlichen Kennzahlen, gerade bei technischen Geräten, nur ein Teil der Entscheidung sind. Die technischen Fakten sind mindestens genauso wichtig. Darüber hinaus konnte festgestellt werden, dass sich die technischen sowie betriebswirtschaftlichen Faktoren in harte und weiche Faktoren einordnen lassen.

Mit der Einführung weicher Faktoren ging das Problem der Operationalisierung und Quantifizierung einher. Hier wurde auf die Nutzwertanalyse verwiesen, mit der „weiche Faktoren" quantifiziert werden können.

Die Verbindung von Betriebswirtschaftslehre und Technik hat als Resultat die Hochdimensionalität und Nichtlinearität von ökonomischen Prozessen und deren Variablen. Es galt demnach, eine Methodik zu finden, mit der die Hochdimensionalität von ökonomischen Prozessen beherrscht werden kann.

Durch die Methode der künstlichen neuronalen Netze und Deep Learning, die ein Teil des Themenkomplexes künstlicher Intelligenz sind, wurde das fiktive Entscheidungsproblem der Blechpresse dargestellt.

Infolgedessen wurde ein Konzept für ein KNN erstellt, dass das fiktive Problem „Entscheidung für eine neue hydraulische Blechpresse" lösen soll.

Es musste davon ausgegangen werden, dass dem Unternehmen genügend Trainingsdaten zur Verfügung stehen, um überhaupt KNN als sinnvolle Methode zur Entscheidungsfindung zu verwenden. Darüber hinaus wurde deutlich, dass zwar immer mehr Daten zu Verfügung stehen, aber nicht alle erhobenen Daten relevant für die Entscheidung sind.

Bei der Konzeption des KNNs wurden nicht alle betriebswirtschaftlichen und technischen Entscheidungsparameter berücksichtigt, was jedoch notwendig gewesen wäre.

Dieses Konzept zeigt auf, dass KNN eine zukunftsträchtige Methode sind, datengetriebene und damit rationale Entscheidungen zu treffen. Um diese Methode zu optimieren, ist es wichtig, Forschungsthematiken aus der Betriebswirtschaftslehre mit den Teilbereichen der Informatik zu verknüpfen und zu intensivieren.

Das Potenzial datengetriebener Entscheidungsfindung erkennen inzwischen nicht nur große Unternehmen mit eigenem großen Datenaufkommen. Immer mehr kleine und mittelständische Unternehmen schließen strategische Allianzen und tauschen Daten miteinander aus. Auch sie haben das Ziel, Big Data bei der Entscheidungsfindung zu berücksichtigen.

Literatur

Deloitte. (2018). Weiche Faktoren fördern Unternehmenserfolg, Hrsg. v Deloitte. Unternehmen. https://www.controllingportal.de/Fachinfo/Konzepte/Weiche-Faktoren-foerdern-Unternehmenserfolg.html#SOURCES. Zugegriffen: 18. Apr. 2018; 24. Apr. 2020.

Dolmetsch, H., Holznagel, D., Ihwe, R., Keller, E., Klein, W. (2017). *Metalltechnik* (16. Auflage 2013, 3. korrigierter Nachdruck 2017). Europa Lehrmittel Nourney (Europa-Fachbuchreihe für Metallberufe).

Eisenführ, F., Weber, M., & Langer, T. (2010). Rationales Entscheiden (5., überarb. und erw. Aufl.). Springer (Springer-Lehrbuch).

Eva-Susanne Krah. (2014). Vertriebsmanagement. Warum guter Kundenservice zählt, Hrsg. v. Springer Professional. https://www.springerprofessional.de/vertriebsmanagement/vertriebskanaele/warum-guter-kundenservice-zaehlt/6603856. Zugegriffen: 1. Apr. 2014; 15. Juni 2020.

Feintool International Holding AG. (2020). Pressen und Anlagen. Servohydraulische Feinschneidpressen. Feintool International Holding AG. https://www.feintool.com/de/produkte-services/komplett-pressensysteme/pressen-und-anlagen/servomechanische-feinschneidpresse/. Zugegriffen: 15. Juni 2020.

Frank Rosenblatt: The perceptron – A probabilistic model for information storage and organization in the brain, Hrsg. v. Psychological Review (6). https://citeseerx.ist.psu.edu/viewdoc/download?doi=10.1.1.335.3398&rep=rep1&type=pdf. Zugegriffen: 2. Nov. 2020.

Kay Poggensee. (2011). *Investitionsrechnung. Grundlagen – Aufgaben – Lösungen* (2., überarbeitete Aufl.). Gabler (Lehrbuch).

Maria Ananieva: Modellierung wirtschaftlicher Prozesse mit Neuronalen Netzen. Computerlinguistik und Künstliche Intelligenz. Universität Osnabrück. https://www2.informatik.uni-osnabrueck.de/papers_pdf/mananiev.pdf. Zugegriffen: 5. Juni 2020.

minitab LLC. (2020). Lineare, nichtlineare und monotone Beziehungen. Hrsg. v. minitab LLC. Online verfügbar unter minitab LLC. https://support.minitab.com/de-de/minitab/19/help-and-how-to/statistics/basic-statistics/supporting-topics/basics/linear-nonlinear-and-monotonic-relationships. Zugegriffen: 2020; 2. Nov. 2020.

Otte, R. (2019). *Künstliche Intelligenz für Dummies*. WILEY-VCH (1).

Prof. Dr. Ramb, B.-T. (2018). Operationalisierung. Definition: Was ist „Operationalisierung"? Hrsg. v. Gablerwirtschaftslexikon. https://wirtschaftslexikon.gabler.de/definition/operationalisierung-42650/version-265993. Zugegriffen: 14. Febr. 2018; 9. Apr. 2020.

Prof. Dr. Lies, J. (2018). Grundlagen und Funktionen der Organisation. Definition harte und weiche Faktoren, Hrsg. v. Springer Gabler. Gablerwirtschaftslexikon. https://wirtschaftslexikon.gabler.de/definition/harte-und-weiche-faktoren-52688/version-275806. Zugegriffen: 19. Febr. 2018; 2. Nov. 2020.

Professor Dr. Hofmann, R. (2017). Investitionsrechnung. Lehrbrief. Hochschule Kaiserslautern. Zweibrücken. Zugegriffen: 2. Nov. 2020.

Professor Günter Daniel Rey: Neuronale Netze. Eine Einführung. Unter Mitarbeit von Fabian Beck. Universität Chemnitz. https://www.neuronalesnetz.de/backpropagation1.html. Zugegriffen: 2. Nov. 2020.

Professor Stefan Selle. (2018). Künstliche Neuronale Netzwerke und Deep Learning. HTW Saar. Saarbrücken. https://www.htwsaar.de/htw/wiwi/fakultaet/personen/profile/selle-stefan/Selle2018e_Kuenstliche_Neuronale_Netzwerke.pdf. Zugegriffen: 2. Nov. 2020.

Rehkugler, H., & Zimmermann, H.-G. (1994). *Neuronale Netze in der Ökonomie. Grundlagen und finanzwirtschaftliche Anwendungen.* Vahlen.

Thorben Naujokat. (2020). Wie funktioniert Amortisationsrechnung? Hrsg. v. Modulearn. https://www.modu-learn.de/verstehen/investition-finanzierung/amortisationsrechnung/. Zugegriffen: 15. Juni 2020.

Trask, A. W. (2019). *Deep Learning kapieren. Der einfache Einstieg mit Beispielen in Python* (2019. Aufl.). MITP (mit Professional).

Westermann, G., & Finger, S. (2012). *Kosten-Nutzen-Analyse. Einführung und Fallstudien. Unter Mitarbeit von Georg Westermann.* Erich Schmidt (ESV basics).

Künstliche Intelligenz in der Automobilindustrie: Von den ersten Visionen bis zu selbst denkenden Autos

9

Birgit Günther

Selbstdenkende, autonom fahrende Automobile: Fiktion oder bald Wirklichkeit?

Zusammenfassung

In der Automobilindustrie gibt es unterschiedliche Bereiche, in denen künstliche Intelligenz eingesetzt werden kann. Angefangen von der Optimierung der Supply Chain über eine intelligente Produktion und KI im Kundenservice bis hin zu künstlicher Intelligenz im Auto in Form von Fahrassistenz oder auch autonomem Fahren. Dieses Kapitel legt den Fokus auf den Einsatz künstlicher Intelligenz im Fahrzeug selbst. Es beschäftigt sich schwerpunktmäßig damit, welche für die damalige Zeit unvorstellbaren Ideen die Schreiber der 80-er Jahre Serie „Knight Rider" hatten und welche davon inzwischen in welcher Art und Weise oder in welchem Umfang vielleicht sogar standardmäßig in heutigen Fahrzeugen verbaut sind. Abgerundet wird das Kapitel mit Herausforderungen und Gefahren autonom fahrender Automobile inklusive rechtlicher, sicherheitsrelevanter und ethischer Überlegungen zu diesem Thema.

9.1 Überblick über den Einsatz künstlicher Intelligenz in der Automobilindustrie

In der Produktion kommen schon seit Jahren Montage-Roboter zum Einsatz, die Produktion läuft weitgehend automatisiert. Bis vor wenigen Jahren waren nur kleinere Teilbereiche der Produktion mit künstlicher Intelligenz ausgestattet. Beispielsweise setzt

---

B. Günther (✉)
Mehlingen, Deutschland
E-Mail: birgitt.guenther@gmail.com

die Audi AG seit einigen Jahren ein KI-basiertes Kamerasystem ein, um kleinste Fehler und Risse in Blechen zu erkennen, und auch General Motors hatte vor ca. vier bis fünf Jahren in einer Pilotstudie Roboter mit Bilderkennungs-Sensoren ausgestattet, um fehlerhafte Teile möglichst früh im Produktionsprozess erkennen und aussortieren zu können. Inzwischen ist die Automotive-Industrie einen großen Schritt in Richtung Industrie 4.0 gegangen, so dass auch immer mehr Smart Factories umgesetzt werden. Als wichtig erscheint es hier, alle Vorgänge zu digitalisieren, um wettbewerbsfähig zu bleiben.

Eine Modularisierung und Digitalisierung der Produktionsstätten ermöglicht auch eine einfachere und kostengünstigere Produktion von Kleinserien, die sich ansonsten meist nicht rechnen. Ein Teil der Vorteile dieser Digitalisierung und Modularisierung ist, dass beispielsweise durch Kameras wie bei der Audi AG eine bessere Qualitätssicherung gewährleistet werden kann. So können unter anderem Fehler aufgedeckt werden, die mit bloßem Auge nicht erkennbar wären. Die BMW Group setzt inzwischen KI in Ihrer Produktion zur Objekterkennung und Qualitätssicherung ein. Hierzu wurden Algorithmen entwickelt und als Open-Source-Software veröffentlicht, so dass Software-Entwickler weltweit diese Algorithmen einsehen und abändern können. Aber auch Anwender ohne Programmierkenntnisse können mit Hilfe der veröffentlichten Algorithmen KI-basierte Objekterkennungen relativ unkompliziert nach dem Plug & Play-Prinzip erstellen.[1]

Ebenfalls bereits länger umgesetzt wird das Versehen von Bauteilen mit RFID-Chips, um diese über die komplette Supply Chain verfolgen zu können und Fehler besser analysieren, aber auch Rückrufe gezielter durchführen zu können. Auch das Messen und Auslesen aktueller Maschinendaten, um beispielsweise eine Wartung proaktiv anstoßen zu können, ist im industriellen Umfeld zu finden. Durch Möglichkeiten einer Predictive Maintenance und eine besser an die Echtzeitdaten angepasste Lagerhaltung kann eine Produktivitätssteigerung erzielt werden.

In diesem Kapitel des Buchs beschränkt sich der Fokus jedoch nicht auf die Produktion, sondern auf einen anderen Bereich: den Einsatz künstlicher Intelligenz bezogen auf die Nutzung von Kraftfahrzeugen. Somit geht es hier um denjenigen Themenbereich, der wahrscheinlich den meisten als Erstes beim Zusammentreffen der beiden Schlagworte „KI" und „Automobil" einfällt. Dieser lässt sich noch weiter differenzieren, beispielsweise in schwache und starke Intelligenz. Beide Arten sind auf ihre Weise lernfähig und je nach Anwendungsfall auch kommunikationsfähig. Während schwache Intelligenz eine vorher erlernte und trainierte konkrete Aufgabe erfüllt, kann starke Intelligenz zusätzlich logisch denken und eigene Entscheidungen auch unter Unsicherheit treffen, um ein selbst gewähltes Ziel zu erreichen.

Allgemeine Beispiele für schwache Intelligenz findet man im Bereich der Texterkennung, der -übersetzung oder auch in der Bildanalyse. Auch hier sind lernende Algorithmen und neuronale Netze implementiert, sodass die Ergebnisse sich stetig

---

[1] siehe Fuchslocher, G. (2020)

verbessern können. Diese können jedoch nicht eigenständig neue Fähigkeiten erlernen, wie dies in Science-Fiction-Filmen und -Romanen meist der Fall ist. Die dort beschriebene KI gehört in den Bereich der starken KI, die selbstständig interaktiv autonom auf eine sich verändernde Umgebung reagiert. Eine schwache Intelligenz, die zwischen Äpfeln und Birnen unterscheiden kann, wird niemals eine Banane erkennen. Bei einer starken Intelligenz wäre dies möglich. Derzeit handelt es sich bei unseren Alltagshilfen ausschließlich um Anwendungen schwacher KI. Die implementierte Software analysiert eingespeiste Daten nach einem vorgegebenen Muster. Das neuronale Netz wird anhand vieler Testdaten trainiert, unterschiedlichen Input zu verarbeiten und darauf zu reagieren.

Eine weitere Klassifizierungsmöglichkeit künstlicher Intelligenz ist die Unterteilung in verschiedene Stufen von keinem Einsatz von KI bis hin zum vollständig automatisierten Fahren. Der internationale Verband der Automobilingenieure (SAE) hat hierzu eine Unterteilung in sechs Automatisierungsstufen, genannt „Level 0" bis „Level 5", vorgenommen (Abb. 9.1).

Während dem Fahrer bei Level 1 einzelne unterstützende Assistenzsysteme zur Verfügung stehen, beispielsweise ein Tempomat, kann ein Level-1-Fahrzeug bereits teilautomatisiert fahren, also beispielsweise selbstständig die Spur halten und beschleunigen oder abbremsen. Auch das automatische Einparken zählt noch zu dieser Stufe. Bei Level 0 bis Level 2 ist also der Fahrer vollumfänglich verantwortlich. Ab Level 3 bis Level 5 fährt das Auto unterschiedlich automatisiert. Während ein Level-3-Fahrzeug nur bedingt selbstständig fährt, aber die Verantwortung und die Fahraktivität jederzeit an den Fahrer zurückgeben kann, sobald es ein Problem erkennt, beherrscht ein Level-5-Fahrzeug alle Verkehrssituationen selbstständig.[2] In dieser Automatisierungsstufe sind dann auch Fahrten ohne Insassen möglich, da keine Fahrkenntnisse zur Benutzung des Autos mehr erforderlich sind. Auch ein Lenkrad ist dann überflüssig. In diese Kategorie gehören auch selbstbestimmte Entscheidungen analog zu Science-Fiction-Filmen.

Als erster Schritt in Richtung Fahrassistenz kann das Antiblockiersystem (ABS) angesehen werden, als nächstes folgte das Elektronische Stabilitätsprogramm (ESP), das nach dem Umfallen einer Mercedes A-Klasse bei dem obligatorischen Ausweichtest als Elchtest bekannt wurde. Andere Systeme folgten. Während eine Abschätzung der noch möglichen Fahrtstrecke bis zum nächsten notwendigen Tankvorgang oder Wechsel der Bremsbeläge lediglich anhand des derzeitigen Tankinhalts oder der gemessenen Abnutzung relative ungenau ist, oder bei einem Navigationsgerät, welches den optimalen Weg zu einem Ziel nur anhand des vorhandenen Kartenmaterials bestimmt, die errechnete und tatsächliche Fahrtzeit meistens noch stark abweichen, so wird dies durch das Hinzunehmen weiterer aktueller Informationen immer präziser. Im Falle des Navigationssystems beispielsweise wird die Wahl der Route und die zeitliche Abschätzung der Fahrstrecke präziser und besser, wenn außer möglichst genauem und

---

[2] siehe SAE International, J3016 (2014)

SAE level	Name	Narrative Definition	Execution of Steering and Acceleration/ Deceleration	Monitoring of Driving Environment	Fallback Performance of *Dynamic Driving Task*	System Capability (Driving Modes)
Human driver monitors the driving environment						
0	No Automation	the full-time performance by the *human driver* of all aspects of the *dynamic driving task*, even when enhanced by warning or intervention systems	Human driver	Human driver	Human driver	n/a
1	Driver Assistance	the *driving mode*-specific execution by a driver assistance system of either steering or acceleration/deceleration using information about the driving environment and with the expectation that the *human driver* perform all remaining aspects of the *dynamic driving task*	Human driver and system	Human driver	Human driver	Some driving modes
2	Partial Automation	the *driving mode*-specific execution by one or more driver assistance systems of both steering and acceleration/ deceleration using information about the driving environment and with the expectation that the *human driver* perform all remaining aspects of the *dynamic driving task*	System	Human driver	Human driver	Some driving modes
Automated driving system ("system") monitors the driving environment						
3	Conditional Automation	the *driving mode*-specific performance by an *automated driving system* of all aspects of the dynamic driving task with the expectation that the *human driver* will respond appropriately to a *request to intervene*	System	System	Human driver	Some driving modes
4	High Automation	the *driving mode*-specific performance by an automated driving system of all aspects of the *dynamic driving task*, even if a *human driver* does not respond appropriately to a *request to intervene*	System	System	System	Some driving modes
5	Full Automation	the full-time performance by an *automated driving system* of all aspects of the *dynamic driving task* under all roadway and environmental conditions that can be managed by a *human driver*	System	System	System	All driving modes

Copyright © 2014 SAE International. The summary table may be freely copied and distributed provided SAE International and J3016 are acknowledged as the source and must be reproduced AS-IS.

Abb. 9.1 Übersicht über die verschiedenen Automatisierungsstufen der Fahrautomatisierung, J3016, internationale Norm

aktuellem Kartenmaterial zusätzliche Informationen wie ein auf verschiedene Durchschnittsgeschwindigkeiten für unterschiedliche Straßen basierender Algorithmus und die aktuellen Verkehrsinformationen einfließen. Die Güte der Eingabedaten ist entscheidend für die Güte des Algorithmus. Insofern können „verschiedene Navigationssysteme unterschiedliche Routen vorschlagen oder für die gleiche Route unterschiedliche Fahrtzeiten erwarten."[3]

Mehr Intelligenz kommt dann zum Einsatz, wenn die Route zusätzlich den Fahrstil des Fahrers, die bevorzugte Straßenart oder Staumeldungen usw. mit einfließen lässt. Auch für eine optimierte Abschätzung bis zum nächsten Tankvorgang oder Inspektionstermin führen mehr Informationen zu belastbareren Angaben, wobei es in diesen Fällen dann auch zu kuriosen Phänomenen kommen kann, dass sich die Reichweite des Fahrzeugs oder die noch zu fahrenden Kilometer bis zum nächsten anvisierten Wechsel der Bremsbeläge während des Fahrens erhöhen. Als weitere mögliche Stufe wäre dann die Interaktion mit dem Fahrer zu sehen: Beispielsweise schlägt das Navigationssystem des Autos vor, eine andere Route zu wählen, um das Ziel schneller zu erreichen. Die

---
[3] siehe Hilgers, M. (2016, S. 70).

Möglichkeiten der KI lassen sich weiter steigern bis das Fahrzeug auf der letzten Stufe selbstständig agiert. Dieser Grad an Autonomie erinnert dann bereits an Science-Fiction: Das Auto entscheidet alleine, welchen Weg es fahren will oder steuert rechtzeitig die Tankstelle oder Werkstatt an. Aktuell befinden wir uns auf Level 2: je nach eingesetzter, verfügbarer Technik kann der Fahrer das Lenkrad kurzzeitig loslassen (Spurhalteassistent), er muss jedoch stets aufmerksam bleiben und eingreifen können.

Eine weitere Unterscheidungsmöglichkeit ist die Differenzierung nach Einsatzbereichen. Die beiden korrespondierenden Bereiche die gewählte Themenfokussierung betreffend sind „Fahrerassistenzsysteme" und „autonomes Fahren".

Im Themenfeld Assistenz macht das Bordsystem Vorschläge, wie der Fahrer handeln soll. Beispielsweise schlägt uns unser Navigationssystem im Auto eine Alternativstrecke vor, wenn es wegen eines längeren Staus auf der eigentlich gewählten Strecke es aus Sicht des Navigationssystems sinnvoller wäre, eine andere Strecke zu fahren. Der Fahrer entscheidet dann, ob er diesen Vorschlag annehmen möchte. Auch beim Spurhalteassistenten warnt das Auto davor, dass man die Spur nicht halt. Der Fahrer kann dann entscheiden, ob das ein Versehen ist oder ob er Spur wechseln will. Beim autonomen Fahren würde das Auto diese Entscheidungen für den Fahrer treffen. Der Unterschied dieser beiden Bereiche liegt also in dem Verantwortungsbereich und darin, wer entscheidet: Das Auto oder der Mensch. Das übergeordnete Ziel dieser Entwicklungen ist es, menschliche Fehler beim Autofahren und daraus entstehende negative Folgen zu reduzieren.

9.2 Der Einsatz künstlicher Intelligenz in Kraftfahrzeugen

Beim Lesen dieser Überschrift denkt man wahrscheinlich als erstes an ein selbstdenkendes und selbstfahrendes Auto wie K.I.T.T. in der US-amerikanischen Fernsehserie Knight Rider der 80er Jahre (siehe Abb. 9.2). Das Akronym K.I.T.T. steht für Knight Industries Two Thousand. Bei dem Fahrzeug handelt es sich um einen schwarzen 1982er Pontiac Firebird Trans Am V8, der mit Hightech und Intelligenz ausgestattet wurde und dadurch selbstständig die andere Hauptfigur der Serie, Michael Knight, beim Bekämpfen von Unrecht und Verbrechen in den USA und Mexiko unterstützen konnte.

Aber wie bereits im ersten Teil des Buchs erläutert, besteht künstliche Intelligenz aus wesentlich mehr Teilgebieten als selbst denkenden Gegenständen, die autonom entscheiden und handeln. Dies ist in der Regel auch nicht Ziel der Forschungen. In den meisten industriellen Anwendungen geht es im Bereich „maschinelles Lernen" um Qualitätssteigerungen und andere Optimierungen. So auch bei der Zielsetzung des autonomen Fahrens: Autofahren soll durch Reduktion oder Elimination menschlicher Fehleranfälligkeiten sicherer gestaltet, verbessert und angenehmer werden.

Allgemein könnte man sagen, dass eine sehr große Menge an Informationen erfasst und verknüpft werden muss, um daraus eine valide Entscheidung ableiten zu können. Zuvor muss das eingesetzte neuronale Netz ausreichend für diese Aufgabe trainiert

Abb. 9.2 Zeichnung von K.I.T.T. inklusive des Cockpits des Autos im Hintergrund. (Quelle: Tuchscherer, Daniel 2014)

worden sein. Immerhin soll es in der Lage sein, Situationen richtig zu erfassen, gegebenenfalls daraus entstehende Entwicklungen vorherzusagen und in Echtzeit auf diese zu reagieren. Hierzu muss der Computer im Auto oder in der Cloud die gerade erfassten Daten mit anderen gesammelten Daten abgleichen und zu einer Bewertung der Gesamtsituation zusammenführen, um daraus gegebenenfalls eine Handlungsentscheidung abzuleiten. So sollte das Auto beispielsweise bei einem auf die Straße rollenden Ball selbstständig schlussfolgern, dass ein Kind hinterherlaufen könnte und folglich abbremsen, während es beim Erkennen einer Maus weiter auf das Hindernis zufahren soll. Der Computer des Autos muss die Objekte in der Umgebung des Autos, die von den Bordkameras erfasst werden, erkennen und einordnen können. Dies inkludiert auch die Analyse der jetzigen und zukünftigen Bewegung der Objekte. Das System blickt quasi in die Zukunft, um die aktuelle Situation vorherzusagen, auf alles vorbereitet zu sein und passend zu reagieren.[4]

Das Computersystem des Autos wird also zuerst trainiert und wendet anschließend sein Wissen auf der Straße an. Das Fahrzeug, beziehungsweise seine KI, muss also durch

---

[4] siehe Volkswagen AG (2019).

Simulationen und Testfahrten lernen, wie es reagieren soll und ahmt folglich das Fahrverhalten des trainierenden Menschen nach. Bezugnehmend auf das vorige Beispiel wird das neuronale Netz mit Millionen von Bildern gespeist mit der Zusatzinformation, vor welchen Hindernissen abgebremst oder ausgewichen werden soll. Anschließend ist das Auto in der Lage, in ähnlichen Situationen selbstständig zu reagieren. Bei dieser Art des maschinellen Lernens gibt es jedoch keinen Programmcode, der debugged werden könnte. Insofern ist es wichtig, das Erlernte – also die Reaktionen des Autos – vor dem produktiven Einsatz zu testen. Es wäre auch gar nicht möglich, sämtliche Eventualitäten in Code zu programmieren, aber eine Kombination aus neuronalem Netz und fest programmierten Entscheidungen wäre denkbar.

Dieser Teilbereich der KI ist dem maschinellen Lernen zuzuordnen und wird unter anderem in Sprachsteuerungs-, in Entertainment- und in Navigationssystemen von Kraftfahrzeugen eingesetzt. Navigationssysteme sind weit verbreitet. Während die ersten Systeme lediglich Karten als Grundlage für die Streckenbeschreibung implementiert hatten, nutzen diese heutzutage KI, um die optimale Verkehrsroute in Abhängigkeit von Uhrzeit, Baustellen und Verkehrsaufkommen zu berechnen. Hier könnte zur weiteren Optimierung das Fahrverhalten mit einbezogen werden, da beispielsweise auch die Lieblingsgeschwindigkeit eines Autofahrers auf der Autobahn oder der Landstraße oder auch die Überholambitionen einen Einfluss auf die persönliche optimale Route haben.

Bei dieser Art der künstlichen Intelligenz handelt es sich um schwache Intelligenz. Der Einsatz starker Intelligenz hingegen würde bedeuten, dass diese selbstständig lernen kann. Dies wird es in sicherheitsrelevanten Bereichen im Auto in näherer Zukunft voraussichtlich nicht geben.

Um herauszufinden, wie nah Entwicklung und Einsatz der KI dem Science-Fiction-Bereich bereits gekommen sind, verschaffen wir uns zuerst einen Überblick über die wichtigsten Möglichkeiten des Wunderautos K.I.T.T. aus der Serie.

9.3 K.I.T.T.s Eigenschaften

K.I.T.T. hatte viele außergewöhnliche Fähigkeiten, manche nur für wenige Folgen oder eine Staffel der Serie, andere durchgehend. Kenner der Serie können sich bestimmt gut an die folgenden Funktionen erinnern:

Für damalige Zeiten imposant waren das rote Lauflicht in der Frontschürze des Fahrzeugs sowie die vielen bunten Lämpchen und Knöpfe im Dashboard im Cockpit. Letzteres sieht man in Filmen und Serien dieser Zeit in ähnlicher Ausführung auch immer dann, wenn der Zuschauer ein großes, leistungsstarkes Rechenzentrum vermittelt bekommen soll. In der Realität standen in den großen Rechenzentren dieser Zeit keine Maschinen mit vielen blinkenden Lichtern, sondern Großrechner in großen grauen Kästen mit wenigen statischen Kontrollleuchten. Vergleichen wir diese beiden optischen Highlights aus Filmen und Serien mit der Optik heutiger Autos, so sind Lauflichter, beispielsweise in Blinkern, nicht mehr ungewöhnlich. Auch das Cockpit der Fahrzeuge

Abb. 9.3 K.I.T.T.s Cockpit der ersten Staffeln. © Copyright Universal Pictures. (Quelle: Winkler, Andreas 2005)

hat sich in den letzten 40 Jahren verändert und es sind durchaus Knöpfe und Serviceanzeigen oder auch ein zu- und abschaltbares Head-Up-Display dazugekommen, aber ein wild blinkendes Display wurde bisher nicht umgesetzt. Dies liegt aber weniger an den fehlenden Möglichkeiten, sondern eher daran, dass dies keinen wirklichen Nutzen für den Fahrer darstellen, sondern eher ablenken dürfte. Die folgende Abbildung zeigt das Cockpit der ersten Staffeln der Serie (Abb. 9.3):

Diese futuristische, für damalige Zeiten auffällige, ungewöhnliche und beeindruckende Optik ist aber sicherlich nicht das Einzige, das Kennern der Serie zu dem Wunderauto einfällt. Mindestens ebenso beeindruckend sind K.I.T.T.s Fähigkeiten, allen voran, dass dieses denken, sprechen und selbst fahren kann. Ein Teil der vielen weiteren beeindruckenden Eigenschaften ist hier aufgelistet und wird im darauffolgenden Abschnitt auf die erfolgte, mögliche oder geplante Umsetzung in heutigen Kraftfahrzeugen sowie ihre Alltagstauglichkeit beleuchtet:

- Unter anderem besitzt K.I.T.T. einen Scanner, mit dem er die nähere Umgebung überwachen und sogar um die Ecke schauen kann.
- Das Auto kann durch Drosselung des Motorengeräuschs fast lautlos fahren.
- Ein anderer Modus befähigt es dazu, über Hindernisse zu springen oder auch diesen ausweichen, indem der Wagen nur auf den beiden Rädern einer der beiden Fahrzeugseiten fährt.
- Das Wunderauto kann das Fahrverhalten anderer ihn umgebender Fahrzeuge beeinflussen, genauer gesagt deren elektronische Systeme. Dies inkludiert auch die Fähigkeit, andere ihn umgebende Autos abzubremsen, obwohl Brems-Systeme zur damaligen Zeit rein mechanisch funktionieren.

- Das Auto kann sich mit Hilfe eines Hakens und einer Seilwinde selbst sichern bzw. Personen abseilen oder hochziehen, für Fahrer und Beifahrer gibt es einen Schleudersitz.
- Es kann Telefongespräche abhören, mitschneiden und zurückverfolgen, Kombinationsschlösser knacken und sogar über Wasser fahren.
- K.I.T.T. kann mit allen flüssigen, brennbaren Stoffen betrieben werden.
- Das Wunderauto besitzt mehrere Düsen, um beispielsweise mit CO_2 Brände zu löschen oder eine Ölspur hinter sich zu erzeugen, um Autos, die ihn verfolgen leichter abzuhängen.

In den 80er Jahren entsprangen diese Funktionen und auch alle weiteren Fähigkeiten K.I.T.T.s sehr kreativen und futuristischen Ideen und nicht alle davon lassen sich mit künstlicher Intelligenz realisieren. Allen gemein ist, dass diese Eigenschaften zur Zeit der Serienproduktion nicht als realistisch oder realisierbar vorstellbar waren. In der Zwischenzeit erfolgten jedoch große Entwicklung- und Forschungsaktivitäten, sowohl in der Automobilindustrie allgemein als auch im Bereich der künstlichen Intelligenz.

Bereits kurz nachdem die Serie produziert war, wurde im Jahr 1988 das Deutsche Forschungszentrum für Künstliche Intelligenz gegründet, das sich in seiner Anfangszeit überwiegend mit maschineller Bildverarbeitung, Robotik und Spracherkennung beschäftigte.

Auch wenn ein autonomes Fahren im Sinne von K.I.T.T. zu diesem Zeitpunkt noch für die meisten undenkbar erschien, gab es bereits Anfang der 90-er Jahre erste Forschungen im Bereich des autonomen Fahrens. Zu dieser Zeit experimentierten Prof. Ernst Dieter Dickmanns, damals Lehrstuhlinhaber der Universität der Bundeswehr in München, zusammen mit Daimler-Benz an einem „sehenden" Auto mit Autopiloten. Das „Versuchsfahrzeug für autonome Mobilität"[5] verarbeitete visuelle Informationen, die von mehreren Kameras aufgefangen wurden, und konnte sogar Spurwechsel- und Überholmanöver durchführen. Die Kombination der Bilder der Kameras ergaben einen 360°-Rundumblick ohne tote Winkel. Die erfassten Daten wurden von miteinander vernetzten Rechnern im Heck des Fahrzeugs verarbeitet und ausgewertet. Nachdem die ersten Tests auf einer noch nicht in Betrieb genommenen Autobahn stattfanden, fuhr dieses Auto als erstes autonom fahrendes Auto auf der Autobahn von München nach Kopenhagen.

Die Abbildung (Abb. 9.4) zeigt das Fahrzeug von außen sowie die Fahrerkabine, oben links ist die Anordnung der installierten Komponenten schematisch dargestellt.

Inzwischen zählen zu den gängigen Funktionen in Kraftfahrzeugen eingesetzter Assistenzsysteme eine adaptive Geschwindigkeitsregelung, die Erkennung des toten Winkels, Park- und Spurhalte-Assistenten, sowie Reifendruck-Überwachungssysteme. Moderne Lkw haben einen Abstandsregeltempomaten, der den eingestellten Abstand

---

[5] siehe Dickmanns, E. D. (2015)

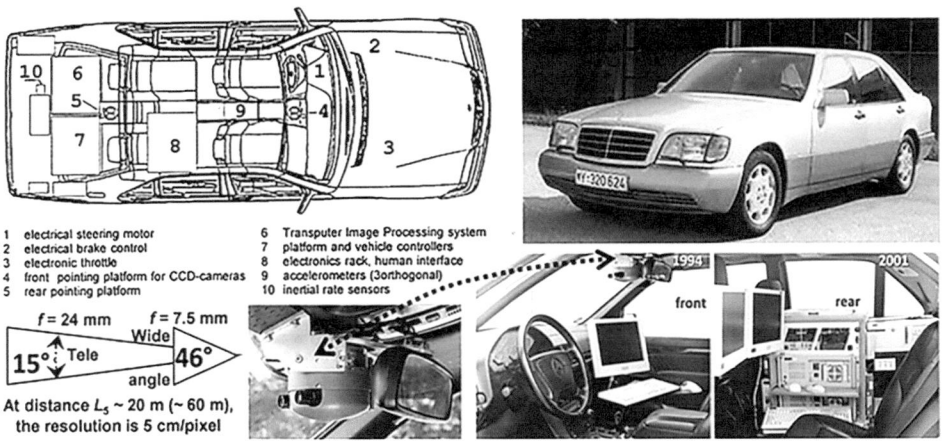

Abb. 9.4 VaMP 1994. (Quelle: Dickmanns, E. D.2015, S. 3)

zum vorausfahrenden Fahrzeug einhält, und einen Notbremsassistenten. Während sicherheitsrelevante Systeme und Assistenten bei Omnibussen und einigen LKWs bereits länger verpflichtend sind, sind seit Juli 2022 auch im PKW-Bereich Notbrems- und Geschwindigkeitsassistenten in allen EU-Mitgliedsstaaaten für neue Fahrzeugtypen und Erstzulassungen vorgeschrieben.[6]

9.4 Wieviel K.I.T.T ist in heutigen Autos?

Zurückblickend auf die Auflistung gehen wie bereits erwähnt nicht alle aufgelisteten Funktionen mit künstlicher Intelligenz einher, beispielsweise das Umschalten in einen anderen Fahrmodus aufgrund des Betätigens eines Knopfs. K.I.T.T.s „Silent Mode" beispielsweise ist in heutigen Hybrid-Autos Standard: Bei den meisten Modellen kann per Knopfdruck auf einen rein elektrischen Fahrbetrieb umgeschaltet werden, sodass dann lediglich die Reifenabroll- und Untergrundgeräusche des Fahrzeugs zu hören sind. Allerdings werden bei Hybrid- und E-Autos unterhalb einer gewissen Geschwindigkeit aus Sicherheitsgründen künstlich Geräusche hinzugeschaltet, wenn das Auto langsam fährt, sodass aus dem Anschleichen á la K.I.T.T. dann doch nichts wird. Auch andere Autos, vorwiegend Sportwagen, werden sogar noch mit einem Soundmodul ausgestattet, damit der Motor besser und nach viel Hubraum klingt. Auch bei E-Autos werden die Soundaktuatoren aktiv gesteuert und passen den charakteristischen Klang dem aktuellen Verkehrsverhalten an.

---

[6] siehe Bundesministerium für Digitales und Verkehr (2022a).

Dieses Buch fokussiert jedoch das Themenfeld Künstliche Intelligenz, sodass es hier vordergründig darum geht, welche dieser für die damalige Zeit außergewöhnlichen Fähigkeiten, die dem genannten Bereich zuzuordnen sind, in heutigen Autos umgesetzt sind oder nach dem derzeitigen Forschungs- und Entwicklungsstand vermutlich in naher Zukunft umgesetzt sein werden.

9.4.1 Michael Knight kann über seine Armbanduhr mit dem Auto kommunizieren.

In der Serie versteht K.I.T.T. was Michael sagt und meint und reagiert darauf mit einer Antwort oder einer Aktion. Die Kommunikation erfolgt entweder direkt, wenn beide Akteure nah beieinander sind, oder mit Hilfe der Armbanduhr als Übertragungsmedium. Wenn wir uns vor Augen führen, was intelligente Dinge heutzutage bereits alles können, sind diese Funktionen zumindest so ähnlich in vielen intelligenten Dingen des Alltags und intelligenten Maschinen in der Produktion bereits umgesetzt. So beantworten Sprachassistenten wie Alexa und Siri nach Nennen eines Wakewords Fragen oder führen Befehle aus. Auch in den meisten neueren Autos ist inzwischen eine Sprachsteuerung in sogenannten Infotainment-Systemen integriert. Ziel dieser Systeme ist es, Fahrerlebnis und Komfort für den Fahrer zu erhöhen.

Ein mit MBUX (Mercedes-Benz User Experience) ausgestatteter Mercedes lässt sich mit Sprache, aber auch mit Gesten intuitiv steuern. Das System besitzt laut Daimler ein hohes Sprachverständnis und ist lernfähig.[7] Man kann dem Auto über die Aktivierung durch das Wakeword „Hey Mercedes" und einem darauffolgenden Befehl, beispielsweise der Aussage „Mir ist kalt." signalisieren, dass der Computer des Autos die Heizung wärmer stellen soll. Um den Befehl zur Zufriedenheit des Auftraggebers auszuführen, erkundigt sich der Sprachassistent vorab nach der gewünschten Temperatur bevor er dann die Heizung entsprechend justiert. Dieses System ist so weit mit künstlicher Intelligenz ausgestattet, dass es Vorlieben und Gewohnheiten des Fahrers registriert, und daraus mit Hilfe einer Vorhersagefunktion Vorschläge generiert werden. Ruft der Fahrer beispielsweise jeden Abend auf dem Nachhauseweg von der Arbeitsstätte zuhause an, wird der Bordcomputer im dazu passenden Moment die Telefonnummer anzeigen oder beispielsweise immer in analogen Situationen die Musik starten, die der Fahrer zuvor in einer vergleichbaren Situation hören wollte. Das MBUX System passt sich also dem Nutzer mit der Zeit an und ist auch in der Lage, verschiedene Dialekte und Akzente zu verstehen. Zu den Standard-Funktionen des Systems gehören die Wettervorhersage, das Erfüllen von Musikwünschen, die Navigation, die Temperaturregelung, die Steuerung von Anrufen, aber auch Informationen wie die momentan erlaubte Höchstgeschwindigkeit, der Zeitpunkt des nächsten Servicetermins oder die Reichweite der Tankfüllung.

---

[7] siehe Automobil Produktion Sonderedition Top 100 (2020, S. 24).

Auch Fahrzeuge anderer Hersteller haben vergleichbare Assistenten, so kann man auch in einem BMW über „Hey BMW" kommunizieren.

Der nächste Schritt könnte hier sein, das Verhalten des Fahrers so weit analysieren zu können, dass die Anpassung des Systems nicht mehr auf Routinen fußt, sondern dass es dazu in der Lage ist, zu erkennen, was der Fahrer in bestimmten Situationen braucht oder sich wünscht. Also beispielsweise das Einspielen der passenden Musik zur jeweiligen Stimmungslage, nicht zur Fahrtstrecke oder Tageszeit. In diese Richtung arbeitet der chinesische Hersteller Byton, dessen Fahrzeug der Zukunft durch Gesichtserkennung entriegelt werden soll, dessen Cockpit per se schalterlos ist und lediglich der Knopf eingeblendet werden soll, den der Fahrer gerade drücken möchte.[8]

Bereits realisiert ist eine Kommunikation mit dem örtlich entfernten Fahrzeug über Smartwatches oder Smartphones. Dies ist mit der passenden App heute schon möglich. So lässt sich beispielsweise die Standheizung oder die Klimaanlage unseres Autos aus der Ferne betätigen. Eine weitere andere Art der Kommunikation, die derzeit in meist teureren Automobilen zu finden ist, ist die selbstständige Meldung des Fahrzeugs an das Autohaus, wenn eine Reparatur ansteht oder es zur nächsten Inspektion muss. Durch die Übermittlung des Fehlers und anderer Daten kann die Werkstatt vorab einen Kostenvoranschlag senden und gegebenenfalls die benötigten Teile bestellen sowie den Kunden zur Terminvereinbarung kontaktieren. Diese Art der Ferndiagnose findet man schon in der Serie Knight Rider, so dass K.I.T.T. bei Problemen in kürzester Zeit wieder einsatzbereit war.

Auch die in Kraftfahrzeugen eingesetzte Notruf-Funktion, die nach einem Unfall Ort und Fahrtrichtung an die Notrufzentrale übermittelt, könnte dahingehend ausgebaut werden, dass zuerst „eine Sprachverbindung zwischen der Notrufzentrale und dem Unfallfahrzeug aufgebaut wird. Sind die Insassen im verunfallten Fahrzeug ansprechbar, können so weitere Informationen ausgetauscht werden"[9], bevor sich Polizei, Rettungswagen und Notarzt auf den Weg zur Unfallstelle machen.

9.4.2 Scanner zur Überwachung der Fahrzeugumgebung, Gefahrenabwehr, aber auch zur Geschwindigkeitsbestimmung der umgebenden Fahrzeuge.

Eines der wichtigsten Tools im Wunderauto K.I.T.T. ist ein Scanner in der Fahrzeugfront. Das auffällige rote Lauflicht wäre heutzutage problemlos machbar, ist so allerdings, zumindest in Deutschland, nicht erlaubt. Für diese Optik benötigt man jedoch offensichtlich keine Künstliche Intelligenz. Hinter dem Scanner verbirgt sich bei K.I.T.T. jedoch weit mehr als nur das optische Lauflicht: Dieser ermöglicht u.a. die Bestimmung der

---

[8] siehe Hoberg, Fabian (2019).
[9] siehe Hilgers, M. (2016, S. 71).

Geschwindigkeiten anderer sich in der Nähe befindender Fahrzeuge und das Erfassen der Umgebung. Hierbei ist eine Art Röntgenblick integriert, der es ermöglicht hinter massive Wände und sogar um die Ecke zu sehen. So kann K.I.T.T. beispielsweise die nähere Umgebung überwachen und Michael vor Gefahren warnen. Durch seine Möglichkeit, alleine selbstständig zu fahren, kann er dann beispielsweise auch Personen verfolgen. Die Entscheidungen hierzu trifft das Auto entweder in Absprache mit Michael oder sogar alleine. In der Serie geht die Initiative oft von K.I.T.T. aus Dieser unterbreitet selbstständig anhand seiner Analysen die Vorschläge, was zu tun sei.

Das Erfassen der Umgebung ist inzwischen durch im Auto installierte Sensoren und 3D-Kameras möglich, Teile dieser Technologien findet man in den Abstandswarnern, in den Rückfahr-Kameras der Autos, aber auch beim Spurhalteassistent oder dem automatischen Einparken.

Auch ein Warnen vor Gefahren ist in gewisser Weise umgesetzt: So warnt das Auto mit Tonsignalen und grafischen Anzeigen, wenn die Abstandssensoren erkennen, dass man einem Hindernis zu nahe kommt, oder die Müdigkeitserkennung erfasst die Augenbewegungen und die Blinzelfrequenz, um den Fahrer gegebenenfalls dazu aufzufordern, eine Kaffeepause einzulegen.

Da moderne Autos bisher lediglich mit einer Fahrassistenz ausgestattet sind, agieren diese jedoch im Gegensatz zu K.I.T.T. nicht völlig autonom. Dies soll in den autonom fahrenden Autos der Zukunft anders umgesetzt werden. Diese Fahrzeuge müssen analog zu K.I.T.T selbstständig Gefahren erkennen und bewerten können, um dann adäquat darauf zu reagieren.

9.4.3 K.I.T.T. fährt selbstständig zu einem x-beliebigen Ziel

K.I.T.T. schaltet auf Michaels Befehl, aber auch aus eigener Intuition auf den Fahrmodus Autopilot um und fährt alleine und selbstständig dahin, wo er gebraucht wird, teilweise mit Michael als Insasse, aber auch autonom als unbesetztes Auto. Diese Fähigkeit gehört eindeutig in den Bereich des autonomen Fahrens. Auf diesem Gebiet wird seit Jahren viel geforscht und Prototypen werden auf Teststrecken getestet, aber von wirklich autonom fahrenden PKW sind wir noch weit entfernt. Bei diesen Testfahrten ist in Deutschland immer eine Person dabei, die entweder aufmerksam bleibt oder jederzeit nach Aufforderung durch die KI das Steuern des Fahrzeugs wieder übernimmt.

Automatisch betriebene Schienenfahrzeuge hingegen gibt es im Personenverkehr schon länger. Auch hier ist jedoch meistens noch ein Zugführer zur Überwachung der Fahrt mit im Fahrzeug.[10] Bei diesen Fahrzeugen ist ein automatisiertes Fahren leichter zu realisieren, da die Streckenführung durch das Schienennetz eindeutig vorgegeben ist und selten unvorhergesehene Hindernisse auftreten. Die Verkehrssituation ist also wesentlich

---

[10] siehe Yasulobu, S., und Miyamoto, S. (1985, S. 12 ff.).

unproblematischer. Zudem können Systeme zur Steuerung im Gleisbett integriert werden, sodass beispielsweise auf einem Streckenabschnitt immer nur ein Schienenfahrzeug unterwegs ist.

Ebenfalls wird seit Jahren an kleinen, fahrerlosen, selbst fahrenden Bussen geforscht. Anfangs gab es diese nur auf kleinen abgesteckten Arealen mit wenig Publikumsverkehr, inzwischen gibt es erste Versuche, diese Technologie auch im normalen Personen-Nahverkehr mit höheren Geschwindigkeiten zu etablieren. Eine wichtige Voraussetzung für diese Art des Fahrens ist es, dass die steuernde Software den exakten Standort des Fahrzeug kennt. Eine Lokalisierung ist zwar auch für die bereits seit langem eingesetzten Navigationsgeräte vonnöten, wenn aber beispielsweise ein Fahrzeug selbständig seine Richtung ändern soll, muss der tatsächliche Standort viel genauer bekannt sein als wenn der Computer den Fahrer lediglich dazu auffordert, abzubiegen.

Der erste autonom fahrende Kleinbus in Deutschlands Personennahverkehr fährt seit 2017 im niederbayerischen Bad Birnbach zwischen Bahnhof und Ortskern. Die Strecke ist etwa zwei Kilometer lang, der Bus maximal 15 Stundenkilometer schnell. Außer den bis zu sechs Fahrgästen ist immer ein Fahrtbegleiter dabei, der ins Fahrgeschehen eingreifen kann, wenn nötig. Der Bus fährt jedoch wie auf Schienen, d.h. er kann keinen Hindernissen ausweichen. Aus Sicherheitsgründen dürfen andere Verkehrsteilnehmer auf der Strecke maximal 30 Stundenkilometer schnell fahren. Im Jahr 2019 wurde die Strecke bis zu der Haltestelle Rottal Terme erweitert und fährt seitdem auch getaktet im Linienbetrieb.[11]

Die Stadt Monheim am Rhein arbeitet seit 2016 an der Umsetzung einer „Smart City" mit verschiedenen Teilprojekten. Eine Komponente sind hier fünf autonom fahrende elektronisch betriebene Kleinbusse, die seit 2020 eng getaktet im normal fließenden Verkehr den Busbahnhof mit der Altstadt verbinden. Auch hier fährt immer ein sogenannter „Operator" mit, der jederzeit eingreifen kann.[12] Auch in weiteren Städten, beispielsweise Hamburg, Berlin, München und Dresden gibt es ähnliche Forschungsprojekte, bei denen Busse im Testbetrieb unterwegs sind. Bisher existieren solche Projekte auf kurzen, klar festgelegten Strecken, die oft wenig Gefahrenpotential bieten. Auf Sylt wurde ein Projekt mit einem nachfragegesteuerten autonom fahrenden Bus durchgeführt. Diese elektrobetriebenen Kleinbusse fahren auf einer einprogrammierten Strecke immer dann, wenn Sie von einem potentiellen Fahrgast angefordert werden. Nach Absetzen des Kunden an der gewünschten Zielhaltestelle fährt der Bus entweder zur nächsten Anforderung oder zur Ladestelle. Auch hier wird bei einem Hindernis angehalten und ein Operator ist immer mit im Fahrzeug.

Inzwischen gibt es immer mehr Projekte selbstfahrender Busse, die entlang definierter Routen mit einer vorgegebenen Maximalgeschwindigkeit fahrerlos autonom fahren,

---

[11] siehe Gröll, Viktor (2021)
[12] siehe Monheim am Rhein (2019a)

erste Projekte sogar ohne überwachenden Fahrtbegleiter. So wird ein seit Anfang 2020 laufendes Forschungsprojekt[13], bei dem Mini-Busse in einer Region Oberfrankens drei Gemeinden verbinden, und deren Fahrt durch eine Leitstelle in Hof fernüberwacht wird, dahingehend fortgesetzt, dass in dem Folgeprojekt[14] das bisher eingesetzte Begleitpersonal wegfallen und ein Level-4-Fahren realisiert werden soll. Ein Forschungsprojekt in Karlsruhe kommt K.I.T.T. durch flexible Routen noch näher: Die Minibusse bewegten sich in einem ebenfalls festgelegten Gebiet mit maximal zwanzig Stundenkilometern frei im Straßenverkehr und beförderten die Fahrgäste auf Abruf zum gewünschten Ziel.[15] Bei diesem Projekt befand sich eine Begleitperson im Bus, um bei Bedarf eingreifen zu können.

Eine Integration in den Straßenverkehr erfordert eine Ausstattung der Fahrzeuge mit vielen Sensoren und Kameras. Das intelligente Fahrzeug braucht hierzu die verschiedensten Sensoren, um genügend Daten aus der Umgebung abzugreifen und zu verarbeiten, es benötigt einen leistungsstarken Rechner, der die Daten in Echtzeit verarbeiten kann und sein Verhalten an die gewonnenen Schlussfolgerungen anpassen kann. Für einen Teil der Funktionen ist auch eine Internetverbindung für zusätzliche Daten oder die Vernetzung vieler Autos untereinander notwendig oder sinnvoll. Mit letzterem kann ein Fahrzeug beispielsweise das Fahraufkommen vor ihm selbst und mögliche Staus durch die Bewegungsprofile der vorausfahrenden Autos erkennen, „auch wenn diese Fahrzeuge noch nicht im Erfassungsbereich von Kamera und Radar sind. Das Fahrzeug kann so vorausschauender fahren. [...] zum Beispiel Nebelbänke, Unfallstellen oder Stauenden [...] werden so erkannt und das nachfolgende Fahrzeug kann rechtzeitig die Geschwindigkeit anpassen."[16] Hier ist auch der neue 5G Standard von Nutzen, da die höhere Bandbreite die Möglichkeit bietet, größere Datenmengen schneller in Cloudanwendungen zu übertragen und dort rechnen zu lassen, sodass nicht mehr alles lokal im Fahrzeug gerechnet werden muss. In einer Cloud als übergeordnetem Datenpool könnten auch die individuell in den verschiedenen Fahrzeugen oder durch Sensoren an der Strecke erfassten Daten anonymisiert gespeichert und ausgewertet werden, um so Informationen über den aktuellen Verkehrsfluss, Störungen auf der Strecke oder sogar freie Parkplätze in Innenstädten verfügbar zu machen. So würde beispielsweise das Auto selbst automatisch vor einem spielenden Kind auf der Straße oder einem gerade eben erst passierten Unfall warnen und an der richtigen Stelle abbremsen, wie auch gleichzeitig alle anderen umgebenden Autos.

---

[13] siehe Bundesministerium für Digitales und Verkehr (2022b).
[14] siehe Bundesministerium für Digitales und Verkehr (2022c).
[15] siehe Grimm, Daniel (2021).
[16] siehe Hilgers (2016, S. 68).

Auch Verkehrszentralen sind an Daten interessiert, die ihnen dabei helfen können, die aktuelle Verkehrssituation zu erfassen, zukünftige vorherzusehen und Verkehrsströme effizienter zu gestalten.[17] Andererseits muss bedacht werden, dass die Information der vorausfahrenden Autos zwar dabei helfen kann, „Straßenverhältnisse besser zu bewerten [...], da diese [Fahrzeuge] ja bevorstehende Straßenabschnitte der eigenen Route schon passiert haben",[18] diese Daten jedoch auch missbraucht warden können, vor allem, wenn sie nicht anonymisiert sind.

Die meisten Funktionen im Auto werden in heutigen Fahrzeugen erst ausgeführt, wenn der Fahrer dies anstößt, obwohl sich dies teilweise auch ohne Aktion des Fahrers realisieren ließe. Hier geht es in der Regel eher um rechtliche Aspekte, die das eigenständige Handeln des Autos verhindern und die Autonomie des Autos zur Assistenz degradieren. Das Auto wird also eher nicht allein entscheiden, wohin es fahren will. Andere Funktonen wie der der Müdigkeitsassistent in heutigen Fahrzeugen benötigt kein Triggerwort, um dem Fahrer zu sagen, dass er übermüdet ist und eine Pause machen soll.

Um dem Ziel selbstfahrender Autos näher zu kommen, werden Machine-Learning-Systeme darauf trainiert, Verkehrsschilder, Ampeln, andere Fahrzeuge, aber auch Hindernisse zu erkennen und einordnen zu können: Bei einem Fußgänger auf der Straße sollte das Auto anders reagieren als bei einer Maus oder einer Abfalltüte. Hierzu werden Informationen über Kameras und Ultraschallsensoren in den Bordcomputer des Autos eingespeist. Im Lernmodus muss die Machine-Learning-Software die Daten verarbeiten und das zugrunde liegende neuronale Netz optimieren, später muss der Computer leistungsfähig genug sein, um die erhobenen Daten in Echtzeit verarbeiten zu können und die daraus resultierende Aktion in Echtzeit zu entscheiden und umzusetzen. Maschinelles Lernen ist mathematisch gesehen statistische KI. Es ist also folglich Mathematik und ist in der Lage, in riesigen Datenmengen komplexe Muster zu erkennen.

Um autonom fahrende Autos zu realisieren, müsste das Fahrzeug anhand der zuvor gelernten Reaktionen und der aktuell gescannten Umgebungsdaten mit Hilfe vieler eingespeicherter Daten autonom nahezu fehlerfrei entscheiden, ob es beispielsweise aufgrund eines auftretenden Hindernisses bremst, ausweicht oder einfach weiterfährt. Dies ist unter anderem rechtlich problematisch. Sicherlich einer der Gründe, warum selbstfahrende Autos bisher nur als Fahrassistenz oder zumindest mit einer verantwortlichen Person im Einsatz sind bzw. getestet werden. In der Zukunft werden diese vielleicht irgendwann selbst entscheiden, wie sie fahren wollen und wie sie in bestimmten Situationen reagieren. Der Weg dahin ist aber noch weit. Dieser Autonomiegrad gehört sicherlich in Level 5, und auch wenn das Fahrzeug alleine zu einem Ziel fahren sollte, so wird es wohl kaum eigenmächtig das Ziel aussuchen.

---

[17] siehe Maurer, M. et al. (2015, S. 525).
[18] siehe ebenda, S. 524 f.

9.4.4 K.I.T.T. manipuliert die elektronischen Systeme ihn umgebender Fahrzeuge oder auch Helikopter

Aus der umfassenden Vernetzung der heutigen Zeit und der Möglichkeit, die vielen zur Verfügung stehenden individuellen Daten zu einer Schwarmintelligenz zu bündeln, ergeben sich hier vielfältige denkbare Optionen. Nachdem das Manipulieren eines anderen Fahrzeugs jedoch eine Straftat darstellt, wird es dies sicherlich nicht als offiziell bestellbares Feature geben. Denkbar ist aber eine Nutzung der Vernetzung beispielsweise für Stauvorhersagen: Durch Insassen-Handy-Ortung und daraus erstellbarer Bewegungsprofile können Handydichte und Bewegungsgeschwindigkeit in einem bestimmten Straßenabschnitt gemessen werden. Hieraus lassen sich Stauvorhersagen ableiten. Bei neueren Fahrzeugen ist eine solche Analyse auch durch die Eigenausstattung, dass die Autos bei einem Unfall oder einer Panne selbstständig den Pannendienst anrufen, möglich.

Eine Beeinflussung der umgebenden Fahrzeuge wird es so wie in der Serie aber sicherlich nicht geben. Um eine solche zu ermöglichen ist ein Zugriff auf das System des anderen Fahrzeugs notwendig. Nachdem die einzelnen Hersteller aber anderen Herstellern wohl kaum einen solchen Zugriff zugestehen wollen, müsste man sich in die entsprechenden Systeme einhacken.

9.4.5 K.I.T.T. kann Telefongespräche abhören, mitschneiden und zurückverfolgen

Dies ist eine Funktion, die bisher nicht in Kraftfahrzeugen eingesetzt wird, sondern eher bei Polizeibehörden oder Nachrichtendiensten. Technisch sind diese Aktivitäten längst möglich und auch eine KI-gestützte Analyse von Telefongesprächen ist schon lange Praxis, allerdings nicht als Funktion im Auto.

9.5 Herausforderungen, Gefahren und Zukunft autonom fahrender Automobile

Inzwischen ist fast alles aus unserem zur damaligen Zeit utopischen Wunderauto K.I.T.T. umsetzbar. Einige Fähigkeiten wurden bereits umgesetzt und zählen teilweise bereits zur Serienausstattung einiger Automobile, andere Funktionen werden in den nächsten Jahren wahrscheinlich hinzukommen, ein Teil wird jedoch vermutlich nie umgesetzt werden, wie beispielsweise die Düse, die eine Ölspur hinter dem Auto erzeugt.

Die Gründe, gewisse Funktionen nicht zu implementieren, sind sicherlich unterschiedlich. Autonomes Fahren, ohne dass ein Fahrzeug-Insasse auf den Verkehr achten muss oder zeitnah eingreifen kann, ist technisch noch nicht ausgereift. Aber deutlich problematischer als die technische Umsetzung dürften rechtliche und ethische

Fragestellungen sein. Bezüglich rechtlicher Fragestellungen drängen sich die Haftungsfrage und im Falle vernetzter Systeme der Datenschutz auf.

Bei Pilotprojekten der vergangenen Jahre kam es immer wieder zu Unfällen, entweder weil die Testfahrer dem eingeschalteten Autopiloten zu sehr vertrauten anstatt auf den Verkehr aufzupassen und rechtzeitig einzugreifen oder wegen technischer Probleme. Bei letzteren sind unter anderem Messfehler oder auch Interpretationsfehler denkbar. So könnte eine Messungenauigkeit bezüglich Größe, Position oder Bewegung eines potentiellen Hindernisses zu falschen Schlüssen führen, oder ein von den Sensoren erfasstes Objekt wird von der Kamera schlichtweg falsch klassifiziert.

Um dieses Problem zu minimieren, müssten alle kritischen Situationen und die Reaktion darauf abgebildet sein. Bereits bei geringen Veränderungen der Ausgangslage kann das Ergebnis der Analyse komplett anders ausfallen. Werden beispielsweise Verkehrszeichen durch Aufkleber verändert, kann ein Mensch das ursprüngliche Verkehrszeichen zuordnen, bei Klassifikation durch eine KI ist es denkbar, dass für diese ein komplett anderer Sachverhalt resultiert. Ein weiteres Problem entsteht durch mögliche Sicherheitslücken in der Software. Sobald Angreifer in das System gelangen können, ist es möglich, dass die Software manipuliert wird und dadurch gefährliche Situationen als harmlos eingestuft werden oder umgekehrt. Da die Vorstellung einer fehlerfreien KI basierend auf den beiden vorgestellten Szenarien utopisch ist, kann lediglich das Risiko von Fehlentscheidungen minimiert werden. Es stellt sich also die Frage, welches Restrisiko akzeptiert warden kann.

Hier setzt ein weiterer Problempunkt an: Wer haftet, wenn der Computer im Auto falsch entscheidet? Der Hersteller des Autos, der Systemanbieter, dessen Softwareentwickler die KI entwickelt und trainiert haben, oder der Fahrer oder Halter des Autos? Generell hängt die Güte der eingesetzten Programme von den Fähigkeiten des Entwicklers im Bereich der künstlichen Intelligenz ab, aber auch erheblich von der Güte der vorhandenen Daten. Dies umfasst sowohl die Trainingsdaten als auch diejenigen, die während der Fahrt erhoben und in Echtzeit ausgewertet werden müssen. Hier spielt also auch die verfügbare Rechnerkapazität eine Rolle. Nach dem Produkthaftungsgesetz haftet der Hersteller dafür, wenn durch den Fehler eines Produkts eine Sache beschädigt, jemand verletzt oder gar getötet wird. Da eine KI jedoch zumindest teilweise autonom handelt und während Ihres Betriebs dazulernt, wäre die Regelung, jegliche Haftung für einen Unfall während des automatisierten Fahrens dem Fahrzeughersteller oder alternative dem Entwickler der KI anzulasten, zu einfach. Selbst wenn man versucht, die Haftung aufzuteilen, bleibt die lückenlose Haftungsbestimmung schwierig. Wenn die KI beispielsweise ordnungsgemäß betrieben und gewartet wird, könnte es dennoch zu Fehlverhalten kommen, wenn selbstlernende Systeme auf Basis des Erlernten Fehlschlüsse ziehen und folgerichtig agieren. Die KI selbst kann nicht haften, da sie bisher kein Rechtssubjekt ist, sodass diese Frage zum jetzigen Zeitpunkt sicherlich nicht abschließend beantwortet werden kann.

Auch die Europäische Kommission sieht hier Handlungs- und Klärungsbedarf und analysiert in Ihrem Weissbuch unter anderem die Auswirkungen künstlicher

Intelligenz auf Sicherheits- und Haftungsfragen. Sie stuft KI-Systeme „ausnahmslos als Anwendungen mit hohem Risiko" [19] ein und hält die menschliche Aufsicht für unabdingbar, da diese dafür sorgt, „dass ein KI-System die menschliche Autonomie nicht untergräbt oder sich sonst nachteilig auswirkt."[20]

Hier muss sicherlich detaillierter entschieden werden, in welchen Fällen wer haftet und auch, wie hier der Beweis geführt werden kann. Ohne technische Hilfsmittel dürfte es schwierig sein, herauszufinden, ob ein Produktfehler oder menschliches Versagen für einen Schadensfall ursächlich sind. Die erlaubten Möglichkeiten hierzu sind länderabhängig. Da in verschiedenen Ländern unterschiedliche Datenschutzbestimmungen gelten, unterscheiden sich auch gesetzliche Regelungen, beispielsweise zur Installation, dem Betrieb und der Auswertung von Datenschreibern oder Blackboxen. So ist es hier in Deutschland problematisch bei einem Unfall die Daten einer im Auto verbauten DashCam auszuwerten, auch wenn diese den Fahrer entlasten können.

Nehmen wir einen Schadensfall bei einem autonom fahrenden Auto in Deutschland an: Der Fahrzeughersteller haftet insoweit, dass das Fahrzeug nicht die notwendige Sicherheit geboten hat, um autonom sicher und schadensfrei zu fahren. Aber auch der Fahrzeughalter und dessen Haftpflichtversicherung haften weiterhin, da der Halter des Fahrzeugs das Betriebsrisiko trägt und die Verfügungsgewalt über das Fahrzeug innehat. Nach §7 StVG ist bei Personen- und Sachschäden grundsätzlich der Halter schadenersatzpflichtig. Da aber die KI-Software das Auto gefahren hat, käme auch diese theoretisch als Fahrer für die Haftung in Betracht. Der Anteil oder die Wahrscheinlichkeit, dass der Fahrer haftet, hängt sicherlich auch vom Level der Automatisierung ab: Bei Level 1 und 2 ist der Fahrer für die Führung des Fahrzeugs verantwortlich, erst ab Level 3 ändert sich das langsam. Bei Level 3 muss der Fahrer jederzeit eingreifen können, hier stellt sich also definitiv die Frage nach der Fehlerursache und der Verantwortlichkeit. In Level 4 und 5 ist das Auto in der Lage, selbstständig zu fahren, bei Level 5 sogar ohne Insassen. Bei diesen beiden Stufen können folglich nur Fahrzeug- oder Softwarehersteller für die Sicherheit verantwortlich sein.

Neben den vorher im Zusammenhang mit der Vernetzung vieler Fahrzeuge untereinander eingegangenen Vorteilen der sogenannten Schwarmintelligenz, also dem intelligenten Handeln der Masse durch gezieltes Verknüpfen der Individualinformationen, sollen mögliche negative Auswirkungen nicht unbeleuchtet bleiben. Sicherlich führt die Vernetzung und dadurch mögliche Kommunikation vieler zu einem kollektiven Wissen, welches deutlich über das Wissen des Einzelnen hinausgeht, sodass ein Fahrzeug auf die Verkehrssituation vor ihm rechtzeitig beispielsweise durch Abbremsen oder vielleicht auch einen Routenwechsel reagieren kann. Sofern Fahrzeuge, Cloud und Datenverbindungen untereinander jedoch nicht sicher genug sind, sodass ein unbefugtes Eindringen unmöglich ist, besteht das Risiko, das sein Angreifer nicht

---

[19] siehe Europäische Kommission, Weissbuch (2020, S. 25).
[20] siehe ebenda, S. 25.

nur Daten des Autos abgreifen, sondern eventuell sogar soweit Zugriff auf das Fahrzeug erhalten könnte, dass er es beliebig steuern und so beispielsweise gewollte Unfälle erzeugt werden könnten.

Solange das Fahrzeug lediglich einer Zentrale nach einem Unfall mitteilt, wo es sich gerade befindet und auch wenn zusätzlich eine Telefonverbindung aufgebaut wird, um ähnlich häuslicher Notrufe Näheres abzuklären, ist diese Vernetzung relativ unproblematisch. Sobald das Kraftfahrzeug auch Daten aus anderen Fahrzeugen verarbeitet, sieht dies anders aus. Bei Vernetzten Computern besteht immer die Gefahr, dass ein Angreifer in die Systeme eindringt. Wenn dieser die Daten der vorausfahrenden Fahrzeuge, die beispielsweise eine Eisfläche oder eine Nebelwand vor ihm detektieren würden dergestalt manipuliert, dass stattdessen eine freie Fahrt ohne Geschwindigkeitsbegrenzung bestünde, würde das autonom fahrende Fahrzeug beschleunigen anstatt abzubremsen. Hier lassen sich durch Datenmanipulation massive Schäden provozieren. Es sind noch viele weitere Möglichkeiten denkbar, über Schwachstellen in die Systeme zu gelangen, um das Auto zu manipulieren. Nicht zuletzt könnte auch die Verbindung Smartwatch zu Automobil als Angriffsvektor genutzt werden, wenn der Angreifer Zugriff auf die Uhr erhält. In den vergangenen Jahren wurden hier bereits einige Schwachstellen geschlossen, nachdem sich Angreifer Zugriff auf die Systeme verschafft hatten, und beispielsweise schlüssellos zu öffnende Autos entsperrten. Einer der spektakulären bekannt gewordenen Fälle dürfte der Jeep Cherokee sein, den Computer-Hacker im Jahr 2015 über das Entertainment System als Einfallstor übernahmen. Der Jeep war weit entfernt auf dem Highway unterwegs als zuerst Klimaanlage und Sitzkühlung aktiviert wurden, später dann der Scheibenwischer eingeschaltet wurde und schließlich der Motor ausgeschaltet wurde, sodass das Fahrzeug ausrollte. Der Fahrer konnte nichts dagegen unternehmen. Hintergrund war in diesem Fall nicht, dass Menschen zu Schaden kommen sollten, sondern die Automobilhersteller bezüglich dieses Themas wachzurütteln. Ansonsten hätte es effektivere Manipulationsmöglichkeiten gegeben. Die Systeme der Fahrzeuge und deren Datenverbindung müssten also sicher gegen ein Eindringen und Manipulationen sein. Unter Kenntnis der heutigen Gefahren und technischen Möglichkeiten ist dies als unrealistisch anzusehen, wobei natürlich eine größtmögliche Sicherheit anzustreben ist.

Der erste notwendige Schritt beim Auftauchen einer Sicherheitslücke ist es natürlich, diese schnellstmöglich zu beheben. Aber wenn nur reaktiv gehandelt wird, ist jede Sicherheitslücke mindestens einmal ausgenutzt worden bevor sie geschlossen wird. Insofern bietet sich hier ein proaktives Vorgehen an: Wenn Hersteller oder Entwickler die Systeme auf Ihre Sicherheit testen lassen, indem diese Hacker beauftragen, die versuchen, in das System zu gelangen, kann zumindest ein Teil der Lücken geschlossen werden, bevor ein böswilliger Angreifer diese ausnutzt. Wobei nicht nur die aktive Übernahme des Fahrzeugs, sondern auch die Möglichkeit, Daten zu klauen verhindert werden sollte.

Der Ursprungsgedanke für autonomes Fahren war sicherlich, dass eine gut trainierte KI im Fahrzeug weniger Fehler macht als der Mensch und somit weniger Unfälle passieren, aber um Fahrzeuge im normalen Straßenverkehr völlig autonom und selbstbestimmt fahren zu lassen, reicht dies nicht aus: Das Ziel muss sein, dass Straßen und Verkehrsmittel so sicher gestaltet sind, dass keine Menschen getötet oder schwer verletzt werden.[21] Aber auch die KI selbst könnte manipuliert sein: Sobald die KI anhand externer Daten trainiert oder lernt, kann ein manipulierter Datensatz zu ungewollten Ergebnissen führen. Ein weiteres Problem stellen unscharfe oder manipulierte Umgebungsdaten dar, sodass beispielsweise der Autopilot von Tesla in einem Versuch ein paar Aufkleber auf der Straße für die aktuelle Spurmarkierung gehalten hat und folglich in die falsche Richtung gelenkt hat.

Eine KI muss für autonomes Fahren folglich fehlerfrei funktionieren, bisher ist sie noch nicht reif genug. Theoretisch könnte man zwar auf manchen Strecken bereits durch jetzige Assistenzsysteme Lenkrad und Gaspedal entkoppeln und das Auto allein fahren lassen, aber um dies sicher genug zu gestalten, müssen auch komplexere Situationen richtig bewertet werden.

In den kommenden Jahren wird es hier sicherlich weiterhin große Entwicklungsschritte geben, sodass technischen Entwicklungen irgendwann in der Zukunft soweit sein werden, dass Autos vollständig selbstständig autonom fahren können. Aber auch dann bleibt die Frage offen, ob alles, was technisch möglich ist, auch umgesetzt werden soll. Die vorhin bereits mehrfach erwähnte Ölspur, um Verfolger anzuhängen, wäre bereits jetzt problemlos umsetzbar, wird aber wohl aufgrund der fehlenden Sinnhaftigkeit im normalen Straßenverkehr nie als Ausstattung in den Fahrzeugen umgesetzt werden.

Außer derzeitigen sicherheitsrelevanten und rechtlichen Fragestellungen, erweisen sich ethische Aspekte als noch problematischer. Eine künstliche Intelligenz kann ihr Verhalten zwar aufgrund hinzukommenden Inputs optimieren, sie wird aber nur schwer ethisch oder moralisch entscheiden können. Zu versuchen, eine Ethik einzuprogrammieren, dürfte sich als unmöglich erweisen, vor allem da es sich hier nicht um Standards handelt.

Ein in diesem Zusammenhang immer wieder diskutierter Punkt ist die Frage, nach welchen Gesichtspunkten die KI entscheiden soll, welcher Verkehrsteilnehmer überleben darf, wenn die Situation es nicht erlaubt, dass alle überleben. Schon bei der Entscheidung, welches Risiko eingegangen werden soll, wenn es um das Überleben eines Tieres geht, gibt es unterschiedliche Ansichten und spätestens, wenn es darum geht, welches Menschenleben mehr wert ist, wird es extrem problematisch. Unabhängig davon, dass bei uns in Deutschland laut Grundgesetz jeder das Recht auf Leben und körperliche Unversehrtheit hat, bestehen auch weltweit in den verschiedenen Kulturen unterschiedliche Ansichten dazu, ob das Leben eines Kindes oder das Leben eines alten Menschen schützenswerter ist. Ebenfalls zu diskutieren ist, ob bei der Abwägung von Leben dem Insassenschutz Vorrang zu geben ist. Solche Fragen sind rechtlich

---

[21] siehe Winkle, T. in Maurer, M. et al. (2015, S. 366).

und moralisch-ethisch nicht zu beantworten, die Antworten müssten aber der KI einprogrammiert oder angelernt werden.

Sicherlich überleben bei einem menschlichen Fahrer in einer solchen Situation auch nicht alle. Der Fahrer entscheidet jedoch in dieser Situation intuitiv irgendwie, da nicht genug Zeit bleibt, um alle Eventualitäten abzuwägen und rational zu entscheiden. Eine verbaute KI hat aber die Rechenleistung genau das zu tun, sodass hier eine bewusste Entscheidung für ein Leben und gegen ein anderes getroffen wird. Legt man diese Entscheidung in die Hände der KI, führt das zu der Frage, wer genau über Leben und Tod von Lebewesen entscheiden soll: Der Programmentwickler, der die KI schreibt und trainiert? Sollte der auftraggebende Fahrzeughersteller hier entscheiden oder sollten solch gravierende Entscheidungen beim Staat angesiedelt sein? Eine staatliche Regelung würde zumindest zu einem einheitlichen Vorgehen innerhalb des jeweiligen Landes führen.

Einen ersten Ansatzpunkt gibt es hier für Deutschland auch bereits durch die vom deutschen Bundesministerium für Verkehr und digitale Infrastruktur veröffentlichten Leitlinien zu

- automatisiertem und vernetztem Fahren. Die Ethik-Kommission hat hier im Jahr 2016 versucht, die wichtigsten ethischen Fragen für automatisierte und autonome Systeme zu finden und passende Leitlinien festzulegen, darunter auch die Regeln, dass
- autonomes Fahren nur ethisch vertretbar ist, wenn dadurch weniger Unfälle entstehen als bei menschlichem Fahren.
- bei unausweichlichen Unfallsituationen nicht nach Alter, Geschlecht und ähnlichen Merkmalen entschieden werden darf.
- in jeder Fahrsituation klar geregelt und unterscheidbar sein muss, ob zu diesem Zeitpunkt der Mensch oder die KI für das Fahren zuständig ist.
- die selbstlernenden Systeme sich an die 20 Regeln der Ethik-Kommission halten müssen.[22]

Der letzte Punkt erinnert an die Roboter-Gesetze von Isaac Asimov, der in seinem Buch „I, Robot" vier Grundregeln der Robotik aufstellt, in denen es um den Umgang eines Roboters mit Menschen sowie dem Schutz des Roboters selbst geht. Auch muss sich die künstliche Maschine hier an vom Menschen aufgestellte Gesetze halten, die den Menschen schützen sollen.[23]

Bisher handelt es sich bei allen eingesetzten Systemen um sogenannte Assistenzsystem, d.h. der Fahrer ist verantwortlich. Ultraschallsensoren, Kameras und Radar überwachen die unmittelbare Umgebung des Fahrzeugs, um dieses beispielsweise selbstständig einzuparken oder um es in der Spur und mit Abstand zum Vordermann zu halten.

---

[22] siehe Ethik-Kommision (2017)
[23] siehe Asimov I. (2015, S. 7).

Auch Laser könnte zur Abstandsmessung eingesetzt werden. Mit genügend Daten und einer gut programmierten und trainierten KI können andere Verkehrsteilnehmer oder Hindernisse erkannt und klassifiziert werden.

„Aus technischer Sicht können heute automatisierte Fahrzeuge viele Fahraufgaben im Verkehrsgeschehen unter günstigen Bedingungen übernehmen."[24] Bei schönem Wetter, guter Sicht und wenigen unvorhergesehenen Gefahrensituationen ist autonomes Fahren also bereits ohne aktive Fahrbegleitung denkbar. Hierzu muss aber auch der rechtliche Rahmen klar sein. Dies ist schon bei autonom fahrenden Fahrzeugen, bei denen ein Fahrer verfügbar sein und jederzeit eingreifen können muss, schwierig. Bei vollständig autonomen Fahrzeugen, die eventuell auch ohne Fahrer unterwegs sind, stellt sich dies noch einmal komplett anders dar.

Der nächste große Schritt wäre danach das eigenständig fahrende Auto, das selbst entscheidet. Bis dahin ist es noch ein weiter Weg und es müssen auch viele sicherheitstechnische, rechtliche und ethische Fragen geklärt werden. Erschwerend kommt in diesen Bereichen hinzu, dass es hier gravierende Unterschiede in verschiedenen Ländern gibt. Als Zwischenschritt gibt es inzwischen beispielsweise die erwähnten Kleinbusse, die zwar autonom fahren, aber bei denen weiterhin eine verantwortliche Person mitfährt. Auf diesem Level könnten in den kommenden Jahren weitere Fahrzeuge hinzukommen, eventuell auch mit höheren Geschwindigkeiten. In Situationen mit geringen Geschwindigkeiten oder in Fahrsituationen mit einheitlichem Verkehrsfluss und wenig Störungen (beispielsweise Autobahnen) kann ein höherer Automatisierungsgrad sicherlich früher erzielt werden als in unübersichtlichen innerstädtischen Situationen mit vielen Gefahrenquellen. So gesehen wäre innerhalb der nächsten Jahre eine Kombination derart denkbar, dass der Fahrer in städtischen Bereichen oder auf der Landstraße aktiv fährt, aber für die Autobahnstrecke das Steuer aus der Hand geben kann und sein Fahrzeug selbstständig ohne menschliche Kontrolle fahren lassen kann. Erste Schritte hierzu sind bereits erfolgt.

Nachdem in Deutschland im Jahr 2021 autonomes Fahren des Level 3 erlaubt und ein gesetzlicher Rahmen für autonomes Fahren des 4 geschaffen wurde, dürfen seitdem autonome Fahrzeuge auf öffentlichen Straßen in Deutschland im Regelbetrieb ohne eine fahrende Person bewegt werden. Diese Erlaubnis ist jedoch auf festgelegte Strecken begrenzt, die Verkehrssituation muss es erlauben, und es muss weiterhin ein Mensch am Steuer sitzen, der bei Bedarf eingreifen kann. Inzwischen gibt es in Deutschland mehrere Teststrecken für vernetze und automatisierte Fahrzeuge. Beispielsweise fahren für autonomes Fahren umgerüstete VW Golfs auf einer neun Kilometer langen Strecke im Hamburger Stadtverkehr zu Testzwecken.[25] Diese Möglichkeiten sind der nächste große Schritt in Richtung autonomen Fahrens. Für das vollautomatisierte Fahren des Level 4, bei dem das Fahrzeug in ersten Verkehrssituationen bereits ohne Insassen fahren könnte,

---

[24] siehe Maurer, M. et al. (2015, S. 366)
[25] siehe Volkswagen AG (2019).

wurden Richtlinien zu den Betriebsbereichen und den technischen Anforderungen verabschiedet.[26]

Ende 2021 hat Mercedes in Deutschland die Genehmigung für den sogenannten „Level-3-Drive Pilot" erhalten. Diese Genehmigung beschränkt sich auf den Einsatz auf Autobahnen bei einer maximalen Geschwindigkeit von 60 km/h und erlaubt es dem Fahrer, sich vom Verkehrsgeschehen abzuwenden.[27] Also ein Staupilot, bei dem der Fahrer Zeitung lesen kann. Schlafen darf er nicht, da er auf Aufforderung innerhalb kürzester in das Verkehrgeschehen eingreifen können muss. Kommt der Fahrer dieser Aufforderung nicht nach, wird das Fahrzeug kontrolliert zum Stillstand gebracht. Ein weiteres geplantes Feature ist bei Mercedes der „Intelligent Park Pilot", bei dem das Fahrzeug vollautomatisch zu einem Parkplatz im Parkhaus und wieder zurück fährt, ohne dass sich eine Person im Fahrzeug befindet, also eine Level-4-Funktionalität.

Bis zu einer flächendeckenden Einführung autonomer Busse und Taxis oder sogar privater PKW dürften aber noch Jahre vergehen, zumal der Lebenszyklus von Kraftfahrzeugen diese auch nach technischer Umsetzung durch die Automobilhersteller noch weiter hinausschiebt. Eine Studie des Prognos-Forschungsinstituts berechnete im Jahr 2018, dass bis zum Jahr 2050 zwar ungefähr die Hälfte der Fahrleistung dank Automatisierungsfunktionen autonom erfolgt, diese jedoch in den meisten Fällen keine kompletten Fahrten betreffen, sondern überwiegend den Autobahn-Anteil der Strecke.[28]

Hier sind die USA schon weiter: Im Jahr 2018 erhielt Waymo, ein Tochterunternehmen von Alphabet die Genehmigung, seine auf Deep Learning basierenden autonomen Autos ohne Fahrer und Sicherheitsperson im Straßenverkehr fahren zu lassen.[29] Inzwischen fahren autonome Taxis durch Phoenix, Arizona. Deutschland hinkt bei dieser Entwicklung aufgrund restriktiverer rechtlicher, Sicherheits- und Datenschutzbestimmungen hinterher.

Literatur

Altenburg, S., Kienzler, H.-P., & Auf der Maur, A. (2018). *Einführung von Automatisierungsfunktionen in der Pkw-Flotte - Auswirkungen auf Bestand und Sicherheit*. Prognos AG.
Automobil Produktion Sonderedition Top 100. (2020). Zugegriffen: 18. Sept. 2020.
Bundesministerium für Digitales und Verkehr. (2022a). Neue Fahrzeugsicherheitssysteme. https://www.bmvi.de/SharedDocs/DE/Artikel/StV/Strassenverkehr/neue-fahrzeugsicherheitssysteme.html. Zugegriffen: 4. Okt. 2022.

---

[26] siehe Bundesrat, Drucksache 86/22 (2022).

[27] siehe Mercedes-Benz-Group (2021)

[28] siehe Altenburg, S et al. (2018).

[29] siehe https://www.theverge.com/2018/5/9/17307156/google-waymo-driverless-cars-deep-learning-neural-net-interview.

Bundesministerium für Digitales und Verkehr. (2022b). Shuttle-Modellregion Oberfranken (SMO). https://www.bmvi.de/SharedDocs/DE/Artikel/DG/AVF-projekte/shuttle-modellregion-oberfranken.html. Zugegriffen: 15. Okt. 2022.

Bundesministerium für Digitales und Verkehr. (2022c). Shuttle-Modellregion Oberfranken II – SMO-II. https://www.bmvi.de/SharedDocs/DE/Artikel/DG/AVF-projekte/smo-2.html. Zugegriffen: 15. Okt. 2022c.

Bundesrat, Drucksache 86/22. (2022). Verordnung zur Regelung des Betriebs von Kraftfahrzeugen mit automatisierter und autonomer Fahrfunktion und zur Änderung straßenverkehrsrechtlicher Vorschriften, ISSN 0720-2946.

Dickmanns, E. D. (2015). Contributions to visual autonomous driving – A review, Part II: PROMETHEUS and the 2nd-generation System for Dynamic Vision (1987–1996). https://dyna-vision.de/wp-content/uploads/2021/05/2015-ContribPart-I-to-Visual-Auton.-Driving-EDD.pdf

Ethik-Kommision. (2017). *Automatisiertes und Vernetztes Fahren*. Eingesetzt durch den Bundesminister für Verkehr und digitale Infrastruktur, Bericht.

Europäische Kommission (2020). Weißbuch, Zur Künstlichen Intelligenz – Ein europäisches Konzept für Exzellenz und Vertrauen. https://commission.europa.eu/system/files/2020-02/commission-white-paper-artificial-intelligence-feb2020_de.pdf

Fuchslocher, G. (2020). BMW veröffentlicht Algorithmen, automotive IT, 30.09.2020. https://www.automotiveit.eu/exklusiv/bmw-group-veroeffentlicht-weitere-ki-algorithmen-208.html. Zugegriffen: 10. Jan. 2021.

Grimm, D. (2021). EVA Shuttle, FZI Forschungszentrum Informatik. https://www.eva-shuttle.de/. Zugegriffen: 12. Dez. 2022.

Gröll, V. (2021). Autonomer Kleinbus. https://www.badbirnbach.de/geschichten/autonomer-kleinbus. Zugegriffen: 10. Dez. 2020.

Hilgers, M. (2015). Elektrik und Mechatronik, Springer Fachmedien Wiesbaden 2016, ISBN 978-3-658-12748-0.

Hoberg, F. (2019). Künstliche Intelligenz, Wie schlau werden unsere Autos. https://www.quarks.de/technik/mobilitaet/kuenstliche-intelligenz-wie-schlau-werden-unsere-autos/. Zugegriffen: 12. Jan. 2021.

Isaac, A. (2015). *Ich, der Roboter: Erzählungen, aus Roboter und Foundation – Der Zyklus*, Bd. 1. Heyne.

Maurer, M., Gerdes, J. C., Lenz, B., & Winter, H. (2015). Autonomes Fahren, Technische, rechtliche und gesellschaftliche Aspekte, SpringerOpen 2015, ISBN 987-3-662-45853-2.

Mercedes-Benz-Group. (2021). Erste international gültige Systemgenehmigung für hochautomatisiertes Fahren. https://group.mercedes-benz.com/innovation/produktinnovation/autonomes-fahren/systemgenehmigung-fuer-hochautomatisiertes-fahren.html. Zugegriffen: 20. Sept. 2022.

Monheim am Rhein. (2019a). Smart city. https://www.monheim.de/stadtleben-aktuelles/stadtprofil/smart-city#c113940. Zugegriffen: 10. Dez. 2020.

Monheim am Rhein. (2019b). Startschuss für die autonom fahrenden Linienbusse in Monheim am Rhein. https://www.monheim.de/stadtleben-aktuelles/news/nachrichten/startschuss-fuer-die-autonom-fahrenden-linienbusse-in-monheim-am-rhein-6644. Zugegriffen: 10. Dez. 2022.

SAE International Standard J3016 (2014). https://www.sae.org/news/2019/01/sae-updates-j3016-automated-driving-graphic

Tuchscherer, D. (2014). http://www.daniels-autozeichnungen.de/wordpress/pontiac-firebird-trans-am-knight-rider-replika. Zugegriffen: 23. Nov. 2020.

Volkswagen, A. G. (2019). Laser, Radar, Ultraschall: Autonomes Fahren in Hamburg. https://www.volkswagenag.com/de/news/stories/2019/04/laser-radar-ultrasound-autonomous-driving-in-hamburg.html. Zugegriffen: 25. Sept. 2022.

Winkler, A. (2005). Das Original. https://www.mykitt.de/original.php. Zugegriffen: 23. Nov. 2020.

Yasunobu, S., & Miyamoto, S. (1985). Automatic train operation system by predictive fuzzy control. In M. Sugeno (Hrsg.), *Industrial application of fuzzy control* (S. 12–29). Elsevier Science Publichers B.V.

Teil III
Komponenten eines KI-Portals

Konzeptionelle Entwicklung einer Plattform für künstliche Intelligenz

10

Jörg Herrmann

Zusammenfassung

Nach einer kurzen Einleitung, der Abklärung der Problemstellung sowie der Zielsetzung wird im Teil konzeptionelle Entwicklung einer Plattform für künstliche Intelligenz zunächst auf den Personenkreis eingegangen, für den diese Plattform entwickelt werden soll. Es wird erläutert, worum es sich handelt, wenn von Content die Rede ist und wie dieser auf einem internetbasierten Portal anzuwenden ist. In Abschn. 10.2.3 wird erklärt welche Seiten zwingend notwendig für das Portal sind und welche geschützten Bereiche es geben sollte. Anhand der grafischen Darstellung einer Sitemap wird erläutert, wie die Struktur der Plattform aussehen kann, bevor dieser Teil mit einem Fazit abgeschlossen wird.

10.1 Einleitung

Schon immer haben Menschen versucht, bestimmte Arbeiten zu vereinfachen. Zur Erleichterung wurden Werkzeuge und Maschinen entwickelt und eingesetzt. Aus primitiven Hilfsmitteln wurden so über die Jahre hochkomplexe Gegenstände, die nicht nur in der Industrie, sondern auch in privaten Haushalten Einzug erhielten. Ein solches Hilfsmittel sind z. B. Computer, die heutzutage in den unterschiedlichsten Formen in den meisten Haushalten zu finden sind. Mit Ihnen werden neben Büroarbeit und Spiele auch Einkäufe getätigt, Bilder bearbeitet oder über Streaming-Portale Filme und Serien angesehen. Damit allerdings bestimmte Funktionen abgerufen werden können, werden

---

J. Herrmann (✉)
Contwig, Deutschland
E-Mail: joerg.herrmann@hs-kl.de

© Springer Fachmedien Wiesbaden GmbH, ein Teil von Springer Nature 2022
C. Aichele und J. Herrmann (Hrsg.), *Betriebswirtschaftliche KI-Anwendungen*,
https://doi.org/10.1007/978-3-658-40099-6_10

entsprechende Programme benötigt. Die Programme müssen zuvor erlernen, wie bestimmte Dinge funktionieren. Bei solchen Programmen handelt es sich um künstliche Intelligenzen.

10.1.1 Problemstellung

Im Kapitel „Künstliche Intelligenz mit den Themenschwerpunkten maschinelles Lernen und künstlichen neuronalen Netzen, dargestellt anhand des Beispiels von Blended-Learning-Übungen" wurden neben der künstlichen Intelligenz auch unterschiedliche Lehrformen erläutert. Eine Art der Lehre bildet dabei das Blended-Learning, was eine Mischform aus Präsenzveranstaltungen vor Ort und dem E-Learning am eigenen Computersystem darstellt. Die Frage ist allerdings, wie Lernbegeisterte an die zu lernenden Inhalte kommen. Hierfür soll ein Konzept für eine entsprechende KI-Plattform entwickelt werden.

10.1.2 Motivation und Relevanz

Informationen bestimmen heute den Alltag. Unzählige Webseiten halten dabei ein Informationsangebot aus unterschiedlichsten Bereichen vor. Dabei ist es oftmals nicht einfach zu selektieren, welche Informationen vertrauenswürdig sind und welche lediglich durch Halbwissen angereichert wurden. Um Studierenden und Lernwilligen, die sich mit dem Thema künstliche Intelligenz (KI) auseinandersetzen eine Plattform zu bieten auf der die richtigen Informationen bereitstehen, soll ein entsprechendes KI-Portal konzeptioniert werden. Zudem soll die Plattform für klein und mittelständigen Unternehmen (KMUs) zugänglich sein, welche vorhaben künstliche Intelligenzen im eigenen Unternehmen einzusetzen.

10.1.3 Zielsetzung und Vorgehensweise

Es soll eine Plattform für künstliche Intelligenz konzeptioniert werden, auf der entsprechende Informationen zur Thematik künstliche Intelligenz gefunden werden können. Mithilfe von Skripten, Videos und Übungen soll der Besucher erlernen, was künstliche Intelligenz ist, aus welchen Komponenten diese bestehen und wie diese erstellt werden können.

10.2 Konzeptionelle Entwicklung der Plattform

Bei der konzeptionellen Entwicklung einer Plattform für künstliche Intelligenz sollten zunächst einige Grundlegende Fragen geklärt werden. Zu diesen Fragen zählen zum Beispiel:

- Für wen soll die Plattform entwickelt werden?
- Welche Inhalte sollen auf der Plattform dargestellt werden?
- Welche zusätzlichen Features, z. B. Kurskalender, Meeting Tools, und weitere sollen eingesetzt werden?
- Soll die Plattform komplett öffentlich zugänglich sein oder soll es abgesperrte Bereiche geben?
- Soll ein eigener Online-Shop auf der Seite eingebunden werden?
- …

All diese Fragen und natürlich noch weitere, sollten bereits zu Beginn der Entwicklungsphase berücksichtigt werden, da die Antworten dieser, maßgeblichen Einfluss auf die Wahl der später zu verwendenden Technologie nehmen. Die aufgeführten Fragen sind nur ein Bruchteil derer, die sich bei der Entwicklung einer Informationsplattform ergeben und dienen lediglich als Beispiel.

10.2.1 Personenkreis

Für wen soll die Plattform entwickelt werden? Die Beantwortung dieser Frage kann Aufschluss auf die Größe der Plattform geben. Je größer der Personenkreis, desto größer kann der zu erstellenden Content sein. Bei der hier angedachten Plattform sollen zunächst Studierende berücksichtigt werden. Dabei stellt sich die Frage ob damit alle Studierende oder nur Studierende der eigenen Hochschule oder Universität gemeint sind. Wenn es für alle Studierende gedacht ist, soll es dann auch unterschiedliche Modelle, also Zugänge und Angebote, für die jeweilige Personengruppe geben? Wenn es nur die Studierenden der eigenen Hochschule oder Universität betrifft ist es wichtig zu wissen, ob zukünftig auch Studierende von anderen Hochschulen und Universitäten Zugang erhalten sollen. Da es eine Plattform sein soll, die Lerninhalte für die eigenen Studierenden anbietet, können diese Inhalte natürlich auch für Studierende von anderen Hochschulen und Universitäten von Interesse sein. Demnach sollte es eine Plattform sein, die allen studierenden zugänglich ist. Damit allerdings die eigenen Studierenden einen Vorteil haben, sollten externe Studierende für die Inanspruchnahme des Angebotes eine entsprechende Gebühr dafür entrichten.

Ein weiterer Personenkreis, welches es zu berücksichtigen gilt, sind sonstige Lernwillige. Nicht nur Studierende setzen sich mit dem Themengebiet der künstlichen Intelligenz auseinander, sondern auch Personen, die sich damit zum Spaß in Ihrer Freizeit befassen und lernen wollen, was sich dahinter verbirgt. Ähnlich wie bei externen Studierenden sollte auch für diesen Personenkreis eine entsprechende Gebühr erhoben werden.

Den nächsten Personenkreis den es zu berücksichtigen gilt, bilden klein und mittelständige Unternehmen (KMUs). Da sich die Thematik der künstlichen Intelligenz immer mehr verbreitet, werden diese auch zukünftig häufiger bei KMUs zu finden sein. Mit der

Plattform soll es Mitarbeitern ermöglicht werden, sich in diesem Bereich weiterzubilden. Auch hier ist es denkbar, für das Angebot eine entsprechende Gebühr zu erheben.

Zu dem Personenkreis der Besucher kommen noch die Lehrenden und Administratoren hinzu.

Zusammengefasst beinhaltet der zu berücksichtigende Personenkreis:

- Studierende der eigenen Hochschule oder Universität
- Studierende von externen Hochschulen oder Universitäten
- lernwillige Privatpersonen
- klein und mittelständige Unternehmen
- Lehrende
- Administratoren

10.2.2 Content

Um Besucher auf eine neue Plattform zu locken, ist es natürlich wichtig, entsprechende Werbemaßnahmen zu ergreifen. Eine dieser Maßnahme ist die Erstellung und Aufbereitung von aktuellem Content. Das bedeutet, dass sämtliche Inhalte, die auf dem Portal dargestellt sind so aufbereitet sein sollten, dass Sie für die Besucher von Interesse sind. Werden die Bedürfnisse der Besucher beim Besuch des Portals erfüllt oder gar übertroffen, funktionieren die Webemaßnahmen.

Welche Elemente gehören zum Content?

Alles was auf einer Plattform sichtbar wahrgenommen werden kann gehört zum sichtbaren Content. Hierzu zählen:

- Texte,
- Bilder,
- Grafiken,
- Diagramme,
- Abbildungen.

Informationen, die nicht von den Besuchern wahrgenommen werden, allerdings von entsprechenden Suchmaschinen Crawlern (Programm zur Indexierung von Webseiten), stellen den versteckten Content dar. Hierzu gehören Metainformationen, die z. B. Keywords enthalten können. Mit solchen Keywords kann das Ranking bei einem Suchmaschinenanbieter wie Google verbessert werden. Allerdings gibt es ganz klare Regeln, wie diese anzuwenden sind. Werden diese nicht eingehalten, kann dies zur Verschlechterung des Rankings beitragen und das Internetportal ist dann möglicherweise nicht mehr so weit oben bei den Suchergebnissen.

10.2.2.1 Texte

Die Texte einer Internetplattform sollten so geschrieben sein, dass diese von Besuchern verstanden werden. Zum Beispiel kann ein Text in Beamtendeutsch schwer verständlich für nicht Beamten sein. Wurde ein Text so verfasst, dass nur ein spezieller, wohlmöglich nicht der gewünschte Personenkreis, diesen versteht, kann es sein, dass das Informationsportal von diesen und weiteren Besuchern gemieden wird. Texte sollten demnach klar verständlich formuliert sein. Das ist auch wichtig, wenn es darum geht, die Plattform über entsprechende Suchmaschinen zu finden. Bei der Suchmaschinenoptimierung (SEO search engine optimization) kann festgestellt werden, wie gut oder schlecht Texte in Suchmaschinen gefunden werden. Je besser die Texte darauf angepasst werden, desto besser werden diese bei Google, Bing und anderen Suchmaschinenbetreibern gefunden, was wiederum ein gestärktes Marketing in diesem Bereich darstellt.

10.2.2.2 Bilder

Des Weiteren spielen Bilder eine wichtige Rolle bei dem Content. Bilder sollten so ausgewählt werden, dass diese zu der jeweiligen Thematik passen. Zudem sollten die verwendeten Bilder authentisch sein. Wird beispielsweise Bildmaterial verwendet, welches auf großen Bilderplattformen wie z. B. Istock, Pixabay oder Adobe Stock heruntergeladen werden kann, könnte es durchaus vorkommen, dass auf anderen Plattformen eben dieses Bildmaterial auch zu sehen ist. Besser geeignet sind hierfür eigene Bilder, die von professionellen Fotografen und/oder Mediengestaltern eigens für diesen Zweck aufbereitet werden. Wichtig ist hierbei, dass die Bildrechte an den Betreiber der Plattform, also im vorliegenden Fall den Betreiber der Plattform für künstliche Intelligenz, abgetreten werden. Ein weiterer wichtiger Punkt bei der Verwendung von Bildern ist die Bildgröße. Da es sich um ein per Internet zugängliches Portal handelt, sollte versucht werden, die Ladezeiten der einzelnen Seiten so gering wie möglich zu halten. Das bedeutet, je kleiner die Bildgröße ist, desto schneller bekommt der Besucher den gewünschten Content dargestellt.

10.2.2.3 Grafiken, Diagramme und Abbildungen

Bei Grafiken, Diagrammen und Abbildungen verhält es sich ähnlich wie bei den Bildern. Auch hier ist es wichtig, dass das Recht der Verwendung beim Plattformbetreiber liegt. Anders als bei Bildern, die oftmals nur als Designelement genutzt werden, sollten Grafiken und Abbildungen nur dann eingesetzt werden, wenn diese dem Besucher einen zusätzlichen Mehrwert bieten. Speziell Grafiken und Diagramme sollten so gestaltet sein, dass diese für den Besucher leicht erfassbar und verständlich sind. Zudem ist es sinnvoll das verwendete Element textuell zu erläutern, damit der Besucher eine noch bessere Idee davon erhält.

Bevor allerdings die einzelnen Elemente dieses Abschnitts eine kreative Komposition zur Entwicklung einer Plattform für künstliche Intelligenz bilden, sollte festgelegt werden wo genau die einzelnen Elemente eingesetzt werden können.

10.2.3 Unterseiten

Internetportale bestehen meist aus mehreren unterschiedlichen Seiten (eine Ausnahme bilden Onepager, bei denen sämtlichen Informationen auf einer einzigen Seite dargestellt werden), die über ein Navigationsmenü aufgerufen werden können. Besucher können durch Anklicken der Menüpunkte komfortabel zwischen den einzelnen Seiten wechseln. Das Navigationsmenü spiegelt grob die Struktur des Internetportals wieder. Einen Standard bei der Verwendung von Unterseiten bei der Erstellung eines Webportals gibt es bisher nicht. Einige generelle Menüpunkte sind allerdings auf vielen Webportalen zu finden:

- Startseite/Home
- Über Uns
- Kontakt
- Impressum
- Datenschutzerklärung
- Login (sofern es geschützte Bereiche gibt)
- …

10.2.3.1 Die Startseite

Die Startseite stellt die Hauptseite eines Internetportals dar. Es ist die Seite die gefunden wird, wenn nach dem Domainnamen gesucht wird. Angenommen es wurde die Domain www.ki-plattform.de generiert, wird der Besucher auf die Startseite der Plattform geleitet. Da diese Seite den Eingang des Internetportals darstellt, sollte darauf geachtet werden, dass Besucher diese Seite gerne besuchen und nicht davon abgeschreckt werden. Auf der Startseite soll der Besucher erkennen, welchen Zweck mit dem Internetportal verfolgt wird. Je besser dem Besucher die Informationen bereitgestellt werden, desto höher die Verweildauer auf dem Portal. Das bedeutet, dass der Content so aufbereitet sein muss, dass dieser informativ und geschmackvoll präsentiert wird, was aufgrund von unterschiedlichen Geschmäckern nicht immer einfach ist. Diese Startseite wird häufig auch als Landingpage genutzt. Soll z. B. zu Marketingzwecken die Webseite bekannt gemacht werden, wird ein spezieller Link hinterlegt. Besteht dieser Link lediglich aus der Domain, so wie zuvor dargestellt, landet der Besucher erneut auf der Startseite. Wurde dem Link noch ein zusätzlicher Seitenname hinzugefügt, z. B. www.ki.plattform.de/angebote, ist die Landingpage abweichend von der Startseite. Dies kann dann der Fall sein, wenn zum Beispiel ein spezielles Produkt auf der Webseite beworben werden soll. Jede Seite des Internetportals kann somit zur Landingpage gemacht werden.

10.2.3.2 Über Uns

Die Unterseite „Über Uns" dient dazu, den Besuchern zu zeigen, mit wem Sie es zu tun haben. Von der Firmenhistorie bis hin zur Teampräsentation kann alles was mit dem Unternehmen und dem zugehörigen Personal zu tun hat auf dieser Seite dargestellt werden. Es sollte allerdings darauf geachtet werden, dass der Informationsgehalt nicht zu viel für die Besucher wird. Sollten zu viele Informationen vorhanden sein, sollte darüber nachgedacht werden, die Seite in einen Bereich mit weiteren Unterseiten aufzuteilen. Die Struktur dieses Bereichs könnte beispielsweise folgendermaßen aussehen:

- Über Uns
  - Historie
  - Das Team
  - Unsere Partner
  - ...

10.2.3.3 Kontakt

Über den Menüpunkt Kontakt haben sämtliche Besucher die Möglichkeit, mit dem Portalbetreiber oder entsprechenden Kontaktpersonen in Kontakt zu treten. Es sollte darüber nachgedacht werden, welche Möglichkeiten den Besuchern hier geboten werden soll. Neben der Darstellung der Telefonnummer und der E-Mailadresse ist zu überlegen, ob eine Live-Chat-Funktion angeboten werden soll. Beim Live-Chat kann der Besucher direkt mit einer Kontaktperson einen Chat beginnen. Da dies sehr Zeit- und Personalaufwendig sein kann, werden mittlerweile Chatbots für diese Aufgabe eingesetzt. Chatbots sind Programme die über eine künstliche Intelligenz verfügen und Fragestellenden die entsprechenden Antworten liefern. Allerdings ist bei der Verwendung von Chatbots zu berücksichtigen, dass diese zunächst trainiert werden müssen und somit evtl. nicht direkt zu Beginn bereitstehen. Eine weitere Möglichkeit zur Kontaktaufnahme sind Kontaktformulare. Besucher haben hier die Möglichkeit, ohne ein eignes E-Mailprogramm zu verwenden, Nachrichten an eine Kontaktperson zu senden. Nach der Eingabe von z. B. Namen, E-Mailadresse und Betreff, kann der Besucher sein Anliegen im Nachrichtenteil des Formulars verfassen und diese absenden. Soll dem Besucher zudem die Möglichkeit geboten werden, den Portalbetreiber auch physisch zu besuchen, kann auf der Kontaktseite auch die Adresse angegeben werden. Ergänzend hierzu kann der Besucher mit einer Karte z. B. von Goolge Maps, auch direkt zum Standort navigiert werden.

10.2.3.4 Impressum

Das Impressum eines Internetportals sollte nach § 5 Telemediengesetz und § 55 Abs. 1 Rundfunkstaatsvertrag verfasst werden. Dies ist wichtig, damit Besucher des Webportals erkennen, wer dafür verantwortlich ist. Ein unvollständiges, falsches oder nicht vorhandenes Impressum (sofern die Impressumspflicht geboten ist), kann dazu führen, dass die Seite angemahnt wird.

Pflichtangaben, die ein Impressum enthalten muss:[1]

---

[1] Siehe: Bundesministerium der Justiz für Verbraucherschutz (2020).

- den Namen (bei natürlichen Personen sind es Vor- und Nachname. Bei Unternehmen, also den sogenannten juristischen Personen, der Unternehmensname sowie Name und Vorname des Vertretungsberechtigten),
- bei juristischen Personen außerdem die Rechtsform,
- die Anschrift (Straße, Hausnummer, Postleitzahl und Ort. Nicht ausreichend ist ein Postfach),
- einen Kontakt, unter dem Sie die Person oder das Unternehmen schnell erreichen können – elektronisch als auch nicht elektronisch. In der Regel sind das E-Mail-Adresse und Telefonnummer,
- soweit vorhanden, die Umsatzsteuer- oder Wirtschaftssteuer-Identifikationsnummer,
- ebenfalls, soweit vorhanden, das Handels-, Vereins-, Partnerschafts- oder Genossenschaftsregister mit Registernummer.

Neben den genannten Grundangaben müssen eventuell noch weitere Informationen darzustellen sein. Hierzu gehören beispielsweise die zuständige Aufsichtsbehörde (falls vorhanden), bei reglementierten Berufen die jeweilige Kammer und den Beruf und weitere.[2] Eine explizite Auflistung der Angaben ist dem o. g. Gesetz und dem Vertrag zu entnehmen.

Das Impressum einer Internetplattform muss für den Besucher klar Erkennbar auf jeder Seite dargestellt sein. Somit kann diese von jeder Seite aus aufgerufen werden. Aus diesem Grund wird der Link zu einem Impressum oft mal im Header, im Navigationsmenü oder im Footer einer Webseite angezeigt.

10.2.3.5 Datenschutzerklärung

Eine Datenschutzerklärung wird auf einem Internetportal benötigt, um Besuchern zu erläutern, was mit den Daten passiert, die beim Besuch der Webseite erhoben werden. Zu den Daten, welche erhoben und weiterverarbeitet werden können, zählen beispielsweise:[3]

- Name
- Telefonnummern
- E-Mail-Adressen
- Standortdaten
- IP-Adressen (Internet Protokoll)
- Cookies mit Personenbezug
- …

Hat ein Besucher beim Besuch des Internetportals der Datenschutzerklärung zugestimmt, muss dieses Einverständnis vom Besucher auch wieder zurückgenommen werden

---

[2]Vgl. Bundesministerium der Justiz für Verbraucherschutz (2020).
[3]Vgl. Klein, R. (2020).

können. Das bedeutet es muss eine Möglichkeit des Widerspruchs gegeben sein. In der Datenschutzerklärung muss zudem der Umgang mit Social Media, Formularen und Analysetools angegeben werden. Zudem sollte angeben werden, mit welchen Cookies die Seite arbeitet und welche Daten durch diese erhoben werden.[4]

Einem Besucher muss mithilfe der Datenschutzerklärung erfahren können:[5]

1. Welche Daten werden erhoben?
2. Wer erhebt Daten?
3. Was passiert mit den erhobenen Daten?
4. Kann Widerspruch gegen das erheben von Daten eingelegt werden?

Zudem ist es wichtig, dass Besucher der Datenschutzerkläung zustimmen oder vor der ersten Erhebung von Daten die Seite verlassen kann. Dies geschieht oftmals mit einem Popup, welches beim erstbesuch der Seite erscheint. Hier kann sowohl der Datenschutzerklärung, wie auch unterschiedlichen Cookies (falls vorhanden) zugestimmt oder auch abgelehnt werden.[6]

Wie bereits beim Impressum, wird der Link zur Datenschutzerklärung oftmals im Header, im Navigationsmenü oder im Footer einer Webseite angezeigt.

10.2.3.6 Login

Es ist möglich, dass ein Internetportal über geschützte Bereiche verfügen muss. Das ist dann der Fall, wenn Inhalte nur einer bestimmten Personengruppe angezeigt werden sollen. Im Falle einer Lernplattform gibt es unterschiedliche Rollen, die Personen einnehmen können. Zu diesen Rollen gehören, für das Beispiel einer KI-Plattform, die folgenden Personenkreise:

1. Lernende
   1. Studierende der eigenen Hochschule oder Universität
   2. Studierende von externen Hochschulen oder Universitäten
   3. lernwillige Privatpersonen
   4. klein und mittelständige Unternehmen
2. Lehrende/Dozenten (Kursadministratoren)
3. Systemadministratoren

Lernende, also Studierende der eigenen Hochschule oder Universität, Studierende von externen Hochschulen oder Universitäten, lernwillige Privatpersonen sowie klein und mittelständige Unternehmen benötigen einen personenbezogenen Zugang. Das bedeutet,

---

[4]Vgl. Klein, R. (2020).
[5]Vgl. Klein, R. (2020).
[6]Vgl. Klein, R. (2020).

dass sich jeder Besucher, dem die Inhalte im geschützten Bereich zugänglich gemacht werden sollen, ein eigenes Benutzerkonto anlegen muss. Dies ist deshalb notwendig, da alle lernenden unterschiedliche Inhalte lernen können, unterschiedliche Fortschritte erzielen können und es sich dabei auch um unterschiedliche Bezahlmodelle handeln kann. Zudem darf niemand die Personenbezogenen Daten eines Anderen sehen sofern dies nicht notwendig zur weiteren Verarbeitung der Daten ist.

Sämtliche Inhalte dienen dazu jedem lernenden individuell die benötigten Mittel für das E-Learning oder auch das Blended-Learning (falls ein Teil des Kurses vor Ort stattfindet) zur Verfügung zu stellen.

10.2.3.6.1 Lernende
Angemeldet mit dem eigenen Benutzerkonto kann der Besucher beispielsweise auf folgende zusätzliche Inhalte zugreifen und diese ggf. auch ändern:

- Persönliche Daten
    - Name
    - Anschrift
    - Bezahlmöglichkeit
    - Hochschule
    - …
- Kurse
    - angebotene Kurse
    - individueller Kurskalender
    - gebuchte Kurse
    - Kurshistorie
    - weitere Kursinformationen
- Kursmaterialien
    - Skripte
    - Übungen
    - Videos
    - Kurschat
    - Kursforum
    - Uploads
    - sonstige Lernunterlagen
- Downloads
    - Tools zur Programmierung
    - Tools für Videokonferenzen
    - …
- Sonstige Bereiche
    - …

Persönliche Daten

Um Lernende entsprechen identifizieren zu können, ist es notwendig persönliche Daten zu erheben. Neben dem Namen, der Anschrift, und dem Geburtsdatum fallen auch Informationen zu Bezahlmethoden (falls notwendig), Immatrikulationsbescheinigung und weitere Daten an. Diese Informationen werden benötigt zum Ausstellen von Rechnungen und Zertifikaten aber auch um die jeweilige Person einem gebuchten Kurs zuordnen zu können.

Kurse

Im Bereich Kurse werden dem Besucher sämtliche Kurse angeboten, die auf dem Portal enthalten sind. Bei Ansicht eines im Angebot enthaltenen Kurses werden weitere Informationen angezeigt. Zum Beispiel erhält der Besucher Informationen zu den Lerninhalten und den angestrebten Lernzielen. Ergänzt werden diese Informationen mit Details zu Prüfungen, Kurszeiten und den verantwortlichen Lehrenden. Wird ein Angebot gebucht, wird der jeweilige Lehrgang als gebuchter Kurs in den individuellen Kurskalender aufgenommen. Mittels dieses Kalenders werden dem Besucher sämtliche gebuchten Kurse angezeigt. Zudem wird angezeigt, an welchem Datum und zu welcher Uhrzeit bereits Kurse gebucht sind. Hiermit soll der Besucher einerseits einen Überblick über die gebuchten Kurse erhalten, zum anderen können damit Doppelbuchungen, also mehrere Kursbuchungen zur gleichen Zeit, vermieden werden. Eine Kurshistorie in diesem Bereich gibt dem Besucher Aufschluss über bereits absolvierte Kurse. Sie hält Informationen bereit ob Kurse bestanden oder nichtbestanden wurden, wann die einzelnen Kurse stattfanden und welche Punktzahl oder Note bei der Prüfung erreicht wurde.

Kursmaterialien

Bei den jeweilig gebuchten Kursen gibt es einen Bereich in dem die Materiealien für den jeweiligen Kurs von den Lehrenden abgelegt werden. Kursbesucher haben dort die Möglichkeit sich miteinander im jeweiligen Kursforum zu Unterhalten. Dies soll den Austausch zu bestimmten Themen anregen. Zudem stehen den Kursteilnehmern ein Kurs-Chat zur Verfügung über die Sie sich direkt unterhalten können. Hierdurch wird die Möglichkeit der gegenseitigen Unterstützung gegeben. Werden von dem Dozenten Übungsaufgaben zu einem Kurs angeboten, können diese Übungen wie auch Skripte, Videos oder sonstige Lernunterlagen bei den Kursmaterialien gefunden werden. Wurden von den Kursteilnehmern Übungen durchgeführt, können bei Bedarf die Ergebnisse durch Upload an den Dozenten gesendet werden. Hierbei ist wichtig, dass nur der Dozent Zugriff auf alle Uploads des Kurses hat. Kursteilnehmer dürfen nicht die Ergebnisse der anderen Kursteilnehmer sehen. Eine Ausnahme bilden ggf. Gruppenarbeiten.

Downloads

Im Downloadbereich eines Kurses können die Kursteilnehmer ggf. zusätzliche Tools herunterladen. Dies kann z. B. der Download einer kostenlosen Open-Source-Software zur Erstellung von Programmen sein oder Software zur Durchführung von

Videokonferenzen. Wichtig ist in diesem Bereich, dass nur Downloads angeboten werden, die von den Kursteilnehmern mit einer entsprechenden Lizenz verwendet werden dürfen.

Sonstige Bereiche
Die Bereiche für Lernende können natürlich je nach Bedarf um weitere Bereiche ergänzt werden.

10.2.3.6.2 Ausnahme KMUs
Für klein und mittelständige Unternehmen, also die Personengruppe 1.4 gibt es zu den bereits genannten Inhalten noch weitere. In einem eigenen Bereich soll gezeigt werden, wie mit einer künstlichen Intelligenz:

- neue Zuordnungen gefunden werden können (Merkmalserkennung)
- Bilderkennung funktioniert,
- Chatbots eingesetzt werden können
- Vorhersagen getroffen werden
- …

Zudem soll es eine Möglichkeit geben, eigene Daten (begrenztes Volumen) hochzuladen anhand derer die künstliche Intelligenz neue Merkmale findet.

Dieser komplette Bereich soll dazu dienen, Unternehmen zu zeigen, wie künstliche Intelligenz auch im eigenen Unternehmen zum Einsatz kommen kann. Für viele ist künstliche Intelligenz noch immer ein Begriff hinter dem sich Science-Fiction verbirgt, obwohl diese bereits tagtäglich von vielen, auch ohne ihr Wissen, genutzt wird.

10.2.3.6.3 Lehrende
Der Bereich für Lehrenden, also für die Dozenten entspricht weitestgehend dem Bereich der den Kursteilnehmern zur Verfügung gestellt wird. Dozenten haben, anders als die Kursteilnehmer die Möglichkeit, Kurse anzulegen und die notwendigen Materialien und Tools hochzuladen. Der jeweilige Dozent ist für den Inhalt seiner Kurse verantwortlich und plant auch die Zeiten, an den z. B. Videokonferenzen mit dem Dozenten stattfinden. Alle eingetragenen Daten werden später im Kurskalender der Kursteilnehmer angezeigt. Zudem hat der Dozent die Möglichkeit, bestimmte Listen, wie z. B. die Auflistung aller Kursteilnehmer, Noten und andere Inhalte darstellen zu lassen. Als Kursadministrator entscheidet der Dozent selbst, welche Informationen im Bereich der Kursteilnehmer angezeigt oder entfernt werden sollen.

10.2.3.6.4 Systemadministratoren
Systemadministratoren sind für den Reibungslosen Betrieb der Plattform zuständig. Je nach gewähltem System verfügt dieses entweder über ein Backend und ein Frontend

oder nur über ein Frontend. In beiden Fällen können Systemadministratoren auf sämtliche Inhalte und Daten des Systems zugreifen. Von ihnen werden jegliche Systemrelevante Aktualisierungen vorgenommen um das System auf den neusten Stand zu halten. Sie sind Ansprechpartner, wenn es zu systembedingten Ausfällen kommt oder bestimmte Bereiche nicht einwandfrei funktionieren. Systemadministratoren haben Zugang zu allen Bereichen und können diese anpassen.

10.2.4 Sitemap

Mit einer Sitemap lassen sich sämtliche Unterseiten einer Webseite anzeigen. Ähnlich einer Aufzählung mit Strichen wird hierüber die Menüstruktur abgebildet. Die oberste Ebene bilden dabei die Menüpunkte, welche direkt in der Menüleiste erfasst werden. Hieraschich absteigend werden die Untermenüs dem Beispiel entsprechend darunter eingerückt.

Beispiel:

- Menü Level 1
    - Menü Level 2
       Menü Level 3

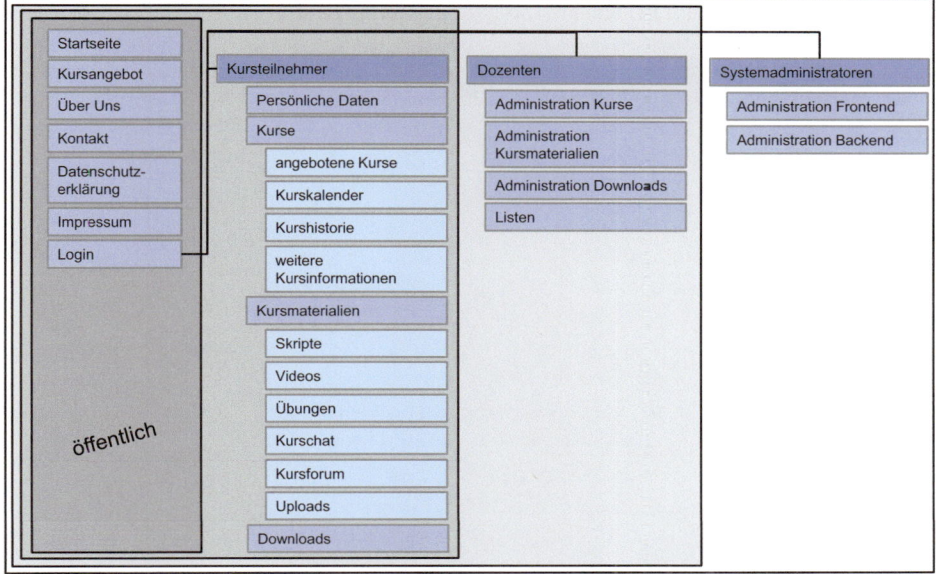

Abb. 10.1 Grafische Darstellung der Sitemap mit Rollen

Somit lässt sich feststellen, welcher Menüpunkt einem anderen unter- oder übergeordnet ist. In Abb. 10.1 wird die Sitemap grafisch dargestellt. Die einzelnen Bereiche, öffentlich, Kursteilnehmer, Dozenten und Systemadministratoren sind dabei grafisch voneinander abgegrenzt.

10.3 Fazit

Bei der konzeptionellen Entwicklung eines KI-Portals sind viele Aspekte zu berücksichtigen. Die grundlegenden Punkte wurden in diesem Abschnitt erläutert. Wichtige Fragestellungen für die Konzeptionierung sind, wer sind die Beteiligten und was genau soll dargestellt werden. Anhand dieser Fragen lässt sich bereits die Grundstruktur für ein solches Portal erzeugen. Diese kann natürlich nach Belieben erweitert und verfeinert werden. Auch ist denkbar, dass zukünftig noch neue Technologien auf dem Portal zum Einsatz kommen, die es momentan eventuell noch nicht gibt. Welche technischen Voraussetzungen für ein solches Portal erfüllt sein müssen wird in Kap. 11, Technische Umsetzung einer Lernplattform für Data Science und künstliche Intelligenz erläutert.

Literatur

Bundesministerium der Justiz für Verbraucherschutz. (2020). https://www.bmjv.de/DE/Verbraucherportal/DigitalesTelekommunikation/Impressumspflicht/Impressumspflicht_node.html. Zugegriffen: 20. Dez. 2020.

Klein, R. (2020). Für Gründer. https://www.fuer-gruender.de/wissen/unternehmen-fuehren/datenschutz/datenschutzerklaerung/. Zugegriffen: 20. Dez. 2020.

Technische Umsetzung einer Lernplattform für Data Science und künstliche Intelligenz

11

Christoffer Pohl

Handreichung zur technischen Umsetzung und nötigen Struktur einer ressourcenintensiven Lernplattform.

Zusammenfassung

Der Aufbau eigener Infrastrukturen zum Trainieren und Evaluieren von künstlichen neuronalen Netzen stärkt nicht nur die Unabhängigkeit gegenüber den Cloudplattformen großer Tech-Unternehmen, sondern garantiert auch die Kontrolle über die eigenen Daten. Diese Kapitel beschreibt Möglichkeiten zum Aufbau einer solchen Infrastruktur, am Beispiel einer Lernplattform für den Themenbereich Data Science und KI. Abschließend werden mögliche Erweiterungen für die Nutzung der Infrastruktur nach dem „Plattform as a Service" Gedanken genannt.

11.1 Infrastrukturaufbau für ein webbasiertes Learning Management System

Die Umsetzung der Lernplattform wird nach Möglichkeit auf zwei getrennt laufende Systeme verteilt. So ist sichergestellt, dass die Plattform für den E-Learning Bereich weitgehend erreichbar und nutzbar bleibt, selbst während hoher Berechnungslasten aufseiten des KI-Trainings. Das Agieren der Nutzer auf der Plattform verläuft unabhängig zu den Ressourcen die für das KI-Training bereitgestellt werden. Somit können die theoretischen Grundlagen im Bereich des Data Science weiter gelernt und vertieft

C. Pohl (✉)
Zweibrücken, Deutschland
E-Mail: christoffer.pohl@gmail.com

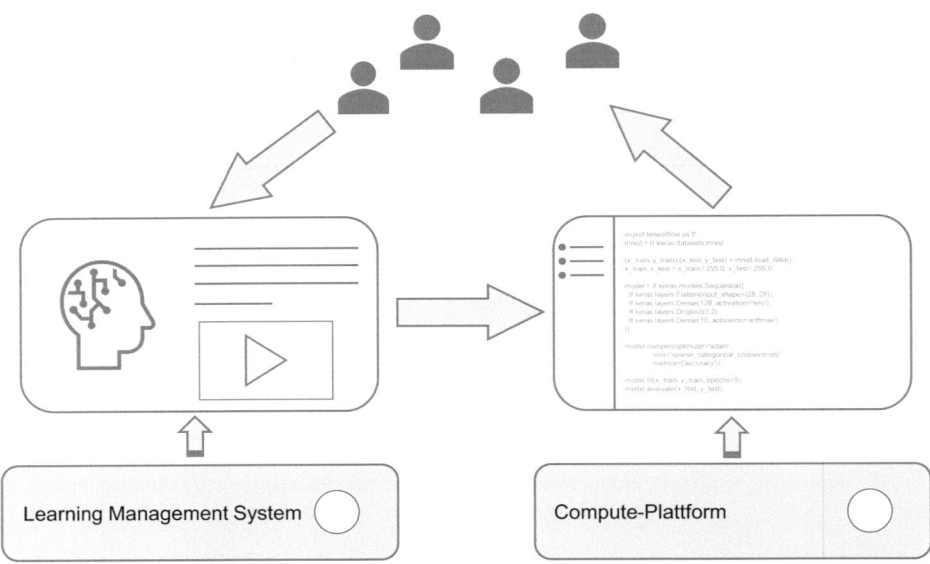

Abb. 11.1 Schematischer Aufbau einer Lernplattform für künstliche Intelligenz

werden, selbst bei kompletter Auslastung aller GPUs. Dies ermöglicht es, dass mehrere gleichzeitige Nutzer die Lernplattform ohne Beeinträchtigungen, beispielsweise durch Wartezeiten, verwenden können. Ein Schematischer Aufbau ist in Abb. 11.1 zu sehen.

Hierbei ist die erste Instanz als Nutzerplattform zu sehen, welche als Webserver konfiguriert wird. Darüber werden die allgemeinen Funktionen, wie eine Nutzer- und Gruppenverwaltung, das Betreiben eines Nutzerforums, sowie das Durchführen von einfachen Übungsaufgaben wie Multiple Choice Test oder Video-Lehreinheiten realisiert. Wichtig ist hierbei, dass kein Computing, also Berechnungen, für das KI-Training und Data Science Aufgaben durchgeführt werden.

11.1.1 Web-Stack als Laufzeitumgebung

Die Nutzerplattform kann als webbasierte Interaktions- und Lernplattform betrieben werden. Hierüber werden neue Nutzer angelegt, welche sich selbst registrieren und eine Profilübersicht mit ihrem bisher erreichten Lernfortschritt aufrufen können. Zudem werden über die Plattform die theoretischen Grundlagen, Multiple Choice Test und eventuelle Videoeinheiten bereitgestellt.

Um dies zu realisieren muss eine entsprechende Infrastruktur bereitgestellt werden, welche eine Nutzung der Plattform für mehrere Nutzer über das Internet ermöglicht. Diese Infrastruktur besteht aus entsprechenden Hard- und Softwarekomponenten, wie auch einer ausreichenden Netzwerkanbindung. Als Grundlage wird ein Learning

11 Technische Umsetzung einer Lernplattform für Data Science und …

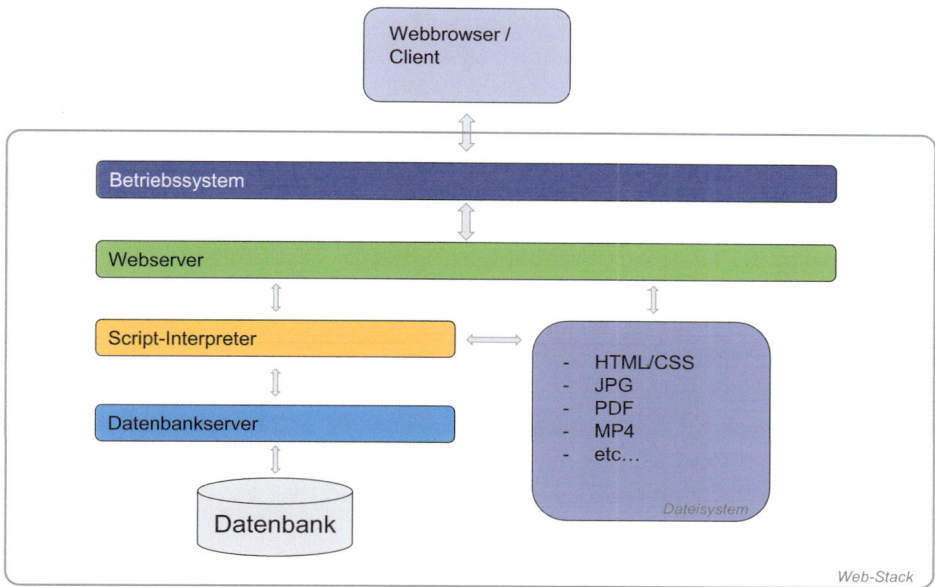

Abb. 11.2 Aufbau eines Web-Stack

Management System, kurz LMS, für die Verwaltung und die Interaktion der Nutzer und dem Inhalt verwendet. Je nach gewähltem LMS ist der entsprechende Web-Stack zu wählen. Bei einem Web-Stack handelt es sich um eine Sammlung an Software-Komponenten zur Realisierung von Webanwendungen, wie der beabsichtigten Lernplattform. Der Begriff Stack, zu Deutsch Stapel, ist als Sinnbild zu verstehen, da alle Komponenten aufeinander aufbauen. Die minimalste Architektur eines solchen Web-Stacks setzt sich aus einem Betriebssystem, einem Webserver, einer Datenbank und einem Skript-Sprachen-Interpreter zusammen.

Wie bereits erwähnt, bauen die einzelnen Komponenten des Stacks aufeinander auf. Wie in Abb. 11.2 zu sehen befindet sich auf der obersten Ebene, direkt unter der physischen Hardware, das Betriebssystem. Dieses bringt alle benötigten Treiber für die verwendete Hardware mit und bildet somit die Schnittstelle zwischen den folgenden Softwarekomponenten und den physischen Komponenten wie dem Prozessor, der Festplatte und dem Arbeitsspeicher.

Innerhalb des Betriebssystems wird der Webserver installiert, welcher Dokumente an den anfragenden Client ausliefert. Unter Zuhilfenahme der HTTP-Übertragungsprotokolle wird dem Webserver die Anfrage des Clients übermittelt. Wenn es sich bei den angeforderten Dokumenten um statische Inhalte wie HTML-Dateien, Bilder oder PDFs handelt, kann der Webserver diese direkt an den Client ausliefern. Für die Auslieferung von dynamischen Inhalten, wie moderne Webseiten, Foren und Plattformen, wird ein weiteres Modul benötigt, der Skript-Sprachen-Interpreter. Dieser kommt serverseitig, unter anderem bei bestimmten Kalkulationsprozessen zur Darstellung der Seite, zum Einsatz oder bei der Kommunikation mit der Datenbank. Datenbanksysteme, oder kurz Datenbanken, dienen innerhalb von Webprojekten dazu, relevante Daten für einen effizienten und sicheren Betrieb zu speichern und für die Wiederverwendung schnellstmöglich zur Verfügung zu stellen.

Eines der bekanntesten Web-Stacks ist das LAMP-Stack. Hierbei steht das Akronym LAMP für die Zusammensetzung der einzelnen Komponenten. **Linux** als Betriebssystem, **Apache HTTP Server** als Webserver, **MySQL** oder auch **MariaDB** als Datenbank und **PHP** als Script-Interpreter.

Alle Komponenten sind Open-Source-Software und stehen unter einer freien Lizenz. Hierdurch können alle Softwarekomponenten nach Belieben an die eigenen Bedürfnisse angepasst werden und stehen kostenfrei zur Verfügung.

Der LAMP-Stack zählt nicht nur mit zu den ältesten Softwarezusammenstellungen für das Web, sondern gilt auch als einer der stabilsten und befindet sich seit über zwanzig Jahren im industriellen Einsatz.[1] So wird, unter anderem, die Wikipedia in dieser Umgebung betrieben.[2]

Bei der zu erstellenden Nutzerplattform handelt es sich, in den Grundzügen, um ein ähnliches Projekt wie die Wikipedia. Nutzer sollen sich selbst registrieren oder registriert werden, sie sollen Inhalte erstellen, konsumieren und verändern oder ihr eigenes Profil einsehen und bearbeiten können. Zudem erfordern einige der bereits etablierten Management Plattformen, wie zum Beispiel Moodle oder auch Joomla, die im Nachgang zum Einsatz kommen sollen, einige der Softwarekomponenten des LAMP-Stacks wie die Datenbank MySQL oder den PHP Script-Interpreter. Somit wird die Nutzerplattform für die theoretischen Lerneinheiten und die Nutzerverwaltung auf dem LAMP-Stack aufgebaut.

Der Vollständigkeit halber sind nachfolgend noch zwei weitere Stack Varianten benannt, welche eine hohe Verbreitung im Internet finden.

- Hierzu zähen der WISA-Stack welcher auch unter dem Namen Microsoft-Stack bekannt ist. Dabei sind sämtliche Softwarekomponenten von der Firma Microsoft entwickelt und müssen teilweise extra eingekauft und lizenziert werden. Die Hauptkomponenten sind hierbei der **Windows Server,** der **Internet Information Service,** kurz IIS, dem Microsoft **SQL Server,** sowie der Programmiersprachen-Bibliothek **ASP.Net** welche in diesem Fall als Interpreter funktioniert. Wie bereits erwähnt, müssen sämtliche Produkte von Microsoft gekauft, beziehungsweise lizensiert werden und sind nur proprietär verfügbar. Somit ist eine individuelle Anpassung an entsprechende Bedürfnisse nur schwer bis gar nicht möglich. Der Vorteil hierbei ist

---

[1] Siehe: Geipel, M. (2009).
[2] Siehe: Wikipedia-Autoren, siehe Versionsgeschichte (2020). LAMP (Softwarepaket), (2021).

jedoch die ASP.Net Bibliothek, welche das Umsetzen von Webprojekten mittels der Programmiersprache Visual C# ermöglicht.
- Eine weitere Anwendungsumgebung, die in den letzten Jahren mehr an Bedeutung gewinnt, ist der MEAN-Stack. Hierbei handelt es sich um einen Architekturansatz für Einzelseiten-Webanwendungen. Im Vergleich mit den anderen Stacks kommt hier die **MongoDB** zum Einsatz, bei der es sich um eine nicht-relationale Datenbank, oder auch NoSQL Datenbank, handelt. Serverseitig wird das Webapplikations-Framework **Express.js** genutzt, welches zur Entwicklung von JavaScript-Programmen beiträgt. Für die Frontendentwicklung wird das Framework **Angular** verwendet, welches ebenfalls in JavaScript geschrieben ist. Zuletzt wird noch **Node.JS** benötigt, dieses dient als Laufzeitumgebung für den JavaScript-Code. Ein Vorteil dieser Softwarezusammenstellung ist, dass die gesamten Programmieraufgaben in JavaScript erfolgen, womit nur eine Programmiersprache beherrscht werden muss.

11.1.2 Die Hardware zur LAMP

Zu den Softwarepaketen muss auch eine entsprechende Hardware Infrastruktur gestellt werden, um einen reibungslosen Betrieb zu gewährleisten. Der ausgewählte Web-Stack selbst benötigt nur geringe Ressourcen, um effizient zu laufen. Jedoch müssen je nach gewähltem Management-System und Größe der gleichzeitigen Nutzerzahlen, Hardwarekomponenten wie Arbeitsspeicher, Festplattenspeicher, Prozessor und Netzwerkkarte gewählt werden.

Um einen besseren Überblick zu erhalten wird bei der Erstellung dieser Lernplattform von einer Lerngruppengröße von 20 Personen bei fünf Lerngruppen ausgegangen. Somit wird, inklusive zwei Dozenten, mit einer Nutzerzahl von 102 Personen gerechnet. Diese Nutzeranzahl wird für die bessere Nachvollziehbarkeit auch im anschließenden Kapitel Abschn. 11.2 beibehalten.

Die Lerneinheiten werden nicht gleichzeitig stattfinden, jedoch soll die Plattform über das Internet erreichbar und somit jederzeit und von überall verfügbar sein. Hierdurch muss von der Gesamtzahl der Personen, die gleichzeitig einen Zugriff anfordern, ausgegangen werden.

In vielen Fällen ist dieser Prozessor der Flaschenhals im Bereich des Webhostings. Je nach Aufruf, sprich eines Klicks eines einzelnen Anwenders, muss eine Berechnung in der CPU getätigt werden. Es wird davon ausgegangen, dass jeder Nutzer im Durchschnitt dreißig Aufrufe pro Minute tätigt, was eine Gesamtlast von 3060 Aufrufen pro Minute bedeutet. Dies ist für einen Webservice nicht viel, womit zwei CPU-Kerne für den Betrieb ausreichen. Jedoch muss dies bei steigender Nutzerzahl und wachsenden Interaktionen auf der Plattform stets nach oben skaliert werden.

Ebenso verhält es sich mit dem Arbeitsspeicher. Um den Webserver möglichst schnell auf Anfragen reagieren zu lassen, empfiehlt es sich, sämtliche wichtige Daten

Tab. 11.1 Zusammenfassung Webserver-Hardware

Bezeichnung	Anzahl/Menge
Prozessor Dual-Core 2000 MHz	1 Stk
Dynamic Random Access Memory (RAM)	8 GB
SSD Festplattenspeicher	160 GB
Netzwerkkarte 1000 Mbit/s	1 Stk

Auflistung der Hardware für den LAMP-Stack

für die Interaktionen im Arbeitsspeicher vorrätig zu haben. Eine konkrete Abschätzung ist schwer zu treffen, als Faustregel kann jedoch angenommen werden, dass 1 GB an Arbeitsspeicher rund 20 Nutzer gleichzeitig verwalten kann. Dies entspricht rund 5 GB RAM bei unserer insgesamt angegebenen Nutzerzahl. Jedoch muss bedacht werden, dass die Hintergrundprozesse des Betriebssystems und andere Vorgänge wie das Hochladen von Dokumenten oder das Berechnen von Testergebnissen ebenfalls Arbeitsspeicher benötigen. Diese werden mit 3 Gigabyte veranschlagt, um auf eine Gesamtsumme von 8 GB an RAM zu kommen.

Um sämtliche Services und Funktionen anzubieten, muss auch genügend Festplattenspeicher zur Verfügung stehen. Das eigentliche Learn-Management System, kurz LMS, benötigt nur wenig Speicherplatz. Die meisten Systeme kommen bereits mit 500 MB aus. Jedoch benötigen das Betriebssystem und weitere Softwarekomponenten einiges mehr. So benötigt das Linux allein, im Falle der Distribution Debian, 2 GB an Speicherplatz für den Minimalbetrieb. Zudem können für die Lerneinheiten noch weitere Dokumente, Testbögen, Bilder und Videos produziert werden, die ebenfalls Speicherplatz brauchen. Jedem Nutzer der Plattform soll außerdem noch ein gewisses Kontingent an Speicherplatz bereitgestellt werden, für eventuelle Online-Ablagen und Abgaben von Testaufgaben. Um alle Aufgaben erledigen zu können wird eine Festplattengröße von 160 GB verwendet. Sämtliche gespeicherten Unterlagen und Daten sollen möglichst schnell zur Verfügung stehen, um eine optimale Lernumgebung zu erzeugen, daher wird hier auf eine schnelle SSD-Festplatte gesetzt.

Das beste System ist nicht rentabel, wenn es nicht für die gewünschte Personenzahl erreichbar ist. So muss auch die Anbindung an das Netzwerk, beziehungsweise das Internet ausreichend groß genug gewählt sein, um allen Nutzern gleichzeitig einen guten Datenaustausch zu ermöglichen. Dies wird mit einer Netzwerkkarte mit 1000 Mbit/s Anbindung ermöglicht (Tab. 11.1).

Abschließend stellt sich die Frage, ob die Hardware- und Softwarekomponenten gekauft und in eigener Infrastruktur betrieben, oder extern eingekauft werden sollen.

Nach aktuellem Stand der Preise für Hardware und Infrastruktur, gegenüber dem Anmieten eines Servers in einem Rechenzentrum, wird sich hier ganz klar für den externen Zukauf der Ressourcen ausgesprochen. Sämtliche vorangegangenen

Spezifikationen inklusive Wartung, Schutz vor DDoS-Angriffen und einer garantierten Mindestverfügbarkeit und weiteren zusätzlichen Services sind für unter 80 € pro Jahr zu erhalten.[3]

11.2 Infrastrukturaufbau für eine Compute-Plattform im Bereich des Data Science

Die zweite benötigte Instanz ist als Compute-Plattform anzusehen. Hierauf werden alle Programmieraufgaben zum Thema Data Science und KI ausgeführt. Für jeden Nutzer werden eine virtuelle Maschine mit benötigten Hard- und Software-Modulen vorkonfiguriert, die Ressourcen jedoch noch nicht zugewiesen. Erst bei explizitem Starten der Maschine wird ein Verfügbarkeitscheck der benötigten Ressourcen durchgeführt und bei Erfolg wird das System gestartet. Die Programmierung und Entwicklung erfolgt anschließend in der web-basierten Entwicklungsumgebung.

Die KI-Plattform ermöglicht es jedem Nutzer, die eigene künstliche Intelligenz, kurz KI, zu trainieren. Dieses Training eines neuronalen Netzes bringt weitaus höhere Ressourcenanforderungen mit sich, daher müssen andere Spezifikationen für diese Plattform getroffen werden, sodass jedem Nutzer dieselben Ressourcen zur Verfügung stehen. Zudem soll jedem Nutzer anfangs auch derselbe Softwarestack zur Verfügung stehen, welcher individuell durch andere Softwarepakete erweitert werden kann. Um dies zu realisieren, muss nicht nur eine leistungsstarke Infrastruktur zur Verfügung stehen, sondern auch ein gezieltes, virtualisiertes Managementsystem darauf aufgebaut werden.

11.2.1 Softwaregrundlage für eine webbasierte Entwicklungsumgebung

Die Plattform soll zum Beispiel Studenten den Umgang und das Erstellen von künstlichen neuronalen Netzen beibringen. Somit benötigt jeder Student die gleichen Voraussetzungen und damit dieselben Ressourcen. Zunächst wird geklärt, in welchem Umfeld das Konzipieren und Trainieren von künstlichen neuronalen Netzen und anderen Berechnungsverfahren des maschinellen Lernens stattfinden soll.

Um nicht weitere Software auf den Geräten der Studenten installieren zu müssen, wird die Programmierung und das Ausführen über das Internet ermöglicht. Hierfür kommt die webbasierte, interaktive Entwicklungsumgebung JupyterLab zum Einsatz. Diese Entwicklungsumgebung ermöglicht es den Studenten über ihren Browser Code zu schreiben und anschließend auf dem Server auszuführen, ohne dafür eigene Ressourcen zu benötigen. Ein Beispiel für den Umgang mit JupyterLab ist in Abb. 11.3 zu sehen.

---

[3] netcup GmbH. Virtuelle Server (VPS), (2021).

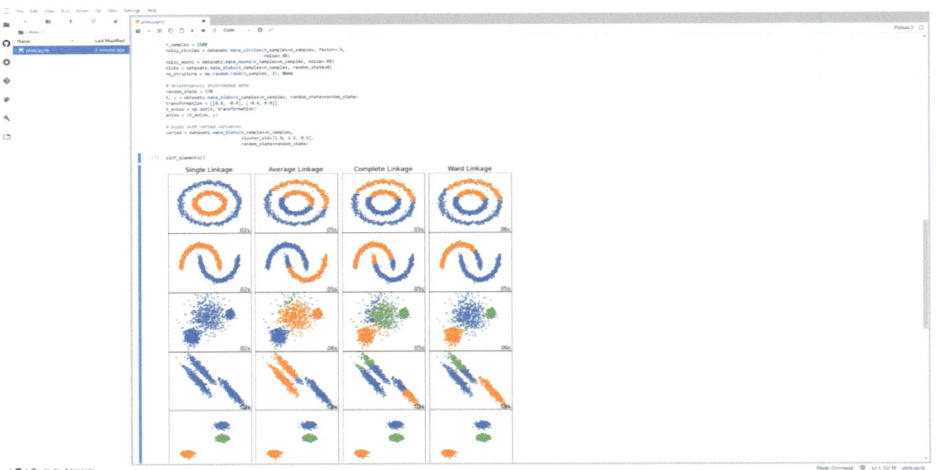

Abb. 11.3 Beispiel eines JupyterLab Projektes

JupyterLab wurde von der Non-Profit-Organisation Project Jupyter entwickelt und ist aufgrund der unterstützten Programmiersprachen wie Python, Julia und R besonders im Bereich des DataScience weit verbreitet. Zudem bietet diese Entwicklungsumgebung noch Möglichkeiten zur Erweiterung. So stehen unter anderem Git-Integrationen zur Verfügung, sodass ebenfalls eine Versionierung vorgenommen werden kann.

Die großen Frameworks im Bereich Machine Learning, wie zum Beispiel Tensorflow und PyTorch, bieten alle eine Implementierung in der Sprache Python. Somit liegt es nahe, dass jedem Nutzer auch Python 3 zur Verfügung gestellt wird, ebenso wie das entsprechende Framework und dessen benötigte Abhängigkeiten, auf die wiederum mit den JupyterLab zugegriffen werden kann. Um alle Abhängigkeiten der einzelnen Programme zu verwalten und möglichst aufwandslos relevante Aktualisierungen einspielen zu können, wird die Paketverwaltung Conda verwendet. Dabei handelt es sich ein Paketmanager- und Umgebungsmanagementsystem für Python-Entwicklungsumgebungen. Die Entwicklungsumgebung und die Programmier-Bibliotheken laufen auf einem Linux Betriebssystem. Hierdurch ist ein stabiler Unterbau gewährleistet, über den die Benutzerrechte gemanagt werden können. Außerdem kann dem Benutzer die Möglichkeit gegeben werden, weitere benötigte Programme und Pakete nachzuinstallieren.

11.2.2 Hunderte Nutzer auf einem System dank virtuellen Maschinen

Um die beschriebenen Systeme nachhaltig und präzise zu realisieren, werden alle Umgebungen als virtuelle Maschinen, kurz VM, zur Verfügung gestellt. Dies bietet zum einen den Vorteil, dass jeder Student eine eigene, von den anderen isolierte Umgebung nutzen kann. Damit hat jede Person auch Zugriff auf den eigenen geschriebenen Quellcode und die gespeicherten Daten. Zum anderen haben VMs den Vorteil der Ressourcenfreigabe. Die verwendete Hardware wird wieder freigegeben, sobald die Maschine beendet wird, sodass ein anderer Nutzer diese verwenden kann (abgesehen von dem fest reserviertem Festplattenspeicher).

Des Weiteren wird das Anlegen von weiteren VMs automatisiert. Dabei wird ein Image definiert, welches genau beschreibt, was innerhalb der virtuellen Maschine installiert sein muss und welche Hardwareanforderungen bestehen. Per Knopfdruck wird daraufhin eine neue VM mit den gewünschten Spezifikationen erstellt. Die Verwaltung und Automatisierung der VMs übernimmt ein Virtual-Machine-Monitor oder auch Hypervisor genannt. Dieser ist als Zwischenschicht zwischen dem Betriebssystem des Servers und den virtuellen Maschinen angesiedelt.

Als Betriebssystem wird ein auf Virtualisierungen spezialisiertes System empfohlen, wie zum Beispiel Proxmox VE, welches einen entsprechenden Hypervisor mitbringt. Hierdurch können Ressourcen gespart werden und die gesamte Leistung in die Virtualisierung fließen.

Der Hypervisor übernimmt nicht nur die Verwaltung der einzelnen Maschinen und deren enthaltenen Software, sondern auch das Zuweisen der benötigten Hardware, wie in Abb. 11.4 zu sehen. Hardware wird im Umfeld einer VM virtuell zur Verfügung gestellt. Dies bedeutet, dass ein Teil der physischen Komponenten reserviert werden und somit anderen Prozessen nicht mehr oder nur noch bedingt, zur Verfügung stehen. Innerhalb der Virtuellen Maschine sind diese als normaler Prozessor und Arbeitsspeicher

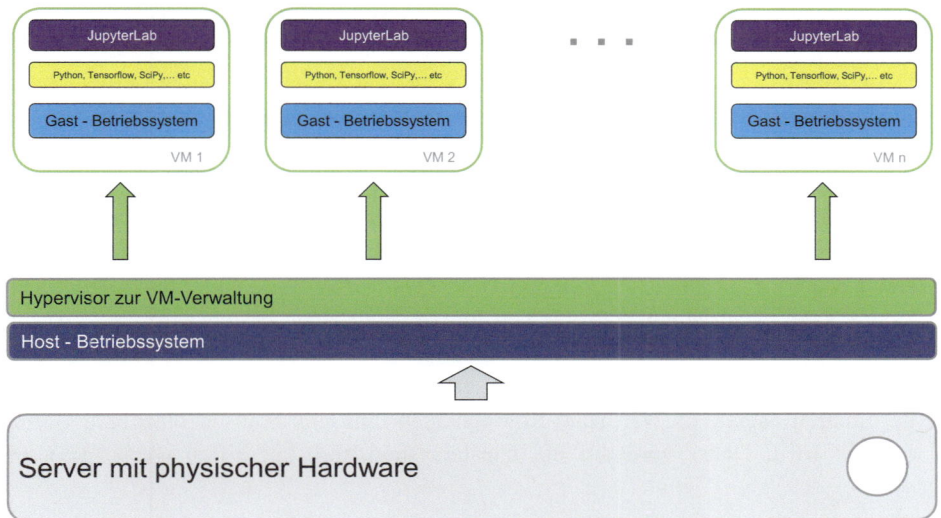

Abb. 11.4 Bereitstellung von virtuellen Maschinen

vorhanden und können nicht von physischen unterschieden werden. Eine virtuelle Maschine kann somit als komplett virtualisierter Computer betrachtet werden.

Wird davon ausgegangen, dass jedem Studenten eine eigene VM zur Verfügung gestellt wird, muss auch dementsprechend physikalische Hardware zur Verfügung stehen, um diese virtualisiert weiterzugeben.

11.2.3 Viel Hardware für eine Plattform

Die Anforderungen an das Training eines künstlichen neuronalen Netzes sind um einiges höher als der Betrieb eines Webservers und setzt andere Vorgehensweisen voraus. Es wird zum Beispiel ein Vielfaches mehr Festplattenspeicher benötigt, da selbst in einem Lernumfeld die benötigte Datenmenge zum Feststellen von signifikanten Lernerfolgen im Gigabytebereich liegt. So beträgt einer der bekanntesten Datensätze im Bereich der Bilderkennung und Objektidentifizierung, MS-COCO, allein eine Größe von rund 25 GB im komprimierten Zustand.[4] Jedem Nutzer werden ein Minimum an 100 GB zur Verwendung gestellt, sodass ausreichend Platz für mehrere Lerneinheiten besteht. Jedem Benutzer müssen diese 100 GB fest reserviert werden, womit allein die Benutzer einen Platz von 10,2 TB belegen. Dem hinzu kommen der benötigte Speicherplatz für das Betriebssystem des Servers und dem Hypervisor. Somit wird in unserem Fall eine Festplattengröße von 12 TB Speicher verbaut, um noch ausreichend Speicherplatz für auftretende Eventualitäten abdecken zu können.

Anders verhält es sich bei den Komponenten wie Arbeitsspeicher, Prozessor und Grafikprozessor. Hier muss zuvor geklärt werden welcher Ansatz bei der Bereitstellung, beziehungsweise dem Start der Instanzen genutzt werden soll.

- Der erste Ansatz ist die reine Nutzung der virtuellen Maschinen in den Lerneinheiten. Somit müssen für 22 Benutzer, Maschinen und dementsprechend Hardware zur Verfügung stehen. Hierdurch kann das Trainingsumfeld nicht von jedem Lernenden zur gleichen Zeit genutzt werden, jedoch wird der Investitionsaufwand geringgehalten, da im speziellen die Grafikprozessoren, kurz GPU, den größten Kostenanteil abbilden.
- Ein zweiter Ansatz ist die Bereitstellung sämtlicher, benötigter Hardware für jeden Benutzer. Dies garantiert jeder registrierten Person zwar eine Nutzung zu jeder Zeit, jedoch kann es zu weiteren Problemen führen. Zum einen besteht eine Feste Anzahl an Lerngruppengrößen, da bei Abweichungen, direkt nachgerüstet werden muss. Zum anderen müssen weitere physikalische Server angeschafft werden, da ab einer bestimmten Menge an Hardware-Komponenten eine physikalisch machbare Grenze erreicht wird. Daher wird auf ein Clustersystem zurückgegriffen (Abb. 11.5), bei

---

[4] Siehe: Md Awsafur, R. (2020), COCO (2017).

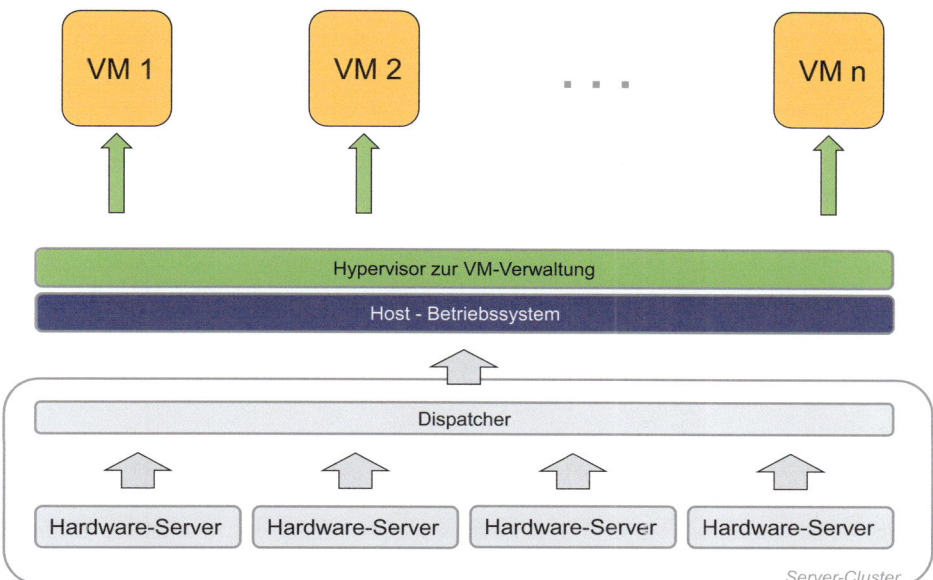

Abb. 11.5 Cluster-System für die Bereitstellung mehrerer VMs

dem zusätzliche Soft- und Hardware mit angeschafft werden muss, wie zum Beispiel einem Dispatcher für die Lastenverteilung.
- Die dritte Möglichkeit zur Bereitstellung von genügend virtuellen Umgebungen ist das Verwenden eines hybriden Systems aus den beiden vorangegangenen Ansätzen. Hierbei wird ein kleines Clustersystem zur Verfügung gestellt, welches mittels intelligenter Analyse des Nutzerverhaltens die entsprechende Hardware bereitstellt. Wenn von den 100 Studenten zum Beispiel 50 morgens in der virtuellen Umgebung arbeiten und die restlichen 50 abends, reicht es aus Hardware für insgesamt 50 Nutzer bereitzustellen.

Da es sich bei der zu bauenden Plattform um eine Umgebung mit kleiner Nutzerzahl im studentischen Umfeld handelt, wird hier der erste Ansatz angewandt, mit der Option auf das Hybridmodell zu wechseln.

Während dem Trainieren einer KI werden immer wieder Stapel an Datensätzen eingelesen, berechnete Gewichtungen zwischengespeichert, wieder ausgelesen und weiterverarbeitet. Hierbei können, selbst bei kleineren Architekturen, schnell mehrere Millionen Datenpunkte entstehen auf die jederzeit schnell zugegriffen werden kann. Somit muss darauf geachtet werden, dass jederzeit ausreichend dynamischer RAM zur Verfügung steht. Innerhalb unseres Lernumfeldes sind 5 Gigabyte ausreichend, um die Lernaufgaben abhandeln zu können. Hinzu kommen, wie auch bei dem Festplattenspeicher, noch der benötigte Arbeitsspeicher für das Betriebssystem und weitere

Nebenprozesse. Eine Gesamtsumme an 128 Gigabyte Ram ist daher ausreichend für den Betrieb innerhalb der Lerneinheiten.

Das Training der neuronalen Netze wird zum größten Teil über die bereitgestellten GPUs abgewickelt. Dennoch wird ein ausreichend schneller Prozessor für den Betrieb der Entwicklungsumgebung benötigt, um beispielsweise Visualisierungsberechnungen zu erledigen. Zudem werden in den Lerneinheiten auch traditionellere Methoden des maschinellen Lernens einfließen, welche weitaus mehr Prozessorleistung benötigen. Für ein effizientes Arbeiten mit der Entwicklungsumgebung sollte jedem Nutzer mindestens 2 CPU-Kerne mit einer Taktung von 2000 MHz zur Verfügung stehen. Einer Einplanung bedarf es ebenso, dass das zugrunde liegende Betriebssystem Ressourcen benötigt. Somit sollte der Server für den Betrieb mit mindestens 48 CPU-Kernen ausgestattet sein, sodass jeder virtuellen Maschine die entsprechende Anzahl zugewiesen werden kann.

Wie bereits erwähnt, wird der größte Teil der Berechnungen eines künstlichen neuronalen Netzes von den Grafikprozessoren übernommen. Dies liegt vor allem an der Konzentration von GPUs auf massiv parallelisierbare Aufgaben. Während der Berechnung eines neuronalen Netzes kommt es immer wieder zu mehreren Berechnungen, die nicht nacheinander berechnet werden und somit parallel laufen können. Für jede Berechnungen wird eine Berechnungseinheit benötigt, ein sogenannter Kern. Moderne CPUs können mit komplexen Berechnungsverfahren umgehen, dort sogar ihre Stärke ausspielen und können bis zu 48 Kerne enthalten welche parallel laufen. GPUs sind nicht dafür ausgelegt komplexe Berechnungen durchzuführen, haben jedoch die Fähigkeit mit ihren fast 7000 Kernen sehr viele Berechnungen gleichzeitig zu erledigen.[5]

Für die Lernplattformen kommen Grafikprozessoren zum Einsatz die auch in anderen High-Performance Computing Bereichen, kurz HPC, im Einsatz sind. Der Vorteil an diesen GPUs ist die hohe Performance in der Berechnung, aber auch deren Architektur. Solche Prozessoreinheiten werden speziell für Rechenzentren entworfen und unterstützen die Möglichkeit deren Leistung aufzuteilen und als virtuelle GPU weiterzugeben. So lassen sich zum Beispiel aus dem aktuellen A100 Tensor-Core-GPU Chip der Firma Nvidia Corporation bis zu sieben vGPUs erzeugen, die leistungsstark genug sind. Nach dem aktuellen Aufbau der Plattform werden so drei dieser GPUs benötig, um während einer Lerneinheit allen Teilnehmern genügen Ressourcen zur Verfügung zu stellen (Tab. 11.2).

Wie auch bei dem Webserver für die Lernplattform, wird das Anmieten über einen externen Dienstleister in Betracht gezogen. Stellt man jedoch die Anschaffungs- den Mietkosten gegenüber so wird sich hier für den Aufbau der eigenen Infrastruktur entschieden. Bei der Selbstmontage sind einmalige Anschaffungskosten von rund

---

[5] Siehe: Martin, F. (2020).

Tab. 11.2 Zusammenfassung Computer-Hardware

Prozessor mit 48-Kernen 2000 MHz	1 Stk
Dynamic Random Access Memory (RAM)	128 GB
HDD Festplattenspeicher	12 TB
GPU mit bis zu 7000 Kernen (Bsp. NVIDIA A100)	3 Stk
Netzwerkkarte 1000 Mbit/s	1 Stk

Auflistung der Hardware für KI Entwicklungsplattform

31.500 € zu berechnen[6], wohingegen das Anmieten mit rund 74.500 € pro Jahr zu Buche schlägt.[7]

11.3 Kein Backup? Kein Mitleid!

Eines der wohl wichtigsten Systeme, dass bei solchen Projekten nicht vergessen werden darf, ist die Datensicherung. Dabei sollen in periodischen Abständen alle gespeicherten Daten (Datenbanken, Dokumente, Konfigurationsdateien, etc.) als Kopie auf einem zweiten System abgelegt werden. Dies betrifft sowohl den Server für die Nutzerverwaltung, wie auch den Server für das KI-Training.

Das oberste Ziel bei einer Datensicherung, engl. Backup, ist es nicht nur, die Daten sicher an einem Ort als Kopie aufzubewahren und sie so vor Verlust zu schützen, sondern diese im Bedarfsfall auch wieder verlustfrei und schnell wiederherstellen zu können. Mit dem Schutz vor Verlust ist nicht nur der Schutz vor fehlerhaften Programmen oder mutwilligem Zerstören von Daten durch Dritte gemeint. Sondern auch der Schutz vor Beschädigen der physischen Komponenten eines Servers, durch zum Beispiel einem Brand innerhalb des Serverraumes. Die beiden Punkte zeigen, dass ein gutes Backup-System nicht nur als redundant agierende Struktur aufgebaut werden soll, sondern auch räumlich voneinander zu trennen ist. Zudem sollten mindestens zwei Kopien aller Daten angefertigt und diese auf separaten Festplatten gespeichert werden, um der Möglichkeit einer defekten Festplatte aus dem Weg zu gehen.

Um alle zu sichernden Daten doppelt abzusichern, muss mindestens der zweifache Speicherplatz des eigentlichen Systems vorhanden sein. Im vorliegenden Fall handelt es sich dabei um die E-Learning Plattform mit 160 GB und die KI-Plattform mit 12 TB. Insgesamt beziffert sich der benötigte Speicherplatz auf rund 25 TB, verteilt auf zwei physisch getrennte Speichermedien. Sind Backups von mehreren Tagen hintereinander gewünscht, so muss der Speicherplatz dementsprechend erhöht werden. Da es bei einer

---

[6] Siehe: primeLine Solutions GmbH (2021).
[7] Siehe: Telekom Deutschland GmbH (2020).

Datensicherung nicht in erster Linie auf Geschwindigkeit der Bereitstellung ankommt, empfiehlt es sich hier auf eine HDD Festplatte zu setzen. Diese sind auf Langlebigkeit ausgelegt und im Vergleich zu den schnellen SSD-Festplatten um einiges günstiger. Die Daten werden auf dem Backupsystem verschlüsselt und komprimiert abgelegt.

Um nicht bei jedem Backup-Vorgang ein komplettes Abbild der Produktivsystems zu erstellen und über das Netzwerk zu versenden, wird die Deduplikation mittels Chunking angewandt. Bei der Deduplikation handelt es sich um einen Prozess bei dem redundante Daten, vor dem Abspeichern auf nicht flüchtigen Speicher, eliminiert werden. Dies bedeutet, bevor eine Datei in die Datensicherung einfließt, wird überprüft, ob diese Datei nicht bereits in derselben Form vorliegt. Wenn die Datei mit denselben Eigenschaften vorliegt, muss sie nicht erneut an das Backupsystem versendet werden. Um bei kleineren Änderungen an größeren Dateien, zum Beispiel einer virtuellen Maschine, nicht die gesamte Datei versenden zu müssen, wird diese in kleinere Stücke aufgeteilt. Diese Stücke nennen sich Chunks. Anschließend daran wird die Deduplikation auf die Chunks angewandt. Hierdurch können auch nur kleine Teile von größeren Dateien im Backup-System ausgetauscht werden. Nach dem Senden der Daten vom Produktivsystem an den Backup-Server, wird ein zweites Backup nach demselben Schema von einem physischen Datenträger auf dem anderen ausgeführt.

Abgesehen von dem Festplattenspeicher und einer schnellen Anbindung an das Netzwerk, für den Empfang von großen Datenpaketen, reichen bereits aktuelle PC-Komponenten aus, um ein solches Backup-System aufzubauen.

11.4 Plattformerweiterung für KMUs

Die beschriebenen Plattformen dienen dem Betrieb einer Lernplattform, können jedoch auf dieselbe Art und Weise in ein Produktivsystem für kleine und mittelständische Unternehmen überführt und als „Plattform as a Service", kurz PaaS, angeboten werden. Hierbei müssten entsprechende Anpassungen innerhalb des Content Management Systems auf dem Webserver getroffen werden. Das zugrunde liegende Prinzip bleibt aber das gleiche.

Weitreichendere Anpassungen müssen an dem Server für die Berechnungen der künstlichen neuronalen Netze getroffen werden. So müssen größere Hardware-Ressourcen verfügbar sein. Da seitens des Unternehmens diese Ressourcen über die Plattform eingekauft werden, müssen diese innerhalb einer vertraglich festgelegten Zeiten reserviert zur Verfügung stehen. Hierfür bietet sich der Ansatz des Clusterings an, bei dem die Ressourcen mehrerer Server zusammengefasst und über den Dispatcher gemanagt werden.

Im produktiven Umfeld variieren die Einsätze von künstlichen Intelligenzen stark. Von einem simplen Chatbot bis hin zu selbstständig agierenden und mobilen Robotern, sind viele Möglichkeiten denkbar. So unterschiedlich die Einsatzmöglichkeiten sind, so unterschiedlich sind auch die Bedürfnisse der Unternehmen. Daher soll es im besten

Fall, innerhalb der PaaS eine Möglichkeit geben sich die Ressourcen für die virtuelle Arbeitsumgebung selbstständig auswählen zu können. Hier sind auch vordefinierte Konfigurationen denkbar wie zum Beispiel:

1. Stufe 1: 2 CPU-Kerne, 5 GB RAM, 50 GB Speicher
2. Stufe 2: 4 CPU-Kerne, 15 GB RAM, 100 GB Speicher
3. Stufe 3: 8 CPU-Kerne, 30 GB RAM, 200 GB Speicher

Je nach Größe der Nutzerzahlen und dem gewünschten Angebot muss die Plattform entsprechend erweitert werden. Zudem kommt es im produktiven Einsatz vor, dass die verwendeten Datensätze die Trainingsdatensätze in Größe und Komplexität um ein Vielfaches übersteigen. So ist es oft der Fall, dass mehrere Terabyte an Daten verarbeitet werden müssen. Für solch eine Anwendung ist es sinnvoll ein Storage-System mit anzubieten. So müsste das Unternehmen seine Daten nur einmalig in Netzwerk hochladen und kann anschließend von verschiedenen virtuellen Maschinen darauf zugreifen. Da sich das Storage im selben Netzwerk befindet, kann der Zugriff auf die Daten in wenigen Sekunden geschehen. Das Speicher-System für den Storage ist ähnlich zu dem Backup-System aufgebaut, mit entsprechendem Festplattenspeicher und dem Unterschied, dass ein Kunde die Daten darauf selbstständig verwalten können muss. Um die Isolierung der Unternehmensdaten und somit eine Zugriffsbeschränkung zu gewährleisten, soll hierbei wieder mit virtuellen Maschinen gearbeitet werden.

Zusätzliche Erweiterungsmöglichkeiten sind unter anderem eine Bereitstellungsmöglichkeit von fertig trainierten Modellen für den produktiven Einsatz über das Internet mittels entsprechender Schnittstellen.

Denkbare Zusatzfunktionen sind auch vorgefertigte Trainingsszenarien wie der Klassifizierung von Bildern, Objekt- oder Spracherkennung. Dem Kunden soll hierbei ein Frontend zur Verfügung gestellt werden, über das er seine Datensätze eingibt, eigene Parameter definieren kann und es daraufhin automatisch startet, ohne dass zuvor Code geschrieben werden muss. So kann zum Beispiel für die Bildklassifizierung auf ein vortrainiertes Netz, wie dem Resnet50[8], zurückgegriffen werden, welches auf den Datensatz des Kunden angewandt wird und anschließend ein fertiges Model für den Produktiveinsatz ausgibt.

Literatur

Fischer, M. (2020). Nvidias GPU-Generation Ampere: Fast 7000 Kerne und 40 GByte RAM. https://www.heise.de/newsticker/meldung/Nvidias-GPU-Generation-Ampere-Fast-7000-Kerne-und-40-GByte-RAM-4720862.html. Zugegriffen: 8. Jan. 2021.

---

[8] Siehe: Zimmer, M. (2021).

Geipel, M. M. (2009). Dynamics of communities and code in open source software. ETH. https://doi.org/10.3929/ethz-a-005901107 . Zugegriffen: 8. Jan. 2020.

netcup GmbH. (2021). Virtuelle Server (VPS). https://www.netcup.de/vserver/vps.php#v-server-details. Zugegriffen: 8. Jan. 2021.

primeLine Solutions GmbH. (2021). NVIDIA RTX Server ASUS ESC4000A-E10. https://www.primeline-solutions.com/de/konfigurator/nvidia-rtx-server-asus-esc4000a-e10-2u-konfigurieren/. Zugegriffen: 8. Jan. 2021.

Rahman, Md. A. (2020). COCO 2017. Dataset. https://www.kaggle.com/awsaf49/coco-2017-dataset. Zugegriffen: 8. Jan. 2021.

Telekom Deutschland GmbH. (2020). Open Telekom Cloud – Leistungsbeschreibung. https://open-telekom-cloud.com/resource/blob/data/160462/d848eb123e1fe8d7a556b3015ea50c2b/open-telekom-cloud-leistungsbeschreibung.pdf. Zugegriffen: 8. Jan. 2021.

Wikipedia-Autoren, siehe Versionsgeschichte. (2020). LAMP (Softwarepaket). https://de.wikipedia.org/w/index.php?title=LAMP_(Softwarepaket)&oldid=199333875. Zugegriffen: 8. Jan. 2021.

Zimmer, M. (2021). Vergleich von vortrainierten Neuronalen Netzen. Technische Universität München. https://wiki.tum.de/display/ldv/Vergleich+von+vortrainierten+Neuronalen+Netzen. Zugegriffen: 8. Jan. 2021.

Stichwortverzeichnis

3-D-Infrastuktur, 21

A

Abstandsmessung, 265
Activation, 68
Advanced Metering Infrastructure (AMM), 106
Affinity-Propagation, 44
Agent, 164
    intelligenter, 164
Agentenprogramm, 164
Agglomerative Clustering, 44
Aktivierungsfunktion, 6–8, 47, 49, 68, 235, 237, 240
Aktor, 14, 15
Aktordaten, 198
Alexa, 179, 253
Algorithmus, 30, 34, 38, 44
    selbstlernender, 175
Alibaba, 144
Amazon Web Services (AWS), 86
AMM s. Advanced Metering Infrastructure
Amortisationszeit, 231
Anaconda, 58, 63, 87
Analysieren, 26, 58, 64
Anforderung, 233
    didaktische, 20
Anlageinvestition, 223
Anomalie-Detection, 210, 211
Anwendungsfrequenz, 78
App s. Applikation
Applikation, 27, 115
    Anwender, 95
    Beschreibung, 95, 96
    Marktpotenzial, 95
    Vertriebsziele, 95
Arbeitsspeicher, 200
Architektur, zeilenbasierte vs. spaltenbasierte, 201
ARIS-Architektur, 109
Array, 59, 64, 66, 71
    temporäres, 66
Artificial Intelligence (AI), VII
Assetmanagement-Prinzip, 175
Ausgabefehler, 9
Ausgabeneuron, 9
Ausgabeschicht, 7, 50, 164, 235, 239
Ausgangswert, 7, 8
Ausreißer, 41, 211
Automatic Meter, 82
Automatisierungsgrad, 265
Automobil, autonom fahrendes, 243
Automobilindustrie, 243
Average-Pooling, 51, 55

B

Back Office, 174
Backpropagation, 10, 11, 164, 235, 236
Backup-System, 297
BaFin, 170
Belohnungs- und Bestrafungssystem, 38
Best-Case-Ansatz, 100
Betriebssystem Linux, 288
Betrugserkennung, 185
Bewegungsprofil, 184
Bibliothek
    ASP.Net, 288
    cv2, 71
    Keras, 68

numpy, 58, 64, 67, 68
os, 64, 65
pickle, 64, 68
random, 64
tensorflow, 68
Bid und Ask Kurs, 189
Big Data, 142, 158, 166, 177, 180, 197, 204
Bilderkennung, 52
Bilderkennungssensor, 244
Bildmatrix, 52, 55
Bild- und Texterkennung, 45
Bildungsmaßnahme, 20, 21, 23
Blackbox, 261
Blechpresse, 231
Blended Learning, 18, 19, 21–23
Blockchain, 204
Bordsystem, 247
Bots, 5, 178, 180
Brainstorm, 80–82
Bremsweg, 39, 40
Broker, 189
Business
    Case, 78, 79, 93, 95, 98, 99, 101
    Object Management (BOM), 114
    Plan, 93
    Process Management (BPM), 131
    Process Model and Notation (BPMN), 109, 131
    Process Reengineering (BPR), 113
    Reengineering, 113
    Services, 203, 206
Business-to-Business (B2B), 81
    Abomodell, 112
    Advertising-Modell, 112
    AI Support in Business Processes, 113
    Business Process Enrichment und Enlargement, 113
    Data-Gathering-Modell, 112
    Open-Source-Modell, 112
    Presales-Modell, 112
    Transaktionsmodell, 112
Business-to-Customer (B2C), 81
    Abomodell, 112
    Advertising-Modell, 112
    Data-Gathering-Modell, 112
    Open-Source-Modell, 112
    Presales-Modell, 112
    Transaktionsmodell, 112

C
Cash-Flow-Management, 212
Chancen-Risiken-Analyse, 102
Chatbots, 5, 83, 156, 174, 177
    Mia, 179
Check Energieverbrauchssignatur, 86
Chief Digital Officer (CDO), 81, 129
Cloud, 86, 135, 219, 220
    Anbieter, 219
    Foundry Foundation, 204
    Native Computing Foundation, 204
    Service Modelle, 218
Cloud-Computing, 135
Clusteranalyse, 43, 44
Clustering, 43, 173
    spektrales, 44
Clustersystem, 294
Clusterverfahren
    dichtebasiertes, 44
    hierarchisches, 44
    klassisches, 44
    partitionierendes, 44
Cognitive Automation, 182
Commodity-Produkt, 156
Compliance, 187
Computer, 6, 18, 21, 29, 31
    Hardware, 297
Computerprogramm, regelbasiertes, 30
Computerspiel, 39
Computersystem, 33, 34
Condition Based Maintenance, 15
Content, 274
Conv2D, 68
Convolutional-Schicht, 51–53, 55
CPU, 99
    Kerne, 296
Credit
    Ratings, 187
    Scorings, 187
CRM s. Customer Relationship Management
Customer
    Experience, 179, 186
    Journey, 173
    Relationship Management (CRM), 106
        bidirektionales CRM-System, 87
        unidirektionales CRM-System, 87
    Service (CS), 210
CV-Parsing, 172

Stichwortverzeichnis

D

Dashboard, 58, 249
DashCam, 261
Data Mining, 32, 229
Data Science, 284, 285
Daten, 27, 30, 31, 33, 45, 55, 68, 136, 216, 229
    anonyme, 161
    Clustering, 43
    Klassifizierung, 55
    nicht lineare, 237
    pickle, 67
    strukturierte, 14, 32, 33, 185
    unstrukturierte, 32, 33
    vermengte, 43
    von Kunden, 158
    Vorbereitung, 63
Datenbank, 32
    MySQL, 288
Datenbasis, 78
Datenbereinigung (Data Cleansing), 216
Datenbestand, 32, 36, 37
Datenmenge, 38, 51, 184
Datensatz, 32, 33
Datenschreiber, 261
Datenschutzgrundverordnung (DSGVO), 82
Datensicherheit, 15, 87, 135
Datenzusammenführung (Data Blending), 217
DBSCAN (Density-Based Spatial Clustering of Applications with Noise), 44
Decision Gate, 78, 79, 91, 92, 108, 111
Deep Learning, 46, 87, 205
Deklaration, 59
    von Variablen, 65
Dense, 68, 69
Depotverwaltung, 174
Design Thinking, 91, 92, 114
Digital Core, 196, 198, 205
Digital Governance, 128, 129
Digital Innovation, 196
Digitalisierung, 14, 123, 126
Digitalisierungsgrad, 144
Digitalisierungsmanager, 129
Digitalisierungsprojekt, 124
Digitalstrategie, 14, 123, 130, 138, 139, 146
Divisive Analysis Clustering, 44
Durchdringungsgrad, 196, 214

E

E-Auto, 252
E-Bike, 32
E-Commerce, 182
Eingabeschicht, 7, 48, 50, 234
Eingangswert, 6, 7
E-Learning, 19, 20, 22
E-Mail (electronic Mail), 21
EM-Clustering, 44
Endkonsument, 81
Energieversorgungsunternehmen (EVU), 81
Enterprise Ressource Planning (ERP), 106, 134, 196
    Persistenz, 201
Entscheidungsmatrix, 235
Entscheidungsparameter, 224
Entscheidungsproblem, 226, 227
Epochs, 70
ERP s. Enterprise Resource Planning
Evaluation, 27
Exception, 66
Exchange Traded Funds (ETF), 175
Experte, 29
    externer, 80
Expertenanalyse, 44
Expertensystem, 5, 81, 157
Expertise, 14, 80
Extended Warehouse Management (EWM), 207

F

Fahrassistenz, 243, 245, 255
Fahren, autonomes, 243
Fahrerassistenzsystem, 247
Fahrzeug, autonom fahrendes, 265
Faktor
    harter, 224
    weicher, 225
Farbpallette, 47, 64
Feed-Forward-Netz, 9, 48, 50, 234
Fehler-Backpropagation, 10
Fehlerberechnung, 11
Feinlernziel, 25
Festplatte, 200
    HDD, 298

SSD, 298
Field Programming Gate Arrays (FPGA), 87
Finanzdienstleister, 171
Finanzdienstleistung, 169
Finanzdienstleistungsbranche, 169–171, 178, 190
Finanzdienstleistungsunternehmen, 170
FinTechs, 170, 182
Flatten, 55, 68, 69
Framework, 292
    Angular, 289
    Express.js, 289
    Node.JS, 289
Fraud Detection, 185
Frontalunterricht, 20
Front-Office, 180
Frühwarnsystem, 49
Funktion, 65
    Activation, 68
    binary_crossentropy, 70
    Conv2D, 68
    Dense, 68
    Flatten, 68, 69
    imread, 66
    MaxPooling2D, 68, 69
    optimizer, 70
    print(sample[1]), 66
    reshape, 67
    Sequential, 68
    sigmoide, 238
    zum Lernen, 60
Fuzzy-c-Means-Algorithmus, 44

G
Gebietsexpertise, 20
Geschäftsmodell, digitales, 138, 142
Geschäftsprozess, KI-basierter, 114
Gewicht, 13, 58
    Funktion zum Reset, 59
Gewichtung, 7, 9, 25, 47, 48
Gold des digitalen Zeitalters, 136
Google Cloud, 86
GPU, 99, 296
Gradientenabstieg, 12
Gradientenabstiegsverfahren, 235
Gradientenverfahren, 11
Grafikprozessor, 294

Graphical User Interface (GUI), 78
Groblernziel, 25

H
HANA, 200
Handlungskompetenz, 23
Handlungsorientierung, 23
Handschriftenerkennung, 49
Haptik, 92
Hardware, 24, 290
HDD-Festplatte, 298
Header, 278, 279
Head-Up-Display, 250
Hidden-Layer, 7, 8, 46, 48
Hochdimensionalität, 227, 240
Hopfield Network, 46
HTTP-Übertragungsprotokoll, 287
Hybrid-Auto, 252
Hybridmodell, 295
Hypervisor, 293

I
IBM Watson, 86
Industrie 4.0, 124, 127
    Maturity Index, 139
Information, 23, 25, 47, 219
Informationsplattform, 273
Information Technology Process Automation (ITPA), 214
Infrastructure as a Service (IaaS), 205, 218
Input-Layer, 7, 46
Input-Neuron, 52
Inputwert, 49
Insassen-Handy-Ortung, 259
Instandhaltung, 15
InsureTechs, 170
Integerated Development Invironment (DIE), 87
Intelligent Robotic Process Automation (IRPA), 214
Intelligenz, 29
    Begriff, 28
    humane, 5
    schwache, 30
    starke, 29
Internal Rate of Return (IRR), 101

Internationaler Verband der Automobil-
  ingenieure (SAE), 245
Internet
  Information Service (IIS), 288
  of Things (IoT), 15, 81, 125, 145, 197
    mit Sensoren und Aktoren, 15
Internetportal, 276, 278
Intra-Neuronlayer-Connection, 46
Investitionsrechnung, 225
iO Fund & Foundries, 215
IT
  Architektur, 81, 86
  bimodale, 197
  Gesellschaft, 81
  Infrastruktur, 15
  Themen, 18

K

K.I.T.T., 248
  Cockpit, 247
  Eigenschaften, 249
Kantengewichtung, 9
Kapital- oder Barwert, 101
Kategorisierung, 37, 38
Kennzahl, betriebswirtschaftliche, 196, 240
Kernel, 52, 54, 68
Key Performance Measure (KPM), 102
Klasse, 42, 49
Klassifikation, 41
Klassifizierung, 49
  mit vermengten Daten, 43
  von Bildinformationen, 49
  von Hunden und Katzen, 42
Klassifizierungsproblem, 42
Kleine und Mittelständische Unternehmen
  (KMU), 3
  Einsatz von KNN, 14
K-Means-Algorithmus, 44
KMU s. Kleine und Mittelständische Unter-
  nehmen
K-nearest-neighbor-Algorithmus, 44
KNN s. Künstliche Neuronale Netze
Knowledge Discovery in Databases, 32
Know Your Customer, 170
Kommunikation
  bidirektionale, 5
  face-to-face, 20
Kompetenz, praktische, 24

Koordinate, 31, 50
Koordinatensystem, 39, 49
Krypto, 204
Künstliche Intelligenz (KI), VII, 3, 18, 25, 27
  Anwendungen, 3, 4, 77
  Applikationen, 78, 79
  Definition, 28
  e-consign, 91
  Entwicklungsprojekte, 88
  Experten, 78
  Plattform, 98
  Portal, 271, 284
  Potenziale, 114
  Programmierung, 18
  Repositories, 98
  Robotik, 5
  schwache, 4
  starke, 3
  Technologien, 155
Künstliche Neuronale Netze (KNN), 5–7, 18,
  45, 50, 99, 163
  Arten, 56
  Funktionsweise, 6
  Mikro-KNN, 13

L

LAMP-Stack, 288
Landingpage, 276
Laser, 265
Lastenheft, 79
Laufzeitumgebung, 286, 289
Layer, 45
Lean Management, 132
Learning Management, 286
  webbasiertes, 285
Lehre, virtuelle, 20
Lehrform, 19, 21, 22
Leistung, kognitive, 3, 13
Lernalgorithmus, 34, 37
Lernen
  maschinelles, 32
  überwachtes (Supervised Learning), 36
  unüberwachtes (Unsupervised Learning), 37
  verstärkendes (Reinforcement Learning), 38
Lernplattform, 236
Lernrate, 11, 59, 60, 70
Lernregel, 235
Lernverfahren, 233

überwachtes, 233
Lernziel, 20, 24, 25, 57
    Definition, 64
    kognitives, 26
Lernzieltaxonomie, 25, 26, 57

M
Machine Learning, 31, 32, 142, 158, 163, 204
Manufacturing Execution System (MES), 198
Markov Chain, 46
Marktmanipulation, 176, 189
Marktpotenzial, 97
Maschine, 29, 31, 224
    virtuelle (VM), 292
Massedaten, 198
Matrix, 33, 51
Maturity-Index, 139
Maximum-Margin-Clustering, 44
Max-Pooling, 51, 55
MBUX (Mercedes-Benz User Experience), 253
Medienverbund, 22
Mensch-Maschine-Interaktion, 179
Mensch-Mensch-Kommunikation, 156
Merkmal, 3
    biometrisches, 189
Merkmalsausprägung, 3, 6, 15, 32, 81
Merkmalsdaten, 5
Merkmalsmuster, 4
MES s. Manufacturing Execution System
Mess- und Sensordaten, 49
Meter Data Management System (MDM), 82
Metrics, 70
Mia, 178
Microsoft Azure, 86
Middleware, 162
Mikroklima, 15
Mind Map, 80, 83, 86
Mission Statement, 78, 95
Mittelstand, 124, 127
    Digital, 143, 145
    Handlungsempfehlungen, 148
Mock-up, 78, 92
    Definition, 78
Modell, 32, 37, 71
    model.predict, 71
Monte-Carlo-Algorithmus, 164
MS-COCO, 294
Multi-Layer, 49

Multiple-Choice-Test, 286
Multiview-Clustering, 44
Muster, 5, 31, 38
Musteranalyse, 5
Mustererkennung, 5, 15
Mustern, 38
Musterzuordnung, 49

N
Natural Language Processing (NLP), 83, 175
Navigationsgerät, 4
Navigationsmenü, 276, 278, 279
Netz, 39
    convolutional neuronales, 48, 51, 52
    neuronales, 6
    rekurrentes neuronales, 48, 50
Netzart, 48
Netztopologie, 234
Neuron, 5–7, 13, 45–47, 69
    Output, 47
    rückgekoppelte, 50
    Schichten, 7
Neuronen-Layer, 9
Nichtlinearität, 227
Normal-Case-Ansatz, 100
Nutzerverwaltung, 288
Nutzwertanalyse, 226
NVDIA Goliath, 86

O
OLAP s. Online Analytical Processing
Online Analytical Processing (OLAP), 201, 202
Online-Shopping-Portal, 45
Online Transaction Processing (OLTP), 202
OpenAPI-Initiative, 204
Open Source, 86, 111
Operationalisierung, 226, 240
Output-Layer, 7, 46, 52

P
PaaS s. Plattform as a Service
PAC-Studie, 135
Parameter, 230
Perzeptron, 6, 7, 48, 59
    einlagiges, 48
    mehrlagiges, 7, 8

Pflichtenheft, 79
PHP Script-Interpreter, 288
Platform as a Service (PaaS), 204, 205, 218, 219, 285, 298
Plattform, 106, 145, 204, 215
    digitale, 145
Plattformökonomie, 85, 125, 138, 139, 144
Plug & Play-Prinzip, 244
Poolingmatrix, 55
Pooling-Schicht, 51, 55
Portal, 87
    internetbasiertes, 271
Präsenzlehre, 19, 20
Präsenzveranstaltung, 20, 23
Predicitve Analytics, 173
Predictive Maintenance, 15, 142, 209, 244
Problemdefinition, 229
Produkt
    Bundling, 82
    datengetriebenes, 145
Produktionsroboter, 244
Produktportfolio, 217
Programm, 30, 59
    zur Unterscheidung zwischen Hund und Katze, 71
Programmcode, 30, 57, 58
Programmierung, objektorientierte, 86
Project Charter, 88, 89
    e-consign, 90
Projektmanagement, 108, 115, 118
    Methode, 111
Projektorganisation, 119
Prosumer, 166
Prototyp, 91
Prozess, 15, 210, 227
    biologischer, 6
Prozessor, 290
Prozessorleistung, 296
Prüfmuster, 207
Python, 58, 72, 292
PyTorch, 292

Q
QR-Codes (Quick Response Codes), 22
Qualified Account, 100, 159
Qualitätsmanagement (QM), 131
Qualitätssicherung, 15
Quellcode, 59

Quick Check Industrie 4.0, 139

R
Radar, 257
random.shuffle, 56
Rechenkapazität, 45, 46
Rechenoperation, 30
Rechenzentrum, 220
Recommended Approach, 95
Recruiting, 172
Regression, lineare, 39, 40
RegTech, 188
Reinforcement-Lernverfahren, 164
Relational Database Management System (RDBMS), 162
Renditeabsicht, 176
Ressource, 14, 15, 108, 109
Ressource Description and Access (RDA), 172
Return on Invest (ROI), 101
RFID-Chips, 244
RGB (Rot, Grün, Blau), 51
Richtlernziel, 24
Roadmap, 138
Roboadvisor, 174
Robo-Recruiting, 172
Roboter, 5, 31, 180
Robotic Desk Automation (RDA), 174, 179
Robotic Process Automation (RPA), 172, 180, 213
Robotik, 5
Rückkopplung, 50
    direkte, 51
    indirekte, 51
    seitliche, 51
    vollständige, 51
Rundfunkstaatsvertrag, 277

S
SaaS s. Software as a Service
Sales Activities, 95
SAP
    Activate, 198, 205, 208
    Leonardo, 197, 203
    S/4HANA-Software, 205
Saugroboter, 31
Schach, 39
Schicht, 45

verdeckte, 7, 238
Schleife, 60
Schufa, 187
Schwellenwert, 47, 48
Science Fiction, 199
Science-Fiction-Film, 29, 245
SCRUM, 110, 116
Sensor, 4, 15, 81
Sentimentanalyse, 172, 175
Separierbarkeit, lineare, 229, 234
Sequential, 68
Service, KI-basierter, 81
Siemens MindSphere, 86
Sigmoid, 12, 69
    Funktion, 7, 8
Single Linkage, 44
Siri, 179, 253
Small Data, 166
Smart
    Factory, 139, 140
    Home, 158
    Market, 155
    Meter, 82, 86, 162
    Products and Services, 125, 138, 139, 141
Smartphone, 20, 23, 27
Smartwatch, 262
Social Media, 172, 279
Software as a Service (SaaS), 204, 218, 219
Spiel Go, 39
Sprachassistent, 179
Sprachdialogsystem, 177
Spracherkennung, 5
Sprachsteuerung, 5, 253
Spurhalteassistent, 247
SQL-Datenbank (Structured Query Language Datenbank), 32
SSD-Festplatte, 290, 298
SSD-Festplattenspeicher, 290
Status Service Portfolio, 95
Stauvorhersagen, 259
Steigung der Geraden, 39
Strategiefindung, 80
Streaming-Portal, 18, 45, 271
Struktur, redundant agierende, 297
Suchalgorithmus, 36
Supply Chain, 125, 243
SWOT-Analyse, 95, 102, 103
Synthetisieren, 26

T
Tabellenkalkulation, 97
Tangens-hyperbolikus-Funktion, 238
tanh-Funktion, 238
Telematiktarif, 184
Telemediengesetz, 277
TensorFlow, 63, 68
Testdaten, 37, 48, 70, 235
Test- und Anwendungsphase, 36
Trader, 189
Trainieren, 31, 48
Training, 37, 38, 48, 78, 179
Trainingsbild, 37
Trainingsdaten, 9, 37, 48, 65, 70
Trainingsphase, 36
Transformation, digitale, 123, 126, 133
Trendlinie, 39, 40
Trennlinie, 42, 49

U
Übertragungsfunktion, 47, 235, 238
UML s. Unified Modelling Language
Unified Modelling Language (UML), 109

V
Validierung, 165
Variable, 39, 65, 70
Vektor, 55, 67, 69
Vektorschreibweise, 235
Verdichtung, 51, 52
Verifizierung, 165
Versicherungsprozessmodell, 171
Verteilnetzbetreiber (VNB), 81
V-Modell, 116
Vorhersagen, 41, 45, 49, 70, 282

W
Wahrscheinlichkeit, 13, 239
Wandel, digitaler, 126
Ward-Methode, 44
Wärmeeinsparungsmaßnahme, 84
Wartungsintensität, 225
Wearables, 184
Web-Based-Training (WBT), 23
Web Crawler, 175, 192

Stichwortverzeichnis

Webserver, 286
    Apache HTTP Server, 288
    Hardware, 290
Web-Stack, 286, 287
Wert, nummerischer, 39
Wertefunktion, additive und multiattributive, 226
Windows Server, 288

Work-in-Progress (WiP), 111
Work Management System (WMS), 81
Worst-Case-Ansatz, 100

X

XML (Extensible Markup Language), 88
XOR-Problem, 229, 235

MIX
Papier aus verantwortungsvollen Quellen
Paper from responsible sources
FSC® C105338

If you have any concerns about our products,
you can contact us on
ProductSafety@springernature.com

In case Publisher is established outside the EU,
the EU authorized representative is:
**Springer Nature Customer Service Center GmbH
Europaplatz 3, 69115 Heidelberg, Germany**

Printed by Libri Plureos GmbH
in Hamburg, Germany